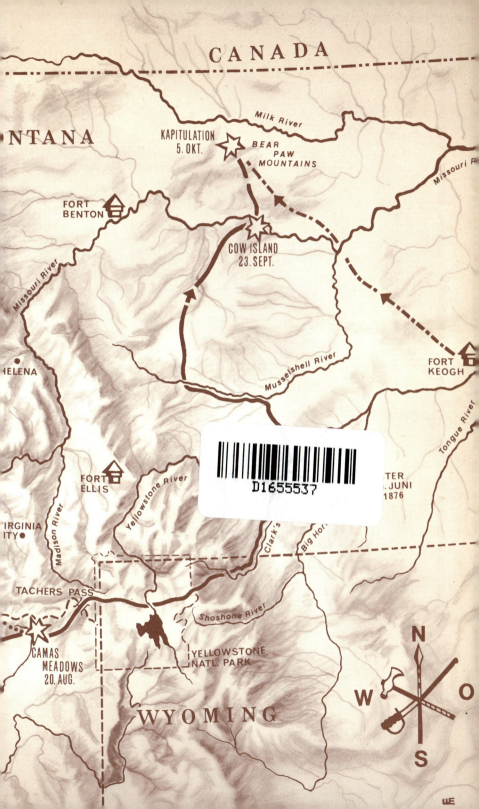

Egli · Als die Feuer erloschen

Werner J. Egli

Als die Feuer erloschen

Der Untergang
der Nez Percé Indianer

Roman

C. Bertelsmann Verlag

© 1977 C. Bertelsmann Verlag GmbH, München
Gesamtherstellung Mohndruck Reinhard Mohn OHG, Gütersloh
ISBN 3-570-00025-7 · Printed in Germany

you said it went all the way
a kind of river into a kind
of sea

you said it and went away
your lagacy
a smoking rubble of ashen
dreams

there is nothing of your words
among the garden graves alone
flies carry themselves into
the screen

come back

I am ready to begin again

Lance Henson, LAST WORDS 1968
aus: KEEPERS OF ARROWS, Poems
for the Cheyenne.

Dieses Buch ist den AIM-Leuten gewidmet, die dafür kämpfen, daß neue Feuer ihr Licht geben, wo Kultur, Technologie und Politik des Weißen Mannes einen finsteren Schatten über die Erde geworfen haben.

W. J. Egli

Inhalt

Einleitung 11

Josephs Geschichte 15

Teil I   Vor dem Krieg 27

1. Der Squawman 27
2. Wallowa 35
3. Der Ausflug 47
4. Der General 61
5. Der Träumer 73
6. Der Rundritt 105
7. Exodus 123

Teil II   Vom Frieden zum Krieg 149

8. Die Mörder 149
9. White Bird Canyon 169
10. Looking Glass 187
11. Clearwater River 205

Teil III Die Vertreibung 229

12. Der Lolo Trail 229
13. Die Barrikade 245
14. Bitterroot Valley 261
15. Die Big Hole Schlacht 279
16. Camas Meadows 311
17. Yellowstone National Park 329
18. Canyon Creek 341
19. Bear Paw 361

Das Ende von Josephs Geschichte 387

Quellennachweis 395

Einleitung

Dieses Buch erzählt die Geschichte der gewaltsamen Unterwerfung eines Indianerstammes, der hier in Europa kaum bekannt ist. Über Indianerkriege wurde in letzter Zeit viel geschrieben. Es gibt unzählige Bücher über die Sioux, die Comanchen oder die Apachen. Das sind Indianerstämme, die wir aus Film, Fernsehen und der Literatur zu kennen glauben. Die Apachen als »Wüstenguerillas«, die Comanchen als »Kosaken der Prärie« und die Sioux als den Stamm, der Custers Kavallerieregiment besiegte. Namen wie Geronimo, Sitting Bull oder Crazy Horse sind einem breiten Publikum inzwischen geläufig und dienen der Unterhaltungsindustrie immer wieder als Garanten für kommerziellen Erfolg. Deshalb wird auch während der nächsten hundert Jahre die Custer Schlacht noch einige tausendmal vermarktet werden können, mal von dieser, mal von der anderen Seite aus betrachtet, aber immer dem Gebot entsprechend, die amerikanische Pioniergeschichte zu glorifizieren und dem jeweils erwünschten zeitgeistigen Cliché anzupassen.

Aber in der Pioniergeschichte können wir deutlich das wahre Gesicht Amerikas erkennen. Es ist nicht seine »Keep-Smiling-Fassade«, hinter der man ein Volk von Brüdern vermuten könnte, sondern ein Gesicht, das durch Narben von Rassen- und Klassenkämpfen entstellt ist.

Eine dieser Narben ist das, was amerikanische Historiker den *Nez Percé Krieg* nennen. Es ist die Narbe, die Amerika von einem Volk geschlagen wurde, dem die systematisch vorangetriebene Ausrottungspolitik keine andere Möglichkeit ließ, als sich zur Wehr zu setzen. Es gibt in der Geschichte des Freiheitskampfes der nordamerikanischen Indianer kaum ein eklatanteres Beispiel für die Zielstrebigkeit, mit der die US Regierung versuchte, die Ureinwohner nicht etwa zu integrieren, sondern zu vernichten, als den Nez Percé Feldzug.

Die Nez Percé Indianer waren friedfertige Leute. Sie bewohnten im Nordwesten der USA einige Täler der Rocky Mountain Region. Sie ernährten sich von der Jagd und vom Fischfang. Das Land, in dem sie heimisch waren, war reich an wilden Früchten und Gemüse. So lebten die Nez Percé in Freiheit, Frieden, Glück und Wohlstand, bis sie mit der Gewalttätigkeit der meistenteils in der europäischen Gesellschaft erübrigten und ausgestoßenen Neuamerikaner konfrontiert wurden.

Im Jahre 1805 stöberten die amerikanischen Entdecker Lewis und Clark auf ihrer transkontinentalen Expedition die Nez Percé auf, und Meriwether Lewis schrieb in sein Tagebuch: »Dies sind die friedlichsten und intelligentesten Indianer, die mir je begegnet sind. Sie werden die Amerikaner mit offenen Armen empfangen und sich als zuverlässige Freunde erweisen.« – Lewis sollte recht behalten. Über 70 Jahre lang waren die Nez Percé Freunde der USA. Ein Teil der Stämme wurde zu Christen, baute Schulen und Kirchen, druckte unter Anleitung der Missionare ein eigenes Zivil- und Strafgesetzbuch im Sinne der USA und war drauf und dran, »Amerikaner« zu werden. Sie betrieben Ackerbau und Viehzucht, beteiligten sich nebenbei jenseits der Berge in den Prärien von Montana an der Büffeljagd und ließen sich in diesen siebzig Jahren systematisch von ihren »weißen Freunden« ausbeuten, betrügen, bestehlen und bevormunden. Sie unterzeichneten einige als Friedensverträge getarnte Landkaufverträge und verloren dadurch nach und nach ihre Heimat. Sie sahen zu, wie die Weißen aus ihrem Land innerhalb weniger Jahre für Millionen Dollar Gold abtrugen. Sie wehrten sich nicht dagegen, daß sich überall, wo es Gras und Wasser gab, weiße Farmer ansiedelten. Die meisten von ihnen zogen in die Reservation, als es in ihrem Land sonst nirgendwo mehr Platz für sie gab. Sie waren stolz darauf, von sich behaupten zu können, daß kein Nez Percé jemals das Blut eines weißen Mannes vergossen hatte.

1877, ein Jahr nach der legendären Custer Schlacht, sahen sich diese Nez Percé plötzlich einer Gefahr ausgesetzt, mit der sie nie gerechnet hatten. Aus dem zwielichtigen weißen Freund war plötzlich ein offener Feind geworden. Er trug Uniform und war für einen Krieg bestens ausgerüstet.

Die letzten Stammesgruppen der Nez Percé, die noch außerhalb der Reservation lebten, sollten gezwungen werden, sofort mit dem gesamten Hab und Gut ihre heimatlichen Täler zu verlassen und in das Lapwai Reservat zu ziehen. Chief Joseph wurde zu Verhandlungen gezwungen.

Dieser Joseph, der Häuptling der Wallowa Nez Percé, ist zweifellos eine bedeutende Persönlichkeit. Nur wenige Menschen haben länger und hartnäckiger um ihre Freiheit und die Freiheit ihres Volkes gekämpft als er. Während der Flucht vor der Armee tat er es als Krieger und Beschützer seines Volkes, für das er als Häuptling verantwortlich war. Nach der Kapitulation kämpfte er in der Gefangenschaft weiter. Die Waffe, die ihm blieb, war das Wort. Joseph gilt heute als einer der begabtesten und bedeutendsten Redner der roten Rasse. Im Jahre 1879 reiste Joseph als Vertreter seines Volkes nach Washington D. C., um für die wenigen Nez Percé, die vom Unterdrückungs- und Ausrottungsapparat noch nicht vernichtet worden waren, wenigstens die fundamentalsten Menschenrechte zu erbitten. Auf dem Weg nach Washington erzählte er seine Geschichte einem Journalisten des Magazins »THE NORTH-AMERICAN REVIEW«. Sie wurde im gleichen Jahr unter dem Titel »An Indian's Views of Indian Affairs – Chief Joseph's Own Story« veröffentlicht und erregte großes Aufsehen.

Um das Ausmaß des an ihm und seinem Volk verübten Verbrechens klar darzustellen, habe ich in diesem Buch Josephs Geschichte, wie er sie erzählt hat, vorangestellt und nahezu vollständig und chronologisch wiedergegeben und mit Zwischentexten versehen, wo es notwendig erschien, sie zu ergänzen.

Joseph

Josephs Geschichte

Meine Freunde, man hat mich gebeten, mein Herz zu offenbaren. Ich bin glücklich, daß dies mir erlaubt ist, denn es ist schon lange mein Wunsch, daß die Weißen mein Volk verstehen lernen. Einige von euch denken, ein Indianer ist ein wildes Tier. Das ist ein großer Irrtum. Ich will euch alles über mein Volk erzählen, und dann könnt ihr entscheiden, ob wir Menschen sind oder nicht. Ich glaube, viel Ärger und viel Blutvergießen könnte verhindert werden, wenn sich Menschen die Mühe machen würden, einander verstehen zu lernen. Deshalb erzähle ich euch auf meine Art, wie Indianer die Dinge sehen. Ihr habt zwar mehr Worte, um euch darzustellen, aber es braucht deren wenige, um die Wahrheit zu sagen. Was ich euch erzählen werde, kommt aus meinem Herzen, und ich werde mit gerader Zunge sprechen. A-cum-kin-i-ma-me-hut, der Große Geist, sieht mich und er wird alles hören, was ich sage.

Mein Name ist Heinmoot-tooyalaket, in eurer Sprache bedeutet es: Donner, der durch die Berge rollt. Ich bin von der Wal-lam-wat-kin-Bande der Chute-pa-lu, oder Nez Percé Indianer. Ich bin in Ost-Oregon geboren, vor ungefähr 38 Wintern. Mein Vater war vor mir der Häuptling dieses Stammes. Als er noch ein junger Mann war, wurde er von Missionar Spalding auf den Namen Joseph getauft. Er starb erst vor wenigen Jahren, und als er starb, waren seine Hände unberührt vom Blut der Weißen. Er hinterließ einen guten Namen auf dieser Welt. Und er hat mich zum Wohle unseres Volkes beraten.

Unsere Väter gaben uns viele Gebote, die sie von ihren Vätern gelernt hatten. Es waren gute Gebote. Sie sagten uns, daß wir alle Menschen so zu behandeln haben, wie diese uns behandeln; – daß wir nie als erste einen Handel brechen sollen; – daß es eine Schande ist, jemanden zu belügen; – daß wir immer die Wahrheit sagen sollen; – daß es unehrenhaft ist, die Frau eines andern zu begehren oder dessen Hab und Gut zu nehmen, ohne dafür zu bezahlen. Wir wurden zu glauben gelehrt, daß der Große Geist alles sieht und hört, und daß er nie vergißt, und daß er nach dem irdischen Leben jedem ein Heim für Geist und Seele gibt, demjenigen, der ein guter Mensch war, ein schönes Heim und demjenigen, der ein schlechter Mensch war, ein schlechtes. Dies sind die Gebote, an die ich und mein ganzes Volk glauben.

Wir hatten keine Ahnung von der Existenz anderer Völker, bis vor ungefähr hundert Wintern ein paar bleichgesichtige Menschen in unser Land kamen. Sie brachten viele Dinge mit, die sie gegen Felle und Häute eintauschen wollten. Sie brachten Tabak, und Tabak kannten wir bis dahin nicht. Sie brachten Steinschloßgewehre, vor denen sich unsere Frauen und Kinder fürchteten. Wir konnten mit diesen weißgesichtigen Menschen nicht reden, aber wir unterhielten uns mit Handzeichen, die alle verstanden. Diese Männer waren Franzosen, und sie waren es, die uns Nez Percé nannten, weil einige von uns Ringe als Schmuckstücke in den Nasen trugen.

Nez percé bedeutet durchbohrte Nase. Die Nez Percé Indianer nannten sich selbst Nimipu, Kamuinu oder Tsutpeli. Jeder dieser drei Namen entstammt der Shahaptian Sprachgruppe und bedeutet einfach *Das Volk*. Im Laufe der Zeit akzeptierten die Nez Percé den französischen Namen, gebrauchten aber eine amerikanische Betonung, die ungefähr klingt wie: nes pörs.

Obwohl heute nur noch einzelne von uns diese Nasenringe tragen, werden wir immer noch Nez Percé genannt. Die französischen Trapper erzählten unseren Vätern viel, was wir in unseren Herzen aufbewahrt haben. Vieles, was sie sagten, war gut für uns. Vieles aber war schlecht. So kam es unter uns zu Meinungsverschiedenheiten über diese Männer. Einige von uns dachten, daß diese Männer eher böse als gute Absichten mit uns hätten.

Ein Indianer respektiert einen mutigen Mann, aber er verachtet einen Feigling. Er liebt eine gerade und haßt eine gespaltene Zunge. Die französischen Trapper erzählten uns einige Wahrheiten und einige Lügen.

Die ersten Amerikaner, die in unser Land kamen, waren Lewis und Clark. Sie brachten auch viele Dinge, die wir zum ersten Mal sahen. Sie redeten mit gerader Zunge, und wir gaben ihnen zu Ehren ein großes Fest, wodurch wir ihnen unseren Respekt zeigten. Diese Männer waren gut. Sie machten unseren Häuptlingen Geschenke, und wir beschenkten sie ebenso. Wir besaßen damals schon ziemlich viele Pferde, die wir ihnen schenkten, weil sie Pferde dringend brauchten, um weiterzukommen. Dafür gaben sie uns Tabak und Gewehre, Pulver und Blei. Alle Nez Percé wurden Freunde dieser Männer, und wir waren uns einig, Lewis und Clark ungehindert durch unser Land ziehen zu lassen und nie gegen die Weißen Krieg zu machen.

Dieses Versprechen haben wir nie gebrochen. Kein Weißer kann uns je der Hinterhältigkeit beschuldigen, ohne daß er lügen müßte. Es gehörte immer zum Stolz eines Nez Percé, der Freund des Weißen Mannes zu sein.

Mein Vater war noch ein junger Mann, als ein anderer Weißer Mann in unser Land kam und von seinen religiösen Gesetzen sprach.

Der erste weiße Missionar, der vom ›Kollegium amerikanischer Missionare‹ ausgeschickt wurde, um die Nez Percé Gegend auszukundschaften, war Reverend Samuel Parker. Sechs Monate blieb er als Gast bei den Indianern. Dann reiste er ab und erzählte daheim von ausgiebigen Jagdgründen. Schon im nächsten Jahr, am 6. Juli 1836, kamen die Missionare Henry Harmon Spalding und Marcus Whiteman ins Land. Sie brachten ihre Frauen und einige Wagenladungen ›Notwendigkeiten‹ mit. Am Green River wurden sie von einer Abordnung der Nez Percé herzlich empfangen, und bald darauf hatte Whiteman seine Mission beim Indianerdorf Waiilaptu.

Spaldings Mission befand sich mitten im Nez Percé Gebiet, und der Missionar sollte später eine wichtige Rolle in der tragischen Geschichte des Stammes übernehmen, während Whiteman im Jahre 1847 mit seiner Frau Narcissa und 11 Missionsangestellten von aufgebrachten Cayuse Indianern umgebracht wurde.

Spalding erkannte bald, daß die Nez Percé als Büffeljäger und Lachsfischer in der Zukunft kaum eine Überlebenschance hatten. Spalding wollte aus ihnen bibeltreue Farmer machen. Auf der Missionsstation entstanden eine Getreidemühle, eine Schmiede und eine Sägemühle. In Kamiah wurde eine zweite Missionsstation errichtet, und immer mehr Nez Percé Indianer ließen sich von Spalding taufen. Unter ihnen ein paar einflußreiche Stammesmitglieder.

Erst als sich die presbyterianische und die römisch-katholische Kirche um die Vorherrschaft im nordwestlichen Indianergebiet stritten, erhoben sich Stimmen unter den Indianern, die zur Rückkehr zum alten Glauben aufriefen.

Spalding gewann die Liebe unseres Volkes, weil er uns aus der Seele sprach. Am Anfang sagte er nie etwas darüber, daß Weiße unser Land besiedeln wollten. Er hütete sich davor, dies zu sagen, bis ein paar Weiße plötzlich einfach in unser Land kamen und sich breitmachten, indem sie Häuser und Farmen bauten. Das war vor ungefähr zwanzig Wintern.

Nun, am Anfang beschwerten wir uns noch nicht einmal darüber. Wir dachten, daß es auf der Welt genug Platz gibt für alle, um in Frieden miteinander zu leben. Außerdem zeigten uns die Weißen einige Dinge, von denen wir dachten, daß sie ganz nützlich wären. Aber schon bald merkten wir, daß die Weißen in unserem Land schnell reich wurden, und je reicher sie wurden, desto hungriger wurden sie, und schon bald wollten sie alles haben, was die Nez Percé besaßen. Mein Vater war der erste, der die Maske der Weißen klar durchschaute. Er warnte die Nez Percé davor, mit den Weißen zu handeln. Er war ganz einfach mißtrauisch gegenüber Menschen, die so verbissen darauf aus waren, Geld zu machen. Ich war damals noch ein kleiner Knabe, aber ich kann mich gut an Vaters Warnungen erinnern. Er hatte schärfere Augen als die anderen unseres Stammes.

Der nächste, der zu uns kam, war ein weißer Offizier, der alle Nez Percé zu einer Vertragsverhandlung einlud.

Im Jahre 1853 wurde Major Isaac I. Stevens zum Gouverneur des Washington Territoriums gewählt. Stevens hatte längst erkannt, daß die Zivilisation im Nordwesten sich nur dann ungestört ausbreiten konnte, wenn man die friedfertigen Indianer dazu brachte, ihr Land zu verkaufen. Hierzu waren Versammlungen notwendig, bei denen den Indianern fertige Verträge vorgelegt werden konnten, die sie nur zu unterzeichnen brauchten. Stevens wurde ein regelrechter Vertragsreisender, der allein im Jahre 1855 immense Ländereien einheimste, indem er bei allen Stämmen seines Territoriums Versammlungen abhielt. Am 23. Mai 1855 kam Gouverneur Stevens mit seinem Gefolge nach Walla Walla, wo ein neues Fort stand. Dort richtete er seine Zelte auf, und am nächsten Tag erschienen die eingeladenen Nez Percé Häuptlinge an der Spitze von ca. 2500 Stammesmitgliedern. Auch die Nachbarstämme, die Cayuse, die Yakimas, die Umatillas und die Walla Wallas schickten ihre Delegationen. Insgesamt lagerten über 5000 Indianer um Stevens' Zelte herum.

Nachdem die Verhandlung eröffnet war, sprach dieser Offizier zu unseren Leuten. Er sagte, daß in diesem Land schon sehr viele Weiße lebten und daß in nächster Zeit noch viel mehr Weiße kommen würden, um ebenfalls hier zu leben. Deshalb, so sagte er, wolle er das Land mit Grenzen markieren, so daß die Weißen und die Indianer getrennt voneinander leben könnten. Das sei wichtig, wenn alle in Frieden leben wollten, sagte er, und die Indianer würden ein Stück von diesem Land bekommen, in dem sie zu bleiben hätten.

Mein Vater, der seinen Stamm repräsentierte, weigerte sich, mit diesem Handel etwas zu tun zu haben. Er wünschte, ein freier Mann zu sein. Er sagte, daß kein Mensch dazu berechtigt sei, überhaupt ein Stück der Welt zu besitzen, und deshalb könne er auch nicht verkaufen, was ihm nicht gehörte.

Aber Mister Spalding, der Missionar, nahm meinen Vater bei der Hand und sagte: ›Komm, mein Sohn, unterschreibe den Vertrag.‹ Mein Vater stieß ihn weg und sagte: ›Wie kommst du dazu, von mir zu verlangen, daß ich mein Land jemand anderem überschreibe? Deine Sache ist es, uns von deiner Religion zu erzählen, und nicht, uns um unser Land zu betrügen!‹ Auch Gouverneur Stevens versuchte meinen Vater zu bereden, den Vertrag zu unterschreiben, aber mein Vater weigerte sich: ›Ich werde dieses Papier nie unterschreiben!‹ rief er. ›Du kannst gehen, wohin du willst, und ich gehe, wohin ich will. Du bist kein Kind mehr und ich bin kein Kind mehr. Ich kann für mich selber denken. Kein anderer Mann kann für mich denken. Ich habe keine andere Heimat als diese, und die werde ich mir von niemandem wegnehmen lassen. Mein Volk würde heimatlos sein. Nimm dein Papier weg! Ich werde es mit meiner Hand nicht berühren!‹

Der bei den Walla Walla Verhandlungen abgeschlossene Vertrag trug die Unterschriften von 56 Häuptlingen der verschiedenen Stämme. Zu ihnen gehörte auch Tu-ela-kas, Josephs Vater, der von den Weißen Old Joseph genannt wurde. Warum Joseph 1879 behauptet, sein Vater hätte den Vertrag nicht unterschrieben, ist nicht bekannt. Es ist möglich, daß er den Walla Walla Vertrag mit dem 1863 abgeschlossenen Vertrag verwechselte, es ist aber auch möglich, daß Old Josephs Unterschrift, ein Kreuz, nicht von ihm auf den Vertrag gezeichnet wurde. Tatsache ist, daß der Vertrag vier Jahre später ratifiziert wurde. Der Walla Walla Vertrag zählt nicht zu den übelsten Verträgen zwischen Indianern und Weißen, obwohl die Indianer durch ihn unermeßliche Teile ihrer Heimat verloren. Als Gegenleistung sollten die Nez Percé – nebst Reservationsschulen inklusive Lehrer, einigen Sägemühlen, Getreidemühlen, Schmieden, Handlungen und mechanischen Werkstätten – 200 000 Dollar in jährlichen Abgaben erhalten, und den Oberhäuptlingen stand ein Jahresgehalt von 500 Dollar für die nächsten 20 Jahre zu. Aber die wichtigsten Klauseln für die Nez Percé waren Artikel II und Artikel III des Walla Walla Vertrages, in denen nicht nur die Reservationsgrenzen klar festgelegt wurden, sondern auch erklärt wurde, daß im restlichen Nez Percé Land Weiße nichts zu suchen hätten. Die Weide-, Fisch- und Jagdrechte sollten ausschließlich den Nez Percé Indianern vorbehalten bleiben.

Aber 1860, an einem bitterkalten Februarmorgen, fand ein Mann namens Elias Davidson Pierce, Prospektor aus Kalifornien, Gold im Clearwater Distrikt. Drei Jahre lang hatte Pierce mit den Nez Percé Handel getrieben, bis er ihr Zutrauen gewonnen hatte und sie ihm von Goldvorkommen in den Bergen erzählten. Der Goldrush auf das Nez Percé Gebiet setzte ein.

Über 10 000 Weiße stürmten den Clearwater Distrikt. Einige von Spalding zum christlichen Glauben erzogene Nez Percé Häuptlinge sahen plötzlich eine Chance, reich zu werden wie die Weißen. James Reuben zum Beispiel betrieb mit William Graig, einem Squawmann, eine Fähre. Andere bauten Zollbrücken, und wieder andere erhoben einfach an schwierigen Wagenpassagen Wegzoll. Orte schossen wie Pilze aus dem Boden, und obwohl den Goldsuchern das Land südlich des Clearwater River verboten war, drangen immer mehr von ihnen in die Nez Percé Gebiete ein und bedrängten die verschiedenen Indianerdörfer. Es kam zu ersten Gewalttaten von Weißen an Indianern. Am 21. Juni 1862 war im *Washington Statesman* ein Artikel abgedruckt, in dem von drei Nez

Percé Indianern berichtet wurde, die von betrunkenen Minern ermordet worden waren. Die Nez Percé Häuptlinge verlangten nach Gerechtigkeit, aber sie wurden nicht gehört. Im Gegenteil, eine *Boise* Zeitung empfahl, mit Pockenbakterien verseuchte Decken unter die Indianer zu verteilen. Die Spannung im Nez Percé Gebiet wuchs, aber die Nez Percé verhielten sich besonnen und verlangten nur nach einer neuen Versammlung, in der Schwierigkeiten auf eine friedliche Art beigelegt werden konnten.

1863 war die nächste Vertragsverhandlung. Ein Häuptling, der Lawyer (Anwalt) genannt wurde, weil er ein großer Redner war, übernahm bei dieser Versammlung den Vorsitz und verkaufte fast das gesamte Nez Percé Land. Mein Vater, der auch dieser Versammlung fernblieb, sagte damals zu mir: ›Wenn immer du mit Weißen verhandelst, denk an deine Heimat. Verschenke nie deine Heimat! Die Weißen werden immer versuchen, euch um eure Heimat zu betrügen. Ich habe nie Geschenke oder Bezahlungen von den Vereinigten Staaten genommen. Ich habe nie unser Land verkauft!‹ Das sagte mein Vater damals, als Lawyer, ohne dazu berechtigt zu sein, unsere Heimat, das Wallowa Tal, verkaufte. Das Wallowa Tal gehörte seit ewigen Zeiten dem Stamm meines Vaters. Keine anderen Indianer und keine anderen Stammesabteilungen haben je Anspruch auf das Wallowa Tal erhoben.

Um allen Leuten genau zu zeigen, wieviel Land wir als unsere Heimat bezeichneten, ließ mein Vater mit Pfählen eine Grenze abstecken. Und er sagte: ›Innerhalb dieser Grenze ist die Heimat meines Volkes. Die Weißen können meinetwegen das Land außerhalb in ihren Besitz nehmen. Innerhalb dieser Grenze sind alle meine Leute geboren worden. Sie umgibt die Gräber unserer Väter, und wir werden diese Grabstätten niemals und niemandem aufgeben.‹

Nun, die Vereinigten Staaten von Amerika behaupteten, sie hätten alles Nez Percé Land rund um die Lapwai Reservation herum von Lawyer und anderen Häuptlingen gekauft. Trotzdem lebten wir weiter in unserem Wallowa Tal in Frieden. Vor acht Jahren aber kamen Weiße, die sich nicht an die Grenzen, die mein Vater gesteckt hatte, hielten und einfach in unser Land kamen. Wir machten diese Weißen auf das Unrecht aufmerksam, aber sie kümmerten sich nicht darum und blieben. Dadurch kam unter uns ein bißchen böses Blut in Wallung. Die Weißen aber erzählten sofort überall herum, wir wollten Krieg machen. Sie erzählten sowieso laufend viele Dinge herum, die nicht richtig waren.

Die Regierung der Vereinigten Staaten rief uns sofort zu einer neuen Versammlung zusammen. Mein Vater war zu jener Zeit schon schwach und blind. Deshalb konnte er nicht mehr für seinen Stamm sprechen. Damals übernahm ich meines Vaters Amt und Würde als Häuptling. Und an dieser Versammlung hielt ich meine erste Rede vor den Weißen. Ich sagte zu dem Agenten, der die Versammlung abhielt:

›Eigentlich wollte ich dieser Versammlung fernbleiben, aber ich kam in der Hoffnung, Blutvergießen zu verhindern. Ihr Weißen, ihr habt kein Recht, uns unsere Heimat wegzunehmen. Wir haben nie Geschenke eurer Regierung akzeptiert. Weder Lawyer noch andere Häuptlinge waren berechtigt, dieses Land zu verkaufen. Es gehörte schon immer meinem Volk. Wir bekamen es, rein wie es ist, von unseren Vätern, und wir werden dieses Land verteidigen, solange ein Tropfen Indianerblut die Herzen unserer Männer wärmt!‹

Daraufhin sagte der Agent, daß ihm vom Großen Weißen Häuptling in Washington der Befehl für uns gegeben wurde, sofort unser Wallowa Tal zu verlassen und in die Lapwai Reservation zu ziehen. Wenn wir das tun würden, wäre uns in vielen Dingen große Hilfe sicher.

›Ihr müßt zur Agentur ziehen und euch dort melden‹, sagte er zu uns. Ich erwiderte darauf: ›Das werde ich nicht tun! Ich kann ganz gut auf eure Hilfe verzichten. Wir haben alles, was wir zum Leben brauchen, und wir sind zufrieden und glücklich, wenn man uns allein und in Frieden läßt. Diese Reservation ist zu klein für alle unsere Leute mit ihrem Vieh und den Pferden. Ihr könnt eure Geschenke behalten. Wir sind in der Lage, in eure Städte zu kommen und das, was wir brauchen, zu kaufen. Wir haben genug Rinder und Pferde, die wir verkaufen können. Eure Hilfe brauchen wir nicht. Wir sind frei! Wir können gehen, wohin wir wollen. Unsere Väter wurden hier geboren. Hier lebten sie und hier sterben sie. Hier sind ihre Gräber. Wir werden sie nie verlassen.‹

Nach dieser Versammlung ging der Agent fort, und für eine Weile hatten wir Frieden.

Kurze Zeit nach dieser Versammlung ließ mein Vater mich zu sich rufen. Ich sah sofort, daß er im Sterben lag. Ich nahm seine Hand in meine Hände. Er sagte: ›Mein Sohn, Mutter Erde will meinen Körper zurückhaben, und mein Geist wird bald auf dem Weg sein, um den Großen Geist zu sehen. Wenn ich fort bin, denk an deine Heimat. Du bist der Häuptling dieses Volkes. Für diese Menschen hier bist du der Führer. Denk immer daran, daß dein Vater dieses Land nie verkauft hat. Verschließe deine Ohren, wenn du gefragt wirst, einen Vertrag zu unterzeichnen. In wenigen Jahren werden rundherum überall Weiße sein. Und sie werden die Klauen nach diesem Land ausstrecken. Mein Sohn, vergiß nie meine Sterbeworte. Dieses Land hält den Körper deines Vaters. Verkaufe nie die Gebeine deines Vaters und deiner Mutter!‹

Ich drückte die Hand meines Vaters und versprach ihm, daß ich sein Grab mit meinem Leben beschützen werde. Mein Vater lächelte und starb.

Ich beerdigte meinen Vater im wunderschönen Wallowa Tal. Ich liebe dieses Land mehr als alles andere dieser Welt. Und ein Mann, der das Grab seines Vaters nicht in Ehren hält, ist schlimmer als ein wildes Tier.

Für kurze Zeit nach dem Tode meines Vaters lebten wir in Frieden. Aber dieser Frieden konnte nicht bestehen. Weiße fanden Gold auch in den Bergen rund um das Wallowa Tal. Sie kamen und sie stahlen viele Pferde von uns, die wir nicht zurückholen durften, weil wir Indianer waren. Die Weißen beruhigten ihr Gewissen, indem sie sich über uns lauter Lügen erzählten. Aber sie stahlen Vieh von uns. Einige von ihnen brändeten unsere Kälber und wurden dadurch rechtmäßige Besitzer von Kälbern, die wir gezüchtet hatten. Wir hatten niemanden, der unser Anliegen vor Gericht vertreten hätte. Wir hatten plötzlich keine Freunde mehr. Es war mir, als ob einige Weiße, die in der Gegend lebten, all diese Ungerechtigkeiten in der Absicht begingen, einen Krieg anzuzetteln. Sie wußten, daß wir für einen Krieg nicht gerüstet und nicht stark genug waren. Ich arbeitete hart, um einen Krieg zu verhindern. Wir gaben einen Teil unserer Heimat auf, weil wir hofften, dann in Frieden leben zu können. Das war ein Irrtum. Die Weißen ließen uns nicht allein. Wir hätten uns jederzeit an den Weißen für das uns zugefügte Unrecht rächen können, aber wir taten es nicht. Im Gegenteil, wann immer die Regierung unsere Hilfe brauchte, um andere Indianerstämme zur Ruhe zu bringen, gewährten wir ihr diese Hilfe. Dabei hätten wir damals, als die Weißen noch wenige an der Zahl waren, leicht alle töten können. Aber wir dachten nicht einmal daran, denn wir waren für den Frieden erzogen.

Ich weiß, daß der alte Vertrag zwischen uns und euch nie richtig dargestellt wird. Wenn wir dieses Land jemals besessen haben, dann besitzen wir es auch noch heute, da wir es nie verkauft haben. In verschiedenen Versammlungen haben die Regierungsabgeordneten behauptet, das Land wäre an die Regierung verkauft worden. Nehmen wir einmal an, ein Weißer käme zu mir und würde sagen: ›Joseph, deine Pferde sind gut und ich möchte sie kaufen.‹ Ich sage zu ihm: ›Nein, ich mag meine Pferde und will sie nicht verkaufen.‹ Daraufhin geht der Weiße zu meinem Nachbarn und er sagt zu ihm: ›Joseph hat ein paar gute Pferde. Ich will sie kaufen, aber er weigert sich.‹ Mein Nachbar erwidert: ›Gib mir das Geld, und ich verkaufe dir Josephs Pferde.‹ Kurze Zeit später kommt der Weiße zurück und sagt: ›Joseph, ich habe deine Pferde gekauft, und jetzt mußt du sie mir überlassen.‹ Wenn wir jemals unser Land verkauft haben, nun, dann hat es die Regierung genau auf diese Art gekauft.

Gestützt auf den Vertrag, den andere Stämme der Nez Percé unterzeichnet haben, erhebt ihr Anspruch auf meine Heimat. Wir wurden durch Weiße, die sich nie an die Grenzen meines Vaters gehalten haben, arg in Bedrängnis gebracht. Einige dieser Männer sind nicht bösen Willens, und mit diesen leben wir in Frieden. Aber es gibt andere, und die sind nicht gut.

Fast jedes Jahr kam der Agent von Lapwai in unser Tal und befahl uns, in die Reservation zu ziehen. Wir erwiderten ihm jedesmal, daß wir mit dem Wallowa Tal völlig zufrieden wären. Und wir waren vorsichtig genug, auf die Geschenke und die Rationen zu verzichten, die er uns anbot.

Da im Wallowa Tal kein Gold gefunden wurde, hatte Josephs Stamm wenig Ärger mit Prospektoren. Auch für den Ackerbau war das zerklüftete Gebiet ungeeignet. Aber dann kamen die Viehzüchter, und sie entdeckten die Wiesen des Wallowa Tales als saftige Sommerweiden für ihre Rinder. Es ist eine Tatsache, daß einige Zeitungen auf Druck von Regierungsmitgliedern des Staates Oregon die Viehzüchter dazu trieben, von den Wallowa Weiden Besitz zu ergreifen. Gouverneur Leonard A. Grover trat offiziell dafür ein, die Wallowa Nez Percé in eine Reservation umzusiedeln, damit das Wallowa Tal und das Imnaha Tal für die Viehzüchter freigemacht würden. Joseph protestierte gegen die eindringenden Viehzüchter bei der Regierung, und diese schickte erst einmal den Indianeragenten John B. Monteith in das Wallowa Gebiet, um den Fall zu untersuchen. Monteith wurde vom Superintendenten für indianische Angelegenheiten des Staates Oregon begleitet, und als erstes wurde eine Versammlung mit den von Joseph beschuldigten Viehzüchtern abgehal-

ten. Monteith und die Viehzüchter wurden sich darüber einig, daß die hochgelegenen Täler selbst für wetterfeste Rinder die meiste Zeit des Jahres als Weideplätze ungeeignet wären, und Monteith schickte einen Rapport an die Regierung in Washington, in dem er vorschlug, ein genau umrissenes Gebiet den Nez Percé als ständiges Jagdgebiet zu überlassen. Dieser Vorschlag wurde von der US Regierung akzeptiert, und US Präsident Grant unterschrieb am 16. Januar 1873 ein Dokument, das den Wallowa Nez Percé ein Stück Land von 1425 Quadratmeilen auf ewige Zeiten zusicherte, allerdings umfaßten diese 1425 Quadratmeilen nicht das von Monteith vorgeschlagene Gebiet, sondern ein Stück Land, das weder die Nez Percé noch die Viehzüchter haben wollten. Joseph bat den Agenten Monteith, sein Anliegen selbst in Washington vortragen zu dürfen, aber Monteith wies die Bitte zurück. Schließlich, im Jahre 1875, zwei Jahre nachdem der Präsident das erste Dokument unterzeichnet hatte, setzte er seine Unterschrift unter das zweite, indem das gesamte Wallowa Gebiet wieder zur Besiedlung freigegeben wurde.

Während all der Jahre, seit die Weißen in unser Land gekommen waren, wurden wir von ihnen und von den Vertrags Nez Percé bedroht und bedrängt. Sie gönnten uns niemals eine Pause. Wir hatten ein paar gute Freunde unter euch Weißen, und sie haben uns immer geraten, diese Drohungen und dieses Unrecht kampflos hinzunehmen. Aber unter unseren Männern gibt es auch solche von reizbarem Temperament, und ich hatte oft große Mühe, diese Männer davon abzuhalten, unüberlegte Dinge zu tun. Ich trug während der ganzen Zeit eine schwere Last auf meinen Schultern, schon seit ich ein Knabe war, denn als Knabe lernte ich, daß wir nur wenige sind, während es ungezählte Weiße gibt, gegen die wir viel zu schwach waren. Wir waren wie Rehe. Die Weißen waren wie Grizzly Bären. Wir lebten in einem kleinen Land. Ihr Land war groß. Wir waren zufrieden damit, die Dinge so zu belassen, wie sie von Gott geschaffen wurden. Die Weißen waren nie zufrieden, und sie würden Flüsse und Berge verändern, wenn diese ihnen nicht passen würden, wie sie sind.
Jahr für Jahr wurden wir bedroht, aber es kam nie zu einem Krieg, bis General Howard in unser Land kam. Er behauptete, daß er der weiße Kriegshäuptling des ganzen Landes wäre. Und er sagte: ›Ich habe verdammt viele Soldaten hinter mir. Ich werde sie hierherbringen, und erst dann werde ich mich wieder mit euch unterhalten. Ich werde mich das nächste Mal nicht von den Weißen, die in diesem Land leben, auslachen lassen. Dieses Land gehört der Regierung, und ich werde euch zwingen, in die Reservation zu ziehen!‹

Viele Weiße jener Zeit verurteilten die Art, mit der die US Regierung die Wallowa Nez Percé behandelte. Selbst Regierungsabgeordnete sprachen sich für das Recht der Nez Percé auf ihr Wallowa Tal aus. Öffentliche Anschuldigungen wurden erhoben, und am 8. Januar 1876 erhielt General O. O. Howard, der für diesen Distrikt zuständig war, einen umfassenden Rapport von Major Henry Clay Wood, in dem unter anderem folgende Passage zu lesen ist:

›Die vertraglosen Nez Percé können rechtmäßig nicht an den Vertrag von 1863 gebunden werden.‹ Wood schrieb in seinem Bericht auch klar und deutlich, daß das umstrittene Gebiet nur durch einen freiwilligen Verzicht der Nez Percé oder aber durch einen Krieg ›erbeutet‹ werden könne. Aber Major Wood warnte gleichzeitig davor, übereilt zu handeln, denn die Öffentlichkeit war wachsam. ›Bis Joseph nicht irgendeinen kriegerischen Akt begeht, sollte auf jegliche Gewaltanwendung seitens der US Armee verzichtet werden.‹

Der kriegerische Akt, den die US Regierung brauchte, um einen Angriff auf Josephs Nez Percé zu rechtfertigen, sollte im April gleichen Jahres provoziert werden. Zwei Siedler namens McNall und Findley stürmten ein Nez Percé Jagdlager und beschuldigten einen Indianer des Pferdediebstahls. Der Indianer wies die Anschuldigung zurück, wurde aber von McNall tätlich angegriffen. Als er sich zur Wehr setzte, zog Findley seinen Revolver und erschoß ihn. Später fanden die Siedler ihre Pferde, die sich verlaufen hatten, aber Agent Monteith verzichtete darauf, Josephs Klage an die Regierung weiterzuleiten. Dadurch kam es im Wallowa Tal zwischen Siedlern und Josephs Nez Percé zu einer Auseinandersetzung, die in einer Belagerung der Siedler durch Josephs Nez Percé gipfelte. Joseph zog sich erst zurück, als eine Kompanie US Soldaten aufmarschierte.

Im Oktober 1876 stellte Zachary Chandler, der Innenminister, ein Untersuchungskomitee zusammen, das sich an Ort und Stelle um die Beilegung des leidigen ›Nez Percé Problems‹ bemühen sollte. General Howard und Major Wood gehörten dieser Kommission an, die nach ihren Untersuchungen ein Fünf-Punkte-Programm ausarbeitete, das im Jahre 1877 vom Minister für Indianerfragen bestätigt und an den Agenten in der Lapwai Reservation, J. B. Monteith, weitergeleitet wurde. Das Programm umfaßte folgende Punkte:

1. Die Führer des ›Träumer Glaubens‹ müssen sofort in ihre Agenturen zurückgebracht, festgehalten oder in das Indianer Territorium (heutiges Oklahoma) verbannt werden.
2. Die Besetzung des Wallowa Tales durch US Truppen sollte sofort

befohlen werden, während der Agent für Josephs Dorf auf freiem Reservationsgelände einen Platz bereithalten soll.

3. Falls die Nez Percé sich nicht freiwillig und in der ihnen vorgeschriebenen Zeit in der Reservation niederlassen würden, sollte Gewalt angewendet werden, um sie aus dem Wallowa Tal zu vertreiben.

4. Jede von Indianern verschuldete Unstimmigkeit erfordert sofortigen Einsatz von Gewalt.

5. Andere ›Nontreaty‹-Indianer sollen von den verschiedenen Agenturen wie oben erwähnt behandelt werden. Der Lapwai Indianer-Agent soll sofort voll instruiert werden, damit er diese Vorschläge umgehend ausführen kann, selbstverständlich mit der Unterstützung des Armeekommandanten dieses Departements.

Ich machte Einwendungen gegen die Absicht General Howards, noch mehr Soldaten in das Nez Percé Land zu bringen. Immerhin hatte er damals schon ein ganzes Haus voll von Soldaten in Fort Lapwai.

Aber im nächsten Frühjahr kam ein Nez Percé Bote in das Wallowa Tal. Er war von General Howard ausgeschickt und sagte uns, daß General Howard zurückgekommen sei und uns zu sprechen wünsche. Ich war nicht in der Lage, der Aufforderung General Howards Folge zu leisten, schickte aber meinen Bruder und fünf andere Persönlichkeiten unseres Stammes hin, und sie unterhielten sich lange mit dem General.

General Howard sagte zu ihnen: ›Ich weiß jetzt, daß ihr keine Lügen erzählt habt. Ihr könnt im Wallowa Tal bleiben.‹ Dann bestand er darauf, daß mein Bruder und die anderen Männer nach Fort Lapwai kämen. Und als sie dort waren, schickte General Howard Boten zu allen Indianerstämmen und rief die Häuptlinge zu einer großen Versammlung zusammen. An dieser Versammlung nahm ich dann teil.

Teil I
Vor dem Krieg

1
Der Squawman

Er hieß Arthur Chapman und er hatte sich ein Nez Percé Squaw zur Frau genommen. Seither gab es ein paar Leute, die ihm aus dem Wege gingen, obwohl er jetzt, nachdem er verheiratet war, wenigstens ab und zu ein sauberes Hemd trug. Sie sorgte gut für ihn und er machte ihr ein Kind. Als das Kind da war, kamen ihre Mutter und ihre Großmutter, und Chapman wünschte sich manchmal, wieder allein zu sein.

Es hatte aufgehört zu regnen, als die Soldaten zu Chapmans Haus kamen. Seit zwei Wochen schien zum ersten Mal die Sonne, und es war fast warm genug, die Hemdärmel hochzurollen. Im Haus stritten sich die drei Weiber, und die Stimme seiner Schwiegermutter übertönte das Geschnatter der Alten, die keine Zähne und fast keine Haare mehr hatte. Sie stritten sich um Jeffrey, der seine ersten Zähne bekommen sollte. Und die Schwiegermutter behauptete, daß Babies, die auf einem Stück Rohhaut kauen, bessere Zähne entwickeln als diejenigen, die nur am Daumen lutschen. Die Alte aber kreischte dazwischen, und obwohl sie in allem immer besser Bescheid wußte, hatte sie keine Ahnung, wie man am Sonntagmittag ein krähendes Baby zum Schweigen bringen konnte.

Die Soldaten kamen, als Chapman mit einem Teller voll Stew zum Bach hinuntergehen wollte, wo er ungestört hätte essen können. Sie kamen den Karrenweg heraufgeritten, am Bach entlang und über den Platz, auf dem die Hunde in der Sonne schliefen und sich weder durch den Lärm im Haus noch durch die Soldaten stören ließen.

Die Soldaten wurden von James Reuben geführt, einem Nez Percé Indianer, der in der Nähe von Lapwai in der Reservation eine Farm hatte.

Chapman kannte ihn gut. Chapman erkannte auch Lieutenant Theller. Theller war neu im Land und gab sich Mühe, es zu verbergen. Wahrscheinlich hatte er sich aus diesem Grund vor dem Abritt nicht mehr rasiert. Chapman beobachtete ihn, wie er an der Spitze des Trupps zum Brunnen ritt. Dort ließ der Lieutenant anhalten, und er schob den Hut etwas aus der Stirn. Sein Gesicht war das eines Knaben, glatt, sauber und ehrlich. Ob er alt werden würde in diesem Land? Chapman hob die Schultern etwas an. Thellers Chancen waren nicht groß. Im Gegenteil, seit White Bird mit seinen jungen Kriegern nicht mehr fertig werden konnte, waren die Chancen von Lieutenant Theller, noch ein Jahr älter zu werden, ziemlich gering.

Reuben, der Nez Percé, wendete sein Pferd und ließ es steigen. Er wollte zeigen, daß er noch reiten konnte, obwohl er nicht mehr zur Jagd ausritt, sondern das Fleisch, das er brauchte, kaufte. Er trug derbe Schnürschuhe, eine braune, an den Knien geflickte und viel zu weite Stoffhose, ein schmutziges Baumwollhemd ohne Kragen und einen schwarzen Hut, in dem eine Truthahnfeder steckte. Reuben war ein gelehriger Schüler des Pfarrers Spalding gewesen, und das schien sich jetzt bezahlt zu machen.

»Ho, Bruder Chapman«, rief er herüber. Sein Englisch war fast akzentfrei, und obwohl Reuben wußte, daß Chapman die Sprache der Nez Percé perfekt beherrschte, redete er in letzter Zeit nur noch Englisch. »Ho, Bruder, du hast hier eine schöne Weiberwirtschaft!«

»Die streiten sich um Jeffrey«, sagte Chapman ruhig. »Was wollt ihr?« Chapman sah Lieutenant Theller an, der einen besorgten Blick zum Haus hinübergeworfen hatte. Theller zögerte einen Moment. Dann fragte er, ob er seine Leute absitzen lassen dürfe oder ob die Damen im Haus vielleicht dagegen irgendwelche Einwände hätten. »General Howard sagte, daß ich die Männer keinen Gefahren aussetzen soll, wenn es sich vermeiden ließe.«

»Die lärmen nur«, sagte Chapman lachend. »Die lärmen immer, wenn die Schwiegermutter mit ihrer Frau Mama da ist.«

»Ah«, sagte Theller und hob die Brauen. »Wissen Sie, Mister Chapman, ich bin wirklich froh darüber, daß meine Frau nicht darauf bestanden hat, ihre Mutter mit in den Westen zu nehmen.« Theller zeigte über seine Schulter, als wäre der junge Korporal, der hinter ihm auf einem Pferd saß, seine Frau. Chapman wußte, daß Theller erst vor wenigen

Monaten geheiratet hatte und seine Frau mit ihm nach Fort Lapwai gekommen war. Er schien eine gute Frau zu haben, dieser Theller. Man sah es ihm an. Wenn er von ihr sprach, wurde sein Gesicht noch weicher und er sah noch jünger aus. Aber er war nicht hergekommen, um von seiner Frau zu erzählen. Er sagte, daß ihn Howard geschickt habe. General O. O. Howard. »Sie sollen uns zu Joseph führen«, sagte Theller, nachdem er und seine Soldaten abgesessen waren und James Reuben in den Schuppen ging, wo er ein paar Tonkrüge mit Schnaps wußte. Chapman wollte ihn nicht daran hindern, denn ein Mann, der seinen Acker um die Reservationskirche angelegt hatte, kam selten dazu, sich ungestört vom Teufel versuchen zu lassen.

»Verstehen Sie, Mister Chapman? Es geht jetzt um das Leben der Siedler in diesem Land. Es geht um den Frieden.«

»Welchen Frieden?« fragte Chapman.

»Den Frieden zwischen Weiß und Rot, Mister Chapman. Wir haben Ollokot und ein paar andere Häuptlinge unten. Sie haben sich mal in der Reservation umgesehen. Sie haben gestaunt, sag ich ihnen. Ollokot wollte unbedingt einen Pflug führen. Und da haben wir zwei Pferde vor einen Pflug gespannt und er arbeitete den ganzen Nachmittag, pflügte mindestens vier Acres jungfräulichen Boden und wollte nicht mehr aufhören, bis es dunkel wurde. Aber dann kam einer von Looking Glass' Bande vorbei und rief ihm zu, er würde sich an dem Pflug die Finger verbrennen, und da hörte Ollokot auf und wir brachten ihn nicht mehr dazu, auch nur einen Spaten in die Hand zu nehmen. Aber sie sind nicht abgeneigt, in die Reservation zu kommen. Freiwillig, meine ich. Im Grunde genommen ist das ja sowieso keine Frage. Entweder sie kommen freiwillig, oder wir zwingen sie dazu. Und bevor wir Gewalt anwenden, da wollten wir doch noch einmal diesem Joseph eine Chance geben. Er soll Gelegenheit bekommen, sich alles genau anzusehen. Dann soll er sich entscheiden. Und ich bin sicher, daß er sich für den Frieden entscheiden wird.«

»Joseph schon«, sagte Chapman.

»Looking Glass auch«, sagte Theller. »Und White Bird, nun, ich weiß nicht, aber ich . . .«

»White Bird nicht«, sagte Chapman. »White Bird kriegt die Jungen nicht mehr unter Kontrolle.«

»Was meinen Sie damit, Mister Chapman?« fragte Theller.

Chapman hob die Hände. »Nichts«, sagte er und blickte zum Haus hinüber, in dem jetzt nur noch die Weiber lärmten. Jeffrey hatte es aufgegeben, obwohl er der einzige war, der tatsächlich einen Grund zum Brüllen hatte. »Lieutenant, ich wollte morgen früh sowieso ins Tal reiten. Mal nach guten Pferden sehen. Ich sag dann Joseph, daß er in Lapwai erwartet wird. Wenn er kommen will, kommt er. Wenn ich mit euch hochreite, dann kommt er nicht, das steht fest. Er hat Farmer und Cowboys in seinem Tal. Wenn ich Soldaten bringe, dann könnte es sein, daß mein Haus zuerst brennt.«

»Verstehe, Mister Chapman. Sie glauben also, daß die Lage tatsächlich ernst ist?«

»Keine Ahnung, was Sie unter ernst verstehen, Lieutenant.« Chapman nahm für einen Moment die Unterlippe zwischen die Zähne. »Ich reite ins Tal und rede mit Joseph. Seine Frau kriegt ein Kind. Ich weiß nicht, ob er sie allein läßt. Ich weiß überhaupt nicht, ob er noch einmal sein Tal verläßt. So oder so.«

»Er wird müssen, Mister Chapman.« Theller lächelte für einen Moment. »So oder so. Wir brauchen das Tal, verstehen Sie. Die Viehzüchter wollen dort ihre Rinder weiden lassen. Außerdem ist in der Reservation Platz für Josephs Indianer.«

»Ich weiß«, sagte Chapman. »Wollen Sie bis morgen hier bleiben, Lieutenant? Meine drei Weiber kochen zusammen ein hervorragendes Stew.« Theller sagte, daß er eigentlich gedacht hätte, sofort ins Wallowa Tal zu reiten, um Joseph nach Lapwai mitzunehmen. Aber wenn Chapman allein reiten wolle, würde er eigentlich auch keinen Grund sehen, den Ladies im Haus zur Last zu fallen. »Ein andermal bleiben wir gerne, Mister Chapman«, sagte er. »Vielen Dank. Ihre Einladung hat uns geehrt.«

Er schaute sich nach seinen Soldaten um, die am Bachufer im Gras lagen und sich von der Sonne aufwärmen ließen. Es war ein langer und harter Winter gewesen, und die Hunde, die überall lagen, trugen immer noch den Winterpelz.

»Korporal, wir sind in zwei Minuten abmarschbereit!« rief Theller seinem Korporal zu, der mit zwei braun-weißen Welpen spielte. Der Korporal rief: »Jawohl, Sir, in zwei Minuten, Sir!« Und er spuckte in den Bach, als er aufstand und seine Soldaten zusammenrief. In Chapmans und Thellers Rücken stahl sich der Spaldingschüler und ehemalige

Ministrant James Reuben mit einer Blechflasche voll Schnaps zu seinem Pferd und zog sich in den Sattel.

»Ein schönes Stück Land haben Sie hier, Mister Chapman«, sagte Theller und machte eine weite Armbewegung. »Guter Boden, nicht wahr? Und Wald an den Hängen. Täusche ich mich, oder liegt dort unten dem Felsen noch Schnee?«

»Ja, das ist Schnee«, sagte Chapman.

Er ließ den Lieutenant stehen und ging auf sein Haus zu, in dem Jeffrey wieder mit Brüllen angefangen hatte. James Reuben saß auf seinem Pferd und grinste von einem Ohr zum andern über das von Pockennarben entstellte Gesicht. »Hast den Schnaps gefunden, was?« sagte Chapman zu ihm.

»Uh-huh!« machte James Reuben. »Was sagst du da, Bruder? Schnaps? Ich weiß nichts von Schnaps. Das ist Teufelszeug!«

»Alter Gauner!« knurrte Chapman und ging ins Haus. Die drei Frauen waren in der Wohnküche und stritten sich über dem Korb, in dem Jeffrey lag und brüllte. Chapman nahm ihn aus dem Korb und ging mit ihm hinaus auf die Veranda. Es war Sonntagnachmittag, und Jeffrey brüllte nicht mehr, als er die Soldaten sah, die am Haus vorbeiritten. Theller salutierte, und James Reuben verlor fast das Gleichgewicht, als er seinen Hut lüftete, wie es sich für einen wohlerzogenen Reservationsindianer gehörte.

Chapman sah Theller und seinen Soldaten lange nach. Dann kam seine Frau, die früher einmal »Schwebt-wie-ein-Adler-durch-luftige-Höhen« geheißen hatte und dann auf den Namen Linda getauft wurde. Sie war ein hübsches Mädchen mit im Nacken aufgerollten Zöpfen. Eigentlich war sie dem Häuptlingssohn Tucallacasena versprochen gewesen, aber der Häuptlingssohn war nach einer Büffeljagd nicht rechtzeitig zurückgekehrt, und teils aus Wut, teils aus wirtschaftlichen Gründen hatten sich ihre Angehörigen dazu entschlossen, das holde Töchterlein einem Weißen zur Frau zu geben, der mehr als ein paar Pferde zu bieten hatte.

Chapman, ein angesehener Farmer in diesem Gebiet, bot einen Brückenwagen mit zwei ausgezeichneten Wagenpferden an, bekam aber das Mädchen erst, als er den Aufpreis von zwei Springfieldgewehren, vier Ballen Stoff und sechs Pfund Kaffee auch noch bezahlte. Seither hatte er mehr Verwandte, als er sich je gewünscht hatte, und ab und zu kamen sie scharenweise, um ihm, seiner Familie und vor allem seinem Schnaps die Ehre zu erweisen.

»Was denkst du?« fragte Linda plötzlich und hakte sich bei ihm unter. Sie war einen Kopf kleiner als er. Chapman legte ihr den Arm um die Schultern und erzählte ihr, daß ein General in Lapwai, ein großer weißer Kriegshäuptling, auf Joseph warten würde. Er sah, wie ihr Gesicht ernst wurde, nahm ihre Hand, und sie lachte und sagte etwas, was ihm nicht gefiel. Sie sagte: »Mutter weiß, daß die Soldaten kommen werden. Aber es ist keine Gefahr, Chapman.« Sie hob ihr Gesicht und die Sonne streichelte ihre Züge.

»Für wen ist keine Gefahr, Linda? Was meinst du damit?« Chapman warf einen Blick durch das Fenster neben der Tür. Er sah die Alte, wie sie mit ihrem zahnlosen Mund aufkreischte, während sie mit einer Holzkelle in einem Topf mit Maisbrei rührte. »Was hat die Alte gesehen, Linda?«

»Chapman«, sagte Linda, und sie nannte ihn immer Chapman, obwohl er den Vornamen Arthur hatte und sogar noch einen Mittelnamen, nämlich Isaac, »Chapman, meine Brüder und meine Freunde werden die Soldaten töten. Das hat Mutter gesagt, und sie hat es von der Großmutter, die in der Nacht alles gesehen hat. Ich wollte dir heute morgen schon davon erzählen, aber ich dachte, daß heute Sonntag ist und daß es dich vielleicht aufregen würde. Sonntag ist der Tag, an dem du dich nicht aufregen sollst, Chapman.«

»Schöner Sonntag«, erwiderte Chapman. »Hier, nimm Jeffrey. Aber versuch mal, ihm deine Mutter vom Leib zu halten. Ich glaube fast, der brüllt nicht wegen der Zähne, sondern wegen der beiden Weiber, die ihn dauernd tyrannisieren.«

Linda nahm das Baby, wiegte es in ihren Armen, und dann kam die Schwiegermutter auf die Veranda, unheimlich wuchtig gebaut, mit muskulösen Armen und einem Stiernacken. Der wulstige Hals steckte in ein paar Reihen Glasperlen, und an den Hand- und Fußgelenken trug sie kupferne Spangen. Chapman wußte nicht, wie alt sie war. Als sie zum Verandageländer kam, bogen sich unter ihr die Planken ächzend durch, und für einen Moment glaubte Chapman, das Haus würde sich nach vorn neigen. Selbstverständlich nahm sie Jeffrey sofort aus den Armen seiner Mutter, die hilflos ihre Schultern hob und dabei das Gesicht verzog. Zur Überraschung Chapmans brüllte Jeffrey nicht gleich los, sondern lallte etwas, was nur die Schwiegermutter verstehen konnte. Und sie antwortete ihm in der gleichen Sprache. »Blablablagrung-giligiligiligi.« Chapman war schon dabei, ihr Jeffrey einfach zu entreißen, als die Alte herauskam, und die war so alt, daß ihre Behauptung, Meriweather Lewis hätte sie unter einem Wasserfall vergewaltigt, wenigstens zeitlich nicht widerlegt werden konnte.

Chapman floh. Und hinter ihm fing Jeffrey mit seinem Gebrüll an, und sofort kreischte die Alte dazwischen und die Schwiegermutter übertönte mit ihrer Stimme die Tochter und die Mutter. Chapman floh hinunter zum Corral, fing sich eines der guten Pferde ein, sattelte es und ritt hinüber zum Schuppen. Ohne Proviant, aber mit einem Tonkrug voll Schnaps machte er sich auf den Weg in das Wallowa Tal, das er erst am nächsten Morgen erreichte. Die Nacht hindurch hatte er im Wurzelstock einer vom Sturm gefällten Fichte verbracht, windgeschützt zwar, aber bei einer Temperatur von unter Null Grad trotzdem frierend. Lange bevor er das Lager der Wallowa Nez Percé entdeckte, hatten ihn ein paar Pferdewächter ausgemacht, die ihre Herden an den Hängen weiden ließen. Und einer von ihnen brachte die Nachricht, daß Chapman unterwegs war, zu Joseph. Chapman wußte, daß sie ihn jetzt nicht mehr aus den Augen lassen würden, bis er wieder aus dem Tal heraus war. Die Zeiten hatten sich eben geändert. Früher, da hatte er kommen und gehen können. Früher waren sie ihm entgegengeritten, und er rauchte mit ihnen auf dem Weg ins Lager. Früher begegneten sie ihm ohne Mißtrauen, denn sie kannten ihn und sie wußten, daß er ein Mann war, dem man vertrauen konnte. Deshalb freuten sich auch alle mit ihm, als er eines ihrer Mädchen zur Frau nahm.

Jetzt war das anders. Jetzt beobachteten sie ihn, und keiner von ihnen kam, um ihn das letzte Stück zum See zu begleiten. Und die Mütter schickten ihre Kinder nicht, um ihn abzuholen, als er am Ufer entlangritt. Zwischen den Büschen hockten Knaben. Sie fischten und sie taten, als würden sie ihn nicht sehen, obwohl sein Spiegelbild vor ihnen im Wasser vorüberglitt, das vom Wind sanft gekräuselt wurde.

Chapman fühlte sich plötzlich sehr einsam, fast so einsam wie einer, der von einer langen Reise zurückkehrte und sich dort, wo er aufgewachsen war, nicht mehr auskannte.

Aber er war nur einen Winter lang nicht dort gewesen.

2
Wallowa

Ich habe nur ein Herz und eine Zunge. Auch wenn ihr noch so oft und laut sagt, »Geh doch in ein anderes Land«, kann ich die Stimme meines Herzens nicht überhören. Ich will mein Land nicht für Geld hergeben. Ich bin hier und ich will hier bleiben ... Ich will mich nicht vom Land trennen, und auch wenn ihr das nächste Mal herkommt, werde ich euch die gleiche Antwort geben: Ich will mich nicht von meinem Land trennen!

Umatilla-Häuptling 1891, in:
James Mooney, THE GOST DANCE RELIGION, 1896

Es ist lange nicht das beste Stück der Welt, das sich Josephs Vorfahren als Heimat ausgesucht hatten. Hier oben, im Wallowa Tal, sind die Winternächte lang und kalt. Im Schatten des Sacajewea Peaks, der 10 033 Fuß hoch in den Himmel ragt, wächst weder Mais noch Weizen. Man hätte vielleicht beim Wallowa See ein paar Kartoffeläcker anbauen können. Vielleicht wäre bei günstiger Witterung sogar Hafer gewachsen. Man hätte bestimmt auch Holz machen können, denn die Täler sind recht gut bewaldet, mit Cottonwoods in den Senken und Aspen und Birken und Ahornbäumen über sanften Hügeln und mächtigen Fichten und Föhren bis hoch unter die Felsklippen der Berge, von denen das ganze Jahr hindurch die Kälte des Winters fließt, kristallklar, schäumend und tosend in engen Felsschluchten, sich sanft dahinschlängelnd durch die in der Wärme der Sommersonne aufblühenden Hochtäler, in denen Josephs Nez Percé in Frieden lebten, seit damals, in fernen Zeiten, der Coyote das Ungeheuer getötet hatte, aus dessen Herzblut das Volk der Nez Percé entstand.

So hieß es in der Sage: Ein riesiges Ungeheuer trieb in den Bergen sein Unwesen und verschreckte die gesamte Tierwelt, bis Bruder Coyote genug hatte und beim Fuchs nachfragte, was denn zu machen sei gegen die Landplage. Bruder Coyote, ein schlauer und mutiger Kämpfer, bekam vom Fuchs fünf Zaubermesser geliehen, mit denen er das Ungeheuer töten und zerstückeln sollte. Er mochte zuerst ein bißchen mißtrauisch gewesen sein, aber immerhin galt Kots-Kots, der Fuchs, als ein zuverlässiger Ratgeber. Nun, Bruder Coyote fand das Ungeheuer, tötete es, zerstückelte den riesigen Körper und wartete, bis der Fuchs zu Hilfe kam, um mit ihm die einzelnen Teile des Ungeheuers über Berge und Ebenen zu verstreuen. Und siehe da, jedem der weggeworfenen Stücke entsprang ein Volk. Aus den mächtigen, krallenbewehrten Pranken des Ungeheuers, die Bruder Coyote über die Berge warf, entstand im Osten das Volk der Schwarzfüße. Der Fuchs mühte sich einstweilen mit dem riesigen flachen Schädel des Ungeheuers ab. Er schleifte ihn nach Norden, und dort erhob sich das Volk der Flathead (Flachkopf). Unterdessen war der Coyote schon dabei, das Blut aus dem Herzen des Ungeheuers zu pumpen, und das Blut floß talwärts, mischte sich mit dem Wasser des Clearwater Flusses und versickerte am Ufer im feinen weißen Sand. Aus dieser Mischung, Blut, Wasser und Sand, erhob sich das Volk der Nez Percé, und sie nannten sich *Numepu*, das »Wir-Volk«.

Auch Chapman kannte die Stelle, wo das ausgetrocknete Herz des Ungeheuers liegen sollte. Es war ein herzförmiger Hügel, auf dem ein wenig Gras wuchs.

Chapman kannte die Legende vom Ungeheuer. Seine Frau hatte sie ihm erzählt. Und die Mutter seiner Frau. Und die Großmutter. Sie erzählten die Legende immer so, als wären sie bei der Erschaffung des Volkes dabeigewesen. Es war, als hätten sie alles haargenau erlebt. Aber das war mit allen Geschichten so, die von den Nez Percé Indianern erzählt wurden. Sie wußten, wie es früher war, bevor die Weißen kamen. Sie kannten ihre Vergangenheit besser, als wäre sie von jemandem niedergeschrieben gewesen. Sie lebten mit der Vergangenheit für die Zukunft, und manche behaupteten, daß dies die einzige Art wäre, tatsächlich zu leben.

Es gab kein Gold hier, im Wallowa Tal. Es gab auch kein Silber. Die Pfade, die in die Berge führten, endeten, wo eine Bergziege vom Pfeil eines Jägers getroffen wurde oder wo der Wanderer anhielt, um mit sich und der Schönheit des Landes, in dem er groß geworden war, allein zu sein. Und dann lagen unter ihm Camas-Wiesen wie blaue Teppiche zwischen goldenen Sonnenblumenfeldern und den dunkelroten Flecken von *Indian Paintbrush* inmitten saftig grüner Wiesen und tiefdunkler Wälder.

Nein, es gab kein Gold im Wallowa Tal, und Chapman hätte dieses Tal nicht einmal dann genommen, wenn er es geschenkt gekriegt hätte, denn es war kein Farmland und kein Ranchland. Es war nur von paradiesischer Schönheit, so phantastisch und so gewaltig, daß Chapman manchmal das Gefühl nicht los wurde, eigentlich nur ein kleiner unbedeutender Teil der Schöpfung zu sein, sozusagen ein Gnom, der sich einbildete, Gottes Ebenbild darzustellen, und sich deshalb das Recht nahm, über die Natur und ihre Gesetze hinweg Entscheidungen zu treffen.

Früher hatte Chapman das Gefühl, hier im Nez Percé Land fehl am Platze zu sein. Aber inzwischen hatte er ein Stück dieser Erde gepflügt. Inzwischen hatte sein Leben hier einen neuen Anfang genommen. Seine Frau war eine Indianerin, und manchmal war es Chapman, als wäre er selbst schon ein halber Nez Percé.

Dazu kam seine Freundschaft zu Joseph. Chapman kannte Joseph seit mehreren Jahren, doch er war sich nicht sicher, ob er den Häuptling der Wallowa Nez Percé jemals gut genug kennen würde, um nicht mehr von ihm überrascht zu werden.

Auch diesmal, als Chapman kam, um Joseph zu holen, überraschte ihn der Häuptling mit seiner Bereitschaft, das Wallowa Tal zu verlassen und sich mit dem gesamten Stamm in der Lapwai Reservation anzusiedeln.

»Wenn es sein muß, werden wir Bauern«, sagte Joseph und sah hinaus über den See, in dem sich Himmel und Berge spiegelten. Irgendwie schien er zufrieden. Wahrscheinlich war er froh, daß ihn der Gedanke, Wallowa zu verlassen, nicht mehr so quälen konnte. Sein Blick kehrte zurück, er sah seine junge Frau an, die im Schatten des Tipis saß, die Beine ausgestreckt und den Bauch prall unter dem Rehlederkleid, das sie trug. »Warum nicht, wenn das die einzige Möglichkeit ist, im Frieden geboren zu werden und im Frieden aufzuwachsen.«

Sie lächelte nicht. Sie sah weg von ihm und beachtete Chapman nicht, der von dem Fleisch aß, das eine alte Frau aus dem Tipi gebracht hatte.

Chapman sagte, daß er sowieso nicht in diesem Tal leben könnte. »Ich versuche euch zu verstehen«, sagte er. »Du weißt, wie das ist, nicht wahr? Man versucht, einen anderen zu verstehen und es fällt einem schwer. Man glaubt plötzlich, daß man es geschafft hat, aber dann stellt sich heraus, daß alles anders ist, als man denkt. Ihr kriegt da unten gutes Land, Joseph. Der Boden ist gut. Da wächst was. Und da könnt ihr Pferde und Rinder halten, genau wie hier. Nur, daß sie da unten mehr Futter finden und fetter werden.«

»Ein Pferd, das man an einen Pflock bindet, kann nicht fett werden, Chapman«, sagte Joseph. »Und für mich ist es keine Frage, ob es meinem

Sohn hier oder da unten in der Reservation leichter ist, mit seinem Leben etwas anzufangen. Hier ist er frei, Chapman. Da unten gehört er Männern, die für ihn Entscheidungen treffen und für ihn bestimmen. Aber er wird sich schnell daran gewöhnen, denn ich werde mich hüten, ihm zu erzählen, wie es war, bevor Chapman in das Tal kam und seinen Vater wegholte.«

»Die Einladung kommt nicht nur vom General. Sie kommt auch von deinem Bruder Ollokot, und du bist nicht der einzige, der zu dieser Verhandlung kommt. White Bird, Toohoolhoolzote und Looking Glass werden dort sein. Es wird gut sein, wenn du dort bis und sagst, was du denkst. Und vielleicht wirst du noch einmal erreichen, daß dir und deinem Stamm dieses Tal bleibt, wenn euch tatsächlich so viel daran liegt.«

»Du würdest dieses Tal nicht haben wollen, Chapman?«

»Nein. Mein Land ist gut. Es gibt her, was ich zum Leben brauche. Die Arbeit ist hart, aber sie lohnt sich. Siehst du, das ist es, was ich denke. – Die Arbeit muß sich lohnen. Und wenn ich mal alt bin und nicht mehr die Kraft habe, ein Feld zu bestellen, will ich guten Gewissens ausruhen können, ohne das Gefühl zu haben, dem lieben Gott die Tage wegzustehlen. Das ist, wie ich denke, und ich weiß nicht, ob es falsch oder richtig ist. Ich weiß nur, daß ihr anders denkt. Es geht mich im Grunde genommen nichts an, wie ihr es euch ausgedacht habt. Ich bin nur hier, weil der junge Lieutenant sich nicht auskennt und deshalb vielleicht Fehler gemacht hätte. Auch unter deinen jungen Leuten gibt es einige, die jetzt einem jungen Lieutenant keinen Fehler erlauben würden, nicht wahr?«

»Das stimmt«, sagte Joseph. »Es gibt einige, auf die ich aufpassen muß. Wir haben sie für den Frieden erzogen, aber jetzt merken sie, wie schlecht dieser Friede eigentlich ist.«

»Er ist besser als Krieg«, sagte Chapman.

Joseph überlegte einen Moment. »Da ist General Howard bestimmt anderer Meinung, Chapman«, sagte er, und für einen Moment wurde sein Gesicht sehr ernst. Nur für einen Moment. Dann lachte er leise und zeigte zum See hinunter, wo ein Knabe auf einem bockenden Pferd saß und nur deshalb nicht herunterfiel, weil er am Sattel festgebunden war. Der Knabe jauchzte vor Freude, und ein anderer Junge warf sich dem Pferd um den Hals, bis es zu bocken aufhörte und im Schritt weggeführt werden konnte. »Wenn wir das Tal verlassen, wird er reiten können«, sagte Joseph. Er stand auf. »Du bleibst den Tag und die Nacht, Chapman?«

Chapman hob die Schultern. »Ich wollte, ich hätte dir eine bessere Nachricht bringen können«, sagte er.

Joseph lachte. »Weißt du, wie es der junge Lieutenant gemacht hätte, Chapman? Er wäre hergeritten, hätte hier sein Pferd hart gezügelt, und dann hätte er seinem Sergeanten ein Kommando zugerufen, und der Sergeant hätte den Soldaten befohlen, anzuhalten. Und dann hätte der Lieutenant sich im Gesicht sehr wichtig gemacht und wäre mit hohlem Kreuz in seinem Sattel gesessen, und dann hätte er gesagt: »Sir«, hätte er gesagt oder vielleicht »Mister Joseph«, und jemand hätte gelacht. Bestimmt hätte jemand gelacht, und dann hätte sich der junge Lieutenant vielleicht beleidigt gefühlt, und es wäre vielleicht tatsächlich mehr passiert, als gut gewesen wäre für den jungen Lieutenant und seine Soldaten.«

»Er hat eine Frau im Fort«, sagte Chapman. »Und eigentlich ist er ein ganz vernünftiger junger Mann.«

»Trotzdem ist es gut, daß *du* gekommen bist und nicht der junge Lieutenant.« Joseph beugte sich nieder und nahm Chapman beim Arm. »Komm, ich zeige dir das Pferd, das mir Rainbow zum Geschenk gemacht hat.«

Chapman stand auf, und zusammen gingen sie durch das Lager. Die Leute schienen jetzt ein bißchen freundlicher, und ein Mädchen mit dikken Zöpfen lief mit ihnen und erzählte Chapman die Geschichte von einem Coyoten, der von einem rollenden Stein erdrückt wurde, weil er nicht schnell genug zur Seite sprang. Es war eine Geschichte, die Chapman noch nicht kannte, und Joseph sagte, daß die Mutter des Mädchens bei den Shoshonen aufgewachsen sei. »Es ist eine Shoshonen Geschichte, und sie ist so gut wie die, die wir haben.« Joseph lachte. »Vielleicht werde ich sie General Howard erzählen.«

»Er kam nicht den langen Weg, um Geschichten zu hören, Joseph«, sagte Chapman. »Aber man sagt, daß er kein schlechter Mann ist.«

»Das mag zutreffen, Chapman«, erwiderte Joseph, während sie einen Weg entlanggingen, der zu einem Zaun aus ineinander verflochtenen Ästen führte. »Aber er kam her, um uns hier wegzuholen.«

Das Mädchen wollte wissen, wer General Howard sei, und Chapman sagte ihm, er sei ein weißer Soldatenhäuptling, der nur einen Arm habe und trotzdem ein hervorragender Krieger sei. Und er hob das Mädchen auf seine Schultern, so daß es über den Zaun das Pferd sehen konnte, einen weißen Hengst, der nur über der Kruppe wie hingeklebt einige fast schwarze Flecken hatte. Der Hengst stand still. Nur die aufgeblähten Nüstern zitterten. Aber als Joseph sanft in die Hände klatschte, warf er den Kopf hoch, schüttelte die Mähne und brach jäh zur Weite aus, bokkend und auskeilend und sich biegend und streckend, manchmal buckelig und mit dem Kopf zwischen den Vorderbeinen, sich beinahe überschlagend.

Dann still. Mit angespannten Muskeln. Die Augen verdreht.

»Wie gefällt er dir?« fragte Joseph Chapman. Chapman merkte, daß er die Luft angehalten hatte, nickte und sagte, daß dieser Hengst ein Prachtpferd wäre. Während er es sagte, ging der Hengst hoch und drehte sich und jagte dann den Zaun entlang, Staub hochwirbelnd.

Chapman dachte an die Stute, die Tucallacasena im letzten Herbst gebracht hatte, die Stute mit den drei weißen Strümpfen, kraftvoll, ausdauernd und recht schnell. Man müßte sie Josephs Hengst zum Decken geben, dachte Chapman. Daraus könnte was werden. Daraus könnte ein Prachtfohlen werden.

Tucallacasena, der sich immer Mühe gab, keine Spuren zu machen, wenn er zum Haus kam und blieb, und dann wieder wegging. Aber da waren immer Spuren. Manchmal am Ufer des Baches. Manchmal im Haus. Oder in den Gesichtern der alten Weiber. Manchmal auch in Lindas Augen. Irgendwie merkte er immer, wenn Tucallacasena es wieder einmal versucht hatte. Die alten Weiber hätten sich gefreut. Die alten Weiber wünschten sich Tucallacasena als Schwiegersohn. Und wenn er kam, brauten sie ihm ein Spezialgesöff aus Kräutern, damit er scharf werden und sich nicht durch Linda aufhalten lassen würde, aber der Kerl war im Grunde genommen wohl zu anständig, vielleicht auch zu verklemmt oder einfach zu blöd, Linda zu schwängern. Denn das wollte er. Linda schwängern. Das war sein Traum. Schon seit jeher. Wahrscheinlich war es wie eine Manie. Er war verrückt nach ihr. Aber er schaffte es nicht.

Oder vielleicht doch?

»Du bleibst die Nacht, Chapman?« fragte Joseph.

»Die Nacht, ja«, sagte Chapman. »Morgen früh geh ich nach Hause.« Und er dachte, daß er morgen früh Spuren von Tucallacasena finden würde. Draußen im taufeuchten Gras, vielleicht. Oder drinnen, in den Gesichtern der Weiber.

Und er blieb die Nacht. Er suchte sich draußen zwischen den Büschen einen Platz. Ein Hund kam. Er verjagte die anderen Hunde, die nach ihm noch kommen wollten. Und Chapman lag lange wach und fror, und er dachte, daß er die alten Weiber, die immer alles besser wußten, wenn es um Jeffrey ging, eigentlich längst hätte wegjagen sollen. Wohin? In die Reservation. Nach Lapwai. Zu ihren Verwandten. Es sollte Plätze für alte Indianerweiber geben. Für Männer auch. Es sollte irgendwo ein Mädchen für Tucallacasena geben. Irgendein Mädchen. Und es sollte Schulen geben für die Kinder. Und die Regierung sollte sich an alte Abmachungen halten, und man sollte den Indianern in den Reservationen wenigstens geben, was sie zum Leben brauchten.

Statt dessen kamen Soldaten.

General O. O. Howard. Oliver Otis Howard. Vor Monaten hatte Chapman den General mal in Lapwai gesehen. Aus der Ferne. Im gleißenden Licht der Mittagssonne, als der General mit einigen Offizieren und mit Monteith und mit Spalding zum Essen ging. Damals war eine Unterredung mit ein paar Nez Percé Führern aus der Reservation gewesen. Und Chapman hatte eine Ladung Bauholz nach Lapwai gebracht. Im Auftrag der US Armee. Damals hatte er den General gesehen. Nur kurz und schräg von der Seite und die Sonne hatte ihn geblendet. Und eigentlich hatte er nicht viel mehr sehen können, als daß General O. O. Howard tatsächlich nur noch einen Arm hatte. Aber jetzt wußte Chapman schon nicht mehr, ob es der linke oder der rechte war, der fehlte. Während er sich zu erinnern versuchte, schlief er ein.

Am nächsten Morgen in aller Frühe machte sich Chapman auf den Weg nach Hause. Er hatte einem jungen Lieutenant einen langen Weg erspart. Mehr nicht. Alles andere lag nun bei Joseph und bei Howard.

Der Weg zurück schien Chapman weiter als je zuvor. Er dachte vielleicht zu oft daran, daß Linda ihn doch mit diesem Häuptlingssohn betrügen könnte. Und alles nur wegen der alten Weiber, dachte Chapman und trieb sein Pferd zur Eile an. Er ritt ziemlich zügig durch Gelände, in dem er sich nicht gut auskannte. Erst in *seinem* Tal gönnte er dem Pferd einige Pausen, und als sich dann vor ihnen der erste Acker über einer kleinen Ebene ausbreitete, da fing Chapman an, nach Spuren zu suchen. Und damit ihm keine Fährte entgehen konnte, die zum Haus oder vom Haus wegführte, umrundete er seine Ranch in einer Entfernung von mehr als einer Meile. Manchmal konnte er das Dach sehen. Manchmal hörte er Billy Blue, den schwarz-weiß-rostrot gefleckten Hund mit dem blauen und dem braunen Auge. Es war Nachmittag. Die Sonne kroch einen bewaldeten Hügelkamm entlang. Und das schräg in das Tal fallende Licht zeichnete Tucallacasenas Fährte, die heraufführte vom Bach, einen frisch gepflügten Kartoffelacker entlang bis zum Karrenweg, wo der Pflug stand.

Dort fand Chapman Pferdeäpfel, die noch recht frisch waren. Und das Gras an der Straßenböschung war abgefressen, und die Erde war von den Hufen zertrampelt. Hier hatte ein Pferd gestanden, und zwar nicht nur ein paar Minuten. Das Pferd war unbeschlagen und hatte hellgraues Mähnenhaar, von dem ein Büschel am Pflug hing, dort, wo es den Hals gerieben hatte.

Chapman untersuchte die Fährte, die vom Pflug wegführte. Sie war nicht älter als zwei Stunden. Das Gras hatte sich in der Spur noch kaum merklich aufgerichtet. Die Spitzen zeigten nach Nordosten, und Chapman warf einen Blick in die Hügel, und der Gedanke, daß Tucallacasena ihn wahrscheinlich beobachtete, machte ihn beinahe ein bißchen verlegen. Das Katz-und-Maus-Spiel, auf das er sich eingelassen hatte, gefiel ihm plötzlich überhaupt nicht mehr, denn Tucallacasena schien tatsächlich im Vorteil. Am Anfang hatte es anders ausgesehen. Am Anfang hatte Tucallacasena nicht den kleinsten Trumpf ausspielen können. Nicht bei Linda, als sie schwanger war mit Jeffrey und sich nicht einmal zwei Schritte von ihm entfernte, sondern immer regelrecht an ihm hing und er sie bei jeder passenden und bei jeder unpassenden Gelegenheit hatte umarmen müssen. Das Spiel hatte ihm dann später auch Freude gemacht, denn er konnte dadurch öfters den beiden Alten seine Überlegenheit demonstrieren. Sie zogen dann ihre faltigen Hälse ein, und hinter seinem Rücken steckten sie die Köpfe zusammen und zischten sich die Ohren voll, um sofort zu schweigen, wenn er sich ihnen zuwandte. Dann versuchten sie, ihn mit Blicken zu töten.

Chapman haßte sie nicht deswegen. Sie waren wie zwei Hexen aus dem Märchenbuch, und manchmal, im Licht der Kerzen und in kalten Winternächten, erschienen ihm ihre Gesichter grün und faltig und schimmelig. Die Haare am Kinn der Alten, wie Keime aus einer runzeligen Kartoffel, ekelten ihn erst, als Jeffrey auf der Welt war. Denn wenn Jeffrey lärmte, aber auch wenn Jeffrey schlief oder immer dann, wenn es ihr gerade einfiel, nahm sie ihn hoch und drückte ihn an sich und küßte ihn mit ihrem zahnlosen Mund und den Lippen, die aussahen, als wären sie mit einer Kruste überzogen.

Seit Jeffrey auf der Welt war, hatte sich einiges geändert. Es gefiel Chapman nicht, die beiden Weiber im Haus zu haben. Und das Spiel mit Tucallacasena wurde ihm auch überdrüssig, und Jeffrey sollte das Recht haben, seine Zähne zu kriegen, ohne dafür dauernd von geifernden Mündern geküßt zu werden. Linda sollte wieder schwanger sein, und zwar von ihm, schwanger mit einem Sohn von ihm oder auch einer Tochter, nicht aber schwanger von diesem Indianerburschen, der da auf eine gottverdammt hinterhältige Weise versuchte, ein Rennen noch zu gewinnen, das er längst verloren hatte.

»Scheißindianer!« dachte Chapman und blickte noch einmal über das Tal hinweg zu den Hügeln. Es war ihm tatsächlich, als würde er beobachtet. Und so zog er sein Pferd herum und ritt hinunter zum Bach, wo er es saufen ließ. Als er sich etwas beruhigt hatte, ritt Chapman zum Haus, das nur noch zur Hälfte von der Sonne beschienen wurde. Billy Blue kam ihm kläffend entgegen, und die Welpen japsten herum, und Lindas Mutter war am Bach und wusch eine Decke aus, aber die Alte war nicht zu sehen, und das war gut so.

Bevor Chapman die Veranda erreichte, kam Linda, und ihr Gesicht war frei von Tucallacasenas Spuren, wie Chapman sofort erkennen konnte. Sie trug Jeffrey im Arm und kam zur Treppe. Sie reichte ihm Jeffrey hoch und Chapman sagte, daß er zu schmutzig sei, um seinen Sohn zu nehmen, aber sie hielt Jeffrey hoch über ihrem strahlenden Gesicht, bis er ihn nahm und festhielt und mit ihm im Sattel saß. Jeffreys Gesicht war rund und rosig und sauber. Er hatte die Augen offen, große blaue Augen, mißtrauische Augen, wie Chapman festzustellen glaubte, aber das konnte ein Irrtum sein. Vielleicht war es sein eigenes Mißtrauen, das sich jetzt in den Augen seines Sohnes widerspiegelte. Er ist halt mein Sohn, dachte Chapman und nahm sich vor, wieder einmal in die Stadt zu fahren und allen, die es hören wollten, von seinem Sohn zu erzählen.

Chapman spürte, wie der Stolz von ihm Besitz ergriff, und es konnte ihn jetzt nicht mehr stören, daß im Zwielicht eines Fensters das Gesicht der Alten erschien, verkniffen und runzelig, der Mund halb geöffnet und die Augen voll vom Haß einer Verliererin.

Chapman lachte und hob Jeffrey in das Licht der Sonne. »Das ist mein Sohn!« sagte er und war froh, wieder zu Hause zu sein.

Mit Jeffrey im Arm schwang er sich vom Pferd, und er ließ das Fenster nicht aus den Augen, sah aber gleichzeitig, wie Linda nach den Zügeln griff und das Pferd herumzog und mit ihm zum Corral ging, um ihre Arbeit zu tun, die er ihr an diesem Tag nicht abnehmen wollte. Während sie sein Pferd versorgte, spazierte Chapman mit seinem Sohn im Arm ein bißchen herum, beobachtet von den Weibern, und er konnte die Alte hüsteln hören.

Linda sattelte und zäumte das Pferd ab, brachte ihm ein wenig Hafer und rieb es ab, während es fraß, holte dann Wasser und stellte den Eimer beim Zaun hin, brachte den Sattel und das Zaumzeug in den Schuppen, kam heraus und wischte sich mit dem Ärmel den Schweiß vom Gesicht. Dann kam sie herüber, und sie ging etwas gebeugt, aber sie lachte, und er ging mit ihr in das Haus, wo er ihr Jeffrey übergab.

Die Alte war jetzt nicht mehr am Fenster. Sie hatte sich irgendwo verkrochen. Vielleicht war sie auch durch die Hintertür hinausgegangen. Chapman wartete, bis Linda Jeffrey in den Korb gelegt hatte, und als sie sich dann aufrichtete, nahm er sie in die Arme. Hart zog er sie herum, und sie bog sich unter ihm, während er ihren Hals küßte und ihren Mund, und er drückte seinen Unterleib gegen ihren Bauch, drückte und spürte zugleich, wie er hart wurde dort unten und wie sie sich ihm entgegenpreßte.

Ja, sie würde ihm noch einen Sohn gebären und vielleicht noch einen, bevor dann die Reihe an einer Tochter war, und Chapman wußte, daß sie bereit war, die Mutter einer großen Familie zu werden.

Wenn nur Howard keinen Krieg bringt, dachte Chapman. Dann hätte er nicht nur die Weiber gegen sich. Dann würde Tucallacasena vielleicht doch noch das Spiel machen. So ein Scheißkrieg würde eben alles durcheinanderbringen.

Chapman gab sie frei und sie war dunkel im Gesicht und sie lachte und sagte, daß sie zum Bach gehen würde, um Wasser für ein Bad zu holen. »Du stinkst wie ein Wilder«, sagte sie in kaum verständlichem Englisch. Als sie zur Tür ging, griff er von hinten nach ihren Brüsten, die groß und schwer unter ihrem Kleid hingen, und zog sie zurück und biß ihr in den Nacken. »Ich fand Spuren beim Pflug«, sagte er hart und preßte ihre Brüste.

Sie lachte auf, rauh.

»Hörst du, ich fand Spuren beim Pflug!« wiederholte er.

»Er versucht immer, seine Spuren zu verwischen«, erwiderte sie etwas außer Atem. »Es gelingt ihm nie.«

»War er die Nacht über hier?« fragte er, und sie wand sich in seinen Armen.

»Ja. Er schlief am Bach. Mit Billy Blue.«

Chapman lachte jetzt. »Er schlief am Bach. Scheißkerl, der, schlief am Bach! Haben nicht die Alten mit ihm geschlafen? Sag, hat er es nicht mit den Alten getrieben? Oder vielleicht hat er Billy Blue genommen. Oder die Hündin.«

Sie stöhnte und grub ihre Zähne in die Unterlippe, als sie den Kopf in den Nacken legte, und er spürte ihren Puls an seinem Gesicht, und er spürte, wie sie nach hinten faßte. Da ließ er sie los und gab ihr dabei einen sanften Stoß.

»Wenn du mit ihm geschlafen hättest, ich . . .« Chapman schüttelte den Kopf und drehte sich um, als sie im Türrahmen stehenblieb und zurückblickte.

»Ich schlafe nicht mit ihm«, sagte sie. »Ich schlafe nicht mit ihm, weil ich dich habe, Chapman!«

Darauf gab er ihr keine Antwort. Er verspürte jetzt einen dumpfen Schmerz im Unterleib und wußte, daß er sie dort in der Tür genommen hätte, wenn nicht die Alten dagewesen wären. Als Linda hinausging, holte er seine Flasche aus dem Küchenschrank. Sie war halb voll. Er ging mit ihr zum Fenster und trank, während er zusah, wie sie in zwei Holzeimern Wasser hochschleppte. Die Haare hingen ihr in Strähnen in das Gesicht, und sie hob nicht ein einziges Mal den Kopf.

Chapman wünschte, allein mit ihr und mit Jeffrey dieses Tal zu bewohnen. Nur mit ihr und mit Jeffrey.

3

Der Ausflug

»Willst du in deiner Reservation Schulen haben?« fragte General Shanks.
»Nein, wir wollen keine Schulen in der Wallowa Reservation«, erwiderte Joseph.
»Warum wollt ihr keine Schulen?« fragte General Shanks.
»Die Schulen lehren uns, Kirchen zu haben«, erwiderte Joseph.
»Warum wollt ihr keine Kirchen?« fragte General Shanks.
»Kirchen würden uns lehren, über Gott zu streiten, so wie es die Katholiken und die Protestanten tun. Das wollen wir nicht lernen! Wir streiten uns manchmal über Dinge dieser Welt, aber wir streiten uns nie über Gott. Das wollen wir nicht lernen.«

J. P. Dunn jr., MASSACRES OF THE MOUNTAINS, 1886

An dem Morgen, als der junge Lieutenant, der Sergeant und die Soldaten zurückkamen, war Chapman dabei, den Acker in der Biegung des Baches zu pflügen.

Es war ein sonniger Morgen, und die im Schatten liegende Uferbank war stellenweise mit dünnem Rauhreif überzogen.

Die Soldaten kamen in einer Zweierkolonne den Weg hochgeritten. Der junge Lieutenant saß heute auf einem Falben.

James Reuben war nicht dabei. Und der Lieutenant schien sich darüber zu freuen, daß er den Weg ohne die Hilfe eines Kundschafters gefunden hatte.

Er sah gut aus, der junge Lieutenant. Sein glattrasiertes Gesicht war hell und glatt unter dem Hut, den er sehr gerade aufgesetzt hatte. Er trug Handschuhe und einen Mantel, der purpurrot gefüttert war. Der Lieutenant kam herübergeritten, und er legte die Hand an den Hut, nachdem er den Falben am Ackerrand gezügelt hatte.

»Mister Chapman!« rief er herüber, »Mister Chapman, ich freue mich, Sie gesund wiederzusehen.« Er lachte und nahm den Hut vom Kopf. Sein Haar leuchtete in der Sonne. Er sah wirklich frisch und gut aus, der junge Lieutenant, und er schien sich tatsächlich zu freuen. Chapman hatte die Hände am Pflug. Das schwere Pferd, das er vorgespannt hatte, stand klotzig im Geschirr. Chapman blickte hinüber zum Weg, wo die Soldaten angeritten kamen, vom Sergeanten angeführt. Staub hob sich vom Weg.

»Ich denke, daß es einen Grund gibt für das Herkommen«, sagte

Landverkauf im Ft. Lapwai Reservat

Kavalleristen beim Mittagessen

Chapman, und er konnte nicht verhindern, daß seine Stimme mißtrauisch klang.

»Natürlich gibt es einen Grund, Mister Chapman«, erwiderte der junge Lieutenant. »Einen triftigen Grund sogar, und ich glaube, Sie dürfen stolz sein auf die Tatsache, daß man Sie braucht, Mister Chapman.«

»So?« Chapman kniff die Augen zusammen. Er hatte keine Ahnung, was der junge Lieutenant damit sagen wollte und worauf er hätte stolz sein können, außer vielleicht auf die Ackerfurchen, die alle über zweihundert Yards lang schnurgerade und in gleichmäßigen Abständen nebeneinanderlagen, gezogen von ihm und von einem Gaul, der auf einem Auge blind war. »Macht es Ihnen was aus, wenn ich jetzt weiterarbeite, Lieutenant?« fragte Chapman. »Am Nachmittag wollen die Weiber die Kartoffeln setzen, und morgen will ich da oben in der Waldschneise ganze vier Acres umpflügen.«

»Mister Chapman, Ihre Arbeit in Ehren, aber wenn Sie wüßten, wer mich geschickt hat . . . ja, wenn Sie wüßten, was sich im Moment alles tut . . .« Der junge Lieutenant machte ein Gesicht, als hätte er tatsächlich einige Geheimnisse mitgebracht. Chapman fühlte sich beinahe verpflichtet, danach zu fragen. Daß er es nicht tat, machte die Sache keineswegs einfacher. Der Sergeant hatte die Soldatenreihe am Rand des Ackers anhalten lassen. Dort saßen sie alle auf ihren Pferden, und weder der Sergeant noch die Soldaten schienen zu wissen, wie es jetzt weitergehen sollte. Chapman griff nach der Peitsche, mit der er nur auf jener Seite des Gaules, auf der er das gesunde Auge hatte, herumzuwedeln brauchte, und schon zog er kraftvoll und beinahe in zornigen Zügen an. Chapman stemmte sich in den Pflug, drückte die Scharen durch die Erdkruste, die aufbrach und feucht und schwarz hinter ihm zurückblieb. Am Ende des Ackers drehte der Gaul beinahe ohne Nachhilfe auf einem Grasstreifen, und Chapman hatte jetzt den Lieutenant vor sich am anderen Ende des Ackers. Und für einen Moment wünschte er, der Acker wäre hundert Meilen lang.

Aber die nächste Furche führte zurück zu dem Falben und dem Lieutenant.

Chapman richtete sich auf und blickte den Lieutenant von unten herauf an. »Was, zum Teufel, wollen Sie?« fragte er.

Der Lieutenant war um eine Antwort nicht verlegen. Fast strahlend sagte er:

»Mein lieber Mister Chapman, das Vaterland bittet um Ihre Dienste.«
Chapman runzelte die Stirn. »Wer hat Sie geschickt und was wollen Sie hier?«
»Also, Mister Chapman: Erstens bin ich im Auftrage von General Howard gekommen, und zweitens soll ich Sie bitten, unverzüglich nach Fort Lapwai zu kommen, wo morgen oder übermorgen die Verhandlung mit Häuptling Joseph und einigen anderen Nez Percé Führern beginnt. Der General möchte Sie als Dolmetscher haben, da Sie doch mit den Nez Percé bekannt sind. Es war die Idee von ...«
»Monteith!« Chapman lachte. »Als ob der es nicht besser wüßte.«
»Ich verstehe Sie nicht, Mister Chapman«, sagte der Lieutenant. Er beugte sich etwas vor. In seinem Gesicht waren jetzt ein paar Flecken. »Es ist eine ernste Angelegenheit, Mister Chapman. Ich verstehe nicht, wie Sie sich darüber amüsieren können.«
»Vielleicht habe ich mir abgewöhnt, ernste Angelegenheiten ernst zu nehmen, Lieutenant«, sagte Chapman und blickte hinüber zum Haus, sah Linda im Fenster stehen und die Alte auf der Veranda. Die Alte hielt Jeffrey auf dem Schoß, und es war ein Wunder, daß Jeffrey nicht brüllte. »Ich glaube nicht, daß ich gebraucht werde, Lieutenant. Ich glaube vielmehr, daß man ohne mich da unten bei den Verhandlungen weiterkommen muß.«
»Soll das heißen, daß Sie die Einladung des Generals nicht berücksichtigen wollen, Mister Chapman?«
»Sehen Sie sich um! Ist da nicht ein Acker, der gepflügt werden soll? Sind da nicht Felder, die bestellt werden müssen?«
»Mister Monteith meinte, daß wir mit Ihrer Hilfe rechnen können.«
»Monteiths Eindruck ist falsch!« sagte Chapman fast grob. »Ich bin mit der Politik der Regierung nicht einverstanden, Lieutenant!«
Der junge Lieutenant richtete sich auf, und einen Moment hielt er sichtbar die Luft an. Dann machte er eine etwas hilflose Bewegung mit der Hand.
»Mister Chapman, ich war vom Vorschlag von Mister Monteith, Sie als Dolmetscher und Berater bei der Versammlung zu haben, begeistert. Sie haben doch eine Nez Percé Indianerin zur Frau, nicht wahr?«
»Ich wüßte nicht, was das eine mit dem andern zu tun hat.«
»Nun, ich ging von dem Gedanken aus, daß gerade Sie daran interes-

siert wären, die Angelegenheit hier in Frieden zu regeln. Und daß Sie auf Joseph einen gewissen Einfluß haben, wollen Sie doch nicht im Ernst bestreiten, Mister Chapman.«

Da fing Jeffrey an. Chapman kannte kein anderes Kind, das gleich den ersten Ton so durchdringend schrill hervorbringen konnte. Der Lieutenant duckte sich erschrocken und blickte über die Schulter zurück. »Wie der Kriegsschrei eines Indianers«, sagte er, und es sollte ein Scherz sein. Chapman konnte nicht darüber lachen. Chapman dachte daran, daß White Bird nach Lapwai kommen würde. Und Toohoolhoolzote, der alte Träumer, der Howard zu schaffen machen würde. Monteith, der Presbyterianer, wäre dort. Und Vater Cataldo, der Jesuit. Und alle würden sich darüber streiten, wem es eher zustand, die Indianer zu zivilisieren.

»Mister Chapman, ich würde mich sehr freuen, wenn ich Sie nach Fort Lapwai geleiten dürfte«, sagte der junge Lieutenant. »Ich glaube, Sie könnten da auch etwas für Ihre Frau und Ihren Sohn tun.«

»Was Sie nicht sagen, Lieutenant.« Chapman sah zu, wie die Alte aufstand und wie Lindas Mutter aus dem Haus kam, und beide versuchten jetzt, Jeffrey darüber hinwegzutrösten, daß er Zähne kriegte. »Kommen Sie, Lieutenant!« Chapman ließ den Gaul und den Pflug am Rand des Ackers und ging zum Haus, und als er zur Veranda kam, wollten die beiden Weiber mit Jeffrey abhauen, aber er kam ihnen zuvor. »Kümmert euch um den Gaul!« schrie er sie an. »Gottverdammt, kümmert euch um den Gaul!« Er nahm ihnen Jeffrey weg, und Lindas Mutter keifte etwas, was er nicht verstehen konnte, und die Alte geiferte aus ihrem Mund. Der Lieutenant hatte sein Pferd mitten auf dem Platz vor dem Haus angehalten, und er wies den Sergeanten an, die Soldaten zum Bach zu führen, wo sie sich ausruhen sollten und wo die Pferde getränkt werden konnten.

»Kommen Sie rein, Lieutenant«, rief Chapman von der Veranda herunter dem jungen Offizier zu, der sich aus dem Sattel schwang und die Zügel des Falben einem Soldaten übergab. Den Hut in den Händen, kam er in das Haus. Er verbeugte sich vor Linda, klappte die Absätze zusammen, und Chapman grinste. »Linda, das ist Lieutenant . . . wie heißen Sie eigentlich, Lieutenant?«

»Theller«, sagte der junge Lieutenant. »Edward Theller.«

Chapman und Linda sahen sich kurz an, und Linda machte ein ernstes Gesicht und dann einen kleinen Knicks, und Chapman kicherte, und da wurde sie zornig, und sie rief: »Chapman, du hast mir den gottverdammten Knicks beigebracht!« Sie rief es in der Sprache der Nez Percé, und Chapman hielt es für angebracht, den jungen Lieutenant ins Bild zu setzen. Er deutete mit dem Kopf zum Küchentisch und sagte: »Meine Frau sagte, daß Sie sehr über Ihren ehrenwerten Besuch erfreut sei und daß Sie doch bitte Platz nehmen sollen. Es gibt jetzt gleich Kaffee und Maiskuchen und wenn Sie wollen auch einen Schnaps.«

Der Lieutenant setzte sich etwas verwirrt, wie es Chapman schien, an den Tisch, und Chapman überlegte einen Moment und übergab ihm dann Jeffrey. »Ich hol mal 'ne Flasche, Lieutenant«, sagte er. »Wiegen Sie ihn inzwischen. Aber wiegen Sie ihn gut, sonst schreit er und dann kommen die Weiber!«

»Wie heißt er?« fragte Lieutenant Theller, und er warf einen nervösen Blick zur Tür.

»Jeffrey«, sagte Chapman. »Jeffrey Chapman, Sir!«

Lieutenant Edward R. Theller nickte und begann, Jeffrey in den Armen zu wiegen. Und Jeffrey brüllte nicht.

Lieutenant Theller und seine Soldaten lagerten draußen am Bach. Es war eine warme Nacht. Die erste warme Nacht in diesem Jahr. Chapman schob mit den Füßen die Bettdecke von sich. Er lag nackt auf dem Leinentuch und wartete auf Linda. Linda hatte Jeffrey saubergemacht, und jetzt legte sie ihn in den Korb, der dort stand, wo früher die Nähmaschine gestanden hatte.

Durch das Fenster fiel ein wenig Sternenlicht, und er konnte sehen, wie Linda sich über den Korb beugte und Jeffrey küßte.

»Komm jetzt«, sagte er leise. Er beobachtete sie, als sie sich aufrichtete und herübersah. Sie trug ein leichtes knöchellanges Nachthemd, das er ihr in Mount Idaho gekauft hatte, halb freiwillig und halb von Rudolph dazu überredet. Rudolph war der Besitzer des Ladens, den er *Pioneers Merchantile* getauft hatte, und Chapman erinnerte sich an das pfiffige Gesicht des Deutschen, der sich das Nachthemd vor die Brust hielt und auf seinen krummen Beinen versuchte, hüftenschwingend und mit steifem Hals vor Chapman eine Schau abzuziehen. »Wenn meine Emma so 'ne Figur hätte wie deine Squaw, Junge, dann würde ich sie auch nicht mehr diese hochgeknöpften altmodischen Baumwolldinger tragen lassen und mir die Freude nicht entgehen lassen, ihr eigenhändig jede Nacht dieses herrliche, beinahe durchsichtige Pariser *chemise de nuit* auszuziehen.« Und Rudolphs blaßblaue immer feuchte Augen hatten aufgeleuchtet, wahrscheinlich nicht durch den Gedanken an Emma, sondern vielmehr durch die phantastische Vorstellung, daß Linda ihm ihren jungen, dunklen Körper, leicht verhüllt durch das Pariser Hemdchen, anbieten würde. Chapman spürte den Ärger in sich, als er die fünfzehn Dollar bezahlte. Und während Rudolph das Nachthemd einpackte, erzählte er leise von einem Mulattenmädchen, das er mal in Saint Louis im Bett gehabt habe. »Das war die Nacht meines Lebens, Chapman«, sagte er und benetzte mit der Zunge die schmalen, trockenen Lippen. Als dann Emma den Laden betrat, redete Rudolph von der Gefahr, die von Josephs Wallowa Nez Percé ausginge und von der Ungerechtigkeit, die diesen armen Schluckern durch die Regierung angetan würde, wenn man sie zwingen sollte, in die Reservation zu ziehen. Dann gäbe es vielleicht doch noch einen Krieg und das könnte für die Leute in der Umgebung alles andere als ein Spaß werden. Scheißkerl, hatte Chapman damals gedacht. Aber Rudolph, der Deutsche, war vielleicht in einer Beziehung eine Ausnahme: Er war der einzige, der wußte, daß es verdammt viel Spaß machen konnte, mit einer Farbigen zu schlafen. Die anderen hatten schon hundertmal mit den Nez Percé Indianermädchen die tollsten und phantastischsten Erlebnisse durchgedacht, während sie neben ihren langweiligen Ehefrauen im Bett lagen und nicht einschlafen konnten. Er kannte die Pfeffersäcke, von denen sich einige seine Freunde nannten. Er kannte sie gut genug, um sofort die Veränderung zu erkennen, die bei ihnen eintrat, wenn sie Linda sahen: das dunkle Gesicht mit den schwarzen, mandelförmigen Augen und dem glänzenden Haar, das sie zu dicken Zöpfen geflochten hatte, die ihr weit über den Rücken herunterhingen. Manchmal war es Chapman, als könnte er ihre dreckigen Gedanken erraten.

Linda lag jetzt neben ihm im Bett, und er roch die Frische ihres Haares, das sie am Nachmittag gewaschen hatte. Sie drehte sich zu ihm herüber, und hob den Kopf etwas an, so daß er den Arm darunterschieben konnte. Sie lag mit der Wange an seiner Brust, und er streichelte mit seinen Fingerspitzen sanft ihr Gesicht, über dem jetzt das Licht der Sterne lag. Eine Weile verharrten sie still nebeneinander, und das einzige Geräusch, das zu hören war, kam durch die Wand am Kopfende des Bettes: fast kreischende Schnarchtöne der Alten. Aber Chapman lächelte im Gedanken daran, daß er am Morgen eine Überraschung für Lindas Mutter und Großmutter bereit hatte, und für einen Moment tauchten ihre verkniffenen Gesichter aus der Dunkelheit auf, keifend und geifernd und von der Wut zerfressen.

Chapman streichelte Linda, während er an die beiden alten Weiber dachte. Dann sagte er ihr plötzlich, daß er Jeffrey mitnehmen würde und daß sie auch mitkommen sollte nach Fort Lapwai, um den General zu sehen. Sie lachte und küßte seine Brust, und ihre Hand glitt an ihm hinunter, und er sagte ihr noch einmal, daß er sie mitnehmen würde nach Fort Lapwai und daß die beiden Alten einige Tage allein auskommen müßten. »Was meinst du, wie sich Jeffrey freuen wird, wenn er den General sieht«, sagte Chapman.

»Jeffrey ist winzig«, sagte Linda, sie suchte mit ihren Lippen seinen Mund, fand sein Kinn und die Wange und küßte ihn auf das Ohr und auf das Auge und dann auf den Mund.

»Gut«, sagte er. »Gut, du schaffst mich! Und ich wollte dir noch sagen, daß ich die beiden Alten zum Teufel wünsche. Das wollte ich dir noch sagen. Und daß ich dich liebe, weil du meine Frau bist. Und daß wir einen Ausflug nach Fort Lapwai machen. Mit dem Wagen! Und wir lassen uns von Lieutenant Theller, der ein sehr netter junger weißer Offizier ist, begleiten.«

»Du bist mein Mann«, hauchte sie gegen sein Ohr. »Komm, zeig es mir!«

»Ich bin dein Mann«, sagte er. »Und sie sollen es alle sehen, ob es ihnen gefällt oder nicht.«

»Sie werden Jeffrey sehen«, sagte sie leise.

»Ja! Sie werden meinen Sohn sehen«, sagte Chapman. Und während er ihr das französische Nachthemd hochstreifte, das 15 Dollar gekostet hatte und in dem sie wohl manchmal Rudolphs Wachträume belebte, verließen ihn die Gedanken an Dinge, mit denen er sich auch tagsüber nur ungern beschäftigte.

Theller tat, als wäre alles ganz in Ordnung. Er ließ den Sergeanten die Soldaten aufmarschieren, während er selbst beim Wagen stand und auf seinen Stiefelsohlen wippte, die Hände auf dem Rücken verschränkt. Ein junger Soldat, der aussah, als wäre er von zu Hause weggelaufen, hielt die beiden Wagenpferde.

Alle warteten auf Chapman. Im Haus war es laut. Die Weiber lärmten durcheinander. Nur einmal war Chapman zu hören. Dann krachte etwas und Holz splitterte.

Schließlich kamen sie heraus. Chapman an der Spitze. Dunkel im Gesicht. Wütend auf die Weiber, die sich durchgesetzt hatten, ohne daß er auch nur eine kleine Chance gehabt hätte, ihnen seine Meinung klarzumachen. Sie kamen alle hinter ihm aus dem Haus. Mit Jeffrey und mit Sack und Pack. So, als würde es eine Weltreise werden. Die beiden Alten trugen fast den ganzen Hauskram in Decken, die sie gebuckelt hatten. Lindas Mutter schleppte noch einen Sack mit Lebensmitteln, an den sich Billy Blue mit gebleckten Zähnen gehängt hatte. Linda trug Jeffrey in einer Tragkrippe auf dem Rücken, und Jeffrey kaute wie zur Verhöhnung seines Vaters an einem Stück Rohhaut. Linda strahlte, und die jungen Hunde folgten ihr, als ob sie ahnten, daß ein Auszug bevorstand, den sie nicht verpassen durften.

Billy Blue kläffte jetzt den Lieutenant an und wurde erst friedlich, als Lindas Mutter den Sack mit den Lebensmitteln unter der Wagenbrücke in der Werkzeugkiste verstaut hatte. Theller wagte es, vor Linda und den Frauen zu salutieren, wobei er die Absätze seiner frisch geputzten Stiefel zusammenknallte und die Hand zum Krempenrand seines Hutes legte.

»Ma'am, es wird uns ein Vergnügen sein, Sie und die anderen Damen nach Fort Lapwai zu geleiten.«

»Danke, Sir«, sagte Linda auf englisch und lächelte, ja sie strahlte den Lieutenant an, daß dieser in seiner unbequemen Haltung verharrte, bis sich Chapman beim Bock umdrehte und sagte, daß jetzt genug Zeit vertrödelt worden sei. »Los! Steigt auf!« knurrte er die beiden Alten an, aber die ließen sich nicht aus der Ruhe bringen. Lindas Mutter half der Großmutter auf den Flachwagen und kletterte umständlich hinterher, bevor Theller ihr behilflich sein konnte. Chapman half Linda auf den Wagenbock. Dann stieg er selbst auf und nahm die Zügel in die Hände. Der junge Bursche trat einen Schritt zurück, und Chapman hieb die Zügel hart über die Rücken der Pferde, die jäh ansprangen und den Wagen aus dem Stand rissen. Die beiden Alten kreischten und hatten Mühe, sich auf der Wagenbrücke zu halten, während sich Chapman anstrengte, mit

Postkutsche in Idaho

Jagdlager

den Wagenrädern die größten Löcher in der Straße zu erwischen. Sie sollen diese Fahrt nie im Leben vergessen, dachte Chapman, und der Wagen schleuderte in eine Wegkrümmung hinein.

Hinter ihnen war der Staub so dick, daß Chapman nicht sehen konnte, ob Theller und die Soldaten den Anschluß gefunden hatten. Der einzige, dem die Fahrt tatsächlich Spaß zu machen schien, war Jeffrey. Bevor Linda ihn daran hindern konnte, warf er das zerkaute Stück Rohhaut schwungvoll in die Büsche und lallte ein Lied, das sich recht kriegerisch anhörte.

Und Chapman beruhigte sich, nachdem er sich einmal dafür entschieden hatte, so zu tun, als wären die beiden Alten nicht dabei.

Am Abend erreichten sie dann Fort Lapwai.

Das war am 2. Mai 1877.

In der Nähe der Fortgärtnerei hatten die Wallowa Nez Percé ihr Lager aufgeschlagen. Ein Dutzend Büffelhautzelte standen in einem kleinen Kreis. Chapman entdeckte Josephs Tipi im Schatten einiger Cottonwoodbäume. In der Senke war Betrieb. Überall standen Sattelpferde und Wagen herum. Etwa dreißig ausgesuchte Nez Percé Pferde hatte man mit einem Seilcorral eingezäunt. Kinder spielten, und im Schatten der Bäume hockten Gruppen von Männern. Die meisten von ihnen trugen Hüte und sahen aus, als hätten sie sich für einen Kirchgang hergerichtet. Sie gehörten zu den Reservationsindianern. Für sie war der Tag, an dem Joseph gekommen war, ein besonderer Tag. Beim Näherkommen bemerkte Chapman, daß die Frauen dabei waren, hirschlederne Kleidungsstücke, die am nächsten Tag zur Versammlung getragen werden sollten, mit Kalk einzureiben, und am Ufer des Flusses, der sich hinter dem Lager durch das Tal schlängelte, waren Männer dabei, ihre schönsten Pferde zu bemalen.

Obwohl für Chapman der Anblick eines Indianerlagers nicht neu war, fühlte er sich doch seltsam berührt, als er die Menschen dort bei ihren letzten Vorbereitungen für den nächsten Tag beobachtete. Die Betriebsamkeit des Lagers hatte eine unterdrückte Hektik, die Chapman beinahe körperlich spüren konnte. Sie erfaßte ihn von einem Moment zum andern. Es war wie ein Fieber. Chapman sah Linda an, und Lindas Augen waren groß und erwartungsvoll auf das Lager gerichtet. »Es ist, als ob die Männer am nächsten Tag zur Büffeljagd weggehen würden«, sagte sie. »Es ist fast wie früher.«

Hinten auf der Wagenbrücke wurden die beiden Frauen unruhig, und es war Lindas Mutter, die Chapman zurief: »Fahr zu, Chapman, fahr zu! Wir sind zu Hause!«

4
Der General

Eine lange Reihe von Männern, gefolgt von Frauen und Kindern, alle mit bemalten Gesichtern, tauchte auf. Die rote Farbe bis in das Haar hineingestrichen, das die Männer zu Zöpfen geflochten und mit Schmuckstreifen umwickelt hatten, die Kleidungsstücke mit ornamentalen Stickereien verziert, in Hüten, in bunten Decken, in Leggins aus Hirschleder und die Mokassins mit oder ohne Perlenstickereien versehen, die Frauen mit farbenprächtigen Schals oder Decken und in knöchellangen Röcken und kniehohen Mokassins, – so kamen sie angeritten, alle auf Indianerponys, die in ihrer Farbe und Zeichnung so verschieden waren wie die Kleider der Reiter. Diese malerischen Leute erschienen vom Tal her, wo sie oberhalb der Fortgärtnerei gelagert hatten. Sie zogen zum offenen Viereck des Forts und hielten vor unserer Delegation an. Dann sangen sie eines ihrer Lieder. Ein paar von ihnen hatten ihre Pfeifentomahawks mitgebracht, mit denen man entweder friedlich würzigen Tabak rauchen oder aber einem Gegner den Schädel spalten konnte, je nach Lust und Laune des Besitzers. Sonst aber waren sie unbewaffnet. Trotzdem vermittelte uns besonders dieser wilde Gesang ein seltsames Gefühl der Unruhe. Man konnte froh sein, daß nur ungefähr fünfzig und nicht fünfhundert von ihnen gekommen waren!

Gen. O. O. Howard: NEZ PERCE JOSEPH, 1881

Am Morgen fuhr Chapman mit der ganzen Familie hinunter zum Fort. Ein Soldat, der an einer Straßenkreuzung stand, wies ihm einen Parkplatz am Ende einer Wagenreihe zu. Von überall her kamen Wagen. Viele waren auf der anderen Seite des Flusses abgestellt, wo fast hundert Zelte standen. Dort lagerten die Reservationsindianer. Und weiter oben war der kleine Tipikreis von Looking Glass' Nez Percé.

Chapman half Linda vom Wagen. Sie war aufgeregt. In der Nacht hatte sie von der Bedeutung dieser Verhandlung erfahren. Aber vielleicht war sie auch aufgeregt, weil sie glaubte, daß Tucallacasena da war.

Chapman half ihr, die Babykrippe auf den Rücken zu bringen. Sie hakte die Daumen in die Schulterriemen und sah sich nach den beiden Alten um, die vom Wagen kletterten. Lindas Mutter half der Alten, und die Alte murmelte vor sich hin, während sie am Arm ihrer Tochter den Weg hinunterhumpelte. Chapman ging mit Linda hinüber zu der Reihe der Offiziershäuser. Im Schatten eines der Häuser spielten drei junge Indianer und ein Weißer Poker. Ein paar Indianermädchen schauten kichernd zu. Chapman nahm Linda am Arm und führte sie durch eine Häuserlücke zum eingezäunten Paradeplatz, wo ein unglaubliches Gedränge herrschte. Männer, Frauen und Kinder drängten gegen das eine Ende des rechteckigen Platzes. Es blieb Chapman gar nichts anderes übrig, als ebenfalls zu drängeln und zu stoßen und zu schieben. Es gelang ihm, sich in die Menge hineinzuwühlen und für sich und Linda einen Platz zu ergattern, von dem aus er außer dem Sternenbanner, das hoch über einigen zerbeulten Hüten flatterte, nur noch das Schindeldach des Wachhauses sehen konnte. Linda drängte noch mehr nach vorn, indem sie mit den Ellbogen nach allen Seiten schubste und einigen Leuten auf die Füße trat. Aber sie kam nicht viel weiter und stand jetzt vor Chapman, der die Tragkrippe vor sich hatte. Jeffrey war wach und stumm. Chapman grinste ihm ins Gesicht und öffnete die Verschnürung.

»Laß ihn doch drin«, sagte Linda über die Schulter. »Es ist ihm wohler, wenn er drin ist.«

»Er will den General sehen«, erwiderte Chapman und nahm Jeffrey aus der Krippe. Sein Nachbar grinste verkniffen. Er war ein klotziger Nez Percé Indianer, der einen großen schwarzen Topfhut auf dem Kopf hatte und Ohrringe trug.

»Dein Sohn soll den General sehen, Bruder«, sagte er und wollte Jeffrey aus Chapmans Händen nehmen, um ihn hochzuheben. Chapman wehrte ab und stellte sich selbst auf die Zehenspitzen. Jetzt konnte er ein Stück von einem Zelt sehen, das sich leicht im Wind bewegte. Das Zelt stand vor der Veranda des Wachhauses. Es wurde von Soldaten bewacht, die links und rechts Aufstellung genommen hatten. Und auf der Veranda standen Offiziere. Chapman sah Theller, den jungen Lieutenant. Ein Tom-Tom wurde angeschlagen. Die dumpfen Klänge verhallten. Eine Tür quietschte und Linda fing an, vor Chapman auf und ab zu hüpfen, damit sie auch etwas sehen konnte. Jetzt standen schon acht Offiziere auf der Veranda, und dann kam John B. Monteith heraus, der Indianeragent. Er hatte ein paar Papiere in der Hand und trat in die Sonne, so daß man ihn gut sehen konnte. Monteith war ein großer, breitschultriger Mann mit einem markant geschnittenen Gesicht. Er sagte etwas zu Perrin Whiteman, dem Neffen des Missionars Dr. Marcus Whiteman, der von den Yakimas ermordet worden war. Vater Cataldo, der katholische Missionar, ging würdigen Schrittes in seinem weiten schwarzen Rock die Treppe zur Veranda hoch und würdigte Monteith keines Blickes. Vergeblich hielt Chapman nach den Spaldings Ausschau. Der Missionar und seine Frau schienen nicht anwesend zu sein. Dafür entdeckte Chapman James Reuben, der einigen Indianern aus Josephs Lager Plätze in einem Kreis zuwies. James Reuben trug seinen Sonntagsanzug. Er war ein Neffe von Joseph, aber dadurch wurde er Chapman auch nicht sympathischer. Theller schien herüberzublicken und Linda hob die Hand und winkte. »Er könnte uns einen Platz verschaffen«, sagte sie. »Er hat uns doch hergeholt!«

»Ich glaube nicht, daß er uns sehen kann«, sagte Chapman.
»Ruf ihn doch«, forderte sie ihn auf. »Komm, Chapman, ruf ihn doch! Er ist unser Freund.«
»Ich möchte mich da raushalten«, sagte Chapman. »Ich bin nur hergekommen, um Jeffrey den General zu zeigen. Das habe ich dem jungen Lieutenant gesagt. Ich bin nicht hergekommen, um mich da einzumischen.«
»Wenn er unser Freund ist, verschafft er uns einen Platz, Chapman«, sagte Linda und winkte jetzt mit beiden Händen über den Köpfen der anderen Leute. Theller schien ganz genau herüberzusehen, reagierte aber nicht.
»Siehst du, er sieht uns nicht unter all den Leuten.«
Linda ließ die Hände sinken und hüpfte wieder auf und ab. Schließlich öffnete sich eine der beiden Türen im Wachhaus und ein junger Offizier kam heraus. Das war Lieutenant Boyle, einer der beiden Adjutanten des Generals. Er sagte etwas zu den Offizieren, die sofort in einem Glied Aufstellung nahmen. Monteith, Perrin Whiteman und Vater Cataldo wichen etwas zurück. In die Menge kehrte gespannte Ruhe ein. Alle Augen waren auf die Türöffnung gerichtet, und selbst Linda hüpfte jetzt nicht mehr auf und ab, sondern guckte durch ein Loch in der Menschenwand vor ihr.
Und sie konnte immerhin ein Stück von General Howard sehen, als dieser auf die Veranda heraustrat. Die Offiziere salutierten, und Howard nahm den Gruß ab. Einen Moment blieb er auf der Veranda stehen, lächelte, blickte über die Menge hinweg, mit ernstem Gesicht, dann ging er die Treppe hinunter, gefolgt von den Offizieren, von John B. Monteith, Vater Cataldo und Perrin Whiteman, und Chapman hob Jeffrey hoch in den wolkenlosen Himmel, während neben ihm der klotzige Mann den Yankee Doodle summte.
»Das ist er, mein Sohn!« sagte Chapman von unten herauf. »Das ist der General!«
»Sir!« rief Linda und schüttelte die Hände über ihrem Kopf. »Sir Theller!«
Da wurde Theller aufmerksam, und er bekam rote Ohren, während er an der Seite eines Captains hinter dem General herschritt. Linda ließ die Arme sinken, und Chapman wußte, daß sie jetzt enttäuscht war. Er steckte Jeffrey in die Krippe zurück, schnürte sie sorgfältig zu und sagte

zu dem klotzigen Mann, daß Jeffrey den General aus der Nähe sehen wolle. Der klotzige Mann unterbrach sein Gesumme, überlegte kurz und fing dann an, für Linda und für Chapman, vor allem aber für Jeffrey, einen Weg durch die Menge zu bahnen. Und die Leute schienen ihn gut zu kennen. Viele von ihnen wichen aus, ohne daß er sie anstoßen mußte. Trotzdem entstand Unruhe, die sich aber dann legte, als Chapman, Linda und der klotzige Indianer mitten unter den Kindern standen, die vor den Erwachsenen am Boden hockten. Chapman nahm Linda bei der Hand und zog sie weg von der Menge, vorbei an den Indianern, die in zwei Kreisen vor dem Zelt saßen, in dem der General und seine Offiziere Platz nahmen.

Im vorderen Kreis saß Joseph. Die Häuptlinge Looking Glass, Toohoolhoolsote, Hohtalekin und Hush-hush-cute hatten rechts von ihm Platz genommen, während zu seiner Linken der Umatilla Häuptling Yellow Serpent saß. Joseph hob den Kopf, als Chapmans Schatten über ihn fiel, und für einen Moment schien sich das Gesicht des Nez Percé Häuptlings etwas aufzuhellen. Chapman sah auch Josephs Bruder Ollokot im Kreis, vermißte aber Häuptling White Bird, mit dem General Howard wohl am meisten Schwierigkeiten haben würde.

Chapman und Linda fanden einen Platz am Schattenrand des Zeltes, wo sie sich niederließen. Von hier aus konnten sie jedes Wort, das gesprochen wurde, hören. Und sie hatten den Kreis mit den Indianern und das Zelt mit General Howard und den Offizieren vor sich.

Vater Cataldo, der in einem Tal der Graig Mountains, etwa acht Meilen von Fort Lapwai, seine Missionsstation aufgebaut hatte, eröffnete die Verhandlung mit dem Vaterunser. Er sprach es mit starkem Akzent in der Sprache der Nez Percé. Während Linda mitbetete, betrachtete Chapman den General, der hergekommen war, um Joseph in die Knie zu zwingen.

Er war ein großer Mann, dieser General. Harte Züge prägten sein Gesicht, das halb von einem krausen, an mehreren Stellen stark ergrauten Bart bedeckt war. Howard saß hinter dem Tisch, flankiert von seinen Offizieren. Und er betete mit, die Augen geschlossen, die linke Hand mit der Fläche gegen die Brust gelegt, während sein rechter Uniformärmel lose und leer von der Schulter herunterhing. Und Chapman wußte, daß die Indianer Howard den *einarmigen Soldatenhäuptling* nannten, während er unter den Weißen als *Bibelgeneral* bekannt war.

General Oliver Otis Howard war im Jahre 1830 in Leeds, Bundesstaat Maine, geboren worden. Aber das wußte Chapman nicht. Und Chapman wußte auch nicht, daß Howard das Bowdoin College besuchte und als Zwanzigjähriger mit dem A. M. abschloß. Danach kam Oliver Otis Howard an die Militärakademie der Vereinigten Staaten in West Point. Er unterrichtete in Mathematik und gab in seiner Freizeit Bibellektionen. Bei seinen Schülern ging schon bald das Gerücht um, daß bei Howard nur diejenigen ihre Prüfungen mit guten Noten abschlossen, die auch seinen Bibellektionen beiwohnten. Dann brach der Bürgerkrieg aus. Howard machte wie viele andere junge Offiziere aus West Point eine Blitzkarriere, mit Höhepunkten in der Schlacht von Bull Run, wo er eine Brigade befehligte, in Fredericksburg und Chancelorville, wo bereits eine Division unter seinem Kommando stand. Dann kam der 31. Mai 1862, die Schlacht von Seven Pines. Howard verlor seinen Arm. Diese Geschichte kannte Chapman. Er hatte sie sich von Theller auf dem Weg zum Fort erzählen lassen. Und er hatte sie zuvor schon einmal gehört. Von einem ehemaligen Artilleristen, der in Mount Idaho lebte und mit einem Holzbein und einem Eisenhaken am linken Arm und einem furchtbar verstümmelten Gesicht als Kinderschreck verschrien war. Aber seit Howard in der Gegend war, kannte fast jedes Kind die Geschichte von der Schlacht von Seven Pines, bei der dem Yankeegeneral von einem Scharfschützen der Rebellen der Arm weggeschossen wurde. Manchmal waren es auch Granatsplitter, aber im Grunde genommen machte das keinen Unterschied. Howard war ein Kriegsheld. Auch mit nur einem Arm kam er in der Folgezeit des Bürgerkrieges gut voran. Am 1. Juli 1864 befehligte Howard in der legendären Schlacht von Gettysburg für kurze Zeit sogar alle eingesetzten Unionstruppen. Danach übernahm er das Kommando des 15. und des 17. Korps und machte an der Seite von General William Tecumseh Sherman den Atlanta Feldzug mit, und zum Abschluß beteiligte er sich am legendären »Marsch zum Meer«, quer durch Georgia. Im Dezember 1864 wurde Oliver Otis Howard dann endlich für alle Strapazen, die ihm seine Militärlaufbahn beschert hatte, von der US Regierung belohnt: Er wurde zum Brigadier General der US Armee im Rang eines Major Generals der Reserve befördert.

1865 war der Bürgerkrieg zu Ende. Daran erinnerte sich Chapman genau. Lincoln wurde während einer Theateraufführung ermordet. Im

Süden zogen Mörderbanden in grauen Rebellenuniformen durch das verwüstete Land. Der Süden litt unter den Nachwehen des Krieges, den er verloren hatte. Die Yankees kamen und nahmen sich, was sie wollten. Der Notstand in den Südstaaten trieb die Menschen westwärts und nordwärts. Chapman erinnerte sich. Er selbst hatte das alles mitgemacht. Er selbst war nach Idaho gekommen, weil dieses Land Chancen zu vergeben hatte. Und eigentlich hätte es nur zwei Möglichkeiten gegeben, dieses Land in Besitz zu nehmen. Man hätte es entweder erobern oder den Indianern abkaufen müssen. Aber dieses Land wurde nicht erobert. Es wurde den Indianern auch nicht abgekauft. Es wurde einfach in Besitz genommen. Aber eigentlich, dachte Chapman, existierte diese Möglichkeit überhaupt nicht. Entweder man kauft Land, oder man erobert es. Alles andere ist Betrug. Man kann das Land durch Betrug in Besitz nehmen. Nicht legal. Aber man kann! Chapman besaß jetzt ein Stück Land im Nez Percé Gebiet. Er hatte die Grundstücksrechte eintragen lassen. Sein Land war vermessen worden. Sein Land war *Chapmans Ranch* und kein Indianerland mehr. Bezahlt hatte er nie etwas dafür. Nur die Grundbucheintragung hatte eine Stempelgebühr gekostet. Chapman besitzt Land, das ihm nicht gehört. Komischer Gedanke. Wer hat denn den Boden gepflügt? Wer hat die Bewässerungsgräben gezogen? Und wer hat das Haus gebaut? Chapman! Mit eigenen Händen. Und Blut geschwitzt. Trotzdem besitzt Chapman Land, das ihm nicht gehört. Und deswegen wurden Generäle wie Oliver Otis Howard nach dem Bürgerkrieg nicht arbeitslos. Wegen Chapman. Und wegen der anderen, die ebenfalls Land besaßen, das ihnen nicht gehörte. Deshalb hatte General Oliver Otis Howard nach dem Krieg zuerst für kurze Zeit die Apachen in Arizona heimgesucht. Mit der Bibel in der Tasche und dem Säbel in der Hand. Jetzt war er hier. Oberkommandierender des Departements of Columbia, das Idaho, Oregon und Washington umfaßte. Hier, im äußersten Nordwesten der USA, sollte Howard dafür sorgen, daß die Menschen behalten durften, was ihnen nicht gehörte. Hier war jetzt sein Einsatzgebiet, und eigentlich konnte er froh sein, daß er nicht dem Departement of the Missouri vorstand, denn dort hatten die vereinigten Stämme der Sioux und der Cheyenne der Armee gezeigt, daß sie sich ihr Land nicht ungestraft wegnehmen lassen wollten. Vor knapp einem Jahr, 1876, war General Custer am Little Big Horn River gefallen. Hier, im Nordwesten, würde es die Armee mit ein paar tausend ganz gewöhnlichen »Wald-und-Wiesen-Indianern« zu tun haben, dachte Howard. Die lebten vom Beerenpflücken und vom Fischfang, dachte Howard. Die Nez Percé. Sie galten als friedliebend, gastfreundlich und gutmütig. Es würde nicht schwierig sein, aus ihnen Christen zu machen. Es war auch sicher nicht schwierig gewesen, ihnen Land wegzunehmen. Es hatte nur fast zufällig ein paar kleinere Auseinandersetzungen gegeben. Und das Whiteman Massaker. Ein paar Tote für ein ganzes Departement, dem General Howard vorstehen durfte. Ein paar Tote für Tausende von Hektar Land. Und Chapman besaß ein Stück davon. Deshalb war Howard hier. Und deshalb hatte er Soldaten mitgebracht. Damit jeder behalten konnte, was ihm nicht gehörte. Damit die Vereinigten Staaten von Amerika groß und stark und mächtig würden. Ein mächtiges Stück Diebesgut. Aber das waren Gedanken, die keiner so ganz ernsthaft zu Ende dachte.

Chapman sah den General. Der General sagte zu Joseph, daß er nicht zum Vergnügen hergekommen sei. Aber das wußte Joseph auch. Trotzdem wiederholte Joseph, daß er ohne Häuptling White Bird nicht über die Zukunft des Nez Percé Stammes entscheiden würde. »Wir müssen warten, bis Häuptling White Bird kommt und an der Beratung teilnimmt.« Perrin Whiteman übersetzte, was Joseph sagte. Und Howard, der nicht zum Vergnügen hergekommen war, reagierte ziemlich ungehalten. Er sagte: »Nein, so geht das nicht! Die Instruktionen von Mister Monteith und von mir sind ausschließlich an *dich* gerichtet, und sie gelten für *deinen* Stamm! Und daraus ergeben sich für dich Vorteile! Da du mit deinem Stamm der erste bist, der zur Reservation kommt, hast du die erste Wahl, dir das Land auszusuchen, das dir gefällt. Das ist ein gewaltiger Vorteil, denn der erste kriegt immer das beste Stück, nicht wahr?«

»Ich kann und darf ohne White Bird nicht entscheiden«, erwiderte Joseph, und in den Kreis der Indianer kehrte plötzlich Unruhe ein. Howards sture Haltung war ihnen unverständlich. John B. Monteith stand auf und breitete seine Arme aus. Als ob er Wunder vollbringen könnte, dachte Chapman. Als ob er ihnen etwas zu bieten hätte, was sie sich schon immer gewünscht hatten.

»Brüder!« rief Monteith. »Brüder, hört, was ich euch sage! Es ist eure Pflicht, als Kinder des Großen Weißen Vaters in Washington in die Reservation zu ziehen. Dabei sollen euch keine Nachteile entstehen. Ihr kriegt das Land, das ihr haben wollt. Ihr kriegt Geld, mit dem ihr euch die Geräte kaufen könnt, mit denen ihr aus eurem Land ein Paradies machen könnt. Ihr braucht nie mehr zu frieren. Nie mehr Not zu leiden. Es ist genug Platz für euch und eure Familien. Es ist genug Platz für eure Kinder und Kindeskinder und es gibt genug Gras für eure prächtigen Pferde und Rinder. Ihr wißt, daß ich euer Freund und Bruder bin. Ihr wißt, daß ich nicht einmal daran denke, euch zu betrügen. Ihr wißt, daß ich für euch nur das Beste . . .«

Chapman stand auf und rief: »Erzähl ihnen doch keine Geschichten, John! Sag ihnen, was sie tun müssen! Sag ihnen, was die Regierung von ihnen will!«

Im Moment wußte Chapman nicht, warum er sich eigentlich eingemischt hatte. In ihm war nur das Gefühl, daß er nicht alles dem General und Monteith und Vater Cataldo überlassen durfte. Aber als alle herüberblickten, da wünschte er, er hätte nichts gesagt. Der Blick des Generals traf Chapman. Und John B. Monteith stand mit offenem Mund und ließ die Arme sinken. Dann schüttelte er verständnislos den Kopf. Auch Theller blickte herüber, Überraschung in seinem schmalen Gesicht.

Chapman zog die Schultern hoch. Hinter ihm war plötzlich Unruhe. Chapman spürte es und sah sich um, sah Tucallacasena, der am Zaun lehnte. Ihre Blicke kreuzten sich, und Tucallacasena grinste. »Dein Freund steht da hinten und sieht aus, als hätte er sein Pferd totgeritten!« brummte Chapman. Linda saß im Schneidersitz am Boden und wiegte die Krippe mit Jeffrey, der eingeschlafen war. Sie drehte den Kopf nicht nach Tucallacasena. Sie sah zu ihm hoch und sagte: »Chapman, ich möchte jetzt gehen!« Monteith, der sich kurz mit dem General unterhalten hatte, sagte jetzt etwas zu Theller, und Theller kam herüber. »Ich dachte, es ist nur ein Familienausflug, Chapman!« stieß er leise hervor. Dann sagte er laut, daß der General Mister Chapman zu sprechen wünsche. Und leise fügte er hinzu: »Halten Sie lieber den Mund, Chapman! Sie stiften mit Ihrer Meinung nur Unfrieden. Und das ist das letzte, was wir hier brauchen können.«

Chapman nickte. »Ich hab mich hinreißen lassen, Lieutenant«, sagte er halblaut. »Aber Monteith sollte ihnen einfach die Wahrheit sagen.«

Theller wurde ein bißchen rot im Gesicht. Er drehte sich zackig um und ging hinüber zum Tisch. »Mister Chapman hat nichts mehr zu sagen, Sir«, meldete er laut. »Absolut nichts mehr! Er entschuldigt sich für den Zwischenruf!«

Der General, der in Papieren geblättert hatte, sah kurz hoch, und über seiner Nasenwurzel standen steile Falten in der Stirn. Jetzt war sein Blick abschätzend. Er musterte Chapman. Er versuchte zu erkennen, ob er in Chapman tatsächlich einen Gegner haben würde. Chapman erwiderte seinen Blick, und Howard nickte leicht, als ob er eine Bestätigung gefunden hätte. Dann wandte er sich an Monteith: »Mister Monteith, lesen Sie der Nez Percé Delegation die Bestimmungen der Regierung vor«, sagte er mit dunkler Stimme.

Monteith zögerte. Er wechselte einen Blick mit Vater Cataldo. Vater Cataldo schien von Howards Vorschlag auch nicht begeistert, aber er hob nur die Schultern und blickte herüber zu Chapman. Schließlich verlas Monteith mit lauter Stimme die Regierungsverordnung. Während Perrin Whiteman übersetzte, sah Chapman, wie die Gesichter der Indianer hart wurden. Besonders Toohoolhoolsote, der alte Medizinmann und Anhänger des Träumerglaubens, verzog das zerknitterte Gesicht im Ärger über das, was ihm zu Ohren kam.

Chapman kannte ihn gut genug, um zu wissen, daß Howard Schwierigkeiten mit ihm haben würde. Toohoolhoolsote war ein ernst zu nehmender Gegner, den Howard nicht unterschätzen durfte.

Monteith war kaum fertig, als Toohoolhoosote aufsprang. Er verzichtete darauf, seine sonst übliche Zeremonie zum besten zu geben. Er verzichtete auf die Würde, mit der er diesen einarmigen Soldatenhäuptling sowieso nicht beeindrucken konnte. Er zitterte an seinem ganzen knorpeligen Leib, und in seinem Gesicht zuckten die Falten. »Ich werde mein Volk nicht ins Verderben führen!« rief er mit durchdringender Stimme. »Ich bin nicht der Mörder meines Volkes! Sag dem General, daß er dorthin zurückkehren soll, wo er hergekommen ist! Jetzt ist noch Zeit für ihn! Sag ihm, daß er der Regierung in Washington sagen soll, daß Toohoolhoolsote sich nicht noch einmal betrügen läßt! Sag ihm, daß diese Regierung eine Mörderbande ist! Sag ihm, daß der Große Weiße Vater ein Scheißkerl ist! Sag ihm, daß ich jetzt wütend genug bin, jeden Weißen zu töten, der in meine Nähe kommt! Sag ihm, was ich gesagt habe, damit er weiß, daß ich freiwillig nichts tun werde, was meinem Volk Elend und Verderben bringt! Ich bin nicht der Henker meines Volkes!«

Perrin Whiteman, etwas blaß um die Nase, übersetzte folgendermaßen: »Also, der Häuptling, der regt sich ein bißchen darüber auf, daß man ihn nicht nach seiner Meinung gefragt hat, als die Bestimmungen beschlossen wurden. Er möchte unbedingt eine Bedenkzeit, und deshalb schlägt er die Vertagung der Versammlung vor. Schließlich könnte sowieso keine Entscheidung gefällt werden, bevor nicht auch White Bird etwas dazu gesagt hätte. Im übrigen sei er gar nicht begeistert von dem Gedanken, in der Reservation zu leben, und man müßte ihm das schon noch ein bißchen schmackhaft machen, Sir. Sonst ist eigentlich soweit alles in Ordnung.«

Monteith hatte die Unterlippe zwischen den Zähnen, und Vater Cataldo, der auch genug von der Sprache der Nez Percé verstand, um Toohoolhoolsotes Wutausbruch ernst zu nehmen, wiegte besorgt den Kopf.

Der General aber schien nicht zu merken, daß irgend etwas mit Perrin Whitemans Übersetzung nicht stimmte. Er stand auf und beugte sich über den Tisch. »Gut«, sagte er. »Wir werden am Montag mit den Verhandlungen fortfahren. Aber sagen Sie ihnen, Mister Monteith, sagen Sie ihnen, daß die Bestimmungen der Regierung Punkt für Punkt eingehalten werden müssen, ganz gleich, wie lange der Abschluß dieser Verhandlung hinausgezögert wird! Sagen Sie ihnen, daß ich nicht ermächtigt bin, irgendwelche Konzessionen zu machen. Und ich bin auch nicht gewillt, mich von irgendwem an der Nase herumführen zu lassen! Sagen Sie ihnen das, Mister Monteith!«

Und Monteith sprach zu den Nez Percé in ihrer Sprache: »Also, die Versammlung wird bis Montag unterbrochen, meine Brüder. Der Soldatenhäuptling, General Howard, ist zwar über die Verzögerung verärgert, aber er will noch einmal Geduld walten lassen. Am Montag aber, wenn White Bird auch hier ist, wird General Howard fragen, wie ihr euch entscheiden wollt: Für den Frieden oder . . .«

»Krieg!« rief Toohoolhoolsote grimmig. »Gottverdammter Krieg, Agent!«

Monteith lächelte schwach und wandte sich an den General. »Der Medizinmann meint, daß alles in Ordnung kommt, Sir. Und er bedankt sich für Ihre Großmut.«

Der General wollte noch etwas sagen, verzichtete aber dann darauf. Mit seinen beiden Adjutanten verließ er das Zelt, und gefolgt von den Offizieren, ging er in das Hauptquartier.

»Gehen wir jetzt, Chapman?« fragte Linda und zog ihn mit sich aus dem Gedränge.

5

Der Träumer

Ihr verlangt von mir, die Erde zu pflügen!
Soll ich ein Messer nehmen und den Schoß meiner Mutter
aufschneiden, so daß sie mich nicht in sich aufnehmen kann, wenn ich
sterbe?
Ihr verlangt von mir, nach Gold zu graben!
Soll ich unter ihrer Haut nach ihren Knochen graben, so daß sie mich
nicht mehr aus ihrem Körper wiedergebären kann, wenn ich sterbe?
Ihr verlangt von mir, Gras zu schneiden, Heu zu machen und es zu
verkaufen, damit ich reich werde wie die Weißen.
Aber wie könnte ich es wagen, meiner Mutter die Haare
abzuschneiden?
Euer Gesetz ist schlecht und mein Volk kann es nicht befolgen! Ich
will, daß mein Volk hier bleibt, bei mir. Alle unsere Toten werden
eines Tages auferstehen. Ihre Seelen werden wieder zu ihren Körpern
zurückfinden. Wir müssen hier in den Heimen unserer Väter warten
und bereit sein, sie im Schoß unserer Mutter wieder zu treffen!

Smohalla zu Major J. W. MacMurray, 1884

Der nächste Tag war ein Samstag.

Jeffrey weckte seinen Vater mit einem tierischen Gebrüll um den Schleimbrei, den ihm Lindas Großmutter einzuflößen versuchte. Chapman verließ fluchtartig das alte Armeezelt, das die Frauen am Vortag aufgebaut hatten. Draußen schien die Sonne. Und der erste, der kam, war John B. Monteith, der Indianeragent. Chapman blinzelte ihm entgegen, gähnte und sah sich nach Linda um. Linda war unten am Fluß und quatschte mit Frauen aus Josephs Lager.

»Morgen, Chapman«, sagte Monteith, der zu Fuß vom Fort herübergekommen war. »Schönen guten Morgen.« Er lüftete gar seinen Hut ein bißchen, aber in seinem Gesicht lag ein grimmiger Zug. Ganz bestimmt war er da, um sich zu beschweren. Chapman rieb sich den steifen Nacken. Er hatte im Zug gelegen und war deswegen zweimal erwacht. Außerdem war der Boden unter dem Zelt noch feucht vom Winter.

»Chapman, ich habe dich schon gestern abend überall gesucht.« Monteith sagte es vorwurfsvoll, und Chapman gefiel die Art nicht, mit der er an diesem Samstagmorgen mit der Welt konfrontiert wurde. »Was willst du?« fragte er unfreundlich.

»Können wir uns unterhalten, Chapman? Ich meine, es ist doch sinnlos, wenn wir uns Knüppel zwischen die Beine werfen. Das wäre sogar angesichts der gespannten Lage recht gefährlich, verstehst du?«

»Nein! Ich verstehe nicht«, erwiderte Chapman und gähnte noch einmal. »Sag, was du willst, Monteith. Warum redest du dauernd allen Leuten die Ohren voll, ohne daß du was sagst?«

»Ich möchte wissen, wieso du die Nez Percé aufstachelst, sich dem Regierungsbefehl zu widersetzen«, sagte Monteith scharf. »Das ist es, was ich wissen möchte!«

»Tu ich das?« fragte Chapman verwundert.

»Aber ja. Und weshalb tust du das, Chapman?« fragte Monteith. »Du weißt doch, daß wir jahrelang um eine friedliche Lösung des Problems bemüht waren. Soll hier denn das gleiche passieren, was vor Jahren den Modoc-Krieg ausgelöst hat? Willst du, daß diese Versammlung in einem Massaker endet?« John B. Monteith machte mit der linken Hand eine Bewegung, als wollte er Chapman am Arm nehmen, aber Chapman wich aus. Monteith senkte die Hand. »Chapman, du hast doch auch Grund und Boden hier in diesem Land. Und obwohl du eine Nez Percé Indianerin zur Frau genommen hast, gehörst du unserer Gesellschaft an. Du bist ein Amerikaner, Chapman! Verstehst du?«

»Nein, John. Ich verstehe dich immer noch nicht, aber du scheinst dir immerhin einige Mühe gemacht zu haben, mir irgend etwas zu sagen.« Chapman gelang sogar ein Lächeln. »So früh am Morgen ist es für mich manchmal schwierig, Reden zu halten. Deshalb möchte ich dir nur sagen, daß du falsch liegst, John. Ich habe gestern nur verlangt, daß du ihnen die Wahrheit sagst. Ich habe niemanden aufgewiegelt, denn davon habe ich nichts. Joseph weiß so gut wie ich, daß ihm nur die Reservation bleibt. Ich verstehe nur nicht, wie ihr glaubt, daß ihr ihnen ohne Schwierigkeiten weismachen könnt, daß das, was sie kriegen, besser ist als das, was sie hatten.«

»Das habe ich nicht behauptet, Chapman«, sagte Monteith schnell. »Nein, ich habe nur gesagt, daß sie nur in der Reservation eine große Zukunft erwarten dürfen, denn die Reservation ist das Stück dieser Welt, das ihnen auf ewige Zeiten gehören wird und das sie einmal, wenn sie dazu in der Lage sind, selbst verwalten dürfen. Verstehst du das, Chapman?«

Chapman schüttelte den Kopf.

Er ließ ihn stehen und ging hinunter zur Flußniederung.

Der nächste, den er traf, war Tucallacasena.

Er hatte sich herausgeputzt, trug sein bestes Zeug und saß auf einem herrlichen Pferd. Er kam durch das seichte Wasser des Flusses geritten, als Chapman im Dickicht stand und in einen Graben hineinpinkelte.

Bei den Büschen zügelte Tucallacasena sein Pferd. Der junge Indianer war ein hübscher, großgewachsener Kerl mit einem Lümmelgesicht. Über der Stirn hatte er das Haar fast senkrecht hochgekämmt, während es zu beiden Seiten seines Gesichtes in Schwänzen, die er in Otterfellstreifen gewickelt hatte, herunterhing. Er trug ein Hirschlederhemd, das mit Perlstickereien verziert war. Seine Leggins waren mit Kalk weißgerieben und die Füße steckten in prächtig verzierten Mokassins, die ihm Linda gemacht hatte, bevor sie sich dann für Chapman entschied.

»Hi, Chapman«, rief Tucallacasena. »Sag mal, stimmt es, daß du gegen den General bist?«

Chapman zog die Hosenträger über die Schultern und sagte sich leise: »Bleib ruhig, Chapman, bleib ruhig.«

»Was sagst du?« fragte Tucallacasena, der für seine Luchsohren ebenso bekannt war wie für seine Zielsicherheit mit dem Gewehr. »Man sagt, der General soll umgebracht werden.«

»So?« Chapman steckte die Fäuste in die Hosentaschen. »Heute nacht hörte ich Schritte draußen. Warst du das?«

Tucallacasena grinste von einem Ohr zum andern. »Ich habe meinen Tabakbeutel vermißt, und ich dachte, daß ich ihn vielleicht bei euch im Zelt liegengelassen habe. Da kam ich zurück. Aber es war alles dunkel. Und Jeffrey schlief.«

»Linda auch, verdammt!« Chapman blickte hinunter zu Josephs Lager. Dort wurde ein Tom-Tom geschlagen. Ein Ausrufer ging herum. »Was ist los, dort unten?«

»Versammlung«, sagte Tucallacasena. »Großes Palaver. Junge Burschen gehen herum und erschrecken die Weiber der Treaties. Es gibt Krieg, sagen sie. Die jungen Burschen sind wild.«

»Bist du auch wild, Junge?« fragte Chapman, der wußte, daß er Tucallacasena ärgern konnte, wenn er ihn Junge nannte. Der Indianer wiegte aber nur den Kopf. »Ich denke, daß es für uns nicht gut ist, dem Befehl der Regierung zu gehorchen. Aber ich glaube nicht, daß ich Lust habe, Krieg zu machen.« Tucallacasena beugte sich etwas vor. »Glaubst du, daß es gut wäre, den General zu töten?«

»Wie kommst du darauf?«

»Man sagt, daß du in Josephs Lager gesagt hast, der einzige Ausweg sei, den General zu töten.«

»Wer sagt das?«

»Alle!«

»Wer ist das, alle?«

»Einfach alle. Die Treaties im Fort. Die Soldaten und die jungen Krieger auch. Man weiß, daß du ein Freund von Joseph bist. Und du hast dich gestern bei der Beratung eingemischt. Außerdem bist du für die Weißen hier ein Squawman. Und für uns bist du der, der einem unserer Mädchen den Kopf verdreht hat. Keiner weiß so recht, wo du stehst, Chapman. Für dich sieht es ganz und gar nicht gut aus.«

Chapman machte eine wegwerfende Handbewegung. »Ich habe nichts gesagt. Ich habe niemanden aufgefordert, den General zu töten. Ich habe gestern abend mit dir gepokert und dann geschlafen. Und heute morgen kam Monteith her und redete Blödsinn. Und jetzt kommst du und sagst mir, daß es für mich nicht gut aussieht. Geh doch zum Teufel, du krummer Hund!« Chapman war jetzt wütend. Er ging zurück zum Zelt und holte dort seine Jacke. Er erwiderte die Blicke der Frauen ebenso giftig, und als Jeffrey Luft holte, um loszubrüllen, hob er ihn, mit einer Hand am Hemdchen packend, aus dem Korb und zu seinem Gesicht hoch und knurrte: »Halt den Mund, verdammt! Brüll nicht immer herum!« Und Jeffrey blieb glatt die Luft weg. Es war totenstill, als Chapman hinausging und den Weg hinunterstapfte zum Fort. Auf halbem Weg kam ihm Lieutenant Theller entgegen, und Chapman wußte sofort, daß Theller auf dem Weg zu ihm war.

»Mister Chapman!« rief der Lieutenant, erfreut darüber, daß er nicht den ganzen Weg zum Nez Percé Lager zu reiten brauchte. »Ich wollte eben zu Ihnen. General Howard möchte sich gern kurz mit Ihnen unterhalten, wenn das möglich ist.«

Chapman blieb mitten auf der Straße stehen und blickte aus schmalen Augen zum Lieutenant hoch, der auf dem Pferd saß, das Gesicht im Schatten der Hutkrempe. Chapman wunderte sich, wie es Theller fertigbrachte, immer so frisch und munter auszusehen.

»Ich bin auf dem Weg in den Store, wo ich mich besaufen werde, Theller«, sagte Chapman. »Kommen Sie mit?«

»Sir, ich... bitte, ich bin im Dienst. Wir haben Ärger. General Howard ist in Sorge. Man munkelt, daß es zu einer Auseinandersetzung kommt. Ihr Name ist einige Male gefallen, Mister Chapman. Tun Sie mir den Gefallen und kommen Sie mit.«

Chapman tat ihm den Gefallen. Der Ausflug machte ihm so oder so kein Vergnügen mehr. Er hatte sich da heraushalten wollen, und jetzt schien es, als wäre er mittendrin. Nur weil er Monteith aufgefordert hatte, den Nez Percés keinen Unsinn zu erzählen.

Jetzt verlangte der General nach ihm. Und als er an der Seite von Lieutenant Theller über den Paradeplatz ging, spürte er die Blicke der Leute auf sich gerichtet. Reservationsindianer standen und hockten überall umher. Die meisten waren hergekommen, um dabeizusein, wenn Josephs Stolz endlich gebrochen würde. Seit Jahren schon lebten sie in der Reservation. Sie waren die *Treaties*, diejenigen, die Verträge unterzeichnet und ihr Land an die Weißen abgetreten hatten. Sie bebauten ihre Landstücke und bewohnten ihre Bretterhütten. Sie trugen die Kleider der Weißen und ihr Haar war kurzgeschnitten. An Sonntagen lauschten die Katholiken unter ihnen Vater Cataldos Predigt. Den Protestanten standen Reverend Spalding oder Monteith zur Verfügung. Bei Dunkelheit brannten einige heimlich ihren eigenen Schnaps, und mit dem, was sie in der Schule lernten, wußten viele nichts anzufangen. Im stillen achteten sie die Hartnäckigkeit, mit der ihre Brüder und Schwestern, die *Nontreaties*, den Weißen Tag um Tag in der Freiheit abtrotzten. Aber sie verwünschten auch die Sturheit, mit der Joseph, White Bird, Toohoolhoolsote oder Looking Glass Gefahr für alle Nez Percé Indianer heraufbeschworen. Lawyer und andere Häuptlinge hatten sich längst entschieden. Das Nez Percé Land würde den Weißen gehören. Und die Weißen würden auch Joseph in die Knie zwingen. Das wollten sie sehen. Deswegen waren sie in Fort Lapwai. Und jetzt hatten sie Angst davor, daß es anders kommen würde, als sie gedacht hatten. Jetzt hatten sie Angst davor, daß es zu einem Krieg kommen könnte. Im Krieg machen die Weißen keine Unterschiede. Nicht zwischen Katholiken und Protestanten. Nicht zwischen Männern und Frauen. Nicht einmal zwischen Erwachsenen und Kindern. Und schon gar nicht zwischen Treatie- und Nontreatie-Nez Percé. Ein Krieg würde viel Elend bringen. Und davor hatten sie Angst, die Reservationsindianer, die jetzt in ihren Hütten lebten und in aller Heimlichkeit ihren eigenen Schnaps brannten.

»Es liegt was in der Luft«, sagte Theller, während sie zusammen zum Hauptquartier gingen. »Jawohl, Sir, es liegt was in der Luft.«

Im Hauptquartier knallte ein Sergeant mit den Absätzen, und ein Adjutant erhob sich hinter einem Schreibtisch. Er kam auf Chapman zu und streckte ihm die Hand entgegen. »Boyle«, sagte er. »Lieutenant Boyle. Der General erwartet Sie, Mister Chapman.«

Boyles Händedruck war fest. Er öffnete die eine Tür, und Chapman sah den General am Fenster stehen, den einen Arm auf den Rücken gelegt.

Theller und Boyle salutierten. »Mister Chapman, Sir!« meldete Boyle, und der General drehte sich vom Fenster weg. »Okay, Boyle«, sagte er. »Das hat geklappt, was?«

»Ich bin freiwillig mitgegangen, Sir«, sagte Chapman. »Eigentlich wollte ich saufen gehen.«

Howard zog die Brauen etwas zusammen, bevor er Theller und Boyle hinausschickte. »Schließen Sie die Tür hinter sich, Boyle. Bleiben Sie im Vorraum. Vielleicht brauche ich Sie noch.«

»Jawohl, Sir«, sagte Boyle. Wieder knallten die beiden Lieutenants die Absätze zusammen. Dann war Chapman mit dem General allein, und anstatt der Aufforderung, sich zu setzen, Folge zu leisten, ging Chapman zum Fenster und blickte hinaus. Auf der anderen Seite des Paradeplatzes kämpften zwei Indianerknaben im Staub. Soldaten feuerten sie an. Beide bluteten schon aus der Nase. Als einer von ihnen davonlaufen wollte, hielt ihn ein Soldat fest, drehte ihn um und gab ihm einen Stoß. Der Knabe fiel dem anderen in die Fäuste hinein, und als er umfiel, riß er den anderen mit, und es schien, als hätten sie sich ineinander verbissen, während sie sich im Staub wälzten.

»Mister Chapman, Sie sind mit einer Nez Percé Squaw verheiratet, nicht wahr?« fragte der General plötzlich.

Chapman sah, wie der Knabe, der vorher von dem Soldaten daran gehindert worden war, wegzulaufen, über dem anderen kniete und ihm die Fäuste ins Gesicht schlug. Immer mehr Soldaten sahen zu. Und Indianer kamen und schauten zu und schlossen noch ganz schnell ein paar Wetten ab. Chapman hörte, wie der General Luft holte.

»Ich weiß, daß Sie ein erfahrener Mann sind, Chapman. Sie gelten als ausgezeichneter Pferdekenner und Reiter. Ich weiß, daß Sie Ihr Farmland auf Nez Percé Gebiet hatten, bevor der Schutz der weißen Siedler durch die Armee gewährleistet war. Sie sprechen die Sprache der Nez Percé und Joseph ist Ihr Freund. Man weiß, daß Ihnen noch nie eine Kuh gestohlen worden ist. Man weiß, daß Sie mit den Nez Percé Viehhandel treiben und . . .«

»Pferde, Sir.«

Howard winkte ab. »Gut, Pferde.« Für Sekunden maßen sich die bei-

den Männer mit ihren Blicken. Howards linker Backenmuskel zuckte.
»Gut, Mister Chapman. Sagen Sie mir, was Sie von der gegenwärtigen Lage halten!«

»Nicht viel, Sir«, erwiderte Chapman. »Aber ich möchte mich da nicht aufdrängen, Sir. Ich bin ein einfacher Mann.« Chapman grinste. »Fragen Sie doch Monteith.«

»Kann ich Monteith vertrauen, Mister Chapman?«

»Sie tun es doch, oder?«

»Ich gebe zu, daß ich Monteith wahrscheinlich überschätzt habe. Bei der Regierung hat er einen guten Ruf. Monteith ist Presbyterianer. Er sieht in Cataldo, dem Jesuiten, einen persönlichen Gegner. Und man sagt, daß besonders Cataldos Katholiken unter den Nez Percé Indianern eher mit den Nontreaties sympathisieren als die andern. Cataldo soll auch bei einem Besuch in Josephs Lager gesagt haben, daß die Nez Percé in der Reservation elendiglich verkommen würden, weil zuwenig Vorräte und Gebrauchsgüter vorhanden wären. Mister Chapman, Sie sehen, daß ich noch keinen festen Boden unter den Füßen habe. Es scheint mir, als würde der Leibhaftige ein paar Leute hier mit spielerischer Hand an seinen Fäden führen wie Marionetten.« Howards Augen wurden schmal und fingen an zu glitzern. »Ich bin ein gottesfürchtiger Mann, Mister Chapman. Ich will den Frieden für dieses Land und die Menschen, die hier leben. Ich will den Frieden für die Weißen und für die Roten, und ich glaube, daß ich in Ihnen einen Verbündeten habe, auf den Verlaß ist. Helfen Sie mir, Mister Chapman! Auch Sie haben doch das Spiel, das der Teufel hier treiben will, durchschaut!«

Chapman konnte sich gut vorstellen, daß General Howard durch die Auseinandersetzung zwischen den beiden Missionaren verunsichert wurde.

Seit Monaten erzählte Monteith überall herum, Cataldo würde die Indianer zum Widerstand gegen die Reservationspolitik auffordern. Monteith hatte unter den Indianern viel von seinem ehemaligen Ansehen verloren, nachdem Vater Cataldo im Jahre 1870 die Mission in der Nez Percé Reservation gegründet hatte. Cataldo hatte am Anfang ziemliche Schwierigkeiten, neben den Presbyterianern zu bestehen, aber er war ein hartnäckiger Mann, der im Gegensatz zu Monteith viel Ruhe und Sicherheit ausstrahlte, obwohl er schwer tuberkulös war, als er seine Arbeit als Missionar im Nordwesten aufnahm. Bei seinem Besuch im

Wallowa Tal wurde Cataldo von Ollokot gewarnt, daß seine Krieger für das Land der Väter kämpfen würden wie die Sioux und die Cheyenne und andere Plainsstämme. Was Cataldo damals bei dieser Unterredung gesagt hatte, um Ollokot und die von der Regierung enttäuschten Nez Percé Krieger zu besänftigen, wußten weder Chapman noch Monteith. Aber Chapman kannte Vater Cataldo seit fast sieben Jahren. Cataldo war nicht der Mann, der hierhergekommen war, um sich selber ein Grab zu schaufeln. Der kleine, drahtige Italiener, der bereits die Sprachen verschiedener Nordweststämme mehr oder weniger beherrschte, war Monteith einfach in fast allen Belangen überlegen. Und das merkten die Indianer besonders dann, wenn sie mit ihrem neuen Leben nicht allein fertig wurden und Hilfe brauchten.

Chapman nahm den Blick von Howard und blickte hinaus auf den Platz. Staub hüllte die beiden Knaben ein, die sich am Boden überrollten.

»Mißtrauen Sie Vater Cataldo, Sir?« fragte er plötzlich.

Howard holte Luft. »Ich mißtraue grundsätzlich jedem Missionar«, erwiderte er ruhig.

»Ich kenne Vater Cataldo, Sir. Er ist ein aufrechter und weitsichtiger Mann.«

»Warum weigert er sich dann, mich bei der Verhandlung zu unterstützen und seinen Einfluß geltend zu machen?«

»Vielleicht ist er schlauer als ich und mischt sich nicht ein«, sagte Chapman. »Vielleicht glaubt er daran, daß die Sache hier in Frieden geregelt werden kann.«

»Mister Chapman, Sie reden dauernd vom Frieden, und es klingt so, als ob ich hergekommen wäre, weil es mir Spaß macht, einen Krieg anzustiften. Das will ich ganz und gar nicht! Ich bin als Vertreter der Regierung der Vereinigten Staaten von Amerika hier, und als dieser bin ich gezwungen, genauso zu handeln, wie es von mir verlangt wird.« General Howard zupfte mit den Fingern an seinem Schnurrbart. »Es ist mir nicht möglich, Konzessionen zu machen, Mister Chapman. Ich muß diese Verhandlung für meine Auftraggeber erfolgreich abschließen. Das heißt, daß die Indianer ein Ultimatum kriegen, bis zu dessen Ablauf sie sich alle mit Hab und Gut und Kind und Kegel in der Reservation einzufinden haben. Trotz der Gräber ihrer Vorfahren, Mister Chapman.«

»Und was versprechen Sie sich persönlich davon, Sir?« fragte Chapman.

Howard hob die Schultern. »Das weiß ich nicht. Gott, wenn ich das wüßte, dann wäre alles einfacher! Mister Chapman, wie, glauben Sie, wird die Reaktion der Häuptlinge auf ein Ultimatum ausfallen?«

Der Knabe, der zuerst hatte davonlaufen wollen, taumelte als Sieger aus dem Staub, spuckte Blut und vielleicht auch einen Zahn aus, suchte mit den Händen wie ein Blinder nach einem Halt und wurde von einem Soldaten aufgefangen, bevor er hinfiel. Sie hoben ihn auf die Schultern und trugen ihn herum.

Wetten wurden eingelöst. Soldaten und Indianer verschmolzen zu einem Haufen. Es waren keine Nontreaties unter ihnen. Und das war der Unterschied.

»Joseph wird bereit sein, den Anweisungen zu folgen«, sagte Chapman.

»Joseph ist ein kluger Mann«, sagte Howard. »Ich bin froh, wenn ich ihn nicht zum Gegner habe.«

»Joseph ist einflußreich. Er wird Looking Glass überzeugen. Hushhush-cute ebenfalls. Wahrscheinlich sogar White Bird.«

»Und der alte Nußknacker Toohoolhoolsote?«

»Der nicht. Der ist zäh. Davon können Sie sich selber überzeugen: Sehen Sie sich an, was er macht. Morgen findet ein Tanz statt, den die Träumer organisieren. Sozusagen eine Träumer-Messe, Sir. Mal was anderes.«

Howard kam zur Tür und öffnete sie für Chapman. »Sie werden sich wundern, Chapman!« sagte er grimmig. »Vielleicht bin ich da!«

»Unglück bricht über dieses Land herein!« sagte die Alte mit krächzender Stimme. »Blut! Viel Blut überall! Weiße werden sterben. Soldaten werden sterben. Viel Blut überall!« Sie hob den Kopf und starrte mit weiten Augen auf einen Fleck an der Zeltplane. Das Licht des Feuers tanzte auf ihrem zerknitterten Gesicht. Ihre Augen schienen aufzuglühen, als sie Chapman anblickte. »So der Teufel will, wirst auch du sterben, Chapman!« zischte sie, und Tucallacasena, der wieder einmal unverhofft zu Besuch gekommen war, lachte hell und hieb Chapman die Hand auf die Schulter.

»Ich finde das nicht lustig!« sagte Linda. »Ich finde das schlimm, Mutter. Sag ihr, daß sie jetzt besser schweigt.«

»Sie sieht die Zukunft«, sagte Lindas Mutter. »Chapman hat sie gefragt, nicht wahr. Chapman ist selber schuld.«

Chapman mußte Lindas Mutter beipflichten. Ja, er hatte die alte Frau gefragt, wie die Zukunft aussehen würde. Und sie erzählte von ihrer Vision. Sie konnte den Krieg sehen, obwohl sie ein Leben lang in Frieden gelebt hatte. Chapman kam nicht darum herum, den Vorahnungen der alten Frau einige Bedeutung zuzumessen, da er selbst davon überzeugt war, daß General Howard mit seinem Ultimatum dem langen Frieden ein jähes Ende bereiten würde. Selbst wenn es nicht Howards Absicht war, einen Krieg anzuzetteln, zeigte er doch die Bereitschaft, die Regierungsbestimmungen mit Waffengewalt durchzusetzen. Chapman fürchtete nicht Josephs Antwort. Joseph wollte den Frieden und nichts als den Frieden. Er war bereit, für den Frieden alles aufzugeben, was er seinem Volk jahrelang zu erhalten versucht hatte. Chapman fürchtete White Birds Antwort. Und Chapman fürchtete die Antwort des alten Toohoolhoolsote, der ein fanatischer Anhänger von Smohallas Lehren war und keinen Fußbreit der Erde freiwillig aufgeben würde.

Chapman verließ das Zelt mit Tucallacasena, und zusammen gingen sie hinunter zum Fluß, wo sich die Anhänger des Träumerglaubens zusammengefunden hatten.

Es war Sonntagmorgen.

Es fiel Chapman auf, daß keine Reservationsindianer hier waren. Zur gleichen Zeit, wie Toohoolhoolsote hier versuchte, seine Anhänger von der Kraft Smohallas zu überzeugen, hielt wahrscheinlich Vater Cataldo in der Missionskapelle eine Messe, in der er die Katholiken unter den Treaties aufforderte, der Allmächtigkeit Gottes zu vertrauen. Und auch Reverend Spalding war wohl in seiner Missionskirche dabei, den Protestanten unter den Reservationsindianern die Vorzüge seiner Religion zu preisen und den Wankelmütigen neuen Halt zu geben. Und vielleicht hielt auch General Howard im Hauptquartier des Forts eines seiner religiösen Meetings, für die er bei Fortbesatzungen im ganzen Land berühmt und berüchtigt war.

In einem weißen Gewand saß der alte Nez Percé Medizinmann und Prophet Toohoolhoolsote im Schneidersitz am unteren Ende eines Rechtecks, das von einem Laubdach beschattet wurde. Auf der einen

Längsseite standen Knaben und Männer, auf der anderen Frauen und Mädchen. Links hinter ihm waren drei Tom-Toms aufgestellt, und neben ihm saß der Vorsänger, ein dicker Indianer, der einen Federkranz um den Kopf hatte. Genau hinter Toohoolhoolsote stand sein *Dolmetscher*, ein junger Mann, der die Verbindung zwischen dem *Volk* und dem *Priester* herstellen sollte, wenn sich dessen Geist entfernte, um *Saghalee Tyee*, dem Großen Geist, zu dienen.

Als Chapman und Tucallacasena kamen, war Toohoolhoolsote noch nicht soweit. Er aß mit den Leuten frisch gekochte Lachsstücke und trank Wasser mit ihnen. Schalen wurden herumgereicht. Es sah alles fast wie eines der üblichen Feste aus, nur herrschte eine feierliche, etwas unwirkliche Atmosphäre, wie sie Chapman von christlichen Messen her kannte. Tucallacasena, der seine besten Kleidungsstücke trug, stellte sich in die Reihe der Männer und Knaben. Chapman hielt nach dem General Ausschau, obwohl er nicht mit Howards Erscheinen rechnete.

Er kam auch nicht.

Dafür erschien Theller. Und er brachte seine Frau mit, ein junges, schlankes Mädchen, das knapp zwanzig Jahre alt sein mochte. Mrs. Theller trug ein weites, hochgeschlossenes Kleid und einen kleinen Hut auf dem goldenen Haar, das sie im Nacken zu einem Knoten gebunden hatte. Ein Handtäschchen hing an ihrem Arm. Ihr Gesicht war von einer Frische, wie sie in diesem Land nur kurze Zeit erhalten bleiben konnte.

Theller hatte den Wagen am Flußufer angehalten, und als er keine Anstalten machte, abzusteigen, ging Chapman hinunter. Theller stellte seine Frau vor und sagte, daß er von General Howard gehört habe, daß hier dem Träumer-Kult gehuldigt würde. »Der General läßt sich entschuldigen. Dringliche Arbeit hält ihn davon ab, dem Ritual beizuwohnen.« Theller zeigte zu den versammelten Leuten hinüber. »Glauben Sie, daß wir da mal zuschauen können, Mister Chapman? Das dürfte doch aus ethnologischer Sicht für uns äußerst interessant sein.«

»Wir wollen uns aber nicht aufdrängen, Mister Chapman«, sagte die junge Frau. »Nicht wahr, Edward, wir können auch fernbleiben, falls man das wünschen sollte.«

»Wenn sie uns nicht dabeihaben wollen, lassen sie es uns schon merken«, sagte Chapman und ging voran. Chapman spürte Tucallacasenas Blick und erwiderte ihn. Kaum merklich zog der junge Indianer die Schultern hoch.

»Wir gehen auf die andere Seite, Lieutenant«, sagte Chapman. »Diese Seite hier ist für die Frauen.«

»Huch«, machte Mrs. Theller, als ihr der Arm ihres Gatten entschlüpfte. Chapman grinste. »Stellen Sie sich einfach hin«, sagte er zu ihr und ertappte sich bei dem Gedanken, ihr richtungsweisend einen kleinen Klaps auf den Po geben zu wollen, der sich unter ihrem Faltenrock sehr deutlich abzeichnete. Er ließ es bleiben und nahm Theller beim Uniformärmel.

Sie fanden einen Platz auf der gegenüberliegenden Seite, und der *Dolmetscher* war gerade dabei, die Legende der Träumer-Gemeinschaft zu erzählen.

Chapman übersetzte dem Lieutenant, was er sagte: »Einmal, da war die Welt nur Wasser und Gott lebte allein. Er war einsam, und es gab nirgendwo ein trockenes Stück Erde, auf das er hätte seinen Fuß setzen können. Da begann er, aus dem Sand des Grundes Land zu formen, und er schuf Felsen und Bäume, und dann formte er einen Mann, und der Mann hatte Flügel, die ihn überallhin tragen konnten. Dieser Mann war aber trotzdem sehr einsam, und so erschuf Gott eine Frau. Die beiden aßen von den Fischen im Wasser, und Gott erschuf den Hirsch und andere Tiere und schickte den Mann auf die Jagd und befahl der Frau, das Fleisch zu kochen und die Häute zu gerben und zu verarbeiten. In der Folgezeit erschuf Gott immer mehr Menschen, und sie lebten alle am Ufer des großen Flusses. Der Fluß war voll von Lachsen, in den Bergen gab es viel Wild, und in den Ebenen weideten große Büffelherden. Aber es wurden immer mehr Menschen, und so geschah es manchmal, daß die Stärkeren die Schwächeren bedrängten, um sie von den besten Jagdgründen zu vertreiben. Es kam zu einem Krieg, und fast alle wurden dabei getötet und ihre Knochen können heute noch in den Hügeln gefunden werden. Gott war über diesen Krieg sehr erbost und nahm den Menschen zur Strafe die Flügel weg und gebot, daß alle Jagd- und Fischgründe allen zugänglich sein mußten und daß das Land nie markiert oder aufgeteilt werden durfte. Die Menschen sollten alle gleichermaßen von Gottes Gaben genießen dürfen. Die Früchte, das Wild und die Fische sind für alle da! Gott sagte den Menschen, daß er der Vater und die Erde die Mutter menschlichen Lebens und die Natur ihr Gesetz sei. Die Tiere und die Pflanzen gehorchen der Natur, und einzig der Mensch ist zur Sünde fähig. Das ist das älteste Gesetz, das es gibt.«

Der *Dolmetscher* hob die Arme und fuhr fort, Smohallas Lehren zu verkünden: »Ich kenne viele verschiedene Menschen. Zuerst war mein Volk. Gott erschuf uns zuerst. Dann machte er einen Franzosen und dann machte er einen Priester. Erst viel später kamen dann Amerikaner und die Engländer. Noch später kamen Neger, und zuletzt machte dann Gott noch den Chinesen, den er mit einem Schwanz versah. Er ist nicht von Bedeutung, denn er muß die ganze Zeit nur immer hart arbeiten wie eine Frau. Alle diese Menschen sind nun hier. Aber die Indianer sind das Urvolk hier, und deshalb wird Gott eines Tages alle anderen Menschen aus diesem Land fortjagen, da sie seine Gesetze mißachtet haben.

Diejenigen, die Land aufteilen und Landverträge unterschreiben, werden ihre Besitzrechte verlieren und durch Gottes Zorn bestraft werden. Moses war ein schlechter Mensch. Gott liebte ihn nicht. Er verkaufte das Heim seines Volkes und ließ die Gräber der Väter zurück. Washington will uns befehlen, das gleiche zu tun, aber Washingtons Gesetze sind schlecht.«

Toohoolhoolsote hatte die ganze Zeit regungslos am Boden gehockt. Jetzt stand er langsam auf.

Ein paar Sekunden lang war es ganz still. Dann blies der Vorsänger einen durchdringend schrillen Ton auf einer Adlerknochenpfeife, und drei Männer fingen an, in diesem ganz bestimmten Rhythmus die Felle ihrer Tom-Toms zu bearbeiten. Die dumpfen Schläge polterten durch den leeren Magen Chapmans, und Theller machte sich klein zwischen den Männern, die jetzt zu summen anfingen und leise auf den Mokassinsohlen wippten. Auf der anderen Seite bewegten sich die Frauen im Rhythmus der Tom-Toms, und Chapman traute seinen Augen nicht, als er sah, daß sich Mrs. Theller, blond und blaß zwischen den Indianerinnen, ebenfalls rhythmisch bewegte. Chapman beobachtete sie. Himmel, dachte er, wie sie das macht!

Chapman sah, daß die jungen Krieger die Frau anstarrten, während sie tanzte. Und Theller, der neben Chapman stand, seufzte. »Verrückt!« sagte er. »Sie ist sogar im Takt!«

»Und wie!« sagte Chapman, der jetzt Toohoolhoolsote beobachtete. Der knorpelige Alte hatte sich am Boden hingelegt, die Handflächen gegen seine Brust gepreßt. Er sah aus wie tot. Minuten verstrichen. Toohoolhoolsote bewegte sich nicht. Jäh kam der Gesang zu einem Ende. Die

Tom-Toms schwiegen. Stille breitete sich aus. Der *Dolmetscher*, der hinter Toohoolhoolsote stand, hatte den Blick zum Himmel gerichtet. Langsam hob er seine Arme. Für einen Moment stand er wie ein Kreuz, senkte dann den Kopf und sagte mit dunkler Grabesstimme: »Saghalee Tyee hat die Seele von Toohoolhoolsote zu sich genommen! Toohoolhoolsotes Körper ist ohne Seele. Was sagt ihr, meine Brüder? Was sagt ihr, meine Schwestern?«

Die Worte des Dolmetschers lösten fast einen Tumult aus. Zwischenrufe wurden laut. Dann trat ein Nez Percé Unterhäuptling vor und verschaffte sich Ruhe. Er sagte, daß er eine Vision gehabt hätte. Er sagte, daß diese Verhandlung mit den Weißen den Zorn von *Saghalee Tyee*, dem Großen Geist, erweckt habe. Dafür, daß es Häuptlinge gäbe, die gewillt wären, das Land der Väter aufzugeben, würde das Blut der Schuldigen vergossen werden.

Das war wieder eine der Vorahnungen, die wie dunkle Schatten über Fort Lapwai zogen. Chapman übersetzte Theller, was der Krieger gesagt hatte, und Theller schüttelte den Kopf. »Das ist doch ein Zirkus, Chapman! Der Alte kann doch unmöglich seinen Geist aufgegeben haben.«

Andere Krieger erzählten von Visionen, die sie gehabt hatten. Auch Joseph erzählte eine Geschichte. Er sagte, daß er gesehen hätte, wie Weiße und Indianer zusammen dieses Land bewohnten. Seite an Seite und im Schutze des Großen Geistes. Josephs Rede wurde mit einem eisigen Schweigen quittiert, und Chapman hörte, wie Theller neben ihm Luft holte.

Der Dolmetscher sagte, daß Saghalee Tyee die Seele von Toohoolhoolsote nur zurückschicken werde, wenn sich alle Anwesenden an die alten Gesetze halten würden. »Wir geben das Land, das die Gräber unserer Väter trägt, nicht auf. Mögen die Versprechungen der Weißen noch so ehrlich klingen, sie sind falsch. Das Land ist unsere Mutter! Sollen wir unsere Mutter von den Weißen töten lassen?«

»Nein! Nein! Nein!« Es war ein gewaltiger Aufschrei, und Chapman entdeckte Lindas Großmutter, die auf der Frauenseite mit fuchtelnden Händen und beinahe weiß im Gesicht ihre Vision in den Lärm hineinkreischte.

»Mir ist angst und bange, Chapman«, sagte Lieutenant Theller. »Daraus könnte ein Unglück entstehen!«

Plötzlich brach Thellers junge Frau aus der Reihe. Chapman konnte nicht sagen, ob sie gestoßen worden war oder nicht. »Mein Gott!« stieß Theller nur hervor. »Mein Gott!«

Chapman legte ihm vorsichtshalber die Hand auf den Arm, aber Theller schien sowieso nicht in der Lage, sich vom Platz zu bewegen. Er wurde nur etwas kleiner neben Chapman, der Thellers Frau nicht aus den Augen ließ. Sie ging in der Mitte des Rechtecks ein Stück weit auf Toohoolhoolsote zu, blieb dann stehen, als ein paar Nez Percé Krieger vortraten. Einen Moment lang sah sie recht hilflos aus, wie sie dort stand und sich nach ihrem Mann umblickte. Und Lieutenant Theller stöhnte auf, als er den Blick seiner Frau auffing, und jetzt mußte ihn Chapman festhalten. »Bleiben Sie ruhig«, sagte Chapman eindringlich. »Sie können da nichts tun!«

Chapman sah, wie die Frau an Sicherheit gewann. Der Dolmetscher hatte die Krieger zurücktreten lassen, und niemand versuchte, Mrs. Theller aufzuhalten, als sie auf Toohoolhoolsote zuging, der steif wie ein Brett am Boden lag. Mrs. Theller blieb vor ihm stehen, betrachtete ihn und sagte dann laut: »Er atmet!«

Der Dolmetscher schien nicht zu verstehen, was sie sagte. Da kniete sie bei Toohoolhoolsote nieder und legte ihm die Hand an den Hals. »Er ist nicht tot. Atmet. Verstehen Sie, Mister? Ihr braucht euch nicht aufzuregen. Er lebt!«

Chapman hielt den Atem an. Jetzt hatte er auch Angst um die Frau und wünschte, er hätte den Revolver oder wenigstens sein Gewehr mitgenommen. »Haben Sie einen Revolver?« fragte er Theller.

»Es ist Sonntag«, erwiderte Theller fast tonlos.

Der Dolmetscher hatte jetzt scheinbar erraten, was die Frau meinte. Er drehte sich um und verlangte von einem Krieger ein Messer. Mrs. Theller richtete sich etwas auf. Ihre Augen waren groß. Sie hob die linke Hand wie zur Abwehr. Der Dolmetscher beugte sich nieder, und im Aufschrei Thellers fuhr das Messer nieder und die Klinge bohrte sich durch Toohoolhoolsotes Gewand in dessen Körper. Der Medizinmann bewegte sich nicht. Der Dolmetscher zog das Messer heraus und zeigte die Klinge vor. Sie war sauber. Und er öffnete das Gewand über Toohoolhoolsotes Brust und zeigte die Wunde an dessen Schulter. Sie blutete nicht. Der Dolmetscher erhob sich und gab das Messer an den Krieger zurück, von dem er es bekommen hatte. Langsam kam Mrs. Theller hoch, sehr langsam, kalkweiß im Gesicht, unsicher auf den Beinen. Sie starrte auf Toohoolhoolsote nieder, taumelte ein bißchen, fing sich aber und drehte sich langsam um. Jetzt konnte Chapman den Lieutenant nicht mehr halten. Er wollte es auch gar nicht. Theller lief seiner Frau entgegen und nahm sie in die Arme, stützte sie, während sie ihr Gesicht an seine Brust schmiegte und mit ihm zum Ende des Rechtecks ging, wo die Indianer eine Lücke für die beiden aufmachten.

Chapman sah, wie Theller seiner Frau auf den Bock half, und dann stieg der Lieutenant selber auf. »Für euch ist das keine Welt«, sagte Chapman leise, und während sie wegfuhren, war es Chapman, als fehlte ihnen ein Schutzengel oder so etwas Ähnliches.

Chapmans Aufmerksamkeit wurde von den Indianern mit einem Lied zurückgeholt. Sie tanzten auf den Zehenspitzen und stießen Schreie aus. Der Dolmetscher klingelte mit einer Glocke, und der Vorsänger tanzte allein zu den Tom-Toms, die rechte Hand wie einen Fächer vor der Brust bewegend.

Nach dem Lied fragte der Dolmetscher die Indianer, ob sie auf die Führungskräfte von Toohoolhoolsote verzichten wollten, denn noch immer sei dessen Seele nicht zurückgekehrt. Das wollten die Anwesenden nicht, und sie sangen aus Leibeskräften und beteuerten ihre Gläubigkeit. Und während die Indianer tanzten, erwachte Toohoolhoolsote aus seinem Zustand der Trance. Er richtete sich auf und blickte sich verwirrt um. Und aus der Wunde in seiner Schulter floß jetzt Blut.

Die Indianer schrien vor Begeisterung. Chapman bemerkte, daß Joseph und Ollokot ziemlich ruhig geblieben waren. Joseph blickte einmal kurz herüber, besorgt wie ein Vater, der seine Kinder bei einem gefährlichen Spiel beobachtete.

Chapman verließ den Platz und ging zum Lager. Linda saß mit Jeffrey in der Sonne, und Jeffrey schüttelte lachend die Rassel, die Chapman ihm aus Mount Idaho mitgebracht hatte. Chapman setzte sich neben seiner Frau ins Gras. Die Sonne schien warm. Sommervögel flatterten im Wind, der sanft durch das Tal strich. Es war jetzt wirklich Frühling geworden. Schade um diesen Frühling, dachte Chapman. Schade.

Am Sonntag hatten sie sich alle auf ihre Art um die Gunst Gottes gerangelt. Jetzt, am Montagmorgen, waren sie bereit, den Teufel tanzen zu lassen. Chapman erkannte es sofort, als er den Weg hinunterging, der zum Fort führte. Überall standen Soldaten, die mit Gewehren bewaffnet waren. Sie erwarteten die Nez Percé, und sie wußten, daß White Bird dabeisein würde.

Chapman wurde im Hauptquartier von Fort Lapwai von General Howard, Lieutenant Boyle, Lieutenant Theller und James B. Monteith erwartet. »Ich wußte, daß du kommst, Chapman«, sagte Monteith sofort. »Immerhin liegt es doch auch in deinem Interesse, nicht wahr?«

Chapman knöpfte die Jacke auf und hakte die Daumen in die Hosenträger.

»Ich wollte schon immer ein wichtiger Mann werden«, sagte er grinsend. »Sagen Sie, Sir, die Soldaten da draußen machen auf mich den Eindruck, als würden sie demnächst in die Arena geschickt.«

»Wir müssen damit rechnen, daß heute etwas Ähnliches geschieht wie bei den Verhandlungen mit den Modocs. Sie wissen ja, daß General Canby damals während der Verhandlung einem heimtückischen Mordanschlag zum Opfer fiel. Ich habe für die heutige Runde nur einige Vorbereitungen getroffen, nachdem wir Informationen erhalten haben, daß die Indianer sich gegenseitig aufhetzen.«

Chapman warf Theller einen Blick zu. Der junge Lieutenant senkte die Lider. Kein Zweifel, er hatte seine Geschichte herumerzählt. Chapman konnte ihm das nicht einmal übelnehmen. Das Erlebnis mußte den jungen, unerfahrenen Offizier ziemlich geschockt haben.

»Sehen Sie, Chapman, ich unterschätze die Kräfte nicht, von denen dieses Volk beherrscht wird. Ich bin aber nicht gewillt, unverrichteter Dinge Fort Lapwai zu verlassen. Das ganze Land wird durch die Nez Percé in Unruhe gehalten. Die Stämme der Umatillas, Yakimas, Coeur d'Alenes, Spokanes, ja auch die Flatheads und Shoshonen könnten die Situation ausnützen, und es käme in kürzester Zeit zu einem einzigen chaotischen Aufstand im gesamten Nordwesten. Das will ich verhüten, Mister Chapman!«

»Sie haben sich einiges vorgenommen, Sir.«

Howards Mundwinkel zuckten. »Ich habe mir für heute vorgenommen, meine beiden Gegner, Häuptling White Bird und Toohoolhoolsote, auszuschalten.«

»Das ist eine gute Idee, Sir«, gab Chapman zu. »Darf ich vielleicht fragen, wie Sie das anstellen wollen?«

»Das kommt ganz auf die Gelegenheit an, Mister Chapman«, sagte

General Oliver Otis Howard, und Chapman sah an seinem Gesicht, daß er entschlossen war, die nächste Runde zu gewinnen. Das konnte aber für ihn und die wenigen Soldaten hier nicht ungefährlich werden. Chapman überlegte, ob er überhaupt bleiben sollte. Niemand konnte ihn zwingen, an der Verhandlung teilzunehmen. Er dachte an Jeffrey und an Linda. Und er dachte daran, daß diese Verhandlung noch Wochen dauern konnte. Für die Nez Percé machte das alles keinen Unterschied. Sie waren hergekommen, um zu reden. Sie wollten sich verständlich machen. Sie wollten ein letztes Mal vielleicht versuchen, den Weißen ihren Standpunkt klarzumachen. Für sie gab es keinen Zeitplan. Komm ich heute nicht, komm ich morgen. So lebten sie. Das nannten sie Freiheit.

Sie wollten reden. Und alles, was sie zu sagen hatten, war wichtig und wahr. Keine Lügen. Keine Spekulationen. Keine philosophischen Hypothesen. Sie wollten auch kein Mitleid erwecken und um irgendetwas betteln. Aber sie wollten auch keinen Krieg machen, nachdem sie mit dem Frieden vertraut waren. Sie wollten reden, und sie glaubten an die Vernunft des Mannes, den sie den einarmigen Soldatenhäuptling nannten. Aber sie hätten es besser wissen müssen. Immerhin hatten sie es schon oft versucht. Versammlung um Versammlung. Es war dabei nie etwas zu ihren Gunsten herausgekommen. Und vielleicht erwarteten sie auch nicht, daß es diesmal anders sein würde. Aber sie wollten es versuchen. Sie wollten es noch einmal versuchen. Sie wollten noch einmal von ihrem Leben erzählen und von dem Land, das sie geboren hatte.

Chapman fühlte Monteiths Blick auf sich gerichtet. Monteith hatte ein Bündel beschriebener Papiere in der Hand.

»Man muß sie reden lassen und ihnen zuhören«, sagte Chapman. »Es kann Tage dauern, bis sie alles gesagt haben. Innerlich sind sie bereit, in die Reservation zu ziehen.«

Perrin Whiteman stürzte herein und sagte, daß die Nez Percé kämen.

»Einige sind bewaffnet!« stieß er hervor.

Lieutenant Theller, Lieutenant Wilkinson und Lieutenant Boyle stürmten an die Fenster. Chapman stellte fest, daß Theller plötzlich rote Flecken im Gesicht hatte. »Sir, soll ich sie beim Zaun abfangen?« rief er über die Schulter. »Einige haben tatsächlich Gewehre dabei.«

»Sagen Sie Ihren Männern, daß unter keinen Umständen geschossen werden darf, bevor die Indianer Anstalten machen, ihre Waffen zu benützen. Lieutenant, ich verlasse mich auf Sie!«

Theller salutierte und ging zur Tür. Chapman legte ihm die Hand auf den Arm. »Sie haben auch Angst«, sagte er zu ihm. Theller nickte. »Ja«, sagte er. »Aber sie hätten trotzdem keine Waffen mitnehmen dürfen.« Theller, der junge und korrekte Lieutenant, ging hinaus, und Chapman konnte hören, wie er einem Sergeanten Befehle zurief, die dieser sofort an die Soldaten weitergab.

Unterdessen kamen die Nez Percé die Straße heruntergeritten, passierten die ersten Gebäude des Forts und näherten sich dem Lattenzaun, der den Paradeplatz umfaßte. Aus einer Mannschaftsbaracke stürzten etwa ein Dutzend Soldaten, und ein Korporal ließ sie in einem Glied Aufstellung nehmen, genau gegenüber dem Hauptquartier. Die Soldaten hatten ihre Gewehre geschultert.

»Wie ist es, Chapman?« fragte John B. Monteith, der Indianeragent der Regierung. »Bleibst du?«

Chapman nickte. »Ich will wissen, wie es weitergeht. Ich will genau wissen, wie ihr das macht, John. Du weißt, daß ihr die Zukunft dieser Menschen in der Hand habt. Ihr könnt sie zerstören.«

»Das liegt uns fern, Mister Chapman«, sagte General Howard. Er hatte seinen Hut aufgesetzt und nahm die Handschuhe, die ihm Lieutenant Boyle entgegenhielt. »Wir wollen den Siedlern hier den Frieden garantieren.«

»Dann hätten Sie nicht Ihre Soldaten mitbringen dürfen, Sir«, sagte Chapman. Das war ein Vorwurf, den wohl kein anderer im Raum auszusprechen gewagt hätte. Chapman sah, wie Boyle vom Hals her langsam dunkel wurde im Gesicht. Und Wilkinson schob das eckige Kinn vor. Der General allerdings hob nur die Schultern. »Wir werden sehen, Chapman«, sagte er. »Ich glaube, es ist jetzt an der Zeit, daß wir hinausgehen und ihnen zeigen, daß wir uns nicht versteckt haben.«

Es fiel Chapman auf, daß an diesem Tag die meisten Reservationsindianer ferngeblieben waren. Nur ein paar Männergruppen standen und hockten herum. Beim Beratungszelt stand James Reuben mit ein paar anderen Treaty-Indianern und mit Vater Cataldo. »White Bird mit seinen wilden Burschen ist dabei«, sagte Lieutenant Boyle, der links von General Howard versuchte, mit seinen kurzen Beinen im Gleichschritt zu bleiben.

»Nur nicht zeigen, daß Sie beeindruckt sind, Lieutenant«, sagte John B. Monteith.

Chapman lachte auf. »Warum denn, John? Der Lieutenant muß doch nicht versuchen, Ihnen etwas vorzumachen.«

»Tu ich auch gar nicht, Mister Chapman«, sagte Boyle schnell. »Mein Nackenhaar sträubt sich, wenn ich daran denke, daß White Bird vielleicht nur noch mit dem Finger zu schnippen braucht.«

»Wir sind gedeckt!« sagte Wilkinson hart. »Theller weiß genau, was er zu tun hat.«

»Man hätte vielleicht doch besser die beiden Haubitzen aufgefahren«, wandte Boyle ein. »Was meinen Sie, Chapman?«

»Ich habe Frauen und einen Sohn, Lieutenant. Vielleicht hätte ich mich besser dafür entscheiden sollen, heimzugehen.«

»Sie können doch die Nation nicht im Stich lassen, Mister Chapman«, sagte General Howard sarkastisch. »Sagen Sie, wie erziehen Sie eigentlich Ihren Sohn?«

»Was meinen Sie damit?« fragte Chapman zurück, während er neben dem General einherschritt und die Indianer, die beim Zaun angehalten hatten, nicht aus den Augen ließ.

»Ich wollte fragen, ob Sie gedenken, Ihren Sohn christlich zu erziehen, oder ob Ihre Frauen da den Ton angeben?«

»Jeffrey wird sich zu wehren wissen, wenn es mal soweit ist, Sir«, sagte Chapman. »Sehen Sie Toohoolhoolsote? Er hat keine Waffe dabei. Aber hinter ihm sind ein paar Burschen, die Gewehre haben. Und achten Sie auf die, die Decken dabeihaben, Sir. Die sind immer für eine Überraschung gut.«

»Wissen Sie, wie es damals bei den Modocs war, Chapman?« fragte Howard zurück. »General Canby saß im Beratungszelt und sagte: ›Söhne der Modocs, ich begrüße euch.‹ Dann verteilte er erstklassige Virginia-Zigarren an die Indianer, und alle rauchten. Und als die Indianer die Zigarren fertiggeraucht hatten, zogen sie ihre Waffen unter den Decken hervor und stürzten sich auf Canby und seine Begleiter. Sie haben Canby die Kehle durchgeschnitten, Chapman!«

»Im Zorn würden das die Nez Percé bestimmt mit Ihnen auch tun, Sir«, sagte Chapman.

»Schöne Aussichten!« sagte Lieutenant Wilkinson. »Hoffentlich ist Theller auf der Hut!«

»Auf den jungen Lieutenant ist Verlaß«, sagte Chapman. »Der hat Chancen, ein echter Held zu werden. Tot oder lebendig.«

»Viel Optimismus steckt wohl nicht in Ihnen, Mister Chapman«, sagte Howard, und es war eher eine Feststellung als eine Frage.

»Haben Sie Vertrauen in die US Armee«, ergänzte er. »Im Grunde könnten wir mit aufständischen Indianerbanden kurzen Prozeß machen.«

»Das hat wohl auch Custer gedacht, als er gegen die Sioux loszog«, sagte Chapman etwas spöttisch.

»Custer war ein Narr!« brummte Wilkinson, während Howard auf Vater Cataldo zuging und dem Priester die Hand reichte. Cataldo, dem die Indianer den Namen Dried Salmon – *Getrockneter Lachs* – gegeben hatten, stammte aus Palermo, wo er das Massimo Kollegium besucht hatte. Garibaldis Revolutionsregierung hatte den Jesuitenschüler zur Flucht getrieben, und auf dem Weg über Louvain, Belgien, hatte Cataldo den Weg in das Santa Clara Kollegium von Kalifornien gefunden.

Vater Cataldo lächelte, als Monteith ihn auf die Indianer aufmerksam machte, die Gewehre bei sich hatten. »Das sind wohl Ihre Schäfchen«, sagte Monteith.

»Es sind die, die kein Vertrauen mehr haben«, erwiderte Cataldo ruhig.

James Reuben grinste Chapman an, und Chapman verzog sein Gesicht, um auszudrücken, was er von einem Indianer hielt, der sich durch den Rest seines Lebens gaunern wollte, seit er ein Christ geworden war. James Reuben war zwar ein Neffe von Joseph, aber das hinderte ihn nicht daran, Monteith in den Arsch zu kriechen. Bastard, dachte Chapman, für dich sieht die Zukunft vielleicht sogar rosig aus.

James Reuben bot Chapman einen Stuhl an. Der Schatten des Zeltes lag über dem Tisch. Howard hatte sich niedergelassen. Die Indianer, die an der Versammlung teilnehmen sollten, passierten den Durchlaß im Zaun. Die anderen, viele Frauen und Kinder, mußten dahinter zurückbleiben.

Während sich die Indianer in einem Halbkreis vor dem Zelt niederließen, sprach am Tisch keiner ein Wort. Alle beobachteten besonders den großen Mann, der sich neben Toohoolhoolsote hinsetzte. Es war Häuptling White Bird – bei den Nez Percé hieß er Peopeo Kiskiok Hihih, was soviel wie *Weiße Gans* bedeutete. Er war breitschultrig, fast grobschlächtig gebaut und fiel dadurch unter den anderen Indianern sofort auf. Seine markanten Gesichtszüge unterstrichen die Persönlichkeit

White Bird

eines Mannes, der fünfzig Jahre Freiheit nicht einfach aufgeben wollte, weil jemand anders so entschieden hatte. White Bird war ein Anhänger Smohallas und er würde dessen Lehren mit derselben Konsequenz befolgen und vertreten wie Toohoolhoolsote, der Medizinmann. Chapman sah, wie White Bird kurz herüberblickte. Dann sagte der Häuptling etwas zu Joseph und dieser hob den Kopf. Chapman erwiderte den Blick und Joseph nickte ihm leise zu, so als würde ihn die Anwesenheit Chapmans befriedigen. Ollokot winkte sogar herüber. Chapman mochte Josephs jüngeren Bruder, der innerhalb der Wallowa Stammes fast soviel Bedeutung hatte wie Joseph selbst.

Vater Cataldo eröffnete diesen Verhandlungstag erneut mit dem *Vaterunser* in der Sprache der Nez Percé. Einige der Indianer beteten mit. Monteiths Lippen bewegten sich nicht, aber Howard betete auf englisch und ganz leise. Die Indianer saßen bewegungslos im Halbkreis und warteten geduldig, bis Vater Cataldo fertig war. Als sich der Priester gesetzt hatte, sprach Monteith erneut zu den Indianern. Und er verlas noch einmal den Regierungsbeschluß. Wenn er nicht weiter wußte, half ihm Perrin Whiteman. Auch James Reuben mischte sich einige Male ein. Chapman blieb ruhig und beobachtete die Indianer, sah, wie ihre Gesichter ernster wurden, wie White Bird und Joseph ein paar Worte wechselten und wie das höckrige, alte Gesicht von Toohoolhoolsote erstarrte.

Als Monteith sagte, daß Soldaten bereits das Wallowa Tal erreicht hätten, ging ein Raunen durch den Halbkreis, und für einen Moment sah es aus, als wollte Toohoolhoolsote aufspringen. Joseph legte ihm aber die Hand auf den Arm, obwohl ihm der Zorn selbst die Röte in das Gesicht trieb. Während Monteith redete, fragte Howard einmal leise: »Nun, was meinen Sie, Mister Chapman?«

»Sir, es ist unwichtig, was ich meine, aber man müßte die Indianer mal zu Wort kommen lassen«, erwiderte Chapman.

Als Monteith fertig war, hielt James Reuben eine kurze Ansprache und erzählte vom Leben in der Reservation und von den Vorzügen, die er während der letzten Jahre genossen habe. Er lobte die Arbeit der Presbyterianer. Anständig und höflich, wie die Nez Percé einmal waren, ließen sie ihn plaudern, und als er fertig war, warteten sie auf den nächsten, der das Wort ergreifen würde. Der nächste war General Howard. Er sagte kurz:

»Nun, ich will mir jetzt mal anhören, was ihr zu sagen habt.«

Perrin Whiteman übersetzte. Und Howard fragte Chapman, ob Whiteman genau das übersetzte, was er gesagt hatte. Chapman grinste und sagte, daß es jetzt noch keinen Grund gäbe, beim Übersetzen zu lügen. »Mann, Chapman, Sie machen mich nervös!« sagte daraufhin der General.

Der erste, der Howards Aufforderung befolgte, war Joseph, der Häuptling der Wallowa Nez Percé. Er blieb sitzen, richtete sich aber etwas auf.

»Ja, ich bin jetzt bereit, euch zu sagen, was ich auf dem Herzen habe«, sagte er mit lauter Stimme. Und er fing damit an, daß während der letzten Monate viel getan und geredet worden sei, was unter den Menschen in diesem Land Verwirrung gestiftet habe. Man müsse jetzt endlich einmal Klarheit schaffen, damit wieder Ruhe und Ordnung einkehren könne in die Dörfer der Nez Percé und die Städte der Weißen. Er sagte, daß er seiner Religion treu bleiben wolle, aber ein wenig später sagte er auch, daß er Vater Cataldos Worte tief in seinem Herzen trage. Chapman merkte an den Unklarheiten in Josephs Ausführungen, wie sehr der Häuptling durch die Uneinigkeit, die in den Lagern der Nez Percés herrschte, verunsichert wurde. Joseph sprach auch von den Schwierigkeiten, die den Nez Percé aus den gegensätzlichen Interessen der verschiedenen Kirchen und des Staates entstanden seien. Und jetzt hielt es Chapman für nötig, General Howard Wort für Wort des Häuptlings zu übersetzen: »Jetzt wird es ernst, Sir«, sagte er zu dem General. »Jetzt wird er Ihnen sagen, was er von diesem Spielchen hält.«

»Ich bin gespannt«, sagte Howard.

Joseph war aufgestanden und beugte sich etwas vor.

»Ich bin heute bereit, euch meine Meinung zu sagen«, sagte Joseph, und der Blick aus den dunklen Augen des Häuptlings streifte alle, die am Tisch saßen, bevor er an General Howard hängenblieb. »Ich habe bis jetzt schon viele Versammlungen mitgemacht, ohne daß ich daraus hätte klüger werden können. Es wurde immer viel geredet. Es wurden immer viele Versprechen abgegeben. Und es wurde immer viel gelogen. Aber warum belügen wir uns dauernd? Wir sind alle die Kinder *einer* Mutter, obwohl wir in vielen Dingen verschieden sind. Das sollte uns nicht stören, denn es ist nicht zu ändern. Vielleicht ist es sogar gut so, wer weiß. Ihr seid, wie euch Gott erschaffen hat, und so bleibt ihr! Wir sind, wie uns Gott erschaffen hat, und Gott wußte schon, warum er uns anders machte als euch. Und ihr könnt uns nicht ändern. Im übrigen sollten Kinder einer Mutter und eines Vaters nicht dauernd streiten. Dabei entsteht nichts Gutes, das solltet ihr doch selbst längst wissen. Nein, ich glaube nicht, daß Gott einem Menschen das Recht gibt, über einen anderen Menschen zu bestimmen. Jeder Mensch, ob weiß oder rot, hat . . .«

Da hielt es der General nicht mehr aus, und er unterbrach den Häuptling, indem er einfach aufstand. Chapman konnte ihn nicht daran hindern. Howard beugte sich weit über den Tisch und rief: »Was soll das?« Howards Stimme zitterte vor Erregung. »Willst du mir die Autorität absprechen, oder was willst du? Willst etwa du mir befehlen, was ich zu tun habe?«

Howards Worte wurden von Chapman übersetzt, und sie rissen Toohoolhoolsote förmlich auf die Füße. Der alte Medizinmann stand leicht geduckt, wie ein zum Sprung bereites Raubtier, und er rief: »Der Große Geist hat diese Welt erschaffen, wie sie ist und wie *er* sie haben wollte! Einen Teil davon machte er für uns, so daß wir darauf leben können, so wie wir es für richtig halten! Ja, ja, ja, ich zweifle an deiner Autorität, uns gegen den Willen Gottes von unserem Land zu vertreiben!«

Und damit hatte er Howard an der empfindlichsten Stelle getroffen, denn Howard wußte in seinem Inneren, daß aus dieser Sicht die Nez Percé ein Anrecht darauf hatten, dort zu bleiben, wo sie bis jetzt in Frieden gelebt hatten. Und vielleicht verlor der General deshalb seine Nerven. Er brüllte mit zorniger Stimme: »Halt den Mund! Ich habe es satt, mir diesen Unsinn anzuhören! Das Gesetz der Vereinigten Staaten verlangt von euch, daß ihr in die Reservation zieht, aber ihr weigert euch, das Gesetz zu befolgen! Wenn ihr nicht endlich tut, was von euch verlangt ist, werde ich die Dinge in meine Hand nehmen, und ich garantiere euch, daß ich in der Lage bin, euch für euren Ungehorsam zu bestrafen! Ist das klar?«

Howards Gesicht hatte wieder die alte Farbe, aber er stand immer noch über den Tisch gebeugt, während Chapman wortgetreu übersetzte. Als er fertig war, schüttelte Toohoolhoolsote den Kopf.

»Wer bist du eigentlich, daß du uns erst zum Reden aufforderst und uns dann, wenn wir reden, zu schweigen befiehlst? Bist du vielleicht der Große Geist? Hast du die Welt erschaffen? Hast du die Sonne gemacht? Hast du die Flüsse geschaffen, damit wir von ihnen trinken können? Machst du das Gras wachsen? Bist du es, der all das erschaffen hat, daß du mit uns redest, als ob wir Kinder wären? Nur wenn du das alles erschaffen hast, hast du das Recht, so mit uns zu reden, wie du es tust!«

Bevor General Howard darauf etwas erwidern konnte, mischte sich Monteith mit erregter Stimme ein. Er wiederholte, daß die Reservation gemacht worden sei, um den Nez Percé für die Zukunft den Frieden zu garantieren. Monteith sagte alles in der Sprache der Nez Percé. »Es ist euer Vorteil, wenn ihr das Gesetz befolgt. Die Reservation ist ein gutes Land, das für immer euch gehören wird. Ihr könnt dort tun und lassen, was ihr wollt. Niemand wird euch befehlen, anders zu leben, als ihr leben wollt. Ihr könnt eure Pferde behalten. Ihr könnt in euren Tipis leben. Niemand wird euch sagen, was ihr tun oder lassen sollt.«

Chapman übersetzte Howard im Flüsterton, was Monteith sagte, und Howard beruhigte sich ein bißchen, kaute aber trotzdem auf den Schnurrbartenden herum, während er zuhörte. Und als Monteith durch einen Zwischenrufer unterbrochen wurde, rief Howard: »Es ist doch auch zu eurer Sicherheit, Menschenskinder! Ihr habt euch doch dauernd über Siedler beklagt, die euch Scherereien machen. In der Reservation könnt ihr jeden Siedler wegjagen, der euch zu nahe kommt. Dort ist euch der Schutz durch das Gesetz sicher, das euch jetzt so verdammt in Rage bringt! Begreift doch endlich, daß das eure einzige Möglichkeit ist, zu bleiben, wie ihr seid, und die nächsten Jahrzehnte zu überleben!«

Perrin Whiteman übersetzte und Chapman sagte zum General, daß er sie damit nicht überzeugen könnte. »Das schaffen Sie nicht, Sir. Tut mir leid.«

»Das braucht Ihnen überhaupt nicht leid zu tun, Chapman! Ich kann mich durchsetzen. Verlassen Sie sich darauf!«

White Bird war aufgestanden. Er sagte: »Ich sehe keinen Grund, der gut genug wäre, das Land unserer Väter zu verlassen.« Er sagte es mit fester Stimme, und das breitflächige Gesicht blieb ausdruckslos. »Was habt ihr uns denn zu bieten?«

»Nichts!« rief Toohoolhoolsote. »In der Reservation würden wir verkommen! Wir würden sterben, um nie wieder geboren zu werden. Die Reservation ist das Fegefeuer, von dem der Schwarzrock erzählt hat!«

»Na, da sieht man ja, wie es kommt, daß die Indianer in letzter Zeit das Vertrauen in unsere Lebensart verloren haben!« sagte Monteith scharf, und er warf dem Schwarzrock Cataldo einen langen Blick zu.

Cataldo brachte es fertig, Monteith zuzulächeln. Fast gutmütig. Und er schwieg. Dafür wandte sich General Howard an Chapman. »Sagen Sie diesem Indianer mal, daß ich ihn verhaften und einsperren lasse, wenn er jetzt nicht vernünftig wird!«

»Das würde ich nicht tun, Sir«, sagte Chapman ruhig.

»Eine kleine Einschüchterung würde aber nichts schaden«, sagte Monteith.

Howard wandte sich an Cataldo. »Was meinen Sie, Vater?« fragte er den Priester. Cataldo wiegte den Kopf. »Ich glaube nicht, daß es von Vorteil wäre, die Indianer zu provozieren, General«, sagte er.

»Gut.« Howard nickte. »Aber sagen Sie ihm, daß er sich zusammennehmen soll, Mister Monteith!«

Monteith übersetzte folgendermaßen: »Der General wünscht, daß du aufhörst, herumzubrüllen und eine Verschwörung gegen die Regierung anzuzetteln. Wenn du so weitermachst, wird er dich einsperren lassen.«

Toohoolhoolsote lachte hart auf. »Meinst du, daß du mich durch diese Drohung einschüchtern kannst, Agent? Nein, das meinst du nicht, denn du kennst mich. Ich will wissen, warum ich mein Land aufgeben soll! Wir haben nie einen Handel gemacht. Andere Nez Percé Indianer haben ihr Land verkauft. Ich habe nie Land verkauft. Ich habe keinen Vertrag unterschrieben.«

»Herrgott, könnt ihr euch denn nicht alle mal einig werden?« sagte Howard. »Lawyer und Timothy und andere Häuptlinge der Nez Percé leben mit ihren Leuten in der Reservation, und sie haben alle Chancen, rechtschaffene amerikanische Staatsbürger zu werden. Nehmt euch doch ein Beispiel an ihnen!«

Toohoolhoolsote schüttelte den Kopf. »Nein, Lawyer und Timothy und die anderen werden dafür bestraft werden, daß sie euch ein Stück der Erde verkauft haben, das ihnen nicht einmal gehörte. Und von dir will ich jetzt wissen, ob du wirklich denkst, daß du diese Erde nach deinem Gutdünken aufteilen kannst? Glaubst du, daß du der Mann bist, der dies tun darf?«

Auf diese Frage antwortete Howard mit unterdrücktem Zorn: »Ja, ich bin der Mann! Ich stehe hier an Stelle des Präsidenten der Vereinigten Staaten von Amerika. Und da sind keine Geister, weder gute noch böse, die mich hindern könnten! Meine Befehle sind klar und müssen befolgt werden. Ich hatte die Hoffnung, daß die Indianer guten Willens sind, meine Freunde und nicht meine Feinde zu werden.«

Bevor Toohoolhoolsote darauf etwas erwidern konnte, entstand unter den Indianern eine heftige Diskussion, die fast eine Viertelstunde andauerte. Dann forderte Howard die anderen Häuptlinge auf, ihre Meinung zu vertreten. Insbesondere war er darauf gespannt, was White Bird, Looking Glass und Hush-hush-cute nun zu sagen hatten. Aber sie machten es kurz, White Bird wiederholte, daß er die Freiheit einem Leben in der Reservation vorziehe, solange ihm niemand sagen könnte, welchen Vorteil es für ihn und seinen Stamm bedeutete, wenn er gehorchen würde. Looking Glass schloß sich White Birds Meinung an, aber was er sagte, klang nicht überzeugend. Wahrscheinlich trug er sich insgeheim doch mit dem Gedanken, in die Reservation zu ziehen, und er hoffte vielleicht, während der Versammlung einige Vorteile für sich und seinen Stamm aushandeln zu können. Und Hush-hush-cute schwieg.

Unsicherheit hatte die Häuptlinge befallen. Und General Howard nahm die Gelegenheit wahr, um Toohoolhoolsotes Widerstand zu brechen. »Du willst also immer noch nicht begreifen, alter Freund«, sagte er. »Es geht doch nur darum, ob ihr freiwillig in die Reservation zieht oder ob ich euch mit Gewalt hinbringen muß. Geht das in deinen Kopf rein oder nicht?« Noch während Perrin Whiteman übersetzte, verlor Toohoolhoolsote die Beherrschung. Er sprang erneut auf und brüllte auf Howard ein, daß er sich nichts befehlen lasse. »Die anderen können tun und lassen, was sie wollen, aber ich geh nicht in die Reservation!«

»Gut. Dann bleibst du hier, während ich mit Joseph und White Bird und Looking Glass morgen das Land aussuchen werde, das sie haben wollen. Du kommst dann nicht mit, Alter. Du mußt hier bleiben!«

Toohoolhoolsote hielt einen Moment die Luft an und starrte Howard wütend und ungläubig an. Dann nahm er kurz die Unterlippe zwischen die Zähne, und man konnte sehen, wie es in seinem Gesicht arbeitete. Schließlich bleckte er seine Zähne und knurrte: »Willst du mir etwa Angst einjagen, indem du drohst, meinen Körper gefangenzunehmen?«

»Dein Körper bleibt bei Captain Perry!« wiederholte General Howard, und er wandte sich an Captain David Perry, der beim Zeltende stand. »Lassen Sie den Mann verhaften, Captain!«

»Zu Befehl, Sir!« sagte Perry und gab den Befehl an Lieutenant Theller weiter. Und Lieutenant Theller wurde noch einen Schein blasser im Gesicht. Er rief zwei Soldaten heran und ließ Toohoolhoolsote festnehmen. Der alte Medizinmann wehrte sich nicht. Er stand ruhig und blickte hinüber zum Tisch. »Ist das dein Wille?« fragte er. »Gut, mir ist das egal. Ich habe dir mein Herz ausgeschüttet. Es gibt nichts, was ich zurücknehmen müßte. Ich habe für mein Volk gesprochen. Du kannst mich einsperren, aber du kannst mich nicht ändern, und du kannst mich nicht dazu bringen, etwas von dem, was ich gesagt habe, zurückzunehmen. Das mußt du wissen.« Zu den Soldaten sagte er: »Tut doch, was er euch befohlen hat. Er ist euer Gott!«

Da packten sie ihn und führten ihn aus dem Gedränge hinaus, das sich plötzlich vor dem Zelt gebildet hatte. Chapman, der aufgestanden war, sah Lieutenant Theller, der wieder einmal rote Flecken in seinem sonst so blassen Gesicht hatte. Und neben dem Lieutenant tauchte plötzlich die Alte auf, Lindas Großmutter, kreischend und geifernd. Chapman traute seinen Augen nicht, als er hinter der Alten Lindas Mutter sah, Jeffrey auf dem Buckel. Die beiden Frauen verschafften sich einen Weg durch das Gedränge, und als Chapman losrannte, waren sie bei den Soldaten, die den Medizinmann abführten. Die Großmutter griff den jüngeren der beiden Soldaten an und riß ihn glatt zu Boden, während Lindas Mutter den anderen an der Jacke zurückhielt. Völlig verstört stand Lieutenant Theller in der Nähe, unfähig, einzugreifen. Aus der Tragkrippe heraus brüllte Jeffrey mit hochrotem Gesicht, und die Alte kniete über dem jungen Soldaten und zerrte an dessen Ohren, während Lindas Mutter dem anderen die Uniformjacke beinahe ausgezogen hatte.

Viele der Indianer klatschten vor Begeisterung in die Hände. Chapman hätte nie geglaubt, daß seine beiden Weiber zu den treuesten Anhängern des alten Medizinmannes gehörten. Im Augenblick, als sich der von Lindas Mutter bedrängte Soldat losreißen konnte, gelang es Chapman, durch das Gedränge hindurchzukommen.

»Scheißweiber, ihr!« schrie er und packte Lindas Mutter am Arm und zerrte sie von dem Soldaten weg, dessen Uniformjacke in den Nähten geplatzt war und dem der Schrecken im Gesicht geschrieben stand. Der andere strampelte unter der Alten und es gelang ihm, sie von sich zu werfen, aber sie klammerte sich an ihn und sie überrollten sich und er kam auf sie zu liegen und dann brüllte er, denn sie hatte ihm in die Nase gebissen.

»Schlag sie tot!« schrie Chapman. »Herrgott, schlag sie doch tot!« Und während er Lindas Mutter festhielt, kam der Soldat frei und taumelte hoch, beide Hände vor das Gesicht gepreßt. Er taumelte rückwärts und Blut lief zwischen den Fingern hervor.

»Sie hat mir in die Nase gebissen!« rief er undeutlich. »Die alte Hexe hat mir die Nase abgebissen!«

Einige von Thellers Soldaten hatten die Alte jetzt gepackt, und sie wehrte sich wütend, schlug wild um sich, kratzte, spuckte und brüllte den Soldaten alle Schimpfworte auf Englisch zu, die ihr Chapman im Laufe der Jahre beigebracht hatte.

Chapman nahm Lindas Mutter die Tragkrippe ab, obwohl sie sich zur Wehr setzen wollte. »Ich bringe dich um!« sagte er ihr leise ins Ohr. »Wenn du dich wehrst, bringe ich dich um!«

Das war das einzige, was nützte. Sie blieb ruhig, starrte aber mit haßerfülltem Gesicht hinüber zum Tisch, wo General Howard und alle anderen aufgestanden waren. »Er hat kein Recht, Toohoolhoolsote einzusperren!« sagte sie krächzend. »Dazu hat er kein Recht!«

»Das geht dich nichts an«, sagte Chapman.

Er packte die Tragkrippe. Jeffrey schrie, obwohl er fast keine Luft mehr kriegte. Chapman sah, wie Toohoolhoolsote in das Wachhaus hineingestoßen wurde, während die Alte jetzt kraftlos zwischen den Soldaten hing.

Chapman sah sich nach Linda um, aber sie war nicht da. Und Tucallacasena war auch nicht da. Enttäuschung und Zorn stiegen in ihm hoch. Er blickte hinüber zum Tisch. Howard hatte ein hintergründiges Lächeln im Gesicht.

»War das die Alte, die eindeutige Gesichter hat, Mister Chapman?« fragte der General.

»Entschuldigen Sie, Sir!« rief Chapman. »Die haben durchgedreht!«

Die Soldaten hatten jetzt einen Ring um die Indianer gebildet. Joseph war aufgestanden und redete leise auf einige Unterhäuptlinge ein, deren Hände unter die Decken geglitten waren, als es zu dem Tumult kam. Chapman sah, wie einer der Krieger die Hand am Kolben eines Revolvers hatte. Ein anderer saß am Boden, beide Hände unter der Decke, wo er wahrscheinlich ein Gewehr verborgen hatte.

Chapman entschied sich dafür, den General jetzt nicht im Stich zu lassen. Er bahnte sich einen Weg durch die Indianer. »Idioten!« sagte er zu ihnen. »Wenn ihr jetzt einen Blödsinn macht, dann schießen euch die Soldaten nieder wie tolle Hunde!«

»Was Chapman sagt, stimmt«, sagte Joseph sofort. »Wir dürfen jetzt nicht unsere Geduld verlieren. Das würde sich nicht auszahlen.«

»Was verlangst du von uns, Chapman?« fragte Ollokot, der groß und breitschultrig dastand, seine Ähnlichkeit mit Joseph war jetzt noch deutlicher.

»Tut, was der General verlangt«, sagte Chapman. »Etwas anderes bleibt euch nicht übrig.«

»Paß du lieber auf deine Weiber auf, bevor du uns Ratschläge gibst«, sagte Looking Glass grinsend. Er kam heran und hielt Chapman am Arm zurück. »Zeig mir deinen Sohn! Du weißt doch, daß ich sein Onkel bin.« Looking Glass begutachtete Jeffrey, der jetzt still war. »Er sieht gut aus«, meinte der Nez Percé Häuptling. »Wenn er ein bißchen älter ist, werde ich ihn mit zur Büffeljagd nehmen.«

Chapman winkte ab. »Kümmere dich darum, daß deine jungen Krieger nicht durchdrehen«, sagte er. »Das mit der Büffeljagd hat noch Zeit.«

Chapman drehte sich um, und jetzt sah er Linda. Sie kam den Weg herunter, der vom Lager herführte. Tucallacasena war bei ihr. Sie lachten, und Linda hüpfte neben dem Indianer.

Und dann schaffte es Joseph doch noch, die anderen zu beruhigen. Er kam herüber und sagte, daß er bereit sei, das zu tun, was Howard von ihm verlange. Das gleiche gelte für White Bird und Looking Glass und Hush-hush-cute. Es sah jetzt alles danach aus, als ob die Häuptlinge tatsächlich eingesehen hätten, daß es für sie keinen anderen Weg mehr gab als den, der in die Reservation führte. Jetzt, nachdem Toohoolhoolsote eingesperrt war, schienen alle plötzlich einig zu sein.

Monteith schlug vor, am nächsten Tag nach Kamiah zu reiten und von dort aus einen Rundritt durch das Reservationsgebiet zu unternehmen, damit sich jeder Häuptling sein Land aussuchen könnte. Fast begeistert von dem Vorschlag des Agenten, nahmen die Indianer die Einladung an. Und General Howard sagte mit leisem Triumph in der Stimme zu Chapman: »Was sagen Sie nun, Mister Chapman?«

Chapman, der Jeffrey auf dem Schoß hatte und ihn zur Beruhigung an seinem Daumen kauen ließ, schmunzelte. »Das haben Sie fein hingekriegt, Sir«, sagte er.

6
Der Rundritt

Auf unserem Rundritt sahen wir gutes Land, das aber schon von anderen Indianern und von Weißen bebaut und bewohnt wurde. General Howard aber sagte zu uns: ›Wenn ihr dieses Land haben wollt, kriegt ihr es und ich werde diese Leute hier wegschicken.‹ Ich erwiderte: ›Nein. Es wäre falsch, die Leute zu stören. Ich habe kein Recht, ihnen ihr Heim zu nehmen. Ich habe niemals etwas genommen, was nicht mir gehörte, und ich werde es auch jetzt nicht tun.‹

Joseph, in: THE NORTHAMERICAN REVIEW, 1879

Chapman warf beide Frauen hinaus. Die Alte hatte alle ihre Kraft bei dem Kampf mit dem Soldaten verschwendet und wehrte sich nicht. Lindas Mutter packte ihr Bündel wortlos und kroch aus dem Zelt. Hinter ihnen verschnürte Chapman die Plane. Dann drehte er sich Linda zu, die hinter dem kleinen Feuer saß. Er kroch auf allen vieren zu ihr und sie öffnete ihr Kleid. Der Flammenschein tanzte über die Haut ihrer Brüste. Sie blickte ihn herausfordernd an.

Dann zog sie das Kleid hoch und über den Kopf. Sie berührte ihre Brüste und die Finger glitten an ihr hinunter, während sie sich hinlegte. »Komm, Chapman«, sagte sie. »Du hattest Ärger heute, nicht wahr? Komm, ich nehme dir den Ärger.« Sie streichelte mit der einen Hand seinen Arm, während die andere durch ihr Schamhaar glitt, zwischen ihre Schenkel, dann wieder hoch und über den Bauch, der sich sanft hob und senkte, und sie griff nach seinem Kopf und zog ihn herunter, während sie ihm ihren Unterleib entgegenschob. Er drehte den Kopf und küßte ihre Brüste, und er spürte, wie das Verlangen nach ihr seine wirren Gedanken verdrängte. Nein, sie hatte ihn nicht mit Tucallacasena betrogen. Sie war einfach daheimgeblieben, weil sie Dinge zu verrichten hatte. Sie hatte Jeffreys Windeln gewaschen. Und sie hatte seine Sachen gewaschen. Und dann war Tucallacasena gekommen, und sie hatte mit ihm ein bißchen gespielt. Sie hatte ihn vielleicht sogar herausgefordert. Aber sie hatte es nicht mit ihm getrieben.

Sie brachte es irgendwie fertig, ihm das Hemd auszuziehen, und drängte sich gegen seinen Oberkörper, während er die Hose auszog.

Das Feuer knisterte und sie lag heiß unter ihm. Und dann öffnete sie ihre Schenkel und er drang in sie ein, und sie bäumte sich wild unter ihm auf, krallte ihre Finger in seinen Nacken, und er stieß tief in sie hinein, bis sie keuchend aufschrie. Für ihn war es vorbei, während sie noch unter ihm stöhnte, und Chapman spürte, wie der Schweiß auf seinem Rücken kalt wurde.

Dann lag sie schlaff, schwer atmend, und sie öffnete die Augen und tastete mit ihren Blicken sein Gesicht ab. Sie hielt ihn mit ihren Armen umfangen, und er glitt aus ihr heraus, streichelte sie, streichelte ihr Haar und ihr Gesicht, und er küßte sie auf den Mund, die Augen und den Hals.

»Du warst wütend, als ich heute nachmittag zum Fort kam«, sagte sie leise.

»Ich war wütend, weil du neben ihm gehüpft bist«, sagte Chapman.

»Du warst mit dem General zusammen, Chapman.«

»Ja.« Chapman löste sich von ihr, setzte sich auf und suchte die Decken zusammen. »Deine Mutter und deine Großmutter sind verrückt geworden. Wenn ich der General gewesen wäre, hätte ich sie in Ketten gelegt.«

»Der General hat Toohoolhoolsote eingesperrt.«

»Ja.«

»Er hätte das nicht tun dürfen.«

»Nein. Aber es ist nicht zu ändern.«

»Tucallacasena kam und sagte mir, daß du dem General hilfst, unser Volk zu betrügen.«

Chapman warf ein paar Decken über sie. »Sag mal, wieso denkst du über Dinge nach, von denen du keine Ahnung hast?« fragte er. »Schlaf doch lieber.«

»Hilfst du dem General, unser Volk zu betrügen, Chapman?« fragte sie starrköpfig.

»Nein!«

»Doch, das tust du!«

»Wer sagt das? Tucallacasena?«

»Er kam und hat gesagt, daß du bald gezwungen bist, eine Seite zu wählen. Entweder, du hilfst dem General, oder du hilfst uns. Ich war wütend, heute nachmittag, Chapman. Ich war sehr wütend auf dich. Und deshalb schickte ich meine Mutter und meine Großmutter weg. Ich blieb mit Tucallacasena hier. Er hat mir viele Dinge erzählt, von denen du mir nie erzählt hast.«

Chapman zog die Decke über seinen Kopf und legte sein Gesicht gegen ihre Brüste, die jetzt weich waren, trocken und warm. Er hörte auf ihren Herzschlag, bis sie auch ganz unter die Decken kam und ihm ins Ohr biß. »Ich bin deine Frau, Chapman«, sagte sie. »Ich will nicht, daß du dem General hilfst, unser Volk zu betrügen. Es ist das gleiche, wie wenn ich dich mit Tucallacasena betrügen würde.«

Chapman legte ihr die Finger an die Lippen. »Hör zu!« sagte er leise. »Morgen fahren wir nach Hause. Morgen werde ich nicht hingehen, wenn der General ruft. Wir fahren nach Hause. Wie gefällt dir das?«

»Es ist gut, wenn wir nach Hause gehen, Chapman. Jeffrey hat den General gesehen. Jetzt können wir nach Hause gehen.«

Chapman umarmte sie und drückte sie fest an sich. »Ich habe dem General nicht geholfen, dein Volk zu betrügen, Linda«, sagte er. »Ich wollte nur dabeisein und sehen, daß der General keinen Fehler macht.«

»Und? Hat er keinen Fehler gemacht?«

»Du weißt es, Linda«, erwiderte er. »Er hat Toohoolhoolsote einsperren lassen. Das war sein Fehler.«

»Großmutter sagt, daß es einen Krieg geben wird, Chapman.«

»Ja. Das könnte sein.«

»Was wirst du tun, wenn es Krieg gibt?« fragte sie.

Ich werde versuchen, am Leben zu bleiben, damit ich dich und Jeffrey beschützen kann.«

»Und Großmutter und Mutter?«

Chapman seufzte. »Auch. Dir zuliebe.«

»Du bist gut, Chapman«, sagte sie. »Wenn Tucallacasena wüßte, wie gut du bist, würde er sehr einsam sein.«

»Er ist ein Idiot!« sagte Chapman und dachte daran, daß er sich vorgenommen hatte, mit Tucallacasena am Morgen nach Kamiah zu reiten, um dort ein Pferd zu besichtigen. Nun, er würde nicht hinreiten. Er würde statt dessen heimfahren und den Acker pflügen. Und am Samstag würde er in Mount Idaho bei der Viehauktion sein und eventuell ein paar Kälber kaufen. Und er nahm sich vor, Linda mit nach Mount Idaho zu nehmen. Aber die beiden Alten nicht.

Chapman schlief ein. Er hatte begriffen, was sie ihm hatte sagen wollen. Sie war eine Nez Percé Indianerin. Und sie hatte ihm ganz einfach erklärt, daß sie ihn ebensogut mit Tucallacasena betrügen konnte, wenn er sie mit dem General betrog. So einfach war das in ihren Augen, und Chapman konnte ihr keinen Vorwurf machen. Im Gegenteil. Die letzten Tage hatten ihn fast vergessen lassen, wer er war und wieso er gekommen war. Ja, er hatte Jeffrey den General zeigen wollen. Mehr nicht. Und weniger auch nicht.

Am nächsten Morgen regnete es in Strömen. Die beiden Alten hatten unter einer Plane im Freien geschlafen. Als Chapman aus dem Zelt kam, spuckte Lindas Großmutter im hohen Bogen in eine Pfütze hinein, in der Chapman sich spiegelte.

Tucallacasena kam und war ehrlich enttäuscht, als Chapman sagte, daß er nicht mit ihm nach Kamiah reiten würde. Auch Lieutenant Theller kam. Chapman sagte, daß er heimreisen würde. »Sucht euch einen anderen Dolmetscher. Ich habe gestern im Store Joe Roboses gesehen. Der versteht was davon.«

Er könne doch den General nicht ausgerechnet heute im Stich lassen, sagte Theller. Es gehe doch darum, den Indianern die Reservation zu zeigen und schmackhaft zu machen. Joe Roboses wäre doch nicht zuverlässig. Der könne halt zufällig die Sprache der Nez Percé. Aber die Indianer würden ihm nicht vertrauen.

Chapman hörte sich alles an, blieb aber standhaft. Er wollte nicht noch einmal Lindas Zorn herausfordern. Theller kehrte unverrichteter Dinge nach Fort Lapwai zurück, und Chapman schmierte die Naben der Wagenräder, während es langsam zu regnen aufhörte.

Um zehn Uhr schien wieder die Sonne, und die Frauen fingen an, das Lager abzubrechen und den Wagen zu beladen. Chapman spazierte mit Jeffrey ans Flußufer. Er sah, wie General Howard, Lieutenant Wilkinson, Joe Roboses, Joseph, White Bird und Looking Glass, von einigen Soldaten begleitet, das Fort verließen und die Straße hinunterritten, die nach Kamiah führte. Die Häuptlinge und die Offiziere schienen sich blendend zu unterhalten.

Und das taten sie auch. Sie unterhielten sich, als wären sie alte Freunde. Sie scherzten sogar. Howard erzählte einen Witz, den Joe Roboses über-

Nez Percé Krieger

setzte. Dann erzählte Wilkinson, wie ihn die Erleuchtung heimgesucht hatte, und brach dabei beinahe in Tränen aus. Howard unterbrach ihn. Dann erzählte Looking Glass von der letzten Büffeljagd im Land der Crows und vom Heimweg. Er erzählte, wie er mit den anderen Nez Percé und mit einigen Flatheads in der Nähe einer Stadt campiert habe. Die Bürger der Stadt wären gekommen und hätten die Indianer eingeladen, auf dem Marktplatz ein Kriegsspiel zu machen.

Joe Roboses sagte, daß es die Stadt Missoula gewesen sei, ein kümmerliches Nest in Montana. Er sei auch schon dort gewesen, aber nur für eine Nacht.

White Bird forderte Wilkinson zu einem Wettrennen auf, das Wilkinson auf seiner Kentucky Vollblutstute glatt verlor. Daraufhin bat Looking Glass um die Freilassung von Toohoolhoolsote, aber General Howard winkte ab und meinte, daß es dem alten Nußknacker nichts schaden würde, sich ein paar Tage ruhig zu verhalten.

Der Trupp unter Führung von Joe Roboses ritt zur Mündung des Sweetwater-Creek. Den Indianern gefiel das Land, das Howard ihnen vorführte, als hätte er es selber erschaffen. Immer wieder fragte er sie, was sie jetzt von der Reservation hielten, und sie antworteten meistens mit »hm« oder »jaja«. An einer Stelle ließ sich Looking Glass gar zu einem »nicht schlecht« hinreißen, aber als Howard sagte, er könne sich dort ansiedeln, erwiderte der Häuptling, daß er sich noch weiter umsehen wolle, bevor er bereit sei, sich zu entscheiden.

Schließlich erreichten sie eine Talsenke, die von zwei Siedlern namens Finney und Caldwell kultiviert worden war. Hier breiteten sich weite Äcker und saftige Wiesen aus. Die Siedler hatten zwei mittelgroße Holzhäuser und einige Geräteschuppen gebaut. In einem Corral standen ein paar gute Reitpferde, und vor dem Finney Haus lagen ein halbes Dutzend fette Schweine. »Na, was sagt ihr?« fragte Howard und zeigte in das Land hinaus. »Ist das was oder nicht? Aber ihr wollt vielleicht doch lieber in einem Haus aus Zeltstoff wohnen?«

Joseph schüttelte den Kopf. »Nein. Wenn ich in die Reservation komme, dann will ich ein Holzhaus wie dieses dort.« Er zeigte auf Caldwells Haus, vor dem jetzt ein Mann auf der Veranda stand.

»Kannst du haben«, sagte Howard. »Wenn du in die Reservation kommst, kriegst du dieses Land hier, und ich werde diese Leute wegschicken.«

Joseph zog die Stirn in Falten, die er mit roter Farbe bemalt hatte. »Nein«, sagte er nach kurzem Überlegen. »Es wäre nicht recht, diese Menschen zu stören. Ich habe nie genommen, was anderen gehört hat. Und ich werde es auch jetzt nicht tun.«

Joe Roboses sagte nur, daß der Häuptling nicht unbedingt dieses Land haben wolle. Aber Howard winkte ab und ritt hinüber zum Haus der Caldwells. Die anderen folgten ihm. Wilkinson ritt vor und meldete den General und die Häuptlinge. Caldwell, ein untersetzter Mann mit einem schwarzen Schnurrbart und blauen Augen, war sichtlich verlegen.

»Das ist . . . ja, das ist aber 'ne Überraschung!« Er rief sofort nach seiner Frau und seinen Kindern. Seine Frau war groß und hager. Sie rieb ihre Hände an der Schürze ab und sagte, daß leider das Haus nicht aufgeräumt sei. »Ich würde Ihnen aber gerne einen Kaffee . . . und vielleicht ein Stück Maisbrot oder . . .«

»Ach Frau, laß doch!« unterbrach sie Mister Caldwell. »Die Herrschaften möchten sich vielleicht mal den neuen Pflug ansehen, der von Baltimore bis hierher transportiert wurde.«

»Mister Caldwell, ich würde den Häuptlingen gerne das Haus zeigen, und die Einladung Ihrer Frau ehrt mich«, sagte General Howard und gönnte der Frau eines seiner sparsamen Lächeln. »Sie haben das schönste Anwesen hier in der Umgebung, Mister Caldwell.«

Caldwell sagte, daß es noch viel zu tun gäbe. Er wolle auf dem Hügel einen Wassertank bauen und Bewässerungsgräben ziehen. Außerdem wolle er sich in der Aufzucht einer speziellen Rinderrasse versuchen. Pferde auch. Sein ältester Sohn, Johnny, der wäre ganz versessen darauf, Cowboy zu werden. »Wissen Sie, wir sind vom Süden her gekommen. Der Krieg hat uns vertrieben. Dann die Heuschrecken in Kansas. In Colorado fanden sie in der Nähe unserer Farm Silber. Dann kamen wir hierher. Und hier haben wir noch einmal angefangen. Ganz von vorn, Sir.«

Wilkinson sagte, daß echter Pioniergeist eben keine Grenzen kenne. General Howard pflichtete ihm bei. Nacheinander gab er Caldwells Kindern die Hand. Dann stellte er ihnen die Häuptlinge vor. »Das sind die größten Häuptlinge der Nez Percé«, sagte er. Die Kinder hatten Angst. Howard lachte, als eines der Mädchen plötzlich weinte und das Gesicht unter Mutters Schürze versteckte.

»Sie hat Angst«, sagte Caldwell. »All das Gerede, daß es hier einen

Indianerkrieg gibt. Sie gehen nicht einmal mehr zur Schule. Johnny ist der einzige, der noch in der Schule ist. Aber er hat einen Revolver mitgenommen. Glauben Sie, daß es Krieg gibt, Sir?«

»Kaum«, sagte General Howard. »Aber Sie können sich sowieso auf die Armee der Vereinigten Staaten verlassen, Mister Caldwell. Sie sind nicht ohne Schutz.«

»Das habe ich auch gesagt, nicht wahr, Mutter? Ich habe gesagt, daß die Indianer nicht angreifen werden, wenn die Armee hier ist. Das werden sie doch nicht, oder?«

»Kaum«, sagte Wilkinson. »Ich glaube, Mister Caldwell, der General möchte jetzt mal das Haus sehen.«

Caldwell warf einen Blick auf Joseph und die anderen Nez Percé Indianer. Mrs. Caldwell brachte die Kinder weg und versprach, sofort in der Küche Kaffee und Maisbrot aufzutischen. Caldwell zeigte dem General und den Häuptlingen das Haus. Ein Schlafzimmer mit einem Doppelbett und zwei Kinderbetten. Ein zweites Schlafzimmer mit grob gezimmerten Betten für die älteren Kinder. Dann die Küche. Groß und rußgeschwärzt. Unter dem Fenster stand eine Nähmaschine, und in einem Holzbottich war Wäsche eingeweicht. Mrs. Caldwell kam und sagte, daß die Kinder jetzt auf dem Feld wären, und Finney sei draußen. Mister Caldwell solle doch mal hinausgehen. Ja, sie nannte ihn Mister Caldwell, ihren Mann, der die schönste und sauberste Farm in der Umgebung hatte.

»Ma'am, wir sehen uns noch draußen ein bißchen um«, sagte Wilkinson zu Mrs. Caldwell. Und während sie hinausgingen, meinte Howard zu Joe Roboses, daß die Leute sicher kaum bereit wären, das Land hier an die Indianer abzutreten. Aber es käme vielleicht doch auf das Angebot an.

Draußen vor der Veranda stand Finney, ein magerer Mann mit einem ausgemergelten, faltigen Gesicht. Er hatte eine Schrotflinte mitgebracht. Caldwell redete leise auf ihn ein. Als die Offiziere mit den Häuptlingen aus dem Haus kamen, wurden Finneys Augen schmal. »Ich will es wissen!« sagte Finney plötzlich. »Ich will es ganz genau wissen!« Er drehte sich zur Veranda. »Tag!« knurrte er. »Mein Name ist Finney. Mir gehört das Anwesen dort drüben.« Er zeigte auf das Haus am anderen Talhang. »Ich habe gesehen, wie ihr am Haus vorbeigeritten seid. Ich möchte jetzt wissen, was das zu bedeuten hat.«

Howards Gesicht hatte sich verfinstert. Er nickte Wilkinson zu und der trat vor. »Lieutenant Wilkinson«, sagte er und legte kurz die Hand an den Hut. »Dies ist ein Informationsritt durch das Gebiet, Mister Finney. Wir zeigen den Häuptlingen der Nez Percé, wie es sich hier leben läßt.«

»So.« Finneys Gesicht wurde noch faltiger. Er musterte die Indianerhäuptlinge der Reihe nach etwas mitleidig und voll von Mißtrauen. »Das sind wohl die, die schon seit Jahren Schwierigkeiten machen«, sagte er dann. »Nun, lassen Sie sich von mir was sagen, Lieutenant. Ich habe vor vier Jahren hier angefangen. Ich habe geschuftet. Und alles, was ich mit meinen zwei Händen verdiente, habe ich in dieses Stück Land investiert. Ich habe zweiundsechzig Rinder und sieben Milchkühe. Und ich habe ungefähr zehn Hektar Wildnis in gutes Ackerland umgewandelt. Was Sie hier sehen, ist der Lohn knochenbrechender Arbeit. Und das müssen Sie diesen Indianern sagen, wenn Sie ihnen hier all diese Dinge zeigen. Ohne Arbeit wäre hier nichts. Und mit Faulenzen wäre ich heute ebenso schlecht dran wie ihre rothäutigen Brüder, die auf der anderen Seite des Hügels ihre Hütten stehen haben. *Da* müssen Sie hingehen mit ihnen! Das müssen Sie ihnen zeigen. Die Hütten da drüben und die Leute, die dort leben.« Finney spuckte einen Strahl Tabaksaft ins Gras.

»Wie ich schon sagte, dies ist ein Informationsritt, und zweifellos werden wir auch noch einige Indianerfarmen besuchen.«

»Indianerfarmen?« Finney lachte auf. »Solange die von den Missionaren und von der Regierung zu fressen kriegen, werden die meisten von ihnen nie arbeiten! Das sind doch geborene Faulenzer. Lassen Sie sich das von mir gesagt sein. Ich kenne mich aus mit ihnen. Mein Land grenzt an ihres. Im Sommer zieh ich da 'nen Zaun. So hoch wie ein Roß mit Reiter, Lieutenant. Und wehe, wenn ich einen dieser faulen Hunde auf meiner Weide oder in meinen Äckern erwische! Dem vergeht das Klauen, das sag ich Ihnen!« Finney klopfte gegen den Schaft seiner Schrotflinte. »Dem lieben Gott die Zeit wegstehlen und mir die Rinder! Das ist alles, was sie können! Fragen Sie doch Caldwell. Der weiß es so gut wie ich. Sag's ihnen doch, Caldwell! Sag ihnen, wie viele Kälber wir schon verloren haben. Du kannst es ihnen ruhig alles sagen. Das ist ein Informationsritt. Die wollen sich doch informieren.«

Caldwell blickte verlegen zu Boden. White Bird fragte, was denn los sei, und Joe Roboses sagte es ihm. Er sagte: »Alles in Ordnung, Häuptling. Die Weißen sind bereit, dir ihr Haus und das Land zu geben.«

Joseph schüttelte den Kopf. »Ich will es nicht«, wiederholte er. »Diese Männer haben hart gearbeitet. Ich will ihnen nichts wegnehmen.«

»Nun?« fragte Finney scharf. »Warum sagen Sie ihnen nicht, daß sie gottverdammt hart arbeiten müssen?«

»Das wissen sie«, sagte Joe Roboses in der Nez Percé Sprache und dann auf Englisch, als er merkte, daß Finney ihn nicht verstanden hatte. »Das wissen sie, Finney.«

»So. Dann ist ja alles in Ordnung.« Finney spuckte wieder aus. »Caldwell, laß dir nur nichts vormachen«, sagte er. »Am Ende wollen die sich hier in ein gemachtes Nest setzen, die Brüder. Aber da kennen sie Finney nicht!« Er lachte auf. »Da sind Sauposten drin.« Er streichelte jetzt die Schrotflinte. »Und wenn da so ein paar Rothäute herumlungern würden, geht sie von alleine los, das steht fest.«

»Finney, die Herrschaften wollen doch nur . . .«

»Was die wollen und was die nicht wollen, ist mir scheißegal!« unterbrach Finney seinen Nachbarn. »Ich mag keine Indianer in der Nähe haben. Auch nicht, wenn da Soldaten dabei sind.«

Jetzt trat General Howard einen Schritt vor. »Mister Finney, Sie dürfen das nicht so verbissen sehen. Um Ihnen und allen, die hier in diesem Land ein neues Leben angefangen haben, den Frieden zu garantieren, müssen wir den Nez Percé hier in dieser Reservation eine Chance geben. Die besteht darin, daß sie alle ein Stück Land kriegen. Ich bin davon überzeugt, daß viele von ihnen bald in der Lage sein werden, dieses Stück Land erfolgreich zu bewirtschaften. Ihre Farm und die Farm von Mister Caldwell erscheinen mir als geeignete und eindrückliche Beispiele für die Vorteile, die einem zivilisierten Leben erwachsen. Sie dürften eigentlich stolz darauf sein, Mister Finney.«

»Der Teufel soll . . .«

»Sie sprechen mit General Howard, Mister Finney!« sagte Lieutenant Wilkinson schnell. Finney hob seine Schultern. »Gut«, sagte er. »Gut, Sir! Ich bin gottverdammt froh, daß ich es hier nicht mit ein paar Idioten zu tun habe. Sie müssen verstehen, Sir. Ich habe hier eine Familie. Ich habe hier alles für die Zukunft meiner Familie aufgebaut und nicht für irgendwelche lausigen Indianer. Überall heißt es, daß es vielleicht Krieg gibt. Überall rumort's. Da oben, bei den Spokanes und bei den Kettles und bei den Cœur d'Alenes und bei den andern. Mir ist scheißegal, was die Regierung geplant hat und was demnächst hier gespielt werden soll.

Aber der Teufel soll mich holen, wenn ich der Regierung oder den Rothäuten erlaube, mein Leben zu ruinieren!«

»Ich darf Sie beruhigen, Mister Finney«, lächelte General Howard nachsichtig. »Wir werden weder Sie noch Mister Caldwell ruinieren. Im Gegenteil.«

Finney winkte ab. »Nichts im Gegenteil, Sir. Ich will in Ruhe gelassen werden! Das ist alles.« Finney drehte sich auf dem Absatz um und ging mit schweren Schritten den Pfad entlang, der die beiden Häuser miteinander verband. Caldwell entschuldigte sich bei General Howard, der ihn beim Arm nahm. »Ein Mann, der weiß, was er will«, sagte der General. »Nun, Mister Caldwell, jetzt bin ich aber gespannt auf das Maisbrot Ihrer Frau Gemahlin.«

Caldwell sah sich kurz nach Finney um. Finney ging einen Lattenzaun entlang zu seinem Haus. Und wahrscheinlich wußte er tatsächlich, was er wollte.

General Howard, Lieutenant Wilkinson und Joe Roboses gaben sich alle Mühe, den drei Nez Percé Häuptlingen die Reservation schmackhaft zu machen. Sie durchstreiften die saftigsten Weiden der Agentur und zeigten ihnen die frisch gepflügten Äcker und Felder, die schon einen Hauch von Grün trugen. Am Nachmittag ritten sie zurück nach Fort Lapwai, wo Toohoolhoolsote den ganzen Tag hinter Gittern verbracht hatte.

Joseph, White Bird und Looking Glass baten den General immer wieder, Toohoolhoolsote freizulassen, aber Howard meinte, daß der zäh genug wäre, noch ein paar Tage bei Wasser und Hartbrot auszuharren.

Chapman hatte mit seiner Familie Fort Lapwai verlassen. Er fuhr bis in die Dunkelheit hinein und entschied dann doch, die Nacht auf John J. Manuels Ranch zu verbringen. Manuel lebte mit seiner Frau seit einigen Jahren an der Mündung des White Bird Creek in den Salmon River. Auch er hatte von Unruhen unter White Birds Nez Percé Indianern gehört. Der Verhandlung in Fort Lapwai maß er keine allzu große Bedeutung bei. Manuel meinte, man müsse aber in der nächsten Zeit die Augen und die Ohren offenhalten. Außerdem würde er im Falle einer Gefahr seine Frau, die siebenjährige Maggie und das Baby nach Mount Idaho zu Bekannten schicken.

Bei Sonnenaufgang des nächsten Tages war Chapman wieder unterwegs.

In Fort Lapwai machte sich General Howard für den zweiten Informationsritt bereit. Dieses Mal ließ er sich von John B. Monteith und Captain Perry mit sechs Kavalleristen begleiten. Früh am Morgen verließ die bunte Gruppe Fort Lapwai, frisch, munter und fröhlich, als ob es sich um einen Picknickausflug handeln würde. Joseph, der Häuptling der Wallowa Nez Percé, liebäugelte mit dem Land im Lapwai Tal, und zwar in Agenturnähe. Er sagte, daß ihm dieses Land für seinen Stamm am besten gefallen würde, wenn, ja wenn es nicht bereits an Weiße vergeben gewesen wäre.

An Finney und Caldwell. Howard meinte, man müßte mit Caldwell ein ernstes Wörtchen reden. »Der ist schon ans Umziehen gewöhnt«, sagte er zu Joe Roboses, der die Gruppe zu den Fußhügeln der Graig Mountains führte, dann hinunter nach Kamiah und zur Mündung des Clearwater River. An diesem Tag legten sie so ungefähr sechzig Meilen zurück und besichtigten verschiedene Häuser von Reservationsindianern. Fröhlich und manchmal schier ausgelassen ritten die Offiziere, Agent Monteith und die Häuptlinge links und rechts von Joe Roboses, während die Soldaten Abstand hielten. Nur einmal erwachte an diesem Tag das Mißtrauen, und zwar als Joseph fragte, was sie ihnen dafür geben würden, wenn sie in die Reservation ziehen und hier leben würden. »Kriegen wir dann Schulen und Kirchen und Lehrer und Häuser und Gärten?«

»Klar«, erwiderte General Howard. »Ihr kriegt das alles.«

»Na, siehst du«, sagte Joseph. »Das sind die Dinge, die wir eben nicht haben wollen. Die Erde ist doch unsere Mutter. Glaubst du, daß wir in ihr herumgraben und sie aufbrechen werden? Nein, das werden wir nicht tun, selbst wenn wir hierherkommen und hier leben. Wir wollen zur Büffeljagd reiten und Lachse fischen. Wir wollen nicht mit dem Pflug und der Hacke umgehen lernen. Wir wollen nichts pflanzen, da wir gewöhnt sind, immer nur zu ernten, was uns Mutter Erde abgeben will.«

Daraufhin wechselten Howard, Monteith und Perry ein paar bedeutungsvolle Blicke, und Perry ritt hinüber zu seinen wartenden Soldaten. White Bird kicherte und flüsterte etwas in das Ohr von Ollokot, der an diesem Tag auch mitgekommen war. Ollokot lachte und sagte leise etwas zu Looking Glass.

»Was meinst du, General Howard?« fragte Joseph.
Howard hob die Schultern. »Ich weiß nicht«, sagte er fast etwas hilflos. »Ich dachte, du willst ein Holzhaus haben. Jetzt willst du plötzlich wieder kein Holzhaus. Ich weiß nicht, was ich davon zu halten habe.«
Joe Roboses übersetzte: »Der General sagt, daß du dich besser dafür entscheidest, das zu nehmen, was dir Washington bietet, sonst kriegst du am Ende überhaupt nichts.«
Nun, die vier Indianer wollten es nicht darauf ankommen lassen. Sie freuten sich darüber, daß es ihnen so leicht war, die Soldaten aufzuschrecken. Und sie wußten sowieso, daß Roboses seinen eigenen Reim machte, wenn er übersetzte. Das taten eben die meisten Dolmetscher.
Die Nacht verbrachte die Gruppe in Mr. Fees Reservationsschule, in der sonst die Kinder entlegener Farmen übernachteten. Mr. Fee zeigte den Schlafraum und das Schulzimmer vor und hielt eine kurze Ansprache, teils in Englisch und teils in der Sprache der Nez Percé. Die Häuptlinge schienen beeindruckt, als er ihnen die Welt auf einer farbigen Landkarte zeigte.
Am nächsten Tag, es war der 10. Mai, führte Joe Roboses die Gruppe durch das gebirgige Gelände der Clearwater Region. Hier gefiel es White Bird ausgezeichnet. Er ließ durch den Dolmetscher ausrichten, daß er genau hier in diesen Gebirgstälern leben wolle. Nirgendwo sonst. Looking Glass meinte, daß es ihm hier zu bergig wäre, und er entschied sich für das Land am unteren Lauf des Clearwater.
Am Abend war Howard zufrieden mit sich und seiner Arbeit, die Indianer zu überzeugen, und am nächsten Tag ließ er die Häuptlinge allein nach Fort Lapwai zurückreiten, während er selbst versuchen wollte, Caldwell zum Umzug zu bewegen.
Es war Samstag, als schließlich alle wieder wohlbehalten in Lapwai zusammentrafen. Alles schien in bester Ordnung. Niemand redete vom Krieg. Zuversicht beherrschte die Männer.
General Oliver Otis Howard hatte sozusagen im Vorbeigehen alles geregelt. Er war eben ein Mann mit dem Verstand eines Mathematikers und der Großherzigkeit eines Dieners des Himmels.
Aber was wollte Captain Trimble im Fort?
Er hatte eine Kavalleriekompanie mitgebracht. Und eine Nachricht, die Howard vor den Häuptlingen unbedingt geheimhalten wollte. Es war die Nachricht, daß Truppen unter Captain Whipple und Captain Winters

mit ihrer Kavallerie das Tal des Grande Ronde River erreicht hatten und bereit waren, in das Wallowa Tal vorzustoßen.

In aller Herrgottsfrühe am Sonntagmorgen erreichte die Nachricht auch die Häuptlinge Joseph, White Bird und Looking Glass durch einen indianischen Boten. Sie versetzte vor allem Joseph in Sorge und Schrecken. Er wollte General Howard um eine Erklärung bitten, wurde aber von Lieutenant Wilkinson abgefangen, der im Hauptquartier Dienst tat. Was denn los sei, wollte Wilkinson wissen, und der aufgebrachte Joseph erzählte ihm von der Nachricht. Er bat darum, man möge doch sein Dorf vor diesen Soldaten schützen, die so plötzlich anmarschierten. Die Bitte amüsierte Wilkinson mehr, als sie ihn überraschte. Er log dem Häuptling aber ohne Zögern vor, daß die Soldaten in friedlicher Absicht unterwegs seien. Es handle sich sozusagen mehr oder weniger um einen Ritt ins Blaue.

Nun, tatsächlich hatte Howard den Befehl erhalten, das Wallowa Tal im Interesse des Friedens zu besetzen.

Das sollte Joseph nicht wissen, aber er ahnte es.

Trotzdem kam es am Dienstag ein letztes Mal zu einem Treffen zwischen Howard und den Indianern. Monteith hatte einen Plan ausgearbeitet, auf dem er eingezeichnet hatte, wo die einzelnen Nez Percé Stämme angesiedelt werden sollten. Joseph entschied sich jetzt plötzlich, doch auch zum Clearwater, oberhalb von Kamiah, zu ziehen, um in der Nähe von Looking Glass und White Bird zu sein. Diese Entscheidung stiftete einige Verwirrung, und Monteith mußte seinen Plan umzeichnen. Aber im Grunde genommen war besonders Howard froh über Josephs Entscheidung, denn dadurch würde es nicht mehr zu Schwierigkeiten mit Caldwell und Finney kommen. Und Finney brauchte noch nicht mal seinen Zaun zu ziehen.

General Howard händigte alsdann jedem der drei Häuptlinge ein Schreiben aus. Es war ein Passierschein und ein Schutzbrief zugleich. Auf White Birds Zettel stand in steiler Handschrift:

»Heute verpflichtete sich White Bird, mit seinem Stamm in die Reservation zu kommen. Ich bin geneigt zu glauben, daß er sein Wort halten und zum Wohle seines Volkes handeln wird. Wo immer er auftaucht, einen legalen Passierschein des Reservationsagenten vorweist und sich gut beträgt, soll er mit Höflichkeit behandelt werden.«

Howard gab den Häuptlingen ein Ultimatum von dreißig Tagen.

Joseph protestierte dagegen, denn sein Stamm lebte weit von der Reservation entfernt, aber General Oliver Otis Howard blieb hart. Er ließ zwar Toohoolhoolsote frei, hielt aber Hush-hush-cutes Schutzbrief zurück. Hush-hush-cute schien sich darüber nicht aufzuregen. Wortlos verließ er mit Toohoolhoolsote und einer Gruppe ihrer Anhänger Fort Lapwai. White Bird und Looking Glass verabschiedeten sich von Howard und den Offizieren, als wären sie Freunde geworden, die sich nur schweren Herzens trennen würden. War es ein Theater, das die Häuptlinge spielten? Niemand wußte es. Monteith meinte, daß der Friede gesichert sei. Lieutenant Theller war die Sache nicht ganz geheuer, wie er sich ausdrückte. Perry meinte, daß genug Soldaten hier wären, um im Notfall reinen Tisch zu machen, und Vater Cataldo, der magere Jesuitenpriester, schwieg und ritt auf dem Maulesel in seine Mission zurück.

General Oliver Otis Howard, von der Sonne jetzt etwas gebräunt, verließ Fort Lapwai am 19. Mai in Richtung Walla Walla. Dort bestieg er ein Dampfboot, das ihn nach Portland brachte. Im Hauptquartier des Departements of Columbia schrieb er einen Bericht an das Ministerium. Howard glaubte tatsächlich, einen Krieg verhindert zu haben.

7
Exodus

Ich weiß, daß ich meine Heimat nie verkauft habe und daß mir in der Lapwai Reservation kein Land gehört, aber ich wollte kein Blutvergießen. Ich wollte nicht, daß mein Volk getötet wird. Ich wollte nicht, daß irgendwer getötet wird. Einige meines Stammes sind von Weißen ermordet worden. Man hat die Mörder nie dafür bestraft. Ich erzählte General Howard davon, sagte aber, daß es deswegen keinen Krieg geben sollte. Und ich wollte den Leuten in der Reservation, deren Land ich in Besitz nehmen sollte, Zeit geben, damit sie wenigstens ihre Ernte einbringen konnten ... Aber General Howard weigerte sich, mir mehr als dreißig Tage Zeit zu geben, um meinen Stamm mit dem gesamten Hab und Gut in die Reservation zu bringen. Und ich weiß, daß er sich unterdessen für einen Krieg vorbereitete.

Joseph in: NORTH AMERICAN REVIEW, 1879

Chapman hatte von Tucallacasena erfahren, daß General Howard den Nez Percés nur dreißig Tage gegeben hatte, um in die Reservation zu ziehen.

Genug Zeit für White Bird und seine Leute, die sich irgendwo im Gebirge zwischen dem Snake und dem Salmon River herumtrieben, nahe den südlichen Reservationsgrenzen, aber auch in unmittelbarer Nähe verschiedener Farmen und Ranches, die Weißen gehörten.

Auch Looking Glass hatte es vom Clearwater bis in die Reservation nicht weit, und Toohoolhoolsote mit seinem rund zweihundertköpfigen Stamm würde rechtzeitig Fort Lapwai erreichen können, falls er sich überhaupt dafür entscheiden würde.

Nur Joseph würde es schwer haben, rechtzeitig in die Reservation zu gelangen, mußte er doch mit seinem Stamm den Snake River und den Salmon River durchqueren, und man nannte den Snake River nicht umsonst den *Fluß ohne Wiederkehr*. Im Frühjahr, wenn in den Rockys der Schnee schmilzt, wurde der Snake River besonders in der Gegend, wo sein Bett eng und tief zwischen steilen Bergzügen lag, zu einem reißenden und tobenden Ungetüm. Um ihm auszuweichen, hätte Joseph einen Umweg über die Stadt Lewistown machen müssen. Dafür aber war keine Zeit, und dafür war wohl auch Howards Schutzbrief nicht gut genug.

Tucallacasena blieb ein paar Tage auf Chapmans Ranch und half bei den Feldarbeiten tüchtig mit, obwohl er behauptete, sich der Religion seiner Väter verbunden zu fühlen.

Es war an einem Freitag, als dann Chapman zum ersten Mal eine Fährte entdeckte, die am anderen Talhang aus dem Wald heraus über eine Wiese zum Bach führte, von dort am großen Kartoffelacker entlang bis auf hundert Yards an das Haus heran und zurück über den Bach, dann den Hang hoch und wieder in den Wald hinein. Es war die Spur eines unbeschlagenen Pferdes, und Chapman folgte ihr durch den Wald und über den Hügelrücken, der sein Tal begrenzte. Dort traf die Fährte mit anderen zusammen, und Chapman hielt es für sicherer, ihnen nicht weiter zu folgen.

Daheim erzählte er weder Tucallacasena noch Linda von seiner Entdeckung. Aber er war alarmiert. Am nächsten Tag holte Chapman eine hochträchtige Stute aus dem Corral und brachte sie in den Schuppen, wo er ihr ein Lager herrichtete. Tucallacasena, den ein paar aufgeplatzte Schwielen an den Händen verunsicherten, saß am Rande eines Ackers und sah den Frauen beim Setzen der Kartoffeln zu. Arbeiten wollte er nicht mehr.

Am Mittag machte Tucallacasena Chapman auf einen Reiter aufmerksam, der über einem kahlen Hügelrücken auftauchte. Bevor Chapman sein Feldglas holen konnte, war er schon wieder verschwunden. »Ich seh nach, wer das war«, sagte Tucallacasena. »Freund oder Feind.« Er sattelte sein Pferd und bat Chapman um ein paar Patronen für eine 73er Winchester. Er war ganz aufgeregt.

Chapman sagte, daß es für ihn sehr wichtig wäre, zu erfahren, wer der Reiter war. Und er brachte Tucallacasena eine Handvoll Winchesterpatronen. Tucallacasena traf dann seine Vorbereitungen. Sorgfältig bemalte er sein Gesicht und sein Pferd. Dann bat er Linda, ihm das Haar zu kämmen und zu Zöpfen zu flechten. Fast drei Stunden vergingen, bis Tucallacasena bereit war. Die Blasen an seinen Händen schien er vergessen zu haben, als er, einen gellenden Schrei ausstoßend, das buntbemalte Pferd scharf antrieb. Er jagte im Galopp an den Frauen vorüber. Staub wirbelte hoch, und Chapman hustete fluchend. Jeffrey, der auf der Veranda schlief, erwachte und brüllte sofort los. Billy Blue jagte mit seiner Meute kläffend hinter dem Indianer her, und als Chapman sich umdrehte, sah er auf der anderen Seite des Tales in einer Waldschneise drei Reiter. Sie waren knapp eine Meile entfernt, und es war unschwer zu erkennen, daß es sich um Indianer handelte.

In der Nacht half Chapman der Stute, ein Fohlen auf die Welt zu bringen. Er schlief im Schuppen, das Gewehr neben sich im Stroh. Er traute diesem Frieden, den Howard erzwungen hatte, nicht mehr.

Tucallacasena kam nicht wieder. Chapman wartete den nächsten Tag auf ihn und hielt, während er arbeitete, nach Indianern Ausschau.

Am Nachmittag holte er eines seiner Sattelpferde von der Weide. »Ich seh mal nach, was sich tut«, sagte er zu Linda. »Falls Tucallacasena kommt, sag ihm, daß ich zum Store des Franzosen geritten bin.«

»Wann kommst du zurück, Chapman?« fragte sie ihn. Er hörte die Sorge in ihrer Stimme.

»Es ist möglich, daß ich die Nacht wegbleibe«, sagte er. »Aber du brauchst keine Angst um mich zu haben. Ich kann dort schlafen oder auf der Manuel Ranch.«

Von Chapmans Ranch bis zu Benedicts Store waren es rund zwanzig Meilen durch unwegsames Gebiet. Chapman kam an Manuels Ranch vorbei, bevor es dunkel wurde. Dort in der Nähe stieß er auf mehrere Fährten von Indianerpferden. Chapman folgte ihnen, und er war nicht allzu überrascht, als sie auf den Weg einbogen, der von Manuels Ranch zum unteren Ende des White River Tales führte, wo Benedict seinen Handelsposten hatte.

Samuel Benedict war dafür bekannt, daß er selbstgebrannten Schnaps auch an Indianer ausschenkte. Zwei Jahre zuvor hatte er einen Nez Percé Indianer aus White Birds Bande im Streit getötet, und außerdem sagte man ihm nach, daß ihm kein Handel zu dreckig war, wenn er dabei ein paar Dollar verdienen konnte. Chapman hatte mit Benedict wenig Kontakt, wußte aber, daß der Store, der zugleich als Saloon eingerichtet war, sozusagen zum Kommunikationszentrum des ganzen Salmon River Gebietes geworden war. Hier trafen sich manchmal sogar Leute aus Grangeville, Mount Idaho und Florence. Hier trafen sich am Samstag die Farmer und Rancher der Umgebung, Fuhr- und Stallknechte, Tramps und Fremde, die plötzlich auftauchten und ebenso plötzlich wieder verschwanden. Nicht selten kamen auch Indianer her. Solche, die Benedicts Schnaps verfallen waren. Solche, denen es nicht mehr viel ausmachte, wenn sie bespuckt wurden.

Schon von weitem hörte Chapman den Lärm, der aus dem langen schmalen Holzhaus in die Nacht hinausdrang. Licht fiel aus den kleinen Fenstern. Am Schrägdach des Vorbaues hing eine Sturmlaterne, die kurz vor dem Verlöschen war. Ein paar Sattelpferde standen da und zwei flache Brückenwagen. Am Ende des Holzhauses standen fünf Indianerponys, zwei davon ohne Sattel.

Chapman zügelte sein Pferd. In Benedicts Store redeten die Männer durcheinander. Chapman konnte kein Wort verstehen. Jemand lachte schallend. Dann war die Stimme von Harry Mason zu hören. »Paßt auf, ich zieh ihm jetzt das Fell runter!«

Chapman band die Zügel am Geländer fest und betrat den Vorbau. Er hatte sein Gewehr mitgenommen, einen Winchester-Sattelkarabiner. Chapman warf einen Blick durch das Fenster und hielt den Atem an. Am Giebelbalken des Daches hing splitternackt ein Indianer, der mit den Zehenspitzen knapp die Fußbodenbretter erreichen konnte. Er war mit Rohhautschnüren an den Daumen aufgehängt. Ein anderer Indianer, über den man den Inhalt eines Messingspucknapfes geleert hatte, lag bewußtlos am Boden. Ein dritter kauerte mit blutverschmiertem, zerschlagenem Gesicht und zugeschwollenen Augen unter einem Tisch.

Harry Mason stand breitbeinig, die Hemdsärmel hochgerollt und glänzenden Schweiß im Gesicht, schräg hinter dem hängenden Jungen und holte mit seiner Treiberpeitsche aus, um erneut auf den zerschundenen Körper einzuschlagen. Chapman hörte, wie die aus Rohhautschnüren geflochtene Peitsche traf. Und Harry Mason hatte Mühe, das Peitschenende loszubekommen, das sich um den Oberkörper des jungen Indianers gewickelt hatte. Chapman stieß die Tür auf und betrat mit dem Gewehr im Hüftanschlag den Store. Nur die Tatsache, daß Benedict einen Revolver trug und August Bacon, ein anderer Franzose, ebenfalls einen Revolver in der Hand hatte, hinderte Chapman daran, Harry Mason einfach über den Haufen zu schießen.

Masons Gesicht war dunkel und schweißnaß. Als er Chapman bemerkte, zog er die Oberlippe von den Zähnen. Und bevor Chapman etwas sagen konnte, rief er: »Sie haben mir fünf Kälber von der Weide geholt, Chapman! Frag Bacon, wenn du mir nicht glaubst!«

Chapman hatte vor Erregung und Wut die Luft angehalten, seit er den ersten Blick durchs Fenster geworfen hatte. »Laß die Peitsche fallen, Harry!« sagte er zu dem untersetzten, stiernackigen Mann, der am Slate Creek eine kleine Ranch hatte.

»Chapman, Mensch, was soll der Unsinn?« sagte Samuel Benedict. »Das ist doch eine Sache zwischen Mason und den Rothäuten!«

Chapman hatte Mühe, sich zu beherrschen. Die Mündung seines

Gewehres zeigte auf den Bauch von Harry Mason. Und er sagte: »Harry, es fällt mir sehr schwer, nicht abzudrücken!«

»Hör doch auf, Chapman!« sagte August Bacon mit starkem französischen Akzent. »Das ist doch fast nur ein kleiner Spaß. Mon Dieu, die können doch einiges vertragen, die Rothäute!«

»Ich würde dich in den Bauch treffen, Harry!« sagte Chapman leise.

Da ließ Harry Mason den Peitschengriff los. »Gut!« rief er. »Gut, Chapman. Ich will keinen Streit mit dir. Du hast so 'ne Indianerin zur Frau und deshalb . . .«

»Halt den Mund, Harry! Gott verdammt, halt deinen Mund!« Chapmans Stimme zitterte. Er wandte sich an Samuel Benedict. »Schneid ihn los!« befahl er. »Mach schon, schneid ihn los! Und fangt ihn auf! Ich will nicht, daß er hart hinfällt!«

Hinter der Theke ging eine Tür einen Spaltbreit auf, und ein Frauenkopf wurde sichtbar. Strähnen hingen in ein bleiches, verweintes Gesicht. Die Frau war Mrs. Benedict. Sie sagte etwas auf französisch zu ihrem Mann. Benedict nahm ein Glas von der Theke und warf es nach ihr. Sie zog die Tür schnell ins Schloß.

Bacon hatte unterdessen ein Messer aus der Küche geholt. »Wie du willst, Chapman«, sagte er. »Wir sind keine Unmenschen. Sie haben die Strafe verdient, die rothäutigen Gauner. Aber ich glaube, es genügt jetzt wirklich.«

Harry Mason griff nach einer Flasche und hob sie an die Lippen. Er trank und stellte dann die Flasche mit einem Knall auf die Theke zurück. »Ich weiß nicht, warum du dich da einmischst, Chapman. Die Sache geht dich doch eigentlich nichts an.«

»Du hast die Ranch am Slate Creek, Harry«, sagte Chapman. »Diese drei kamen aus der entgegengesetzten Richtung, und zwar von der Salmon River Furt her. Ich glaube nicht, daß sie deine Kälber gestohlen haben.«

»Sie oder andere, das ist doch egal! Sie sind alle Diebe und Hurensöhne! Und du bist ein gottverdammter Indianerfreund, Chapman! Aber ich sag dir eins: In diesem Land ist kein Platz für Indianerfreunde! In diesem Land . . .«

Benedict zog Harry Mason, der mit seinen Fäusten auf Chapman eindringen wollte, am Arm zurück. »Laß doch, Mason!« sagte er. »Ihr verfluchten Anglos wollt euch andauernd gegenseitig umbringen. Das ist doch kein Leben, zum Teufel.« Er zeigte auf den hängenden Indianer. »Der ist wirklich genug bestraft, Mason. Sieh nur, er ist ohnmächtig geworden.«

»Vielleicht ist er tot«, sagte August Bacon und holte einen Stuhl. Er schnitt den Indianerjungen los, und Benedict versuchte, ihn aufzufangen, aber der blutige Körper entglitt seinen Händen, und der Indianer fiel krachend zu Boden. Harry Mason drehte sich angewidert um und spuckte auf den Indianer, der krumm wie ein geschlagener Hund neben dem umgekippten Spucknapf lag.

Benedict lachte. »Sie gehören dir, Chapman«, sagte er. »Willst du sie pflegen?«

Chapman gab dem Franzosen keine Antwort. Er wandte sich an den Indianer, der unter dem Tisch kauerte. Er befahl ihm aufzustehen.

Völlig verstört kam er unter dem Tisch hervor. Er war unbewaffnet. Sein Hemd war blutig. Blut lief ihm aus dem Mund und aus der Nase, und er taumelte ein paar Schritte und murmelte dann, daß er nicht viel sehen könne.

»Deine Augen sind zugeschwollen«, sagte Chapman. »Ich bin Chapman. Ich fand eure Fährten am Fluß und bin euch gefolgt. Der weiße Mann dort hat euch beschuldigt, Kälber gestohlen zu haben. Habt ihr Kälber von ihm gestohlen?«

»Nein. Wir kommen von Looking Glass' Lager. Wir wollten zu White Bird, der hier in der Nähe ist. Da trafen wir unseren Freund, der jetzt Jim Lee heißt. Er sagte, daß es hier Schnaps gibt, und wir gingen mit ihm.«

Der Indianer beim Spucknapf, der einen Baumwollanzug trug, war aus der Ohnmacht erwacht. Er betastete seinen Kopf, während er sich im schleimigen Unrat aufrichtete. Verwirrt starrte er Chapman an, der mitten im Raum stand und noch immer sein Gewehr im Anschlag hatte. Chapman erkannte den Indianer erst jetzt. Er war ein Feldarbeiter, der auch schon für ihn gearbeitet hatte. Chapman befahl ihm, aufzustehen und die Kleider des Jungen zusammenzutragen. »Ich kann nichts für euch tun«, sagte er zu dem anderen Nez Percé, der auch ein junger Bursche war. »Nehmt ihn mit und bringt ihn zu White Bird. Versucht, von den Feldern der Weißen fernzubleiben.«

»Das wollten wir tun«, sagte der Indianer. »Aber dann trafen wir unseren Freund Jim Lee und . . .«

»Ich dachte, daß wir hierherkommen dürfen«, stieß Jim Lee hervor. »Ich dachte, daß uns hier nichts passieren kann, Mister Chapman.«

»Führ sie zu White Bird«, sagte Chapman rauh. »Du weißt doch, wo White Bird ist?«

Jim Lee nickte. »Ja, ich bringe sie zu White Bird«, sagte er. »Und ich glaube, ich werde dort bleiben.«

»So, wie du es sagst, hat es eine Bedeutung«, sagte Chapman. »Ich fand Spuren in der Nähe meines Hauses, Jim. Tucallacasena ist ihnen gefolgt, aber er ist nicht zurückgekehrt. Weißt du, was die Spuren zu bedeuten haben?«

»Du wirst nichts zu befürchten haben, Mister Chapman«, sagte Jim Lee. Er schüttelte den Kopf. »Ich dachte, daß uns hier nichts passieren kann, wenn wir den Schnaps bezahlen. Darf ich jetzt gehen, Mister Chapman? Ich werde meine beiden Freunde zu White Bird bringen.«

Chapman nickte und trat zur Seite.

Zusammen mit dem anderen Indianer brachte Jim Lee den Bewußtlosen hinaus. Er kam noch einmal herein und holte die Kleidungsstücke des Jungen.

Erst als draußen die Hufschläge verklangen, drehte sich Harry Mason an der Theke. »Du kommst mit ihnen zurecht, als ob du einer von ihnen wärst, Chapman«, sagte er heiser. »Sag mal, was bedeuten dir eigentlich diese lausigen Hundesöhne?«

Chapman erwiderte Masons Blick. »Mason, ich wünsche dir glatt die Pest an den Hals!« sagte er. »Hast du eigentlich nicht gemerkt, daß sich hier in diesem Land einiges tut?«

»Was meinst du damit, Chapman?« fragte Samuel Benedict sofort interessiert. »Man hat sich doch bei der Versammlung geeinigt, oder? Es ist doch jetzt alles in Ordnung hier.«

»Und weil ihr glaubt, daß hier alles in Ordnung ist, denkt ihr, daß ihr einfach einen unschuldigen Indianerjungen auspeitschen und zwei andere halbtot schlagen könnt?« Chapman senkte jetzt den Lauf des Gewehres. »Benedict, in der nächsten Zeit kann hier der Teufel los sein.«

Harry Mason winkte ab. »Du spinnst, Chapman. Die Sache ist geregelt. Die Rothäute haben aufgegeben, und damit hat es sich.«

August Bacon pflichtete ihm bei, und ein Mann, den Chapman noch nie in der Gegend gesehen hatte, kam von draußen herein und gähnte.

»Teufel, hier war ein Krach«, sagte er. »Habt ihr die Rothäute abgeschlachtet oder was?«

»Die hatten einen Schutzengel«, grinste Samuel Benedict und zeigte auf Chapman. »Komm jetzt, Chapman. Ich gebe eine Runde aus. Wir besaufen uns tüchtig, und wenn du willst, kriegst du dann noch meine Alte. Die kriegt dich hoch, auch wenn du besoffen bist. Ist das ein Vorschlag oder nicht, Chapman?«

»Der Teufel soll euch holen!« sagte Chapman.

Dann ging er hinaus und stieg auf. Er ritt zurück zu John J. Manuels Ranch. Mrs. Manuel, eine kleine schwarzhaarige Frau, öffnete ihm die Tür. »Wir sind beim Essen, Arthur«, sagte sie. »Komm rein. Du kannst mithalten, wenn du willst. Es ist genug da für alle.« Sie hakte sich bei ihm ein, und zusammen gingen sie in die Küche. John Manuel saß mit seiner Tochter Maggie am Tisch, und neben ihm auf einem Stuhl stand ein Korb, in dem das Baby lag.

»Wo kommst du her?« fragte Manuel, als Chapman sich an den Tisch setzte.

»Benedicts Store«, sagte Chapman. Und er bemerkte, daß schräg hinter Manuel ein Gewehr an der Wand lehnte.

Joseph wollte keinen Krieg. Aber es wurde ihm nicht einfach, andere davon zu überzeugen, daß es besser war, in die Reservation zu ziehen, als Krieg zu machen. Es war jetzt Frühling im Wallowa Tal. Und auch im Imnaha Tal, am Ufer der Bäche, die Schmelzwasser von den Bergen trugen, leuchteten silbern die Weidenkätzchen.

Es war die Zeit, die besten Pferde gegeneinander laufen zu lassen. Es war die Zeit, einem Sohn die versteckten Wildwechsel zu zeigen, die Lichtungen, auf denen nachts die Hirsche röhrten. Es war die Zeit, Freunde zu besuchen, Freunde jenseits der Berge, die Flatheads, die Crows. Es war die Zeit, an Büffeljagden teilzunehmen und an den Tänzen der Yakimas und der Coeur d'Alenes, und vielleicht könnte man ein paar Schwarzfüße beim Pferdestehlen erwischen oder sogar einem Sioux-Jagdtrupp die Beute abnehmen.

Die Frauen hätten die Sachen, die im Winter feucht und muffig geworden waren, endlich an der Sonne trocknen können. Sie hätten frische Tipistangen schneiden können, und die jungen Mädchen hätten sich

Seite aus der Nez Percé Bibel

Crow Fair 1972

schön gemacht für die jungen Burschen, die ihnen von ihren Ausflügen herrliche Geschichten mitgebracht hätten.

Aber die jungen Burschen machten keine Ausflüge. Und die jungen Mädchen machten sich nicht schön, denn es blieb ihnen keine Zeit dafür. Dreißig Tage, hatte der General gesagt. Dreißig Tage bis nach Fort Lapwai.

Und unten am Fluß, dort, wo längst das Vieh von weißen Farmern weidete, lagerten Soldaten.

Joseph trieb zur Eile an.

Das Vieh mußte zusammengetrieben werden. Reiter durchkämmten die entlegensten Bergtäler auf der Suche nach verstreuten Herden, die in die Niederungen getrieben wurden. Staub hob sich zum Himmel und verhüllte manchmal für lange Zeit die Sonne. Aufgeschrecktes Wild entkam im Durcheinander. Ungezähmte Pferde durchbrachen die Reiterlinien und flohen in die Berge. Einzelne Herden wurden zu einer großen zusammengetrieben. Das ganze Tal war plötzlich von einem wilden, hektischen Leben erfüllt, wie es es vorher nie gegeben hatte. Es war fast, als ob hier die Erde aufgebrochen wäre, um freizugeben, was sie nicht mehr halten konnte.

Joseph besuchte die Familien und beruhigte Frauen und Kinder. Er half beim Auftreiben der Rinder und trieb seine eigenen Pferde, mehr als zwei Dutzend erstklassige Appallosas, hinter zum See, wo inzwischen ein großes Lager errichtet worden war. Hier packten die Frauen Hab und Gut zusammen. Travois, große Stangenschleppen, die von Pferden gezogen werden können, wurden beladen, Vorräte wurden in Rohhauttaschen verpackt. Kinder machten kleine Packen, die von Hunden getragen werden konnten. Was keinen Platz hatte, wurde einfach auf einen Haufen geworfen.

Josephs Frau half bei leichten Arbeiten. Aber sie kam schnell außer Atem. Und einmal fiel sie erschöpft hin. Jeden Morgen übergab sie sich. Ihr Gesicht war eingefallen, ihre Augenhöhlen dunkel. Manchmal weinte sie. Aber wenn Joseph kam, lachte sie. Und dann wußte er nie, ob er vielleicht nicht doch kämpfen sollte.

Kämpfen, wie es Toohoolhoolsote tun wollte.

Kämpfen für das Land, das die Gräber der Väter und Vorväter trug. Kämpfen für das Lachen der Frauen und für die Kinder, die zu kurze Beine hatten, um in dreißig Tagen nach Fort Lapwai zu marschieren.

Kämpfen für seinen ungeborenen Sohn, den sie trug.

Sie würde sterben. Sie hatte nicht mehr die Kraft, davonzulaufen, wenn die Soldaten kamen. Sie würde zu Tode gehetzt werden. Sie würde irgendwo sterben, in einer Erdspalte, in einem Loch, geduckt unter einer überhängenden Uferbank.

Joseph sprach mit Ollokot darüber. Ollokot war jünger. Ollokot war ruhiger. Und er sagte, daß es ein anderer Kampf sein würde als damals, als die Coeur d'Alenes Colonel Steptoes Soldaten geschlagen hatten. Und es würde anders sein als vor einem Jahr im *Büffelland* jenseits der Berge, wo Crazy Horse und Sitting Bull mit den Sioux und den Cheyenne General Custer und sein Regiment besiegt hatten.

Ollokot überzeugte auch die jungen Burschen, die mürrisch ihre Arbeit verrichteten. Er trieb sie an, führte sie und half ihnen. Und sie respektierten ihn, denn er war einer von ihnen. Er war nicht wie Joseph, der Gebieter, er war mehr wie ein Freund.

Schließlich war der ganze Stamm zum Abmarsch bereit. Es war ein trüber Tag. Zäh fiel Regen und löschte die letzten Feuer. In einem langen Zug standen die Reit- und Packpferde. Auf der anderen Seite des Sees trieben junge Männer über tausend Stück Vieh talwärts. Dann folgten die Pferdeherden. Zweitausend Pferde oder mehr. Sie kamen in kleineren und größeren Herden, geführt von starken, schnellen Hengsten. Sie glänzten im Regen.

Joseph führte den Hauptzug, der aus Frauen, Kindern und Männern bestand. Schwerbeladene Packpferde trotteten hintereinander. Travoistangen pflügten den weichen Boden. Dutzende von Hunden, manchmal in Rudeln, manchmal allein, begleiteten den Zug, der sich langsam, wie eine riesige Schlange, im schmutzigen Zwielicht des Regentages vorwärtsbewegte, durch das Wallowa Tal, hinüber in das Imnaha Tal und an den Buckhorn Springs vorbei zum Snake River.

Und der Snake River erschreckte sie, obwohl sie ihn kannten. Er trug sein wildestes Gesicht. Er tobte. Und er wühlte mit der Kraft eines Wahnsinnigen das Bett auf, ließ durch sein Grollen die Felswände erbeben, zwischen denen er sich einen Weg nach Süden kämpfte.

Ja, er war wild und wütend, so als wollte er ihnen den Weg verwehren.

Rinder und Pferde starben in seinen Fluten. Aus Büffelhäuten wurden Flöße gebaut, die man zwischen vier Pferden festband. Kranke und

Schwache und der gesamte Hausrat wurden auf diese Art zum Idaho-Ufer gebracht. Und es regnete Tag um Tag. Und der Snake wurde wütender und wilder. Immer weniger Mutterkühe und Kälber schafften es, die zweihundert Meter zu durchschwimmen, und Häuptling Joseph gab dem Drängen der Viehtreiber nach, den Rest der Herde auf der Oregonseite des Flusses zu lassen, bis sich der Snake River etwas beruhigt hatte. Ein paar junge Burschen blieben als Herdenwächter zurück, während die letzten Familien über den Fluß gebracht wurden. Die Frauen errichteten ein notdürftiges Lager, und Jäger brachten Frischfleisch ein. Niemand bemerkte die Reiter, die auf der anderen Flußseite hinter den Uferhügeln die Dunkelheit abwarteten. Es waren Rancher und Cowboys aus dem unteren Wallowa Tal und aus dem Grande Ronde Tal. In der Nacht stahlen sie den wenigen, schlafenden Nez Percé Wächtern die Herde und trieben sie das Tal hoch, das Josephs Stamm aufgegeben hatte.

Joseph ließ sich dadurch nicht aufhalten. Als einige seiner jungen Burschen, die als Hitzköpfe bekannt waren, den Viehdieben folgen wollten, zwang er sie mit dem Gewehr in der Hand, den Rest der Herde weiterzutreiben, quer durch die Hügel zum Salmon River.

Der Salmon River war kleiner. Und er war nicht so wütend wie der Snake. Aber er machte trotzdem Schwierigkeiten, da sein Bett eng und tief war. Gefährliche Wirbel rissen viele der erschöpften Kälber in die Tiefe. Auch einige Pferde gingen im Salmon River verloren. Ein Hengst, der schon am Snake versucht hatte, das Weite zu suchen, brach dieses Mal aus und versetzte einen großen Teil seiner Herde in Stampede.

Als die Nez Percé das letzte Büffelhautfloß ans andere Ufer gebracht hatten, ging im Westen weit über den Wallowa Bergen die Sonne unter. Und vom tiefverschneiten Sacajawea Peak tropfte das letzte Licht wie flüssiges Gold. Dunkel schwammen die Vorgebirge im Regendunst, der sich wie ein Schleier über dem Land ausgebreitet hatte. Und hoch über dem Lager glitzerten vereinzelte Sterne. Morgen würde es nicht mehr regnen.

An diesem Abend kamen zwei Boten von White Bird und stifteten mit ihrer Nachricht Unruhe und Unfrieden. White Bird ließ Joseph bestellen, er sei mit seinem Stamm zu dem traditionellen Lagerplatz Tepahlewam am Anfang des Rocky Canyons gezogen und habe dort ein Lager aufgeschlagen. Toohoolhoolsote sei mit seinen Clans ebenfalls zum Rocky Canyon gekommen. Sie wollten von Joseph wissen, ob er mit seinen

Wallowa Nez Percé zu ihnen stoßen würde oder ob er auf direktem Weg in die Reservation ginge. Joseph wußte, daß sein Lager gespalten war. Fast alle jüngeren Männer und auch einige der älteren wollten zum Rocky Canyon ziehen, obwohl dieser nicht in der Richtung zum Fort Lapwai lag. Ollokot vermochte die durch den Verlust der Rinder und Pferde aufgebrachten Gemüter auch nicht mehr zu beruhigen. Die Männer hatten sich für White Bird und Toohoolhoolsote entschieden. »Wir müssen zusammenhalten!« rief einer. »Ja, wir müssen zusammenhalten!« riefen alle andern.

Joseph rechnete, daß noch elf Tage bis zum Ablauf des Ultimatums verblieben. Um zum Rocky Canyon zu kommen, brauchten sie zwei Tage. Von dort bis nach Fort Lapwai würden vier oder fünf Tage reichen. Aber Joseph wußte, daß die Chance, seinen Stamm in die Reservation zu bringen, mit jeder Meile geringer wurde. So versuchte er, die Männer umzustimmen, was ihm nicht gelang. Sie wollten White Bird sehen. Vielleicht wußte White Bird doch noch einen Ausweg. Vielleicht hatte er eine andere Lösung. Vielleicht konnte er sie vergessen lassen, daß sie davongelaufen waren und gegen die Gebote des Großen Geistes verstoßen hatten. Toohoolhoolsote würde ihnen die Kraft geben können, gegen die Gewalt des einarmigen Soldatenhäuptlings zu bestehen.

Häuptlinge der Nez Percé in Idaho

Looking Glass

Joseph merkte, daß selbst Ollokot nicht die Straße nach Fort Lapwai nehmen wollte. Ollokot, der Vernünftige. Joseph sah in den Augen seines Bruders den Entschluß, dem Aufruf White Birds Folge zu leisten.

»Wir müssen mit White Bird und den anderen zusammen alles noch einmal durchdenken und durchsprechen«, sagte Ollokot.

»Du solltest dich an Vaters letzte Worte erinnern.«

Es war nicht fair, davon zu sprechen. Joseph kannte die Worte seines Vaters gut genug. Er hörte sie oft. Nachts hielten sie ihn wach. Tagsüber begleiteten sie ihn, wohin er auch ging. Auch jetzt, während er versuchte, seinen Stamm zusammenzuhalten, hörte er seinen Vater: »Verkaufe nie die Knochen deines Vaters und deiner Mutter!« Das war des Vaters Vermächtnis.

»Wenn wir zusammenhalten, dann sind wir stark!« rief einer der jungen Männer. »Wenn wir zusammenhalten und zeigen, daß wir stark sind, lassen sie uns vielleicht zurück in das Wallowa Tal. Sie müssen nur wissen, daß wir so leicht nicht aufgeben.«

»General Howard, der einarmige Soldatenhäuptling, läßt seine Soldaten nicht umsonst aufmarschieren«, sagte Joseph. »Er ist bereit, Krieg zu machen!«

»Wir sollten noch einmal mit White Bird reden!« rief ein anderer junger Bursche. »Du bist zwar der Häuptling, aber du kannst nicht für uns bestimmen, ob wir leben oder sterben wollen. In der Reservation sterben wir! Hier, das ist unsere Welt, in der wir leben können!«

Und Joseph entschied sich, mit seinem Stamm auch zu dem Lagerplatz zu ziehen. Joseph war sich klar darüber, was diese Entscheidung verursachen konnte. Dutzende seiner Männer waren in Jubel ausgebrochen. Sie waren auch bereit für den Krieg. Genau wie die Soldaten.

Hier am Rocky Canyon, ganz in der Nähe des Tolo Sees, hatte das Leben wieder einen Sinn bekommen. Die Sonne schien. Ein warmer Wind strich durch das Tal, in dem ungefähr zweihundert Tipis standen. Die Wiesen waren grün und saftig. Es gab genug Platz für alle Pferde und für das Vieh, das übriggeblieben war. In den Wäldern gab es Wild in Hülle und Fülle. Knaben fischten am See. Alte Männer konnten vor den Tipis zusammensitzen und sich von der Sonne wärmen lassen. Frauen hatten endlich wieder einmal Zeit, die Arbeiten zu erledigen, die während des Marsches hierher angefallen waren. Junge Burschen bastelten sich allerlei Angehängsel, mit denen sie sich aufputzen konnten. Aber auch Waffen wurden hergestellt. Keulen aus Weideruten und rundgeschliffenen Flußsteinen. Schartige Messer wurden gewetzt, Revolver gereinigt und eingefettet. Gegen Abend wurden Pferderennen abgehalten und Ballspiele der Mädchen und Frauen. Und nachts tanzten die jungen Leute an den Feuern, während die Ältesten des Stammes im Ratszelt zusammenhockten und immer und immer wieder die gleiche Frage diskutierten: Reservation oder Freiheit. Krieg oder Frieden.

Toohoolhoolsote war für den Krieg. White Bird nur mit Vorbehalten. Joseph wollte das Versprechen einhalten, das er Howard gegeben hatte. Ollokot stand ihm lustlos zur Seite. Alle anderen waren gegen Joseph.

In White Birds Stamm gab es ein paar jugendliche Unruhestifter, die viel Lärm machten. Zuerst wurden sie nicht sehr ernst genommen. Heimlich lachte man sogar über sie. Sie sprachen vom Krieg, obwohl sie ihn nicht kannten. Sie prahlten vor den Mädchen. Sie stolzierten auf ihren Pferden zwischen den Tipis hindurch und klopften große Sprüche. Dann kam Jim Lee, der die beiden Boten von Looking Glass brachte. Der Junge, den Harry Mason mit der Peitsche halbtot geschlagen hatte, lag quer über dem Sattel. Jim Lee war bis auf einen Lendenschurz nackt. Er hatte den Anzug einfach in den Fluß geworfen, und in seinem kurzgeschnittenen Haar steckte sogar eine Feder. Die Augen des anderen Boten waren immer noch zugeschwollen.

Sie erzählten, was passiert war. Und als sie damit fertig waren, hatten die Unruhestifter aus White Birds Lager plötzlich viele Anhänger unter den anderen jungen Burschen aus Toohoolsotes und Josephs Stamm. Und sie machten noch mehr Lärm. Sie stritten sich mit älteren Männern. Sie stritten sich mit allen, die nicht ihrer Meinung waren.

Einer von ihnen hieß Walaitits. Vor zwei Jahren war sein Vater von einem weißen Siedler im Streit um ein Stück Land ermordet worden. Und im Todeskampf hatte sein Vater ihn gebeten, seinen Tod nicht mit dem Tod jenes Siedlers zu vergelten. Walaitits hatte sich an den Wunsch seines Vaters gehalten. Der weiße Siedler lebte. Er hieß Larry Ott und hatte eine Farm in der Nähe des Slate Creeks.

Walaitits ritt mit seinem Cousin Swan Necklace auf einem Pferd am Ende einer Reihe, die aus berittenen Jugendlichen bestand. Teils aus Übermut, teils aus Überzeugung demonstrierten sie auf ihre Art gegen die Friedenspolitik Josephs und gegen die Unentschlossenheit der Älteren. In der Nähe des Tipis, das einem alten, erfahrenen Jäger und Krieger namens Haymoon Moxmox gehörte, standen ein paar Kinder mit Hunden, die sie mit Stoffstreifen umwickelt hatten. Ein Mädchen, kaum älter als vier, wollte den Pferden ausweichen und trat einen Schritt zurück. Dort, wo es den Fuß aufsetzte, war der Schwanz eines Hundes, der sofort in ein durchdringendes Geheul ausbrach. Das Pferd, auf dem Walaitits und sein Cousin Swan Necklace saßen, erschrak, stieg, drehte sich und sprang mit allen vieren auf eine am Boden ausgebreitete Büffelhaut, auf der die Frau von Haymoon Moxmox ihre mühsam gesammelten Cowish-Wurzeln zum Trocknen ausgelegt hatte. Die Frau brüllte ihren Mann aus dem Tipi. Haymoon Moxmox, untersetzt und stiernackig, erkannte in den beiden Reitern zwei der jungen Burschen, die ihn seit Tagen durch ihre Protestaktionen beim Nachmittagsschläfchen störten. Er holte Luft und schrie: »He, habt ihr eigentlich keine Augen im Kopf? Dauernd eine große Lippe riskieren, aber noch nicht einmal ein Pferd am Zügel führen können! Warum kühlt ihr euer Mütchen ausgerechnet hier, wo gearbeitet wird?«

»Deine Frau arbeitet, nicht du!« rief Swan Necklace grinsend über die Schulter, während er sich an seinem Cousin festklammerte.

»Wollt ihr euch mit mir anlegen? Ausgerechnet du, Walaitits? Geh doch und töte erst mal den Weißen, der deinen Vater getötet hat!«

Walaitits brachte das Pferd jäh unter Kontrolle. Er drehte es und blickte auf Haymoon Moxmox nieder, der mit nacktem, narbigem Oberkörper im Schatten der Tipis stand.

»Gut!« sagte er dann mit herausgepreßtem Atem. »Gut, denk an deine Worte! Du wirst sie noch bereuen!«

Haymoon Moxmox lachte, als Walaitits das Pferd herumzog und es hart antrieb. Dann gähnte er, streckte sich und überlegte, ob er sich im Tipi hinlegen oder sich einen Platz am Waldrand suchen sollte. Er entschied sich für den Waldrand und trottete davon, während Walaitits und Swan Necklace die anderen einholten.

Haymoon Moxmox hatte einen der besten Reiter, Schwimmer und Läufer des Stammes herausgefordert. Und für Walaitits war diese Herausforderung der letzte Ansporn, auszubrechen und endlich zu entscheiden, ob er Krieg oder Frieden haben wollte. Und er entschied sich für den Krieg, ging heim und bemalte sein Gesicht mit purpurroter Farbe.

Walaitits bester Freund war Sarpsis Ilpilp, Sohn von Yellow Bull, einem einflußreichen Unterhäuptling, der an sämtlichen Beratungen teilnahm und trotzdem nie recht wußte, was er wollte.

Sarpsis Ilpilp sah Swan Necklace wie einen geprügelten Hund durch die Abenddämmerung schleichen, ein Bündel unter dem Arm. Sarpsis Ilpilp gab seinem Mädchen, mit dem er es im hohen Gras getrieben hatte, einen Klaps auf den nackten Hintern, zog seine Leggins hoch und lief hinter Swan Necklace her. Kurz vor dem Tipi, das Walaitits bewohnte, holte er Swan Necklace ein.

»Sag mal, was hast du vor mit dem Zeug?« fragte er Swan Necklace, der sein Bündel gegen die Brust preßte. Der Hals einer Flasche ragte heraus. Und als er den Mund öffnete, roch Sarpsis Ilpilp hochprozentigen Grenzerschnaps, den man auch mit bestem Willen nicht Whisky nennen konnte.

»Wir ... wir machen jetzt Krieg gegen die Weißen!« stieß Swan Necklace hervor.

»Du? Du willst Krieg machen gegen die Weißen?« Sarpsis Ilpilp lachte ein bißchen. Und er nahm Swan Necklace beim Arm und zeigte auf Walaitits Tipi. »Ist er dabei?«

»Ja. Er und ich. Laß mich jetzt gehen! Wir wollen keine Zeit verlieren!«

»Sag mal, ihr spinnt wohl?« sagte Sarpsis Ilpilp. »Allein könnt ihr doch keinen Krieg machen! Und du schon gar nicht! Mit dir kann man noch nicht einmal Pferde stehlen.«

»Du irrst dich, Cousin!« sagte Swan Necklace, bemüht, seiner Stimme einen festen Klang zu geben. »Laß mich jetzt gehen!«

»Gut. Ich geh mit dir. Immerhin sind wir alle drei Cousins, nicht wahr.« Sarpsis Ilpilp lachte fast etwas gehässig. »Wenn ich dabei bin, dann gibt es vielleicht einen guten Krieg. Ich verstehe etwas davon. Wie du weißt, habe ich schon gegen Schwarzfüße Krieg gemacht.«

»Dann komm mit!« erwiderte Swan Necklace und schien plötzlich froh zu sein, Sarpsis Ilpilp getroffen zu haben. Zusammen gingen sie zu Walaitits und tranken die Flasche leer. Danach ging Sarpsis Ilpilp heim. Als er wiederkam, war sein Gesicht feuerrot angemalt. Über dem linken Auge begann ein weißer Streifen, der von der Stirn fast zum Mundwinkel führte. Er trug seinen Kriegsschmuck aus Truthahn- und Adlerfedern, und das Fell eines weißen Wolfes hing ihm vom Hals über den Rücken. Er hatte zwei Revolver und ein Gewehr mitgebracht. Sein Pferd war schrecklich bemalt. Dreiecke, Kreise und Streifen, alles durcheinander. Man wußte, daß Sarpsis Ilpilp beim Bemalen der Pferde immer durchdrehte und sich nicht an die allgemein gültigen Regeln hielt. So konnte man nie genau bestimmen, was er mit der Bemalung ausdrücken wollte, aber darauf kam es ihm wohl sowieso nicht an.

Es war fast Mitternacht, als die drei Vettern Walaitits, Sarpsis Ilpilp und Swan Necklace das Lager am Rocky Canyon verließen. Sie ritten den Rest der Nacht kreuz und quer und tranken noch eine Flasche Schnaps leer, die Sarpsis Ilpilp seinem Vater geklaut hatte. Am Morgen, als die Sonne aufging, befanden sie sich am Quelltümpel des Slate Creek, wo sie sich in den Schatten einiger Büsche legten und den Rausch ausschliefen.

Am Nachmittag erwachte Swan Necklace als erster. Er weckte die anderen und sagte, daß er jetzt heimgehen würde. Er hätte die Nase voll vom Herumreiten. Immerhin hätte man doch am Rocky Canyon friedliche und gute Tage verbracht.

»Du hast wohl Aftersausen?« sagte Sarpsis Ilpilp und reckte seinen gewaltigen Körper. »Da unten ist das Haus, in dem der Mann wohnt, der Eagle Robe, Walaitits Vater, getötet hat. Jetzt reiten wir hin und bestrafen ihn!«

»Du kannst zuschauen und die Pferde halten«, sagte Walaitits. »Du brauchst uns nicht zu helfen, wenn wir ihn töten. Das schaffen wir leicht.«

Swan Necklace ließ sich überreden. Alle drei ritten nüchtern und längst nicht mehr so fröhlich den Slate Creek entlang. In einer flachen Senke, eingebettet zwischen sanften Hügeln, stand das Holzhaus, das Larry Ott vor Jahren gebaut hatte. Kein Rauch stieg auf. Keine Pferde standen im Corral. Keine Hunde bellten. Die drei Nez Percé Indianer umrundeten das Haus wie Wölfe eine Beute. Sie suchten nach einem Lebenszeichen von Larry Ott. Aber es gab keine Spuren im Gras. Und auf der Wagenstraße wucherte Unkraut.

Hier lebte niemand mehr. Die Äcker waren in diesem Frühjahr nicht bestellt worden. Larry Ott hatte es scheinbar vorgezogen, das Land zu verlassen.

Enttäuscht und wütend zugleich ritten die drei jungen Männer weiter. Swan Necklace wollte sie immer wieder dazu überreden, zurück zum alten Lagerplatz zu reiten. Aber Walaitits und Sarpsis Ilpilp ließen sich nicht aufhalten, und an Stelle von Larry Ott töteten sie am Spätnachmittag den Siedler Richard Devine.

Richard Devine, ein ehemaliger englischer Seemann, hatte sich den Haß der Nez Percés zugezogen, als er einen verkrüppelten Nez Percé Indianer namens Da-koopin erschoß, weil dieser Land betreten hatte, das Devine sein eigen nannte.

Jetzt, am Tag, als Walaitits, Sarpsis Ilpilp und Swan Necklace kamen, arbeitete Richard Devine im Schuppen, wo er für seinen alten Wagen neue Beschläge schmiedete. Er stand über den Amboß gebeugt, als plötzlich Walaitits über den Hof galoppierte und eine Kugel abfeuerte, die den Siedler in die Schulter traf. Richard Devine verlor das Gleichgewicht und stürzte. Er schlug mit dem Kopf hart auf und taumelte benommen hoch, als die drei Indianer vor dem offenen Schuppen ihre Pferde zügelten. Alle drei stiegen aus den Sätteln. Sie hatten Revolver in den Händen und waren bereit, Richard Devine zu töten.

Da rannte er davon. Aber er kam nicht weit. Walaitits holte ihn ein und hielt ihn fest. Richard Devine versuchte, sich zu wehren, aber Walaitits hielt ihn mit den Armen umschlungen, bis Sarpsis Ilpilp und Swan Necklace kamen.

Sie banden Richard Devine an einem Zaun fest, so daß er ihnen den Rücken zugedreht hatte. Walaitits und Sarpsis Ilpilp wechselten ein paar Blicke. Dann forderten sie Swan Necklace auf, Richard Devine das Messer in den Rücken zu stoßen.

Swan Necklace weigerte sich. Da holte Walaitits aus und stieß sein Messer kräftig in den Rücken von Devine. Mit einem Ruck zog er es heraus und übergab es Swan Necklace, der mit schreckgeweiteten Augen auf Richard Devines Hemd starrte, auf dem sich schnell ein großer, dunkler Fleck vergrößerte. Richard Devine brüllte vor Schmerzen und zerrte an seinen Stricken, aber er kam nicht los. Und Sarpsis Ilpilp stieß Swan Necklace an. »Los, Cousin! Du bist an der Reihe! Zeig, daß du einer von uns bist!«

Swan Necklace schrak hoch, als wäre er aus einem Alptraum erwacht. Er öffnete den Mund, und ein leiser Schrei entrang sich seinen Lippen, als er jäh zustieß. Das Messer drang bis zum Heft in Devines Rücken, und als Swan Necklace es zurückziehen wollte, blieb es stecken. Er versuchte es mit beiden Händen, aber das Messer bewegte sich nicht.

»Ich bringe das Messer nicht heraus!« rief Swan Necklace, und seine Stimme überschlug sich. Er ließ den Messergriff los, drehte sich um und rannte davon. Beim Brunnen fiel er in die Knie und übergab sich. Unterdessen hatte Sarpsis Ilpilp seinen Fuß gegen Richard Devines Rücken gestemmt und das Messer, mit beiden Händen am Griff haltend, herausgezogen. Richard Devine hing jetzt in den Stricken, mit denen sie ihn festgebunden hatten. Er stöhnte leise, und Sarpsis Ilpilp beugte sich vor, setzte ihm die Messerklinge an den Hals und schnitt ihm die Kehle durch. Dann zogen sie ihre Revolver und schossen ihm ein paar Kugeln durch den Leib. Aber das spürte der ehemalige Seemann längst nicht mehr.

Walaitits, Sarpsis Ilpilp und Swan Necklace holten die Waffen und die Munition des Siedlers aus dem Haus. Dann tranken sie einen Tonkrug Schnaps leer und füllten einen Sack mit Eßwaren. Die Nacht verbrachten sie in der Nähe der Farm von Henry Beckroge. Im ersten Morgengrauen näherten sie sich der Farm zu beiden Seiten des Karrenweges. Kurz vor Sonnenaufgang kam ein Einspänner den Weg hochgefahren. Ein Mann saß auf dem Bock. Dieser Mann war Henry Elfers, ein Siedler, der Sarpsis Ilpilp nicht unbekannt war. Als Mitglied eines offiziellen Schiedsgerichtes hatte er zugunsten eines Weißen entschieden, der im Frühjahr zwei Indianer niedergeschlagen und ausgepeitscht hatte.

Keiner der drei Indianer konnte sich vorstellen, was Henry Elfers hier wollte, denn seine Farm lag in der Nähe von Grangeville. Sarpsis Ilpilp, der allein hinter einigen Felsbrocken kauerte, hob sein Gewehr und zielte lange, bevor er abdrückte. Über den Gewehrlauf hinweg sah er, wie Henry Elfers' Gesicht förmlich zerplatzte. Das Wagenpferd jagte plötzlich los. Der Wagen sprang, tanzte und schlingerte zwischen den tiefen Fahrrillen, und Henry Elfers fiel herunter, blieb mit einem Hosenbein hängen und wurde mitgeschleift. Vor dem Haus von Henry Beckroge drehte das Pferd plötzlich ab. Der Wagen kam ins Schleudern und schlug krachend gegen die Seitenwand des Hauses. Holzlatten barsten, und das Verandadach stürzte ein. Das Pferd zerrte die Vorderachse des Wagens mit sich quer über den Ranchhof. Ein Hinterrad, das unversehrt aus den Wagentrümmern ragte, drehte sich noch eine Weile weiter.

Henry Beckroge, ein dicker Mann, der aussah wie eine muskulöse Kröte, erschien in der Tür. Er trug nur rostrotes Unterzeug und hatte noch nicht einmal ein Gewehr mitgenommen. Walaitits war es, der plötzlich tief über den Hals des Pferdes gebeugt über den Hof ritt und mit dem Revolver dreimal auf den Farmer feuerte. Henry Beckroge war schwer getroffen. Er taumelte zum Rand der Veranda, stolperte über die Treppen herunter in den Hof hinaus.

Swan Necklace tauchte bei einem Corral auf und hatte sein Gewehr in den Händen. Er ging auf Henry Beckroge zu, der sich langsam und schwerfällig umdrehte. Er schien noch immer nicht begriffen zu haben, was passiert war, als Swan Necklace ihm eine Kugel in den Bauch schoß. Und während er in die Knie ging, feuerte Sarpsis Ilpilp mit dem Gewehr, und traf Henry Beckroge in den Kopf.

Walaitits stimmte ein Siegesgeheul an, und auch Swan Necklace stieß ein paar wilde Schreie aus. Zusammen mit den anderen beiden durchsuchte er das Haus. Sie fanden Waffen und Munition. Dann holten sie ein paar gute Pferde aus Beckroges Corral und ritten die Straße hinunter zum Salmon River und von dort nordwärts, an der Ranch der Manuels vorbei.

Am Slate Creek überraschten sie dann Samuel Benedict, der den Store besaß. Benedict kam eine Straße entlanggeritten, und Sarpsis Ilpilp feuerte auf ihn, traf ihn in die Seite. Benedict fiel vom Pferd, überschlug sich am Boden und rannte davon. Die drei Nez Percé schossen hinter ihm her, trafen ihn aber nicht mehr. Schließlich ritten sie zum Store und feuerten ein paar Kugeln durch die Fenster des Hauses, in dem sich Benedict mit seiner Familie und ein paar Siedler aus der Umgebung aufhielten. Diese feuerten zurück, und die drei Cousins aus White Birds Lager zogen es vor, erst einmal heimzureiten. Einige Meilen vom Lager am Rocky Canyon entfernt machten sie halt. Walaitits und Sarpsis Ilpilp schickten Swan Necklace in das Lager zurück, um den anderen die Nachricht von ihrem Siegeszug zu überbringen.

»Wer mit uns sein will, soll hierherkommen«, sagte Walaitits. »Sag ihnen, daß wir hier draußen warten, weil wir nicht wollen, daß andere Leute, die nichts mit uns zu tun haben wollen, für das verantwortlich gemacht werden können, was wir tun. Jeder soll für sich entscheiden. Sag ihnen, daß wir hier auf alle unsere Freunde warten, die mit uns kämpfen wollen. Sag ihnen, daß jetzt Krieg ist zwischen uns und den Weißen!«

Um zu überzeugen, nahm Swan Necklace die erbeuteten Pferde und Waffen mit.

Am Nachmittag des 14. Juni erreichte Swan Necklace das Lager, und seine Nachricht schlug wie eine Granate ein. Big Dawn, ein Bruder von Yellow Bull und der Onkel von Sarpsis Ilpilp, sprang auf den Rücken eines der Pferde, die Swan Necklace als Kriegsbeute mitgebracht hatte. Er trieb das Pferd scharf an und ritt im Galopp durch das Lager. »Jetzt ist Krieg!« rief er den Leuten zu, die sich zwischen den Tipis versammelt hatten. »Seht! Walaitits hat ein paar Weiße getötet und ein paar Pferde gestohlen! Jetzt werden die Soldaten hinter ihm her sein! Macht euch für den Krieg bereit! Macht euch für den Krieg bereit!«

Big Dawns Worte lösten unter den Indianern fast eine Panik aus. Joseph und Ollokot waren gerade nicht im Lager. White Bird wollte mit der Sache nichts zu tun haben und rief sofort die Ältesten seines Stammes zusammen.

Toohoolhoolsote und seine Anhänger aber feierten Swan Necklaces Rückkehr begeistert. Sofort wurde eine Versammlung einberufen. Old Rainbow, ein alter erfahrener Häuptling, beruhigte die Gemüter etwas. »Wir sind nur eine Handvoll Indianer gegen viele, viele Soldaten. Und wir haben nur ein paar Gewehre, während die Soldaten Kanonen mitbringen werden. Wir können uns nicht auf einen Krieg mit ihnen einlassen, wenn wir nicht alle getötet werden wollen! Wir müssen warten, bis der Sommer kommt. Inzwischen schicken wir Läufer zu unseren Freunden, den Flatheads und den anderen Stämmen. Und im Sommer werden sich alle Häuptlinge dieser Stämme hier zur Beratung treffen. Dann können wir entscheiden, was geschehen soll. Dann können wir vielleicht Krieg machen, wenn es dann noch nötig sein sollte.«

»Wir können jetzt nicht mehr warten!« rief Swan Necklace. »Es ist schon Krieg!«

»Es ist nicht unser Krieg!« rief Old Rainbow ärgerlich. »Es ist der Krieg von ein paar Verrückten! Ich bin nicht verrückt, und ich lasse mich nicht verrückt machen! Nicht von ein paar Männern, die wie unartige Kinder alles zerstören, was ihnen in die Hände gerät! Das ist eure Sache und nicht unsere!«

»Wenn die Soldaten kommen, machen sie keinen Unterschied!« rief einer von Rainbows Söhnen. »Vater, wir werden uns entscheiden müssen!«

»Ich habe mich dafür entschieden, hier zu bleiben!« rief Old Rainbow. »Hier ist ein gutes Land. Hier werden wir nicht gestört, denn es sind keine Siedler in der Nähe. Vielleicht erlaubt uns Washington, für immer hier zu leben.«

Die Hoffnung, vielleicht in diesem Land bleiben zu dürfen, beruhigte viele der Anwesenden. Besonders die Frauen und die älteren Leute stimmten Old Rainbow zu.

Auch White Bird schien mit dem Gedanken zu spielen, sich hier am Tolo Lake niederzulassen. Es war ein Gebiet, das er kannte. Es gehörte sozusagen zum Jagdgebiet seines Stammes. Hier hatte er seine Jugend verbracht. Sollten doch Josephs Nez Percé nach Lapwai ziehen. Sie hatten ihr Land verlassen.

Inzwischen war das Ultimatum sowieso fast abgelaufen. White Bird nahm sich vor, Joseph vorzuschlagen, den Wallowa Stamm nach Lapwai zu bringen. Dann würde der einarmige Soldatenhäuptling, General Howard, vielleicht zufrieden sein. Was die drei jungen Burschen in ihrem jugendlichen Leichtsinn angerichtet hatten, durfte der General weder White Bird noch seinem Stamm anlasten. Also bestand tatsächlich die Hoffnung, daß doch noch alles in Ordnung kam.

So dachte White Bird. Und das sagte er zu seinen Ältesten. Aber noch am gleichen Tag ritten Big Dawn und Two Moons, zwei Unterhäuptlinge, durch das Lager und riefen junge Krieger auf, ihnen zu folgen und sich Walaitits, Sarpsis Ilpilp und Swan Necklace anzuschließen. Und im Morgengrauen des 16. Juni verließen sechzehn junge Männer, angeführt von Yellow Bull, dem Vater von Sarpsis Ilpilp, das Lager am Rocky Canyon.

Teil II

Vom Frieden zum Krieg

8

Die Mörder

Ich hätte mein Leben geopfert, wenn ich dadurch die Tötung von Weißen durch meine Leute ungeschehen hätte machen können. Ich gebe meinen jungen Männern die Schuld. Und ich gebe den Weißen die Schuld. Ich gebe General Howard die Schuld, weil er uns zuwenig Zeit ließ, all unser Vieh aus dem Wallowa Tal zu treiben ... Hätte General Howard uns mehr Zeit gelassen und hätte er Toohoolhoolsote geachtet, wie ein Mann geachtet werden soll – es hätte keinen Krieg gegeben. Einige meiner weißen Freunde machen mich für den Krieg verantwortlich. Das ist nicht richtig. Ich habe keine Schuld. Als meine jungen Leute mit dem Töten anfingen, blutete mein Herz. Und obwohl ich ihre Taten nicht rechtfertigen konnte, gedachte ich doch der vielen Ungerechtigkeiten, die wir zuerst erdulden mußten.

Joseph in: NORTH AMERICAN REVIEW, 1879

Jeffrey hatte das erste Wort sprechen gelernt. Ganz klar und deutlich konnte er »Klick« sagen. Damit war der Streit zwischen den Frauen, ob er wohl zuerst Mama oder Papa oder Oma sagen könne, erledigt.

Am Tag, als Tucallacasena zurückkam, hatte Jeffrey eine Auseinandersetzung mit seiner Mutter. Chapman, der draußen auf der Veranda saß und döste, kriegte nur mit, daß es um einen Wurzelbrei ging, den Lindas Mutter nach einem alten überlieferten Yakima-Rezept extra für Jeffrey zubereitet hatte. Linda redete heftig auf Jeffrey ein, der mit stoischem Gleichmut immer wieder »Klick« sagte.

Schließlich hielt es Chapman an der Zeit, ein Machtwort zu sprechen. Er stand auf und ging ins Haus. Vor Jeffrey, der auf Lindas Schoß saß und das ganze Gesicht mit Brei verschmiert hatte, baute er sich auf.

»Gib mir mal den Löffel!« sagte er zu Linda. Dann hielt er Jeffrey einen vollen Löffel dicht vor die Nase.

»Du ißt jetzt deinen Brei, mein Sohn!« sagte er, und Jeffrey machte große runde Augen und erwiderte: »Klick«.

Da verlor Chapman die Geduld. »Gut«, sagte er und stieß den Löffel in die Schüssel zurück, packte Jeffrey und brachte ihn ins Schlafzimmer. »Du bleibst so lange drin, bis du ausgeklickt hast, Kleiner!« Chapman zog die Tür hinter sich ins Schloß, warf Linda einen bösen Blick zu und ging hinaus. Aber bevor er es sich auf der Bank wieder bequem machen konnte, sah er Tucallacasena in der Waldschneise. Und das Pferd, das er ritt, war schweißbedeckt.

Chapman setzte sich trotzdem auf die Bank, verschränkte die Hände im Nacken und schloß die Augen. Seit mehr als drei Wochen hatte er Tucallacasena nicht mehr gesehen, und er mußte sich eingestehen, daß ihm der Junge gefehlt hatte. Und als Tucallacasena auf dem Ranchhof das Pferd zügelte, als Linda auf die Veranda kam und die Großmutter ihren langen, faltigen Hals aus dem Fenster streckte, da öffnete Chapman die Augen, blinzelte in die Sonne hinaus und tat, als wäre er ein bißchen überrascht.

Vor der Veranda sprang Tucallacasena vom Pferd. Sein Gesicht war schweißbedeckt, und die rote Farbe auf der Stirn war bis zu den Ohren verschmiert. Er schien einen weiten Weg in kurzer Zeit geschafft zu haben, und er war nicht gekommen, weil er um Linda buhlen wollte.

»Es gibt Krieg, Chapman!« sagte er atemlos, als er auf der Veranda stand. »Das ist es, was ich herausgekriegt habe!«

Er sagte es, als wäre er eben erst kurz weggeritten, um eine Zeitung zu kaufen. Chapman sah, wie Linda die Hände zu Fäusten ballte. Die Alte krächzte, daß sie nichts verstanden hätte. Ihre Ohren wären nicht mehr die besten, und Tucallacasena solle doch lauter sprechen, so wie es sich für einen netten jungen Mann gehöre.

»Dein Gesicht wird wahr, Oma!« rief Chapman. »Es gibt Krieg!«

»Krieg? So? Ja, das ist es doch, was ich immer schon gesagt habe!« erwiderte sie, und als sie den Kopf zurückzog, glaubte Chapman, er könne ihre Halsfalten knistern hören. Vielleicht war es auch ihr Kleid, das sie ohne Unterlaß trug, seit sie aus Fort Lapwai zurück war.

Chapman stand auf und führte Tucallacasena ins Haus. Lindas Großmutter kam aus dem Nebenzimmer. Sie kicherte und ließ sich im Korbstuhl nieder. Linda bot Tucallacasena frisches Wasser an, und während er trank, fing Jeffrey im Schlafzimmer zu brüllen an. »Jetzt ißt er vielleicht den Brei«, sagte Linda, aber Chapman winkte ab. »Laß ihn«, sagte er. Doch Linda holte Jeffrey herein und setzte sich mit ihm an den Tisch. Als Jeffrey Tucallacasena sah, sagte er »Klick«, und Chapman fühlte sich irgendwie hintergangen.

Tucallacasena erzählte, daß White Bird, Toohoolhoolsote und Joseph ihre Anhänger zum Tepahlewam Lagerplatz gebracht hatten. »Dort haben sie ihre Lager aufgeschlagen. Ich war auch dort.«

»So?« Chapman legte den Kopf schief. »Und wie hat's dir gefallen, Junge?«

»Gut. Ich habe einige Rennen gewonnen. Und ich war mit Freunden auf der Jagd. Wir haben einen Bären erwischt. Es ist ein schönes Land, dort oben. Keine Siedler in der Nähe. Man kann die Pferde laufen lassen. Keine Zäune und keine Äcker und nichts. Es ist ein Paradies, Chapman.«

»Sag das nur nicht zu laut, sonst seid ihr es schnell los«, grinste Chapman.

»Wir sind es so oder so los«, erwiderte Tucallacasena. Und dann erzählte er von den Unruhen in White Birds Lagern. Er erzählte, daß Joseph sich nicht mehr durchsetzen konnte gegen die, die den Krieg gegen den Weißen Mann aufnehmen wollten. Täglich würde Toohoolhoolsote mit aufrührerischen Hetzreden vor allem unter den jungen Leuten des Stammes Unruhe stiften. Der Zwischenfall im Store des Franzosen hätte den Haß auf die Siedler in diesem Land geschürt. »Blut wird vergossen werden, Chapman. Blut von Weißen, die hier leben. Die Siedler sind in Gefahr. Du bist in Gefahr!«

Chapman nahm Tucallacasenas Warnung ernst. Mit dem Daumen zeigte er auf die Alte. »Sie wußte es schon immer«, sagte er. »Und jetzt freut sie sich noch nicht einmal mehr.«

»Du bist dumm, Chapman«, sagte Linda. »Wenn du in Gefahr bist, dann sind wir doch auch in Gefahr. Wir gehören zusammen, nicht wahr?«

Chapman nickte. »Du hast recht«, sagte er. »Wir gehören zusammen. Und deshalb schlage ich vor, daß du mich zu Joseph bringst, Tucallacasena. Ich will wissen, was sich in diesem Land tut. Ich will wissen, woran ich bin.«

Tucallacasena machte ein schiefes Gesicht. »Heißt das, daß ich mit dir durch die Gegend reiten soll?«

»Ja!«

»Das kann gefährlich werden, Chapman.«

Chapman nickte. »Wo ist Joseph?«

»Als ich wegritt, war er nicht im Lager. Man sagte, er sei auf der anderen Seite des Salmon Rivers, um Fleisch zu machen.«

»Gut, wir werden ihn finden.« Chapman stand auf. »Ruh dich aus, Junge. Ich bringe noch ein paar Sachen in Ordnung. Wir reiten am Mittag.«

Tucallacasena seufzte. »Das kann wirklich gefährlich werden, Chapman«, wiederholte er nachdenklich. »Für dich *und* für mich.«

Chapman, der im Türrahmen stehengeblieben war, drehte sich kurz um. »Es ist auch gefährlich, verheiratete Frauen verführen zu wollen, Junge«, sagte er.

Tucallacasena wurde um einen Schein dunkler im Gesicht, grinste aber dann von einem Ohr zum andern. Chapman ging hinaus. Er wußte, daß er in Tucallacasena einen zuverlässigen Partner haben würde.

Der Rauch, der über den Wäldern aufstieg und sich wie eine Gewitterwolke am Himmel ausbreitete, beunruhigte Chapman, und er trieb zur Eile an. Tucallacasena meinte, daß da einer vielleicht ein Unterholz abbrannte oder daß sich vielleicht ein Heustock entzündet hätte.

Chapman war sicher, daß sich der Rauch vom Gebiet der Manuel Ranch erhob, und schwenkte von der Straße ab, die den Salmon River entlangführte. Querfeldein ritt er, von Tucallacasena gefolgt, südostwärts, und schon vom nächsten Hügelrücken aus konnte er sehen, daß es kein Heustock war und auch kein brennendes Gehölz, sondern John J. Manuels Ranch, die da lichterloh brannte.

Als Chapman auf dem Hügel sein Pferd anhielt, brach der Schuppen in sich zusammen. Brennende Bretter segelten aus dem Rauch heraus. Für einen Moment schien das Feuer zu ersticken, aber dann zerrte der Wind neue Flammen aus den Trümmern. Chapman drehte sich nach Tucallacasena um und sah ihn prüfend an. Tucallacasena hatte die Oberlippe hochgezogen und schien den Atem anzuhalten. Ungläubiges Staunen lag in seinen Zügen, und er starrte wie gebannt hinunter in das Tal.

»Paß auf!« sagte Chapman, und seine Stimme klang heiser. »Paß auf, Junge. Da könnten Indianer in der Nähe sein.«

Ohne eine Antwort abzuwarten, trieb Chapman sein Pferd an und ritt langsam in das Tal hinein und hinunter zum White Bird Creek und zur Straße, wo die Frontseite des Ranchhauses krachend auseinanderfiel und für Sekunden den freistehenden, rußgeschwärzten Backsteinkamin freigab, bevor der Rauch so dick wurde, daß Chapman das Feuer mehr hören als sehen konnte.

Tucallacasena hatte am Corral angehalten, wo ein totes Pferd lag. Der Bauch war aufgeplatzt, und am Hals hatte es eine tiefe Wunde. Es war aufgezäumt, aber nicht gesattelt.

Chapman stieg von seinem Pferd, zog das Gewehr aus dem Scabbard und ging näher an das brennende Haus heran. Beim Brunnen fand er einen Filzschuh, und es fiel ihm ein, daß Manuels Frau im Haus solche Filzschuhe getragen hatte. Der Schuh hatte ein paar dunkle Flecken. Auch an der Brunnenmauer waren Flecken. Blut. Spuren, die zum Haus führten und im Feuer aufhörten.

Berstend stürzte das Dach des Wohnhauses ein. Ein Funkenpilz hob sich in den Himmel. Der Qualm hatte die Sonne verdunkelt. Brennende Schindeln schossen aus den Flammen und segelten mit dem Wind über den Ranchhof.

Zwischen dem Schuppen und dem Wohnhaus stand ein Wagen. Der Wagenkasten und ein Rad brannten. Chapman ging in großem Abstand um das Haus herum. Überall waren Spuren von unbeschlagenen Pferden. Sie liefen kreuz und quer. Es war unmöglich festzustellen, wie viele Indianer sich an diesem Überfall beteiligt hatten.

Hinter dem Haus blieb Chapman stehen. Rauchschwaden jagten über den Platz zur Straße hinunter und in die Büsche hinein. Chapman entdeckte ein Stück Stoff, das auf der anderen Straßenseite an einem Strauch hing. Stoff von einem Kleid. Weiß, mit aufgedruckten roten und gelben Äpfeln und grünen Blättern. Maggie hatte ein solches Kleid, Maggie, das kleine Mädchen. In den Büschen waren Äste geknickt. Chapman fand rostrotes Schwanzhaar eines Pferdes. Und Abdrücke unbeschlagener Hufe. Es sah danach aus, als hätte jemand sein Pferd hier rücksichtslos durch die Büsche getrieben.

Chapman folgte den Spuren hinunter zum Bach. Dort war der Reiter am Ufer auf und ab geritten. Dann hatte er einen Bogen geschlagen, zurück zur Straße. Chapman blieb am Ufer des Baches stehen.

»John!« rief er. »John! Maggie!«

Nichts. Der Bach rauschte. Oben an der Straße tauchte Tucallacasena auf. Er hatte seine Winchester in den Händen und sah ziemlich unglücklich aus, fast so, als hätte er sich verirrt. Chapman rief noch einmal nach John J. Manuel. Aber er bekam keine Antwort. So ging er zurück zur Straße.

»Du kennst doch John Manuel, oder?« fragte er Tucallacasena.

Der Junge nickte. »Ja«, sagte er. »Und du brauchst mir nicht zu sagen, daß er einer deiner Freunde ist.«

Chapman erwiderte nichts darauf. Er holte sein Pferd, stieg auf und ritt hinunter zum Bach. Er folgte ihm fast eine Meile weit. Dann, als er sein Pferd drehen und zurückreiten wollte, sah er das Mädchen:

Es kauerte im Wurzelstock einer vom Sturm gefällten Fichte und starrte aus großen Augen zu ihm herüber, den Mund zu einem Schrei geöffnet, der nie über seine Lippen gekommen war. Chapman saß sekundenlang bewegungslos im Sattel. Dann stieg er ab, langsam, jede unnötige Bewegung vermeidend. Er ließ das Pferd zurück und ging auf das Mädchen zu. Er fing an, mit ihm zu reden, leise, fast ohne Ton, und seine Kehle war eng, und er hörte nicht, was er sagte. Er sah, wie Maggie zu zittern anfing, und ihre kleinen Hände hatten sich an den knorrigen Wurzelarmen derart verkrampft, daß die Knöchel hell wurden unter dem Ruß und dem Blut. Als Chapman sich langsam auf die Absätze niederließ, zerfiel das schmale, kleine Gesicht plötzlich, und der Schrei kam, gellend wie der eines sterbenden Tieres, und Chapman nahm das Mädchen, das die Wurzelarme losgelassen hatte, hoch und preßte es an sich, und der Schrei erstickte an seiner Brust.

Chapman hielt das Mädchen, als müßte er es gegen das Licht, gegen den Wind, gegen den Geruch des Brandes und gegen die Geräusche schützen. Er ging mit ihm zum Pferd, und das Pferd folgte ihm, obwohl er es nicht am Zügel nahm, denn er wollte Maggie nicht loslassen, nicht für einen einzigen Augenblick. Er trug sie hoch zur Straße, trug sie weg vom Feuer, gegen den Wind und aus dem Schatten des Qualmes heraus. Auf einer Wiese blieb er stehen, und jetzt streichelte er das Mädchen, und leise sagte er, daß jetzt alles vorbei wäre. Er sagte ihm, daß nichts mehr passieren könne, und legte seine Wange gegen die Platzwunde, die Maggie an der Schläfe hatte und über der das Blut eingetrocknet war, und merkte, wie sich Maggies kleine Finger von seinem Hemd lösten und der Körper schlaff wurde. Er legte Maggie Manuel ins Gras, als Tucallacasena die Straße heruntergeritten kam, das Pferd durch das Unterholz auf die Wiese trieb, wo er es zügelte. Vom Sattel aus sah er einen Moment auf das Mädchen herunter und dann auf Chapman.

»Das ist Maggie Manuel«, sagte Chapman. »Sie ist verletzt.«

Tucallacasena schien ziemlich durcheinander. Er zeigte über die Schulter und schüttelte den Kopf. »Chapman«, sagte er mit heller, fast etwas schrillerer Stimme, »Chapman, es ist wahr, was ich sehe? Es ist wahr, daß meine Brüder das Haus angezündet und die Leute getötet haben?«

»Ich sah niemand, der tot ist«, sagte Chapman. »Maggie lebt.«

Tucallacasena glitt vom Pferd und kam herüber. Er nahm Chapman am Arm, als suchte er Halt, und in seinem Gesicht zeigte sich das Chaos, das in ihm herrschte. »Ist das der Krieg, Chapman?« fragte er.

»Das ist der Anfang«, erwiderte Chapman. »Komm, hilf mir. Ich bringe Maggie zum Store des Franzosen. Von dort kann jemand sie nach Mount Idaho zum Arzt bringen.«

Chapman dachte für einen Augenblick an Linda und an Jeffrey. Sie waren in Gefahr wie alle andern in dieser Gegend. Dies war nicht Josephs Krieg. Das war der Krieg einiger Mörder, die keine Unterschiede machten. Chapman überlegte nicht lange. Er mußte Maggie Manuel in Sicherheit bringen und dann auf dem schnellsten Wege nach Hause reiten, um im Notfall Linda und Jeffrey in die Stadt zu bringen. Chapman kniete bei Maggie nieder und fand an der Seite des Mädchens, fast in der Achselhöhle, eine blutende Wunde, die wahrscheinlich von einem Pfeil herrührte. Chapman verband sie mit Streifen, die er aus dem Kleid des Mädchens riß. Dann hob er es vom Boden auf, und Tucallacasena hielt das Pferd, als Chapman in den Sattel stieg.

»Komm«, sagte Chapman, aber Tucallacasena schüttelte den Kopf.

»Chapman, jetzt, nachdem der Krieg da ist, kann ich dich nicht mehr begleiten.«

»Was meinst du damit, Junge?« fragte Chapman fast grob.

»Laß mich, Chapman! Laß mich! Ich reite allein!« Tucallacasena schwang sich in den Sattel, drehte sein Pferd und trieb es scharf an, so daß es jäh in einen Galopp fiel. Chapman versuchte nicht, ihn aufzuhalten. Der Junge hatte recht. Er konnte sich jetzt nicht unter Weißen blicken lassen. Nicht nach dem, was hier passiert war.

Chapman hielt Maggie fest an sich gepreßt, als er durch das Unterholz ritt und zur Straße zurück. Kurz bevor die Sonne unterging, erreichte er Samuel Benedicts Store. Der erste Tote, den er fand, war August Bacon, der Franzose, der dabeigewesen war, als Harry Mason den Indianerjungen aus Looking Glass' Lager ausgepeitscht hatte. August Bacon lag nackt etwa eine halbe Meile von Benedicts Store entfernt mitten auf der Straße. Sie hatten ihn übel zugerichtet, und er hatte mehrere Schußverletzungen. Dann war er wahrscheinlich, von einem Pferd am Lasso gezogen, zu Tode geschleift worden.

Chapman hielt nur kurz bei ihm an. Es gab nichts, was er hätte für

August Bacon tun können, und so ritt er weiter, wachsam wie nie zuvor, seit er in diesem Land war. Aber es schien an diesem Abend in seiner Nähe kein Leben mehr zu geben. Verlassen lagen die Hütten Benedicts am Ufer des White Bird Creeks. Die Fensterscheiben waren zerschlagen, die Türen aus den Angeln gehoben. Drei tote Pferde lagen zwischen dem Schuppen und dem Wohnhaus. Ein Hund hing leblos halb vom Verandageländer herunter. Die Corralzäune waren eingerissen, und ein kleiner Geräteschuppen war vollständig niedergebrannt.

Im Store fand Chapman in einem furchtbaren Durcheinander von Werkzeugen, Küchenartikeln, Lebensmitteln Samuel Benedict, der noch im Tode eine Schrotflinte umklammert hielt. Und am Fuße der Theke lag ein Farmer aus dem Slate Creek Gebiet. Er hieß William Osborne.

Chapman suchte nach Benedicts Frau, fand sie aber nirgendwo. Entweder hatte sie sich vor dem Überfall in Sicherheit bringen können, oder die Indianer hatten sie mitgenommen. Auch von den Kindern gab es keine Spur. In der Wohnküche fand Chapman einen kleinen Schrank, in dem Mrs. Benedict Arzneimittel aufbewahrt hatte. Chapman nahm eine Büchse mit grauer Salbe und einen zusammengerollten Verbandsstoffstreifen heraus. Damit verarztete er Maggies Wunden. Das Mädchen erwachte, als Chapman ihm einen Kopfverband anlegte. Es dauerte nur ein paar Sekunden, bis es von der Erinnerung eingeholt wurde, und es schaute sich fast gehetzt um und fragte dann leise: »Hast du Papa gefunden, Onkel Art?«

»Nein«, sagte Chapman leise und streichelte Maggies Haar.

»Vater ist weggerannt«, sagte Maggie, und dann weiteten sich ihre Augen, und sie rief mit erstickter Stimme: »Mom! Mom! Mom ist verbrannt, Onkel Art!« Tränen schossen aus den großen, dunklen Augen, und Chapman hielt den kleinen Kopf gegen seine Brust gelegt und streichelte das Haar, streichelte das nasse Gesicht. Es wurde jetzt schnell dunkel im Raum, in dem Chapman mit dem Mädchen am Boden kauerte. Und Maggie wurde plötzlich in seinen Armen ohnmächtig.

Es wurde Zeit aufzubrechen. Von Benedicts Store bis nach Mount Idaho waren es etwa zwanzig Meilen. Chapman ritt im Schritt, um dem verletzten Mädchen harte Stöße zu ersparen. Die ganze Zeit trug er es vor sich im Sattel, und als er lange nach Mitternacht endlich vor sich, am Rande einer weiten, vom Mondlicht übergossenen Ebene einige Lichter sah, hatte er fast kein Gefühl mehr in seinen Armen.

Im Schatten eines kleinen Hügels standen ein paar Holzhäuser, wovon nur eines zwei Stockwerke hatte – das Luna Hotel.
Normalerweise war dort nach Mitternacht kein Betrieb mehr.
Nach Mitternacht war in Mount Idaho meistens alles ziemlich ruhig. Aber als Chapman in dieser Nacht ankam, waren viele Leute auf der Straße. Die meisten hatten sich vor Loyal P. Browns Holzhaus und vor dem Luna Hotel versammelt. An den Gehsteigdächern und über den Haustüren brannten Laternen. Viele Fenster waren hell erleuchtet, und Kinder in Nachthemden schauten heraus.
Chapman sah ein paar Männer aus dem Postoffice kommen, angeführt von Loyal P. Brown, dem Bürgermeister und »Vater« von Mount Idaho.
Chapman sah Rudolph, den Deutschen, der den Store hatte. Rudolph schwenkte eine Laterne und rief den anderen zu, daß da ein Reiter käme. Rudolphs Frau Emma, dürr und bolzengerade, streckte den Hals, brachte den eckigen Adamsapfel aus dem engen Rockkragen und krähte mit einer rostigen Stimme: »Das ist doch unser Freund Arthur!« Und sie kam als erste angelaufen. »Arthur!« rief sie Chapman entgegen. »Arthur, die Indianer haben unseren Freund Samuel Benedict massakriert!«
Samuel Benedict war noch nie ein Freund von Rudolph gewesen, aber Emma Rudolph würde später wahrscheinlich auch noch behaupten, Samuel Benedict als letzte Bürgerin Mount Idahos lebend gesehen zu haben. Und Chapman täuschte sich nicht, denn sie sprudelte weiter heraus: »Stell dir vor, Arthur, Samuel war gestern noch bei uns im Laden und hat einen Sack Schwefelpulver und zwei Handspaten und einen Ballen Stoff für seine Frau – die arme Frau – gekauft. Stell dir vor, Arthur, er war so galant und so aufmerksam, und zum Abschied küßte er meine Hand und sagte etwas auf französisch, aber das konnte ich nicht verstehen. Und jetzt ist er tot! Massakriert von den . . . Arthur . . . was ist denn . . . ?« Emma Rudolph schlug die Hände über dem Kopf zusammen. »Das ist doch . . . lieber Gott! . . . Oh, du lieber Gott!«
Rudolph und die anderen hatten Emma eingeholt, und Rudolph zerrte seine Frau am Arm zurück. Aber sie befreite sich, und Chapman hatte Mühe, das von der stürmischen Emma erschreckte Pferd unter Kontrolle zu bringen.
»Ist das . . . das ist doch die Kleine von den Manuels!« rief Emma und streckte Chapman die Arme entgegen. Chapman überlegte nicht lange.

Er übergab ihr das Kind. »Das ist Maggie«, sagte er. »Sie braucht dringend einen Doc!«

Von allen Seiten kamen jetzt Männer und Frauen und Kinder. Sie umringten Chapman. Sie stürmten mit Fragen auf ihn ein. Angst drängte sie. Chapman spürte es. Sie waren wie eine Schafherde vor einem Gewitter.

Chapman entdeckte unter ihnen Männer, die Gewehre mit auf die Straße genommen hatten, obwohl sie wahrscheinlich längst verlernt hatten, mit ihnen umzugehen. Ein paar Farmer vom Salmon Gebiet verschafften sich mit den Ellbogen Platz. Chapman erkannte unter ihnen Fred Martens und Jack Stone, zwei Engländer. Beide trugen Revolver im Leibgurt und hatten ihre Gewehre in der Hand. Vor dem Luna Hotel standen ihre Wagen, vollbeladen mit Hauskram. Auf dem Bock des einen Wagens saß Billy Martens, ein zwölfjähriger Rotschopf. Er hatte eine Schrotflinte auf den Knien.

»Chapman!« rief Fred Martens. »Chapman, wie sieht es da unten aus, wo du herkommst?«

»Manuels Ranch brannte nieder«, sagte Chapman. »Ich fand ein paar Tote.«

»Manuel?«

»Nein. Harry Mason, August Bacon, William Osborne und . . .«, Chapman warf einen Blick auf Emma Rudolph, die Maggie fest an sich gepreßt hatte, und Emma sagte: »Samuel Benedict, natürlich.«

»Gewonnen!« knurrte Rudolph grimmig. »Los, bring das Mädchen ins Haus. Da muß ein Doc von Lewiston herkommen. Bis dahin kümmerst du dich darum. Klar?«

Eine andere Frau schloß sich Emma Rudolph an, und die beiden verschwanden im Gedränge. Chapman erzählte kurz, was er gesehen hatte. Fast nach jedem Satz wurde er unterbrochen. Männer lärmten durcheinander. Und Loyal P. Brown hatte Mühe, Chapman Ruhe zu verschaffen.

»Es sind Mörder aus White Birds Clan!« sagte Chapman. »Was sie tun, tun sie nicht mit der Unterstützung ihres Stammes! Sie sind wie Wölfe. Sie sind ausgebrochen!«

»Man muß sie abschießen, wo man sie erwischt!« rief Patrick Price, ein junger Farmer aus der Umgebung. »Wo bleibt denn überhaupt Howards Armee? Wo bleiben die Soldaten? Wo bleibt denn der Schutz der Regierung? Es ist Krieg, Leute! Die Rothäute haben angefangen, und wir sind ihnen auf unseren Farmen hilflos ausgeliefert!«

Fred Martens rief: »Sie haben die Ranch von James Baker niedergebrannt! Wir fanden James mit aufgeschlitztem Bauch an einem Baum hängen! Und French Frank lag auf der Straße und hatte mindestens zwei Dutzend blutige Löcher im Leib!«

»Henry Elfers ist tot! Richard Devine haben sie ermordet und Robert Bland. Und Henry Beckroge. Chapman, du kannst uns nichts vormachen! Die Nez Percés sind auf dem Kriegspfad! Alle!«

»Nein!« Chapman drehte sein Pferd. »Ihr kennt mich! Ich habe eine Nez Percé Indianerin zur Frau. Ich stehe dadurch mit ihnen in Verbindung. Ich weiß, daß es ein paar junge Hitzköpfe sind, die das Lager am Tolo Lake verlassen haben. Es sind vielleicht zwei Dutzend Indianer, mehr nicht.«

»Chapman, du bist ihr Freund! Deshalb versuchst du, sie in Schutz zu nehmen! Aber das . . .«

Rudolph hatte sich nach dem Sprecher umgedreht und fuhr ihn scharf an. »Vollmer, du weißt nicht, was du sagst! Ich kenne Arthur Chapman! Ich weiß, daß auf ihn Verlaß ist! Er kennt die Rothäute. Er weiß Bescheid. Und wenn er sagt, daß es nur zwei Dutzend junge Wölfe sind, dann sind es nur zwei Dutzend junge Wölfe!«

»Was spielt es überhaupt für eine Rolle, wie viele es sind? Sie sollten für das, was sie getan haben, aufgehängt werden!« Vollmer, ein schwergewichtiger Mann, Besitzer des Vollmer & Scott General Store, Rudolphs einzige Konkurrenz am Platz, sagte es scharf, und seine Worte verfehlten nicht die Wirkung. Bevor Chapman wieder zu Wort kommen konnte, brüllten die Männer im Chor: »Wir schlachten die roten Hunde ab! Wir schlachten die roten Hunde ab!«

Loyal P. Brown trat dicht an Chapmans Pferd heran. »Leihen Sie mir mal das Gewehr, Mister Chapman«, sagte er. Chapman zog das Gewehr aus dem Scabbard und übergab es ihm. Loyal P. Brown richtete es zum Himmel und zögerte keinen Moment. Der Schuß krachte, und während das Echo durch die Straße rollte und sich in der Weite der Camas-Prärie verlor, kehrte auf der Straße Ruhe ein.

»Ich habe heute abend einen Brief an Gouverneur Brayman geschickt! Darin habe ich ihn gebeten, umgehend dafür zu sorgen, daß unser Schutz durch US-Truppen gewährleistet wird! Ich bin überzeugt, daß die Regierung alles daransetzen wird, diesen Gewaltausbruch schnellstens unter Kontrolle zu bringen. Die Mörder werden für ihre Schandtaten bestraft, davon bin ich überzeugt! Mein Vertrauen gehört der Regierung der Vereinigten Staaten. Sie ist die Vertretung unserer Zivilisation und unserer Gemeinschaft! In der Zwischenzeit werden wir hier einige Vorkehrungen treffen, um im Notfall gewappnet zu sein. Wir müssen damit rechnen, daß noch mehr Menschen von der Geißel des Terrors getroffen werden. Unsere Stadt hier, meine Damen und Herren, unsere Stadt kann für viele zu einer festen Insel im sturmgepeitschten Meer werden! Ich rechne damit, daß bereits in der Nacht – vor allem aber im Laufe des morgigen Tages – viele Siedler aus den Unruhegebieten hier eintreffen. Diese Leute brauchen Obdach und Schutz, meine Damen und Herren. Diese Leute brauchen das Gefühl, hier in Mount Idaho so sicher zu sein wie in Abrahams Schoß. Mit Gottes Hilfe und mit einer gehörigen Portion guten Willens werden wir in der Lage sein, den Krieg von dieser Stadt fernzuhalten! Und deshalb werden wir uns nicht zu unüberlegten Handlungen hinreißen lassen. Wir sind keine Richter, und wir sind keine Henker! Wir sind freie Menschen eines Landes, das stark genug ist, mit seinen Problemen fertig zu werden! Wir können uns auf Gouverneur Brayman verlassen und auf General Oliver Otis Howard ebenso, meine Damen und Herren!« Loyal P. Brown ließ die Arme sinken, und es war tatsächlich fast still zwischen den Häusern. Er brauchte jetzt nicht mehr laut zu sprechen, als er einige Männer aufforderte, vorzutreten. »Wir treffen uns in meiner Wohnung und besprechen, was zu tun ist!« Und den anderen rief er zu, heimzugehen. »Es hat keinen Sinn, wenn ihr euch jetzt die Nacht um die Ohren schlagt. Bringt eure Frauen nach Hause und schaut, daß eure Kinder endlich ihren Schlaf kriegen! Morgen sehen wir dann weiter.«

Nach einigem Hin und Her gingen die meisten Leute nach Hause. Loyal P. Brown lud Chapman zu sich ein. »Sie haben bestimmt Lust auf eine Tasse Kaffee, Mister Chapman. Meine Frau wird Ihnen auch gerne etwas zu essen machen und . . .«

»Was ich brauche, ist ein frisches Pferd«, sagte Chapman. »Ich muß mich jetzt um meine Familie kümmern.«

Rudolph winkte ab. »Deine Frau ist doch eine von ihnen, Chapman. Da kannst du doch ganz beruhigt sein. Übrigens, wie hat ihr das Pariser Chemisettchen gefallen?« fragte er fast lüstern.

Er konnte es einfach nicht lassen, der Store-Besitzer Rudolph, der mit seiner knochenklappernden Emma wahrscheinlich nicht mehr viel Spaß hatte. Chapman wiederholte, daß er ein Pferd brauche, und Loyal P. Brown sagte, daß er ein schnelles und ausdauerndes Tier habe, eine Stute aus Kentucky.

Knapp eine halbe Stunde später trug die Stute Chapmans Sattel. Und während in Loyal P. Browns Haus die Männer beschlossen, auf dem Hügel hinter der Stadt eine kleine, provisorische Festung zu errichten, ritt Chapman aus der Stadt. Er mußte Linda und Jeffrey und die beiden Frauen in Sicherheit bringen, und deshalb hatte er es eilig.

Er erreichte seine Ranch im Morgengrauen. Billy Blue und die Welpen kamen ihm japsend und bellend entgegengerannt. Die Stute, die derartige Empfänge wohl nicht gewöhnt war, tanzte und bockte und keilte nach den Hunden aus, die nach ihren Beinen schnappten. Erst dort, wo der Weg zwischen zwei Corrals hindurch führte, bemerkte Chapman ein paar Hufspuren. Sie führten am Zaun des großen Corrals entlang, in dem die Stute mit ihrem Füllen stand. Sie äugte ihm entgegen, während das Füllen ein paar holprige Bocksprünge vorführte. Im anderen Corral weideten drei Pferde und zwei Maultiere. Und beim Schuppen grunzten ein paar Schweine.

Ein friedliches Bild. Und doch spürte Chapman, daß irgend etwas falsch war. Er zog das Gewehr aus dem Sattelschuh und ritt langsam zwischen den beiden Corrals hindurch. Die Schuppentür stand offen. Und der große Frachtwagen fehlte. Die zwei Wagenpferde, die sonst unten am Bach in einem Gehege untergebracht waren, fehlten auch.

Und niemand öffnete die Tür des Hauses.

Nackte Fenster glotzten Chapman entgegen. Und Jeffrey brüllte nicht.

Chapman ging ins Haus. Es sah alles danach aus, als wäre Linda freiwillig weggegangen. Keine Spuren eines Kampfes. Auf dem Tisch standen noch drei Kaffeetassen und Reste von einem Maiskuchen. Im Schlafzimmer fehlten ein paar Decken, und das Zimmer, in dem die beiden alten Frauen gewohnt hatten, war bis auf den Modekatalog eines Bostoner Warenhauses leer. Es roch nach dem Kräuterbrei, den Jeffrey nicht hatte essen wollen. Chapman ging zum Fenster und öffnete es. Er holte tief Luft und blickte dabei zum Wald hinüber, wo ein Hirsch und drei Rehe ästen. Langsam spürte Chapman, wie sich in ihm ein Gefühl der

Leere festkrallte. Und er dachte daran, daß er die Mahlzeit, die ihm Loyal P. Brown in Mount Idaho angeboten hatte, nicht hätte ausschlagen sollen.

Chapman ging in die Küche. Die Tür zur Vorratskammer stand einen Spaltbreit offen. Er holte sich ein Stück geräucherten Schinken. In der Kanne, die auf dem Tisch stand, war noch ein Rest kalter Kaffee. Chapman holte eine frische Tasse.

Während er aß, kamen ihm wilde Gedanken. Und er versuchte, sie zu verdrängen. Er versuchte, kühl zu bleiben, aber es gelang ihm nicht. Er warf den Rest des Schinkenstückes Billy Blue zu, trank die Tasse leer und ging hinaus. Er suchte den Ranchhof und die nähere Umgebung ab und fand Spuren, die er kannte. Tucallacasena war hier gewesen, und es schien, als wäre er mit den anderen gekommen. Nicht früher und nicht später. Er hatte den Wagen angeschirrt. Und er hatte die Pferde vom Bach heraufgeholt.

»Scheißkerl!« hörte sich Chapman sagen. Ihm war mies zumute. Er fühlte sich ausgebrannt und müde. Er fand sich da nicht mehr zurecht, wo ihm vorher alles bekannt gewesen war. So bekannt, daß er Einzelheiten nicht mehr bewußt wahrgenommen hatte. Jetzt sah er, wie schief der Corralzaun eigentlich stand und daß am Schuppen die rote Farbe wegblätterte. Und er hörte, wie der Wind an einem losen Brett hinter dem Haus zerrte, und es fiel ihm auf, wie holprig der Schattenrand des Hauses über dem Ranchhof lag.

Die Leere, die ihn umgab, wurde ihm unheimlich. Sie bedrängte ihn mit ihrer absoluten Stille und mit ihrer Leblosigkeit. Chapman wußte nicht, wie er ihr begegnen konnte. Das Gewehr in seiner Hand war nutzlos, und der Zorn, der in ihm war, machte einem Gefühl Platz, das er bis jetzt nicht gekannt hatte: Angst.

Chapman spürte sie aufkommen. Er spürte, wie sie von ihm Besitz ergriff. Und er schwitzte, obwohl es ziemlich kühl war am frühen Morgen. Er hatte Schweiß im Gesicht und auf den Händen. Und er ging zurück ins Haus, nur um Munition zu holen und ein paar Sachen, die er mitnehmen wollte. Den Beutel mit den Notgroschen. Er war dort, wo er immer war, hinter dem Ofen in einer Mauernische, die mit einem Blech abgedeckt war. Chapman wechselte das Hemd, packte eine Hose ein und holte seinen Revolver aus dem Nachttisch.

Bevor er das Haus verließ, schloß er alle Fenster. Er ließ nur zwei kleine Dachluken offen, damit sich keine Feuchtigkeit einnisten konnte. Er verriegelte die Tür von außen und ging hinunter zum Corral, wo er die Tiere freiließ. Die Stute trottete nicht sehr weit. Beim Schuppen blieb sie stehen und sah zu, wie Chapman noch einmal um das Haus herumging.

Alles soweit in Ordnung. Chapman zog sich in den Sattel, wendete das Pferd und ritt davon. Billy Blue und die Welpen folgten ihm bis zum Bach, blieben aber dann zurück, hinter ihm her kläffend. Chapman drehte sich nicht mehr um. Er folgte den Spuren des Wagens und der unbeschlagenen Pferde. Sie verliefen quer über eine Camas-Senke zur Straße, die nach Cottonwood führte.

Cottonwood hieß der Platz, an dem ein Engländer namens B. B. Norton sein Ranchhaus errichtet hatte. B. B. Norton führte auch die Postkutschenstation, die seinem Ranchhaus gegenüberlag, und betrieb einen kleinen Straßenladen, in dem er für die Siedler der Umgebung eine Auswahl von Notwendigkeiten gelagert hatte.

Die drei Gebäude standen noch, als Chapman kam. Aber im Innern des Ladens sah es aus, als hätten Vandalen darin gehaust. Im Wohnhaus fand Chapman einen Zettel. Darauf stand in steiler Handschrift: *»Lew Day ist auf dem Weg von Mount Idaho nach Fort Lapwai, wo er die Armee um Hilfe bitten wollte, von Nez Percé Indianern angeschossen worden. Den ganzen Nachmittag haben wir herumstreunende Gruppen von Indianern beobachten können. John Chamberlain hat seine Farm aufgegeben und kam mit seiner Familie hierher. Heute nacht werden wir versuchen, nach Mount Idaho durchzukommen. B. B. Norton, am 14. Juni 1877.«*

Chapman folgte der Straße südostwärts, und knapp drei Meilen von der Ranch entfernt stieß er auf die ersten Toten. Es waren die Chamberlains. Sie lagen neben der Straße zwischen den Büschen. Es schien, als hätten sie versucht, zu Fuß zu fliehen. John Chamberlain hatte Revolver in den Händen, und sie waren leergeschossen. Er lag auf dem Gesicht, und eine Kugel hatte ihm den Schädel über dem Nacken zertrümmert. Chamberlains Tochter, etwa neun Jahre alt, lag niedergestochen im Gras neben Chamberlains Sohn, den die Mörder totgeschlagen hatten. Als Chapman sich aufrichten wollte, hörte er ein leises Wimmern. Er fand keine zwanzig Schritte entfernt Mrs. Chamberlain, total verstört, zerrissene Kleidungsstücke gegen ihren zerschundenen Körper gepreßt, blutige Schrammen im Gesicht, über das wirre Haarsträhnen hingen. Sie starrte ihn an und schien ihn nicht zu erkennen.

»Ich bin Arthur Chapman, Ma'am«, sagte Chapman. »Erinnern Sie sich?«

Sie öffnete den Mund. »Töten Sie mich!« stieß sie leise hervor. »Bitte, töten Sie mich!«

Chapman schüttelte den Kopf. Ein Weinkrampf befiel die Frau. Sie fiel zurück ins Gras, und Chapman zog sein Hemd aus und legte es über den nackten Rücken der Frau. Dann wartete er bei ihr. Sie weinte haltlos, und es gab nichts, was er für sie hätte tun können, außer zu warten und ihr den Anblick der Toten zu ersparen.

Nach fast einer Stunde war Hufschlag zu hören, und Chapman sah Loyal P. Brown an der Spitze eines Reitertrupps, der aus Bürgern Mount Idahos bestand. Sie waren alle bis an die Zähne bewaffnet. Unter ihnen war auch Rudolph, der einen Wagen lenkte. Rudolf trug drei Revolver im Leibgurt.

Chapman war froh, daß sie kamen. Sie erzählten ihm, daß der Norton-Wagen eine Meile weiter umgestürzt im Straßengraben lag. Die Indianer hätten die Zugpferde abgeschossen. B. B. Norton sei tot. Joseph Moore und Lew Day hätten sich im Wagenkasten bis zum frühen Morgen heftiger Angriffe erwehren können. Beide seien aber schwer verletzt und bereits auf dem Weg nach Mount Idaho. Miß Bowers und der kleine Hill Norton hätten auf einem abenteuerlichen Fluchtweg durch die Nacht im Morgengrauen Mount Idaho erreicht. Mrs. Norton sei mit zwei durchschossenen Beinen relativ glimpflich davongekommen und ebenfalls auf dem Transport nach Mount Idaho, wo sich inzwischen weit über hundert Siedler eingefunden hätten.

»Es ist jetzt alles entschieden, Mister Chapman«, sagte Loyal P. Brown. »Dieses Land hat seinen Krieg, und es ist jetzt nur eine Frage der Zeit, bis die Indianer und die Armee aufeinanderstoßen. General Howard ist gestern wieder in Fort Lapwai eingetroffen. Ich bin davon überzeugt, daß er sofort seine Truppen ins Feld schickt.«

»Gegen wen?« fragte Chapman. »Die Mörder sind wie Schatten, Brown. Ich glaube nicht, daß man sie zu fassen kriegt.«

»Ich habe Informationen erhalten, daß sich die Nez Percé im White Bird Canyon aufhalten, und zwar auf einem ihrer traditionellen Lagerplätze.«

»Auf der Lahmotta«, sagte Chapman. »Aber das sind nicht die Mörder. Das sind Josephs Wallowa Familien und White Birds Leute. Das sind Männer, Frauen und Kinder, Brown.«

»Ich weiß nicht, ob wir es uns noch leisten können, Unterschiede zu machen!« sagte Loyal P. Brown hart.

Chapman hob die Schultern.

Er sah, wie Mrs. Chamberlain von zwei Männern auf einen Wagen gehoben und mit Wolldecken zugedeckt wurde. Sie wimmerte wie ein Kind. Erst als der Wagen außer Sichtweite war, wurden die Toten aus den Büschen zum Straßenrand getragen. Ein junger Bursche mit flachsblondem Haar kniete im Staub und betete laut. Und Rudolph verteilte farbenprächtige Kandisstangen. Er kam herüber und bot auch Chapman eine an, fragte nach Linda und dem Kleinen. »Wie war noch sein Name?«

»Jeffrey«, sagte Chapman.

»Ja, Jeffrey. Vielversprechender Knirps, der Kleine. Hat kluge Augen.«

»Und er kann schon Klick sagen«, sagte Chapman, und für einen Moment gelang ihm sogar ein Lächeln.

»Warum hast du sie nicht mitgenommen, es ist doch jetzt viel zu gefährlich, allein da draußen zu leben?«

»Sie waren schon weg«, sagte Chapman. Und jetzt fehlte das Lächeln in seinem Gesicht. Er zog sich in den Sattel und wendete das Pferd. »Ich bin einer Wagenfährte gefolgt, Brown«, sagte er zu Loyal P. Brown. »Ich glaube, sie führt zum White Bird Canyon.«

»Da wollen Sie doch nicht hin, Mister Chapman? Das ist doch nicht Ihr Ernst?«

Chapman nickte. »Nein, da will ich nicht hin. Nicht allein. Ich warte in Mount Idaho auf Howards Soldaten.«

»Sie wollen die Truppen in den Kampf führen, Mister Chapman?«

»Nein. Ich will versuchen, Howards Soldaten davon abzuhalten, meiner Frau und meinem Sohn gefährlich zu werden!«

»Das verstehe ich nicht, Mister Chapman. Es sind doch die Indianer, die Ihre Familie verschleppt haben, oder?«

»Ja, das stimmt. Aber solange die Armee nicht Nez Percé Frauen und Kinder niedermetzelt, so lange besteht kaum Gefahr für Linda und Jeffrey.«

»Sie meinen, daß General Howards Truppen ein Massaker bedeuten?« fragte Loyal P. Brown entrüstet.

»Was glauben denn Sie, wozu die Soldaten wohl da sind?« fragte Chapman zurück, und Loyal P. Browns Gesicht rötete sich ein bißchen vom Hals her.

9
White Bird Canyon

Ich wußte, daß der Krieg nicht mehr zu verhindern war. Dafür war es jetzt einfach zu spät, obwohl ich schon von allem Anfang an für den Frieden plädiert habe. Ich wußte, daß wir zu schwach waren, um einen Krieg gegen die Vereinigten Staaten von Amerika zu gewinnen. Wir hatten während der letzten Jahre viel Unrecht und Elend erdulden müssen, aber durch den Krieg würde es nur noch schlimmer werden. Es gab einige gute Freunde unter den Weißen, die uns den Rat gaben, nicht zu kämpfen. Einer von ihnen, mein Freund und Bruder Mister Chapman, warnte uns. Er wußte schon am Anfang haargenau, wie der Krieg ausgehen würde. Mister Chapman wählte General Howards Seite. Dafür kann ich ihn nicht verurteilen. Er hat alles versucht, um Blutvergießen zu verhindern.

Joseph in: NORTH AMERICAN REVIEW, 1879

Am 14. Juni war General Oliver Otis Howard nach Fort Lapwai zurückgekommen und hatte erwartet, zum Ablauf des Ultimatums wenigstens Josephs Wallowa Nez Percé in der Reservation eintreffen zu sehen.
Aber der General hatte sich getäuscht. Punkt 4.30 Uhr am Nachmittag brachte Joe Roboses die Kunde von den ersten Morden im Salmon River Gebiet, und Howard ließ sofort seine Offiziere zu einer ersten Lagebesprechung zusammenrufen. Im Verlauf des späteren Nachmittags erreichten mehrere Briefe das Hauptquartier. In Grangeville und Mount Idaho wartete man auf Hilfe durch die Armee. Um das Fort herum versammelten sich unruhige Reservationsindianer. Monteith kam und beschwerte sich, daß Looking Glass' Nez Percé, die am Clearwater ihr Lager aufgeschlagen hatten und sich somit eigentlich auf Reservationsgebiet befanden, Rinder und Pferde ansässiger Siedler gestohlen hätten und daß diese Indianer offen damit drohten, Krieg zu machen. Captain Perry, Kommandant von Fort Lapwai, empfing einen Brief von Loyal P. Brown aus Mount Idaho, den Joe Roboses mitgebracht hatte. Wörtlich stand darin: »Gestern hielten die Indianer vor den Toren unserer Stadt eine große Parade ab. Ungefähr hundert von ihnen, alle gut bewaffnet und auf ausgezeichneten Pferden, führten uns ein Manöver vor, das uns ihre Kampfstärke demonstrieren sollte. Dieses Kriegsspiel dauerte ungefähr zwei Stunden. Heute kamen dann viele von ihnen in die Stadt und versuchten Schießpulver und Munition zu kaufen.«
»Zustände sind das!« meinte Lieutenant Theller, der sich den Ausbruch eines Indianerkrieges nach allem, was man ihn in West Point dar-

über beibrachte, anders vorgestellt hatte. »Man muß doch jetzt endlich wissen, woran man ist!« sagte er zu den anderen Offizieren.

»Wir wissen bald, woran wir sind«, sagte General Howard und entschloß sich, ein Detachement unter dem Kommando von Captain Joel G. Trimble in Richtung auf Grangeville und Mount Idaho loszuschicken.

Joe Roboses führte. In den Ausläufen der Graigs Mountains stießen die Soldaten auf zwei Indianer, die ziemlich durcheinander waren und atemlos von neuen Morden im Slate Creek und im White Bird River Gebiet berichteten. Joel G. Trimble entschied, sofort nach Fort Lapwai zurückzukehren.

Am 15. Juni, genau um 8 Uhr am Abend, ließ General Oliver Otis Howard die Kompanien F und H der 1. US-Kavallerie marschbereit auf dem Paradeplatz antreten. Insgesamt neunundneunzig zum Kampf ausgerüstete Soldaten nahmen in zwei Gliedern vor dem Hauptquartier Aufstellung. Howard übergab Captain David Perry den Oberbefehl über beide Kompanien. Perry, ein großgewachsener hagerer Mann, war ein erfahrener Offizier, der sich bereits im Bürgerkrieg ausgezeichnet hatte. Ihm zur Seite standen Captain Joel G. Trimble, Lieutenant W. R. Parnell und Lieutenant Edward R. Theller, der seinem ersten Einsatz derart entgegenfieberte, daß er fast vergaß, seiner jungen Frau zuzuwinken, als er an ihr vorbeiritt.

Mrs. Theller war die einzige Offiziersfrau, die es trotz der gefährlichen Lage vorgezogen hatte, bei ihrem Mann im Fort zu bleiben. Mrs. Theller stand vor dem Haus und winkte mit einem Taschentuch. Tränen liefen über ihre Wangen, als die Soldaten in Zweierreihe hinter ihren Offizieren vorbeiritten.

Ein stolzes Bild. Das Sternenbanner und die Kompaniewimpel flatterten hoch über den Reitern. Sattelleder knirschte. Geschirrketten rasselten. Viele der Soldaten waren junge Burschen, die wie Lieutenant Theller zum erstenmal einen heißen Einsatz vor sich hatten.

Staub hob sich und breitete sich über dem Paradeplatz aus. Die wenigen Soldaten, die zurückgeblieben waren, machten lange Gesichter. Sie hätten gern mit denen getauscht, die davonritten.

Vom Hauptquartier aus nahm General Howard Captain Perrys letzten Gruß ab. Perrys Pferd drehte sich tänzelnd. Da es Perry im Bürgerkrieg in der Nordstaatenarmee zum Colonel gebracht hatte, nannte ihn der General immer noch Colonel, als er ihm die besten Wünsche zurief:

Soldaten der US Armee

»Auf Wiedersehen, Colonel! Passen Sie auf, daß Sie nicht geschlagen werden!«

Und Perry lachte und rief: »Da sehe ich keine Gefahr, Sir!«

Mrs. Theller, die das hörte, wurde trotzdem die Beklemmung nicht los, die sie befallen hatte. Sie stand noch auf der Veranda, als der letzte Soldat im Staub verschwunden war.

Nach den ersten Morden durch die drei Cousins zogen es viele der älteren Nez Percé Indianer vor, das Lager Tepahlewam am Tolo Lake zu verlassen und zum Cottonwood Creek zu ziehen, wo Looking Glass' Clearwater Nez Percés ihre Tipis aufgeschlagen hatten. Aber schon am nächsten Tag tauchten die wilden jungen Männer auf, die jetzt nicht mehr aufzuhalten waren, und Looking Glass packte seine Sachen wieder zusammen und brachte seinen Stamm zum Clearwater River. Hush-hush-cute zog mit seinen Leuten ebenfalls zum Clearwater. Am Cottonwood Creek blieben danach nur dreißig Tipis zurück, die von Familien aus Toohoolhoolsotes und White Birds Stammesabteilungen bewohnt waren.

Joseph verließ den alten Lagerplatz Tepahlewam am Anfang des Rocky Canyons mit Verspätung, da er sich auf der Westseite des Salmon Rivers aufgehalten hatte, um Fleisch für seine Familie zu machen. Er kam mit seiner hochschwangeren Frau nur langsam voran, und er erreichte den Cottonwood Creek, als Looking Glass und Hush-hush-cute schon fort waren. Toohoolhoolsote war davon überzeugt, daß in den nächsten Tagen mit einem Angriff durch die Armee zu rechnen war. Daraufhin führte White Bird die verbliebenen Nez Percé zu einem Hügel am Salmon River, von wo man einen guten Überblick über das Land hatte. Am nächsten Tag berichteten Kundschafter, daß zwei Kompanien Soldaten im Anmarsch waren.

Die Entdeckung der Truppen überraschte die Indianer nicht. Nach einer kurzen Beratung entschieden sich White Bird und Toohoolhoolsote aber doch dafür, das Lager an den White Bird Creek zu verlegen, und zwar genau an die Mündung des White Bird Canyons, wo ihnen der Salmon River Rückendeckung geben würde.

Joseph schloß sich den anderen an, zumal er darauf aus war, für seine Frau einen Platz zu finden, wo sie unbehelligt ihr Kind auf die Welt bringen konnte.

Und es war ein guter Platz, tief zwischen steilen Hängen des White Bird Canyons. Es war ein Platz, der den Soldaten zur Falle werden konnte, und es war ein Platz, wo Josephs Frau sich auf die Geburt einrichten konnte. Joseph stellte ihr Tipi abseits der andern auf. Dort konnte sie allein sein, und er würde dafür sorgen, daß sie in Frieden seinen Sohn gebären konnte, selbst dann, wenn die Soldaten kamen.

Die Kundschafter meldeten das Näherkommen der Soldaten, Schritt um Schritt. In zwei langen Reihen, angeführt von Captain Perry.

Und dann entdeckte Old Blackfoot, der ein Feldglas besaß, daß an der Spitze der Soldaten ein Mann ritt, der den meisten Nez Percé gut bekannt war, nämlich Arthur I. Chapman.

Joseph lieh sich Old Blackfoots Feldglas und überzeugte sich selbst. Er entdeckte Chapman, der einen prächtigen Hengst ritt. Und Chapman hatte quer über dem Sattel ein Winchestergewehr liegen.

Joseph wußte nicht, ob er sich über Chapman freuen sollte oder nicht. Chapman konnte als Freund oder als Feind kommen. Joseph beriet sich mit Ollokot, und der schlug vor, den Soldaten einige Unterhändler entgegenzuschicken. Damit waren die anderen einverstanden, und Wettiwetti, ein Unterhäuptling aus Josephs Stamm, meldete sich freiwillig, mit fünf anderen zusammen, den Soldaten entgegenzureiten, bevor sie im Morgengrauen den Canyon erreichen würden.

Am Abend noch schnitt Wettiwetti einen Ast von einem Weidenbusch und band ein schmuddelig weißes Unterhemd daran. Wettiwetti war sehr zuversichtlich, als er sich an diesem Abend hinter einen Erdbuckel an den Canyonhang legte, um ein bißchen zu schlafen.

Nachdem Captain Perrys Einheit Fort Lapwai verlassen hatte, war ein heftiger Platzregen niedergegangen, und für den Rest der Nacht trotteten die Soldatenpferde auf der aufgeweichten Straße zur Norton Ranch. Dort ließ Perry anhalten und frühstücken. Danach ging es weiter in Richtung Mount Idaho und Grangeville. Ziemlich mitgenommen erreichten die Soldaten am frühen Abend die Stadt Grangeville. In knapp vierundzwanzig Stunden hatten sie über siebzig Meilen zurückgelegt. Hier in Stadtnähe wollte Perry mit seinen beiden Kompanien eigentlich die Nacht verbringen. Die Soldaten fingen an, das Lager einzurichten, als die Stadtbewohner und die Siedler, die sich nach Grangeville geflüchtet hatten, aufgebracht von Perry verlangten, weiterzureiten und den Indianern den Garaus zu machen. Sie kamen in Horden aus der Stadt und brüllten Perrys Einwände und Erklärungen nieder.

Eigentlich hatte Perry gehofft, seine Einheit in Grangeville und Mount Idaho durch Freiwilligentrupps verstärken zu können. Aber um neun Uhr am gleichen Abend, nach einer Pause von knapp zwei Stunden, gab Perry das Kommando zum Aufsitzen. Ohne Widerrede kletterten die Soldaten in die Sättel und reihten sich vor den aufgebrachten Bürgern auf. Perry ritt zur Spitze, hob die Hand, und die beiden Kompanien setzten sich in Bewegung.

Kurz vor Mount Idaho trafen die Soldaten dann auf elf Zivilisten, die ihnen den Weg versperrten. Alle hatten Revolver eingesteckt und Gewehre im Sattelschuh. Trotzdem sahen sie nicht danach aus, als ob sie einen Krieg hätten entscheiden können. Als Lieutenant Edward R. Theller den Mann erkannte, der sie anführte, konnte er sich nicht zurückhalten. Er rief: »Mister Chapman! Das ist aber ein Zufall!«

Chapman sagte, daß er hier gewartet habe, um sich mit den elf Männern der Armee als Kundschafter anzuschließen. »Ich wußte, daß ihr hier durchkommt.« Er sah Captain Perry an, dann folgte sein Blick der langen Reihe von erschöpften Pferden und müden Soldaten. »Wollen Sie mit denen etwa in den Krieg ziehen, Captain?« fragte er, besorgt darüber, Perry könnte die Frage bejahen. Und der Captain nickte tatsächlich, sagte aber: »Ich weiß, daß sie eine Pause brauchen. Gibt es hier einen günstigen Platz?«

»Hier ist ein Platz so gut wie der andere, Captain. Wissen Sie, wo sich die Indianer befinden?«

»Ehrlich gesagt, ich denke, daß sie in der Nähe sind.«

Chapman lächelte kurz. »Das sind Kundschafter. Sie beobachten jede Bewegung. Aber die Hauptmacht hat ein Lager im White Bird Canyon errichtet. Das ist ungefähr fünfzehn Meilen von hier. Wenn ich Ihnen einen Rat geben darf, Captain, bringen Sie Ihre Soldaten auf das Plateau, von dem man den Canyon überblicken kann.«

»Wie weit ist das?« fragte Captain Trimble.

»Zehn, zwölf Meilen von hier. Aber es lohnt sich.«

»Wie meinen Sie das, Mister Chapman?« fragte Perry, der plötzlich mißtrauisch schien.

»So wie ich es sagte, Sir. Vom Plateau bis zum Lager sind es dann noch knapp vier Meilen. Und man hat einen Überblick. Man kann alles ganz genau sehen, und es ist leicht, einen strategisch einwandfreien Angriffsplan zu entwickeln, während ich in das Lager reite, um mit Joseph zu reden.«

Perry schüttelte den Kopf. Er schien nicht zu verstehen, was Chapman vorhatte, aber er war ein Mann, der schnell erkannte, wenn er von einem Ratschlag profitieren konnte. Er gab den Befehl zum Weiterritt und bat Chapman, ihm Gesellschaft zu leisten. »Erzählen Sie mir unterdessen, was Sie sich ausgedacht haben, Mister Chapman. Dann erzähle ich Ihnen vielleicht, was ich mir ausgedacht habe.«

Zu seiner linken Seite Lieutenant Theller, zu seiner rechten Captain Perry, ritt Chapman vor den Zivilisten und den beiden Kavalleriekompanien auf einem alten Indianertrail südwestwärts.

Er schilderte in kurzen Worten, was er erlebt hatte, und sagte dann: »Ich will meine Frau und meinen Sohn zurückhaben, Captain! Das ist alles, was ich will!«

»Es tut mir leid für Sie«, sagte Lieutenant Theller. »Gott, ich habe Ihren Jeffrey richtig liebgewonnen, Mister Chapman. Meine Frau übrigens auch. Es wäre schrecklich für uns, wenn ihm etwas zustoßen würde.«

»Deshalb möchte ich verhindern, daß es zu einem Kampf kommt. Ganz abgesehen davon, daß der Canyon für Ihre kleine Einheit zu einer Falle werden kann, aus der es kein Entrinnen gibt.«

»Ich dachte, man kann ihn vom Plateau her einsehen?«

»Man kann das Lager sehen. Die Hänge des Canyons sind aber von Gewitterregen derart zerfurcht, daß es genug Deckungsmöglichkeiten für Heckenschützen gibt. Da drin können sich zwei- oder dreihundert Indianer aufhalten, ohne daß man einen von ihnen zu Gesicht bekommt.«

»Wir werden uns dementsprechend verhalten«, sagte Captain David Perry. »Ich bin hier, um diese Indianer für die Morde an den Siedlern zu bestrafen. Sie haben General Howards Ultimatum überschritten, und ich bin ehrlich gesagt nicht erpicht darauf, sie jetzt noch dazu zu bringen, in die Reservation zu ziehen. Mister Chapman, ich werde unter allen Umständen angreifen und das Lager vernichten. Ohne ihre Tipis und ohne Proviant und Pferde werden sie kaum in der Lage sein, uns lange Widerstand zu leisten.«

»Darauf würde ich mich nicht verlassen, Captain. Die Nez Percé sind jetzt bereit, den Kampf aufzunehmen.«

»Es würde sich für sie nicht lohnen«, sagte Captain David Perry. »Sie haben keine Chance, und das wissen sie. Diese Leute haben noch nie Krieg geführt. Das sind keine Sioux und keine Cheyenne oder Comanchen.«

»Nein. Das sind Nez Percé Indianer, und die wissen ganz genau, was sie zu verlieren haben. Captain, übernehmen Sie sich nicht!«

»Keine Sorge, Mister Chapman. Ich bin nicht darauf aus, hier in dieser Wildnis mein Leben zu lassen.«

Um Mitternacht hatten dann die Pferde den Aufstieg zum Plateau geschafft, und etwa fünf Meilen vom Lager der Indianer entfernt, schlugen die Soldaten ihr Nachtlager auf.

Drei Reservations Nez Percé, die Perrys Truppen begleitet hatten, kamen von einem Erkundungsritt zurück. In der Nähe des Lagers, in einer von Büschen überwucherten Erdspalte, waren sie auf eine Frau und zwei Kinder gestoßen, die sich dort versteckt gehalten und es trotz der Nähe der Soldaten nicht gewagt hatten, um Hilfe zu rufen. Die Frau war Mrs. Benedict. Drei Tage und Nächte lang hatte sie in der Erdspalte zugebracht. Eines ihrer Kinder, ein Mädchen, hatte eine üble Wunde am Kopf, die von Mrs. Benedict nur notdürftig verbunden worden war. Sie erzählte vom Angriff auf den Store, und sie tat es, ohne eine Träne zu vergießen. Sie wußte, daß ihr Mann tot war. Und sie sagte, daß sie jetzt wegziehen würde. Zurück nach Kanada, wo sie hergekommen sei.

Perry schickte zwei von Chapmans Zivilisten mit der Frau und den Kindern zurück nach Mount Idaho.

Er fragte Chapman auf einem Rundgang, ob er immer noch nicht zornig genug wäre, um den ersten Indianer, der des Weges käme, einfach abzuschießen.

»Ich werde mich, wenn es nötig ist, schnell entscheiden können, Captain«, erwiderte Chapman. »Verlassen Sie sich darauf.«

Er verbrachte den Rest der Nacht mit Lieutenant Theller, der ihm von seinen Zukunftsplänen erzählte: von seinen sieben Kindern, die noch nicht auf der Welt waren, und von der Ehrenmedaille, die eines Tages an seiner Gala-Uniform hängen würde. Er schwärmte von einem Leben, das er sich in den prächtigsten Farben ausgemalt hatte, obwohl es gerade jetzt keine Aussichten dafür gab. Und während Lieutenant Theller erzählte, jaulten, japsten und kläfften rundherum die Coyoten. Manchmal waren es sicher auch Indianer, die wie Coyoten klangen. Nur Chapman kannte den Unterschied.

Herausgeputzt, mit vielen Federn im Haar und mit knallrotem Gesicht, bestieg Wettiwetti am frühen Morgen sein Pferd und führte seine vier Begleiter den schmalen Pfad hoch, der durch den Canyon zum Rand des Plateaus führte.

Wettiwetti strahlte vor Zuversicht. Er fürchtete sich nicht, den Soldaten zu begegnen, denn er ritt unter dem Zeichen des Friedens, das von einem knorrigen Ast herunterhing, schmutzig zwar, aber noch immer weiß genug, um von den Soldaten als Parlamentärsfahne erkannt zu werden.

Wettiwetti und seine Freunde wurden von den besten Wünschen der Zurückbleibenden begleitet. Und weil vor allem Toohoolhoolsote Gründe hatte, an der Ehrenhaftigkeit weißer Offiziere zu zweifeln, lagen zu beiden Seiten des Pfades, an den unübersichtlichen Canyonhängen, im Schutze von Steinbrocken und Büschen, in Erdspalten und trockenen Wassergräben ungefähr siebzig Männer, die dem Sonnenaufgang ebenso entgegenfieberten wie die Soldaten, die in einer langen Schlange dem Plateaurand folgten.

Die ersten Sonnenstrahlen schossen über die Felsen hinweg in den Himmel, als die Soldaten zum Rand des Canyons vordrangen. Vom Lager aus konnte man sie jetzt sehr gut sehen. Der vorsichtige Joseph ließ den Rest des Lagers abbrechen, und weil nicht genug Männer frei waren, die sich hätten um die Reservepferde kümmern können, übernahmen unter dem Kommando von Mox Mox, einem Unterhäuptling, die Frauen die Herde und trieben sie flußabwärts in den Schutz einiger Felsbänke.

Unterdessen richteten die Nez Percé dort, wo sie waren, eine Falle ein, als ob sie seit Jahren schon Sandkastenstrategie gepaukt hätten. Dort, wo sich der White Bird Canyon zu einer Ebene ausbreitete, ließ Joseph durch eine Gruppe von jungen Burschen und Knaben eine Sperrlinie errichten, um durchbrechende Soldaten abzufangen. Links des Lagers, wo noch die Campfeuer rauchten, hielten sich White Birds Männer hinter einem niederen Hügelkamm verborgen. Joseph selbst und Ollokot übernahmen die Hauptverteidigungsposition am Hang, der zum Plateau hochführte. Dort würden die Soldaten kommen. Und es würde für sie nur ein Weg offen bleiben, der Weg, den sie gekommen waren.

Im Canyon herrschte Lärm und Durcheinander. Nachdem die Frauen die Pferde in Sicherheit gebracht hatten, wurden die Campfeuer ausgemacht und die letzten Sachen hinunter zum Fluß transportiert. Frauen und Kinder lärmten durcheinander. Man traf die letzten Vorbereitungen für eine schnelle Flucht. Die Frauen hatten kein Vertrauen in den Krieg. Sie kannten ihn nicht. Sie ahnten nur, daß sie plötzlich würden laufen müssen.

Sie erhofften sich mehr von Wettiwetti und dem Stück Stoff am Ast als von den Gewehren, die ihre Männer und ihre Söhne in den Händen hielten, während sie in den Deckungen auf die Soldaten warteten.

Siebzig Männer. Viele von ihnen blutjung. Fast noch Knaben. Und nur fünfzig hatten Gewehre. Die anderen waren mit Bogen und Pfeilen bewaffnet. Und für sie alle war es der erste Kampf gegen weiße Soldaten und der erste Krieg gegen die Vereinigten Staaten von Amerika. Aber darüber machte sich kaum einer ernsthafte Gedanken, während sie beobachteten, wie Wettiwetti, mutig als wäre er unverwundbar, einer Gruppe von Reitern entgegenritt.

Und Old Blackfoot hatte das Fernglas an den Augen und murmelte darunter hinweg gegen Josephs Hinterkopf, daß da oben Chapman käme, Chapman und Jonah, ein Reservationsindianer, und ein uniformierter Knabe mit einem schönen, auf Hochglanz polierten Messinghorn vor der schmalen Brust.

»Jetzt halten sie an«, sagte Old Blackfoot zu Joseph. »Chapman zieht ein Gewehr unter seinem Bein hervor. Jetzt hält er die linke Hand hoch. Aber Wettiwetti reitet weiter auf Chapman und Jonah und den Knaben mit dem Horn zu, und jetzt legt Chapman das Gewehr an und ...«

Man konnte die Gewehrschüsse hören. Old Blackfoot hielt es deshalb nicht für nötig, weiter zu erzählen, was er durch sein Feldglas aus nächster Nähe mitansehen konnte.

Der Hornist, sechzehn Jahre alt, hieß Johnny Jones und ritt auf Chapmans linker Seite. Johnny Jones saß ziemlich steif im Sattel, denn er hatte einen wundgescheuerten Hintern und einen schmerzenden Rükken. Darüber brauchte er sich nicht zu schämen, denn es war sein längster und anstrengendster Ritt gewesen.

Rechts von Chapman ritt Jonah Hayes, ein Nez Percé Indianer, der sich längst in der Reservation angesiedelt hatte. Er saß jeden Schritt seines gescheckten Pferdes aus, denn ihm hatte der Ritt nicht arg zugesetzt. Er wollte mit seinen Brüdern reden, wollte noch einmal versuchen, auf seine Brüder einzuwirken. »Das letzte Mal«, meinte er. »Ich habe jetzt die Geduld nicht mehr. Es wird dabei sowieso nichts herauskommen.«

Chapman, der das Lager im ersten Tageslicht beobachtet hatte, wußte, daß Linda und Jeffrey nicht da waren. Trotzdem wollte er versuchen, den Ausbruch des Krieges durch eine Unterredung mit Joseph zu verhindern. Und er rechnete sich Chancen aus, obwohl Captain Perry *die Gewehre sprechen lassen wollte.*

Aber nicht Joseph war es, der Chapman entgegengeritten kam.

Fünf Reiter. Einer von ihnen hatte einen weißen Stoffetzen an einem Ast über seinem Kopf flattern. Chapman kannte ihn nicht. Und Chapman war in letzter Zeit vorsichtig geworden. Er hielt an. Links und rechts von ihm hielten auch Jonah Hayes und der Hornist Johnny Jones. Der stellte sich in den Steigbügeln auf.

»Was passiert jetzt, Mister Chapman?« fragte er, als Chapman das Gewehr aus dem Sattelschuh zog und die linke Hand hob, zum Zeichen, daß die Indianer anhalten sollten.

Chapman nahm die Hand herunter. »Die müssen wissen, daß es kein Spiel ist«, sagte er. »Teufel, die würden uns doch glatt über den Haufen reiten!« Er nahm das Gewehr hoch, legte an und zielte über die Köpfe der anreitenden Indianer hinweg in den Himmel. Dann drückte er zweimal hintereinander ab, und Wettiwettis Pferd machte einen gewaltigen Satz, war sekundenlang mit allen vieren in der Luft, kam dann auf, bockte seitwärts, behinderte die anderen, drehte sich, keilte aus und jagte davon. Die anderen hinterher.

Johnny Jones lachte aus vollem Hals. »Mann, die hauen aber ab, was«, sagte er, und Chapman sah, wie in fast zweihundert Meter Entfernung plötzlich über einigen Felsbrocken Köpfe auftauchten. Und Gewehre.

»Mach dich klein im Sattel, Kid!« rief Chapman.

»Man, mein Arsch brennt!« rief Johnny Jones zurück, und dann kippte er plötzlich weg und er hatte kein Gesicht mehr, als er vom Pferd fiel. Chapman sprang aus dem Sattel und schleifte Johnny Jones aus dem

Schußfeld, während Perry den Befehl zum Angriff gab. Jonah Hayes floh vor den Soldaten, die jetzt den Canyon stürmten. Doch Chapman ahnte, daß Captain Perry mit seiner Einheit in eine Falle ritt.

Der Kampf im White Bird Canyon dauerte nur wenige Minuten. Lieutenant Theller, der mit acht Soldaten die Vorhut ausmachte, wurde am oberen Ende eines schräg zum Canyongrund verlaufenden Erdgrabens von einigen Nez Percé Scharfschützen zum Anhalten gezwungen. Rund um ihn herum tauchten plötzlich Indianer auf, die blitzschnell ihre Gewehre abfeuerten und wieder verschwanden. Theller ließ das Feuer erwidern, während Perry mit seiner Kompanie einen Entlastungsangriff zur Mitte führte, der aber in einem konzentrierten Abwehrfeuer steckenblieb. Gleichzeitig mit Captain Perry, aber etwa hundert Yards zurück, ging Captain Trimble mit den restlichen Soldaten zum Angriff über, der ihn auf die rechte Seite von Perry bringen sollte. Dadurch wurde Perry seine eigentliche Rückendeckung los, da auch die Zivilisten, geführt von einem Mann namens Shearer, in den Canyon gestürmt waren und von einem Erdbuckel auf der linken Canyonseite die Nez Percé unter Feuer nahmen.

Joseph und Ollokot brachten den Angriff Perrys durch heftiges Abwehrfeuer auf einem Hügelrücken zum Stehen. Jetzt erst ließ der Captain seine Soldaten absitzen und die Pferde hinter dem Hügel in Sicherheit bringen. Vor den Soldaten breitete sich eine kleine Ebene aus, in der sich Josephs und Ollokots Krieger dem Angriff gestellt hatten. Perrys Soldaten erwiderten das Feuer der Nez Percé Scharfschützen, die zum Teil mehrschüssige Winchesterkarabiner benutzten, während die Soldaten mit einschüssigen Springfield Karabinern ausgerüstet waren.

Unterdessen hatte Trimbles Kompanie, die von White Birds Kriegern abgefangen wurde, keine Zeit, in Ordnung abzusitzen. Mehrere Soldaten waren aus den Sätteln geschossen worden. Die aufgeschreckten Pferde konnten nicht mehr unter Kontrolle gehalten werden. Sie versuchten sich loszureißen und schlugen wild um sich, während die Indianer gezielt in das Durcheinander hineinfeuerten. Trotzdem gelang es Trimbles Soldaten, sich zu einer geschlossenen Feuerlinie zu formieren.

Die Zivilisten auf dem kleinen Hügel waren unterdessen in einen verzweifelten Abwehrkampf verwickelt worden. Als zwei von ihnen tödlich getroffen waren, flohen die anderen Hals über Kopf.

Captain Trimble bemerkte, daß die Zivilisten ihre Position aufgegeben hatten, löste seine Feuerlinie auf und – versuchte, einen Flankenangriff durch Ollokots Krieger aufzuhalten. Am sanften Hang, der zu der senkrecht ansteigenden Canyonwand hochführte, tauchte aber plötzlich eine Pferdeherde auf, die in Stampede versetzt, von Knaben getrieben, über die Stellungen der Soldaten hinwegraste.

Aus dem Staub heraus schossen dann berittene Indianer auf die völlig verwirrten Soldaten.

In der Mitte blieb Perry nur noch der Rückzug zum zweiten Hügelkamm, aber bevor dieser erreicht werden konnte, brach seine rechte Flanke, und die Soldaten liefen davon, flohen über den Hügel und hetzten hinter ihren Pferden her. Perry sah ein, daß er die Kontrolle über sein Einheit verloren hatte.

Weit oben im Erdgraben, wo Lieutenant Theller zuerst auf die Indianer gestoßen war, war es ruhig geworden. 18 Tote lagen dort, und nur die Taschenuhr des jungen Lieutenants tickte noch.

Auch Trimble ließ Tote zurück, und Captain Perry wußte, daß er die Niederlage nicht mehr aufhalten konnte. In völliger Panik flohen die Soldaten und wurden dabei aus allen Richtungen beschossen. Es gelang Perry, vierzehn seiner Männer um sich zu versammeln. Auf der anderen Seite hatte Lieutenant W. R. Parnell noch dreizehn seiner Soldaten fest unter Kommando. Diesen beiden Offizieren und ihren siebenundzwanzig Soldaten gelang es einigermaßen, die unkontrolliert fliehenden Soldaten zu decken und sich dann kämpfend den Canyon hoch zum Plateaurand zurückzuziehen.

Vom Plateaurand aus flohen die Soldaten, von den Indianern ohne Unterlaß angegriffen und beschossen, bis zu einer verlassenen Ranch. Dort verschanzten sie sich hinter Mauern und Steinbrocken und erwarteten den Ansturm der Nez Percé Indianer. Aber die Indianer griffen nicht offen an. Chapman bemerkte, wie sie sich langsam im Schutze der Unebenheiten im Gelände an die Stellungen der Soldaten heranschlichen. Chapman meldete seine Entdeckung, und Captain Perry, der hinter einem Erdbuckel kauerte, schüttelte hilflos den Kopf. Er sah ziemlich mitgenommen aus. Die Haare hingen ihm in Strähnen in das schmutzige, blutverschmierte Gesicht.

»Wir halten diese Stellung bis zur Dunkelheit und ziehen uns dann nach Mount Idaho zurück«, sagte er atemlos.

Lieutenant Parnell, der völlig erschöpft und mit einer stark blutenden Schramme an der Stirn hinter einem Mäuerchen kniete, lachte heiser auf.

»Wissen Sie, daß es jetzt sieben Uhr ist, Sir, sieben Uhr am Morgen und nicht am Abend, und wir kämpfen jetzt ununterbrochen vier Stunden lang, und wir haben noch eine Handvoll Patronen pro Mann übrig!«

Darauf entschloß sich Captain Perry, sofort zum Rückzug nach Mount Idaho.

Berittene Nez Percé folgten den Soldaten fast bis zur Stadt, beschossen und verspotteten sie, als sie sahen, wie Perrys Soldaten in wilder Hast in die kleine Stadt stürmten.

In Mount Idaho richtete man sich sofort auf einen Angriff der Indianer ein, aber sie kamen nicht, die Nez Percé, die im ersten Widerstand stark, aber keineswegs überheblich geworden waren. Sie ritten zurück zum White Bird Canyon und feierten den Sieg, der sie zwei verwundete Krieger gekostet hatte, während 34 Soldaten auf dem Schlachtfeld zurückgeblieben waren.

36 Gewehre und eine Anzahl von Revolvern wurden erbeutet. Bei einigen Soldaten fanden sie Geld. Alles, was die Indianer brauchen konnten, nahmen sie den Toten ab. Aber sie verunstalteten die Leichen nicht und nahmen keine Skalps.

Während des Kampfes hatte Josephs Frau ein Mädchen geboren, und Joseph war sich mit den anderen Häuptlingen einig, noch am gleichen Tag den White Bird Canyon zu verlassen.

Sie zogen zu einer Biegung des Salmon Rivers, die Horseshoe Bend hieß. Dort wurde dann über das, was ab jetzt zu tun sein würde, eingehend diskutiert. Schließlich einigten sich alle Häuptlinge auf den Plan, den zwei der bedeutendsten Krieger und Jäger unter ihnen, Five Wounds und Rainbow, vorschlugen: den Salmon River zu überqueren und auf der anderen Seite auf den einarmigen Soldatengeneral zu warten. »Nicht wir wollen den Krieg mit ihm, sondern er mit uns. Also warten wir auf der anderen Seite des Flusses auf ihn und seine Soldaten. Und wenn er dann kommt, können wir immer noch entscheiden, ob wir mit ihm Krieg machen wollen oder nicht.«

Und genau das machten dann die Nez Percé unter Führung von Joseph, Ollokot, White Bird und Toohoolhoolsote. Auf der anderen Seite des Flusses, in den Hügeln, schlugen sie ihre Lager auf und warteten auf General Howard, bereit, sich entweder in die Berge zurückzuziehen, oder sich dem Kampf zu stellen. Darüber würde man dann beraten, wenn es an der Zeit war.

10

Looking Glass

Sieben Tage nach der ersten Schlacht kam General Howard in das Nez Percé Land und brachte 700 Soldaten. Jetzt war der Krieg erst richtig ernst. Wir überquerten den Salmon River und hofften, daß General Howard sich verleiten lassen würde, uns zu folgen. Und er enttäuschte uns nicht. Er folgte uns, und wir machten einen Bogen und gelangten zwischen ihn und seinen Nachschub, von dem wir ihn 3 Tage lang trennten. Dann kamen noch zwei Kompanien, die die Verbindung wiederherstellen sollten, und die griffen wir natürlich an. Wir töteten einen Offizier, zwei Kundschafter und zehn Soldaten.

Joseph in: THE NORTHAMERICAN REVIEW, 1879

Es war die Frau von Jonah Hayes, die General Howard in der Nacht vor der Schlacht in Fort Lapwai weckte. Howard hatte fest geschlafen, als die Frau auf der Veranda des Offiziershauses von einer Wache festgehalten wurde. Sie kreischte auf den Soldaten ein, und Howard wurde durch die schrille Stimme der Frau aus schönen Träumen gerissen. Er zog seinen Mantel an und ging hinaus. Im Licht der Laterne sah er den jungen Soldaten und die Indianerin. Auch ein paar Mischlinge standen vor der Veranda und trauten sich nicht herauf. Als der General auftauchte, hatte sich die Frau befreit und stürzte auf ihn zu. Er wich bis in den Türrahmen zurück, und sie blieb vor ihm stehen, geduckt wie zum Angriff bereit. Sie kreischte immerfort etwas in der Sprache der Nez Percé, bis einer der Mischlinge übersetzte: »Die Frau sagt, die Rothäute haben eine Falle gemacht!« rief er etwas kurzatmig. »Alle unsere Soldaten sind glatt reingelaufen. Die Rothäute haben von allen Seiten sofort angegriffen. Sie haben alle Soldaten und alle Kundschafter getötet, und sie haben auch einige Indianer getötet, die mit den Soldaten waren!«

Jonah Hayes Frau heulte danach los und warf sich auf die Verandabretter. Eine Wachmannschaft kam aus dem Wachthaus, und Lieutenant Boyle, der seit Perrys Abwesenheit das Kommando über die wenigen Soldaten von Fort Lapwai hatte, gab den Befehl, den Platz zu räumen und die Nachtruhe wiederherzustellen. In Howards Wohnung fragte er den General, was er von dem Gerede der Frau halte, und General Howard zeigte auf ein Bild von Jesus, das an der Wand hing. Er sagte: »Wenn er mir eine Mitteilung machen wollte, dann hätte er sich als Boten kaum diese Frau ausgesucht.« Er sagte es so feierlich, daß Boyle vor Rührung fast in Tränen ausbrach, und als er hinausging, konnte er Mrs. Theller, die draußen auf der Veranda stand und voller Sorge war, ehrlich überzeugt und fast frohen Mutes sagen, daß alles in bester Ordnung wäre und die Indianerin nur eine Närrin sei. Er begleitete Mrs. Theller zurück zu ihrem Haus, verabschiedete sich von ihr und ging ins Wachthaus zurück.

Gegen Mittag wußte dann Howard, daß sehr viel von dem, was Jonah Hayes Frau vorausgesehen hatte, inzwischen tatsächlich passiert war.

Perry war geschlagen. Ein Jahr nach Custers Niederlage am Little Big Horn hatte Howard ein Desaster in seinem Departement, das er nur noch durch einen totalen Sieg ausgleichen konnte.

Die Hiobsbotschaft, die aus Mount Idaho kam, erreichte durch Kuriere Fort Lapwai, Florence und Kamiah. Von diesen Orten aus wurde die Kunde der Niederlage nach Boise getragen, wo Gouverneur Brayman über den Telegraphen sofort das Kriegsministerium benachrichtigte: *vernichtender indianerkrieg begann – nur zwanzig freiwillige hier – kein gesetz zur aufstellung einer milizarmee – brauche vollmacht für organisation von freiwilligen auf kosten der regierung – sofortige regelung ist geboten.*

Der Gouverneur wartete eine Antwort des Kriegsministeriums nicht ab. Als Ex-Captain des Bürgerkrieges organisierte er am 19. Juni eine Freiwilligenarmee, die er unter sein Oberkommando stellte. Brayman hatte auf die Chance gehofft, ein bißchen militärische Nachkriegsehren durch den Grenzdienst einzuheimsen. Der Indianerkrieg war ihm gerade recht, nachdem die Erinnerung an Bürgerkriegsehren durch fast zwölf lange Jahre verblichen waren. Brayman beorderte einen jungen Mann namens John Hailey als seinen Ordonnanz-Offizier und Quartiermeister und übertrug ihm die Aufgabe, die Freiwilligen der verschiedenen Ortschaften zu rekrutieren. Der Aufruf des Gouverneurs wurde ein Erfolg, wie ihn sich Brayman selbst nie erträumt hätte. In Boise, in Idaho City, in Silver City und Rocky Bar, in Salubria und Emmett und Mount Idaho, in Salmon City, Grangeville und Lewistone entstanden im Nu respektable Freiwilligenkompanien. Es schien, als hätte die gesamte Bevölkerung eigentlich die ganzen Jahre auf den Tag gewartet, an dem sie mit der Indianerjagd beginnen durften. Legal.

Auch General Howard forderte Verstärkung an, denn seine ehemaligen *Wald- und Wiesenindianer* hatten sich als ernstzunehmende Gegner entpuppt. Sofort wurden Armeeeinheiten von überall aus Amerika in Richtung auf das Nez Percé Gebiet losgeschickt. Sie kamen aus Walla Walla, aus Wallula, Vancouver, Stevens, Canby, Townsend und Klamath, aber auch aus Kalifornien und Arizona. Etwas später, als sich noch deutlicher herausstellte, wie gut sich die Nez Percés auf diesen Krieg eingestellt hatten, waren sogar aus dem entfernten Georgia Truppen der 2. US Infanterie auf dem Weg ins Kriegsgebiet.

General Howard entschied sich am 21. Juni dafür, persönlich ins Feld zu ziehen, nachdem es ihm gelungen war, acht neue Kompanien der regulären US Armee und eine Freiwilligenkompanie aus Walla Walla in Fort Lapwai zusammenzuziehen. General Howards gesamte Streitmacht – Perrys Soldaten, die vom White Bird Canyon zurückgekommen waren, eingeschlossen – zählte insgesamt 400 Soldaten und 100 Zivilisten. Die Scouts, von denen Howard beraten wurde, schätzten den Gegner auf 100 bis 200 kampffähige Männer. Dazu zählten Knaben ab zehn Jahren.

Am 22. Juni kam Arthur I. Chapman mit einigen Freiwilligen aus Mount Idaho in Fort Lapwai an. Chapman sagte dem General, daß die Indianer trotz der Knaben nicht zu unterschätzen wären.

»Es gibt zwar keinen absoluten Führer unter ihnen, aber ich denke, daß letzten Endes Joseph die Entscheidungen treffen wird. Und er ist jetzt ein Mann, der weiß, was er tut!«

»Ob ihm nicht ein paar Jährchen West Point dazu fehlen?« meinte daraufhin einer der Captains, und die anderen, außer Perry, Trimble und Parnell, stimmten ihm bei, Chapman zog es vor, nichts mehr zu sagen. Er wollte Jeffrey zurückhaben. Koste es, was es wolle.

Chapman führte General Howard zum Salmon River. Der Fluß tobte. Am anderen Ufer machten einige Nez Percé, immer noch übermütig durch den ersten Sieg, einen Zirkus. Sie ritten die Hügel rauf und runter, winkten und schwenkten ihre Decken, machten Rauchzeichen, die nichts bedeuteten. Sie ritten bis zum Flußufer, ließen ihre Pferde tanzen, trugen Kriegsspiele vor, und ein paar Knaben schlugen von einem Felsbrocken aus einige Saltos, landeten im reißenden Flußwasser und ließen sich abtreiben, kamen hoch, erklommen die Uferbank und drehten den Soldaten lange Nasen.

Äußerlich blieb der General ruhig. Aber es gab Soldaten, die kochten förmlich. Es gab Zivilisten, denen es in ihrer Wut sogar gelang, den Fluß zu durchschwimmen und auf der anderen Seite des Flusses einen Brükkenkopf zu errichten. Und die Nez Percé, die in Richtung zum Snake River abzogen, schienen es dem Fluß überlassen zu wollen, General Howard aufzuhalten.

Die Reservationsindianer, die als Kundschafter und Dolmetscher bei Howards Armee waren, durften amüsiert zusehen, wie der General und seine Offiziere das Rätsel zu lösen versuchten, wie berittene Soldaten und ihre Ausrüstung und Munition trocken durch einen Fluß zu bringen wären, der in seiner reißenden Zerstörungswut unüberwindbar schien.

Der General, seine Offiziere und die Soldaten hatten wenige Stunden zuvor im White Bird Canyon vierunddreißig ziemlich verweste Leichen von Kameraden begraben. Deshalb konnte der Salmon River ihrem Zorn und Haß kein Hindernis sein.

Lieutenant H. G. Otis, ein Ingenieur der 4. US Artillerie, besah sich den Fluß, hielt den Finger in die Strömung, schätzte die Distanz zum anderen Ufer, stellte ein paar mathematische Berechnungen an und behauptete dann, ein Seil, geflochten aus den Stricken aus der Ausrüstung der Soldaten, würde ein Floß gegen eine Strömung von cirka zehn Stundenkilometern halten können.

H. G. Otis täuschte sich. Das Seil riß, das Floß wurde abgetrieben, die Reservationsindianer lachten, und Howard sah seine Chance schwinden, die Nez Percé noch vor dem nächsten Sonntag einzuholen.

Als die Reservationsindianer genug gelacht hatten, zeigten sie den verzagten Offizieren und ihren Soldaten, wie ein Floß, zwischen vier Pferden festgebunden, durch den Fluß gebracht werden konnte, ohne daß eine Patrone naß wurde.

General Howard erhielt später die Nachricht, daß aus Looking Glass' Lager vom Clearwater her ein paar Kriegstrupps unterwegs wären, um sich mit Josephs Nez Percé zu vereinigen. Um dies zu verhindern, schickte er sofort eine Kompanie Kavallerie und einen Trupp Freiwillige unter dem Kommando von Captain Stephen G. Whipple in Richtung Clearwater los. Unter den Freiwilligen befand sich auch Chapman. Da Tucallacasena ein Bruder von Looking Glass war, bestand die Möglichkeit, daß er mit Linda und Jeffrey und den beiden Frauen zum Clearwater River gezogen war.

Captain Whipple hatte von Howard folgenden Befehl bekommen:
»Machen Sie einen Überraschungsangriff auf Looking Glass' Lager. Nehmen Sie den Häuptling und alle, die zu ihm gehören, gefangen. Bringen Sie die Gefangenen nach Mount Idaho, wo sie von Zivilisten in Gewahrsam gehalten werden können.«

Zur selben Zeit, als Captain Whipple mit seinen Soldaten losgezogen war, lagerten Looking Glass' Nez Percé am Mittelarm des Clearwater River auf einem alten, traditionsreichen Lagerplatz. Zwar wußte so mancher im Lager nicht, wie er sich die Zeit vertreiben sollte, aber nur einige junge Burschen kamen auf die Idee wegzureiten, um Abenteuer zu erleben. Looking Glass hatte versucht, ihnen klarzumachen, daß sie sich auf ein gefährliches Kriegsspiel einlassen würden, wenn sie sich White Bird, Joseph und Toohoolhoolsote anschlössen, aber umsonst.

Für Looking Glass bestand kein Zweifel daran, daß Washington einen Krieg provozieren wollte. Washington hatte gelogen und betrogen, um den Siedlern und den Goldsuchern und den Geschäftemachern und allen anderen Eindringlingen in diesem Land einen Platz zu verschaffen. Und seit sie gekommen waren, schändeten sie die Erde und sie beuteten das Land aus, rücksichtslos und nur darauf bedacht, schnell reich zu werden.

Es waren seltsame Wesen, diese Weißen.

Sie arbeiteten ein Leben lang für die alten Tage. Und wenn die alten Tage kommen, sind sie zu alt, um irgend etwas anderes zu tun, als im Schaukelstuhl auf den Tod zu warten. Der Tod, der für sie ein Schrekkensgespenst ist, weil sie glauben, den Himmel und die Hölle zu kennen.

Seltsam, ihre Art zu leben. Ihr Herzschlag scheint sich dem Ticken ihrer Uhren anzupassen. Und immer am Sonntag läutet irgendwo eine Glocke zur Reue für sechs Wochentage, an denen die seltsamen Geschöpfe aus ihrem Leben ein Geschäft machen, ein Geschäft mit ihrem Gott oder aber mit ihrem Teufel. Und sie betrügen sich gegenseitig, und sie lügen und sie verleugnen sich, sie bekämpfen sich und sie beten, töten, und beten noch einmal. Alles geschieht im Namen ihres Gottes und im Namen ihres Teufels.

Looking Glass war fünfundvierzig Jahre alt. Und er hatte miterlebt, was die Weißen *Besiedlung einer Wildnis* nannten. In seinem Gesicht waren die Falten tief eingegraben, denn er hatte viel hinnehmen müssen, was ihm Schmerzen bereitet hatte. Sein Vater war der Häuptling, als Washington die Landhändler geschickt hatte. Sein Vater war auf die Versprechungen Washingtons hereingefallen. Er hatte für den Frieden sein Leben geopfert.

Seitdem hatte Looking Glass die Bürde einer Verantwortung zu tragen, die ihn zum Zweifler machte. Er zweifelte an der Vergangenheit, die er kannte, und er zweifelte an der Zukunft, die er von den Weißen übernehmen sollte.

Looking Glass brauchte sich nur umzusehen, um traurig zu werden. Überall waren die Spuren der Weißen. Ihre Zivilisation hatte dem Land schlimme Wunden zugefügt. Einige waren vernarbt, andere offen, blutig und eiternd. Überall Straßen, Zäune, Häuser. Oben in den Graig Mountains gab es nackte, häßliche Stellen, wo vorher dichter Wald die Erde beschattet hatte. Und es gab Löcher, die tief in die Berge hineinführten, und alles, was die Weißen herausgebuddelt hatten, war vor diesen Löchern aufgeworfen. Wie rissige Maulwurfhügel. Und so sind die Weißen. Wie Maulwürfe. Sie haben den Verstand und die Weitsicht von Maulwürfen. Sie schuften sich durch die Dunkelheit ihres Alltags, und immer, wenn es hell wird, fangen sie wieder von vorne an.

Wie Maulwürfe. Sie lassen sich durch nichts aufhalten. Aber sie haben keinen Spaß an dem, was sie tun. Sie vergewaltigen die Erde, obwohl sie keine Lust verspüren und es sie nicht glücklich macht. Es ist immer Arbeit, was sie tun, und sie schwitzen und fluchen dabei, und sie schlagen ihre Frauen und Kinder, wenn sie merken, daß sie Narren sind. Wenn sie sich selbst satt haben, betrinken sie sich, und wenn sie betrunken sind, lachen und singen sie, weil sie betrunken sind, und wenn sie nüchtern werden, fangen sie wieder an, sich in die Dunkelheit ihres Lebens hineinzubuddeln.

Wie Maulwürfe.

Am Sonntag fragen sie ihren Gott, warum er ihnen nicht mehr Freude und Glück beschert hat. Am Montag ackern sie sich durch ein neues Stück der Erde, mit grimmigen Gesichtern und schwieligen Händen und mit gebeugtem Rücken, kraftvoll, mächtig, immer vorwärts und vorwärts. Der Schweiß trocknet auf ihren Gesichtern zu einer Kruste, die von Tag zu Tag dicker und undurchdringlicher und häßlicher wird.

Aber sie wollen alle alt werden. Und sie wollen alle für das Alter vorsorgen. Und darüber verpassen sie das ganze Leben.

Looking Glass war ein im weiten Umkreis bekannter guter Jäger. Und er war einer der hervorragendsten Reiter. Er besaß eine Anzahl der besten Rennpferde im Land und hatte drei Frauen, die taten, was es zu tun gab. Looking Glass hätte ein glücklicher Mensch sein können mit dem, was ihm gehörte. Vor einiger Zeit hatte er versucht, sich mit dem Gedanken vertraut zu machen, vier seiner Pferde gegen einen Pflug einzutauschen. Der Gedanke machte ihn unsicher, und manchmal fühlte er sich richtig krank. Der Gedanke schmerzte ihn auch. Was sollte er mit einem Pflug? Platz schaffen für Kartoffeln? Schritt für Schritt vorwärts gehen, im Ticken der Uhr?

Warum durfte er nicht sein Leben leben? Noch gab es genug Platz für ihn und die Familien, die ihm vertrauten. Noch gab es entlegene Täler in den Bergen. Dorthin könnte er sich zurückziehen. Und im Sommer könnte er weiterhin mit Freunden zur Büffeljagd in das Land der Crows gehen. Und im Winter könnte er sich um seine Söhne kümmern, ihnen erzählen, was er erlebt hatte, ihnen zeigen, wie die Welt war und warum alles seine Richtigkeit hat, so wie es der Große Geist geschaffen hat.

Looking Glass wußte keine Antwort auf die Fragen, die sich ihm stellten. Es waren die Weißen, die gekommen waren, um das Land in Besitz zu nehmen. Sie waren nicht zufrieden damit, die Dinge so zu belassen, wie sie der Große Geist geschaffen hatte. Sie wollten alles anders machen. Vielleicht wollten sie sogar die Flüsse bergwärts fließen lassen.

Eines Tages würden sie sich wundern. Eines Tages würden sie wissen, daß es ihre Aufgabe gewesen wäre, sich selbst zu ändern, um dem Großen Geist zu gefallen. Eines Tages würden sie merken, daß sie alles falsch gemacht hatten. Alles!

Toohoolhoolsote meinte, daß dieser Tag bald gekommen sei. Aber Toohoolhoolsote war vom Haß geblendet. Deshalb kämpfte er gegen den einarmigen Soldatenhäuptling. Das war der Grund.

Und Joseph? Joseph kämpfte auch. Joseph leistete Widerstand. Er hatte lange genug versucht, Washington seinen Standpunkt klarzumachen. Jetzt leistete er Widerstand gegen die Soldaten, und er tat es, um seinen Stamm davor zu schützen, vernichtet zu werden.

Pflug oder Gewehr?

Looking Glass wußte die Antwort nicht. Noch nicht.

Am Morgen des 1. Juli schaute er zu, wie Tucallacasena das Flußufer entlangritt, den kleinen weißen Jungen, der Jeffrey hieß und immer nur »Klick« sagte, vor sich auf dem Sattel.

Tucallacasena hatte die Frauen und den Knaben gebracht, weil White Birds Krieger den Knaben vielleicht getötet hätten und weil man in der Stadt der Weißen die Frauen vielleicht auch getötet hätte.

Tucallacasena behauptete, die Frauen und der Knabe wären glücklich, hier zu sein. Aber die jüngste der drei Frauen, sie hatte den weißen Siedler namens Chapman geheiratet, blickte oft in die Ferne, und manchmal schien es, als ob sie davonlaufen wollte.

Ein Dutzend Freiwillige aus Mount Idaho, von einem Mann namens D. B. Randall geführt, schlossen sich Captain Whipples Kommando auf dem Weg zum Clearwater an. Unter ihnen war Dutch Holmes, ein zwielichtiger Bursche, der mit einer Nez Percé Indianerin in der Reservation lebte.

Chapman mißtraute ihm, aber Captain Whipple glaubte, in Holmes einen zuverlässigen Kundschafter gefunden zu haben, der wenigstens wußte, zu welcher Seite er gehörte. Randall und seine Freiwilligen, von denen Chapman einige gut kannte, machten keinen Hehl daraus, daß sie ausgezogen waren, um die Indianer zu töten, die sie auftreiben konnten. Dafür waren sie gut ausgerüstet. Sie hatten Winchestergewehre und Revolver. Rudolph, der Deutsche, der seinen Laden und seine Emma im Stich gelassen hatte, um dabei zu sein, wie er sagte, »wenn das Land von der Geißel des Terrors befreit wird«, hatte gar eine doppelläufige Schrotflinte und einen Säbel mitgebracht.

Captain Whipples Kompanien waren mit je einer Gattling-Schnellfeuerkanone ausgerüstet.

»Zwei tolle Dinger«, sagte der Captain zu Chapman, während sie durch die Nacht ritten. »Damit können wir ganze Landstriche entvölkern.«

Als sich Dämmerlicht in den Niederungen des Clearwater River ausbreitete, befand sich Whipple mit seinem Kommando noch zehn Meilen von Looking Glass' Lager entfernt. Der Captain trieb ein letztes Mal zur Eile an, und die erschöpften Pferde gaben noch einmal her, was die erschöpften Soldaten von ihnen forderten. Da am hellichten Tag aber kein

Überraschungsangriff mehr in Frage kam, ließ Captain Whipple die Hornisten offen zur Angriffsformation blasen. Noch drei Meilen trennten die Angreifer vom Lager, das von den Hügeln aus gut zu sehen war. Die Sonne beschien die Tipis, die am Flußufer in einem Halbkreis aufgestellt waren. Der Clearwater River glitzerte zwischen Dunstschleiern, die sich über den Wiesen ausbreiteten. Die Hornstöße schreckten das friedliche Lager hoch. Frauen und Kinder stürzten aus den Tipis und liefen in panischer Angst ins Tal hinein. Einige blieben aber zurück und fingen an, ihre Sachen zu packen. Knaben rannten, um die Pferde einzutreiben, die jenseits des Flusses weideten.

Chapman, der zur Spitze aufgeschlossen war, rief Dutch Holmes zu, daß man unter allen Umständen versuchen müsse, zuerst mit Looking Glass zu reden.

Holmes lachte und schrie zurück, daß er noch nie ein guter Redner gewesen sei. »Und Worte sind bei diesen Rothäuten verschwendet, Chapman. Das solltest du doch auch wissen!«

»Holmes, du bist ein Lump!« rief Chapman zurück. Etwas anderes fiel ihm im Moment nicht ein, und eigentlich verspürte er nur die Lust in sich, Holmes aus dem Sattel zu schießen. Er tat es nicht, schwenkte ab, holte Whipple ein und trieb sein Pferd eng an das des Captains heran.

»Captain! Das ist ein friedliches Indianerlager! Sie müssen unbedingt versuchen, zuerst mit Looking Glass Kontakt aufzunehmen, bevor sie angreifen!«

Stephen G. Whipple, Captain der Kompanie L, 1. US Kavallerie, hielt seinen Vollbluthengst etwas zurück und warf unter seinen dunklen, buschigen Brauen hervor Chapman einen leicht amüsierten Blick zu. »Machen Sie sich keine Sorgen, Mister Chapman. Wir sind doch keine Mörderbande!«

»Ihre Männer sind, nach dem, was sie im White Bird Canyon gesehen haben, voll von Zorn und Haß!«

»Wir bringen die Gattlings in Stellung, Mister Chapman. Danach sehen wir weiter.«

Wie er es im Sandkasten geübt hatte, brachte Captain Whipple sein Kommando auf dem letzten Hügelrücken in Angriffsstellung. Dann ließ er die Gattlings vorfahren. Vom Lager her näherten sich inzwischen zwei berittene Indianer mit einem weißen Stoffetzen. Chapman atmete auf. Looking Glass schien noch immer guten Willens zu sein, sich wenigstens aus dem Krieg herauszuhalten. Der eine Indianer war Peopeo Tholekt, und Whipple schickte ihm Dutch Holmes entgegen. »Sagen Sie ihm, ich will nur Looking Glass sprechen!«

Holmes wollte vorreiten, aber Chapman stellte sich ihm in den Weg. »Ich gehe mit«, sagte er ruhig.

»Du traust mir nicht, was?« fragte Holmes zurück.

»Da unten sind vielleicht meine Frau und mein Junge«, erwiderte Chapman. »Ich will nicht, daß sie getötet werden!«

Holmes zuckte die Schultern. »Komm mit«, sagte er. »Aber halt die Schnauze, ja!«

Sie ritten nebeneinander auf die beiden Indianer zu und zügelten dann ihre Pferde.

»Ist Looking Glass da?« fragte Holmes sofort. Peopeo Tholekt nickte, blickte dabei unverwandt Chapman an. Chapman saß ruhig im Sattel und schaute hinunter ins Lager. Er hörte, wie Holmes ausspuckte.

»Sag Looking Glass, daß der Soldatenhäuptling ihn sprechen will und niemand sonst!«

Peopeo gab ihm keine Antwort.

»Hast du verstanden, Mann?! Hör mal, ist das in deinen Kopf reingegangen oder nicht? Der Captain da oben, der will mit Looking Glass reden und nicht mit dir. Im übrigen, siehst du diese beiden glänzenden Kanonen da oben? Mit denen kann man fortlaufend schießen, ohne einmal aufzuhören. Was meinst du, wie viele von euch übrigbleiben, wenn wir schießen?«

Peopeo sah kurz zum Hügel hoch. »Gut«, sagte er dann. »Ich werde berichten, was du mir gesagt hast. Looking Glass wird entscheiden.« Er sagte es mit einer kehligen, ruhigen Stimme. Und in seinem Gesicht rührte sich kein Muskel. Als er sein Pferd wenden wollte, hob Chapman die Hand. »Du kennst mich, Peopeo?« sagte er. »Ich bin Chapman. Ich suche meine Frau und meinen Sohn. Ich glaube, Tucallacasena hat sie mir weggenommen.«

Peopeo Tholekt wechselte einen Blick mit dem anderen Indianer, der Red Heart hieß. Red Heart grinste breit. »Wenn du willst, kannst du mitkommen, Chapman«, sagte er. »Dreh doch den Soldaten deinen Rücken zu und komm mit uns!«

Chapman zögerte keine Sekunde. »Ich reite mit ihnen«, sagte er zu Dutch Holmes. »Sag dem Captain, daß ich mit meiner Familie da unten im Lager bin. Sag ihm, daß Looking Glass und diese Nez Percé nicht kämpfen wollen.«

Holmes schnaufte durch die Nase, spuckte dann aus und lehnte sich im Sattel zurück. »Chapman, du bist ein Narr!« sagte er rauh. Dann drehte er sein Pferd.

Chapman ritt zwischen Peopeo Tholekt und Red Heart den Hang hinunter. Und unten im kniehohen Gras sah er Linda, die ihm mit Jeffrey entgegenkam. Sie winkte mit einer Hand, und dann lief sie und hinter ihr, in der dunklen Spur, war ein Reiter, der sein Pferd anhielt und mit der Hand seine Augen beschattete.

Tucallacasena! »Krummer Hund!« schnappte Chapman. Er wollte gerade das Pferd antreiben, als der Schuß fiel.

Eigentlich hörte Chapman zuerst, wie die Kugel neben ihm den Körper von Red Heart traf. Dann erst kam der peitschende Knall. Red Heart fiel seitlich vom Pferd, es gelang ihm aber, sich festzukrallen. Sein Pferd jagte im Galopp den Hang hinunter. Links von Chapman drehte Peopeo sein Pferd, wohl um zu sehen, wer da oben am Hang geschossen hatte. Aber das konnte er nicht mehr feststellen, denn plötzlich gingen überall Schüsse los, und auch Peopeo wurde getroffen und fiel vom Pferd. Chapman spürte im nächsten Augenblick, wie sein Pferd unter ihm zusammenbrach. Er warf sich aus dem Sattel, überrollte sich am Hang und sah, wie unten im Tal die Menschen flohen.

Er sah Linda laufen! Sie rannte hinunter zum Fluß, kauerte nieder und schnallte sich die Tragkrippe auf den Rücken. Links und rechts von ihr stürzten sich Frauen und Kinder in die Fluten des Clearwater River, um das andere Ufer zu erreichen.

Vom Hügel aus feuerten Whipples Gattlings, verstummten aber, als die ersten Hülsen klemmten. Whipple, der es besser machen wollte als Perry, hatte seine Männer absitzen lassen, um das Lager aus sicherer Entfernung zu beschießen. Nur wenige Nez Percé ließen sich dazu hinreißen, das Feuer zu erwidern. Die meisten hetzten hinter den Frauen her, versuchten gleichzeitig, einige Notwendigkeiten und ihre besten Pferde zu retten.

Chapman rannte den Hang hinunter, erreichte die Wiese und die Spur, die Linda durch das taufeuchte Gras gezogen hatte. Staubwolken hüllten jetzt das Lager ein. Chapman gelangte ans Flußufer und sah Linda schon mitten im Fluß. Abgetrieben von der Strömung, schwamm sie, ruderte mit den Armen, schlug das Wasser, von dem sie mitgerissen wurde. Am anderen Ufer trieb Tucallacasena sein Pferd in den Fluß. Er erreichte Linda, griff nach der Tragkrippe und nach ihrem Haar, hatte selber Mühe, auf dem Rücken des Pferdes zu bleiben, schaffte es aber dann doch, und weit unten, in einer sanften Biegung, gelangte er mit Linda und Jeffrey an das andere Ufer. Er zog Linda auf sein Pferd und kam mit ihr ein Stück weit hochgeritten, winkte, wendete dann jäh das Pferd und ritt davon.

Chapman stand wie erstarrt und erst, als hinter ihm die Soldaten und die Freiwilligen mit Hurragebrüll das verlassene Lager stürmten, wandte er den Blick von der Stelle, an der Tucallacasena verschwunden war. Er drehte sich langsam um und mußte zusehen, wie Captain Whipples Soldaten über das Lager herfielen.

Er sah Rudolph, der mit seiner Schrotladung eine dreibeinige Bastardhündin niederschoß, und wie die Soldaten blindlings in die leeren Tipis hineinfeuerten. Es war ein furchtbares Bild, das sich Chapmans Augen bot. Oben am Hang standen noch die Gattlings, und Captain Whipple kam mit seinem Kundschafter Dutch Holmes langsam zum Lager geritten. Die Enttäuschung war dem Captain ins Gesicht geschrieben. Zwar hatte er keine Verluste zu verzeichnen, aber als Erfolg konnte dieser Feldzug keineswegs bezeichnet werden.

Im Gegenteil. Mit diesem Angriff hatte er es Looking Glass leicht gemacht, sich zu entscheiden. Und daß er nun nicht mehr in die Reservation ziehen würde, das war für Chapman ebenso klar wie für Dutch Holmes, der spöttisch bemerkte, daß man jetzt kein schlechtes Gewissen zu haben brauche, wenn man sämtliche Nez Percé, die sich noch außerhalb der Reservation befänden, bis zum letzten Mann ausrotten würde.

Whipple gab den Befehl, das Lager dem Erdboden gleichzumachen. Er ließ Soldaten aufsitzen und sie mehrere Male durch die Felder und Gartenanlagen reiten, in denen einige Indianerinnen Kartoffeln und Gemüse angepflanzt hatten. Andere Soldaten plünderten die Tipis und nahmen sich an Souvenirs, was ihnen gefiel. Dann wurden die Tipis angezündet, und in ihnen verbrannte der gesamte Hausrat, die Vorräte, die Decken. Ungefähr siebenhundert Nez Percé Pferde wurden erbeutet und von den Zivilisten als Lohn weggetrieben.

Auch Chapman bekam ein Pferd. Es war eine Stute, die Tucallacasena gehört hatte. Chapman kannte sie an den drei weißen Strümpfen und den weißen Flecken über der Kruppe. Sie machte ihm keine Schwierigkeiten, als er ihr den Sattel auflegte.

»Kommen Sie mit uns, Mister Chapman?« fragte Captain Whipple, der jetzt etwas von seinem Schneid eingebüßt zu haben schien und fast unsicher wirkte. Chapman schüttelte den Kopf. »Halten Sie sich an Holmes, Captain«, sagte er. »Der ist zuverlässig!«

Whipple rieb sich mit der Hand über den Nacken. »Ich verstehe, daß Sie verärgert sind, Mister Chapman. Ich werde Mister Holmes auf jeden Fall noch zur Rechenschaft ziehen. An dem, was hier geschehen ist, läßt sich dadurch allerdings nichts mehr ändern.« Er zögerte einen Moment. »Und Ihrer Frau ist doch nichts passiert, oder?«

»Nein. Meiner Frau ist nichts passiert«, sagte Chapman.

»Na, sehen Sie«, sagte Whipple, als hätte er persönlich über Linda gewacht. Chapman zog sich in den Sattel, ritt an Captain Whipple vorbei zum Ufer und in den Fluß hinein. Das Pferd mußte in der Mitte etwas schwimmen, wurde abgetrieben, kam aber gut ans andere Ufer und folgte dann Tucallacasenas Spuren.

Captain Stephen G. Whipple verließ den Clearwater River und brachte seine beiden Kompanien zur verlassenen Norton Ranch. Er wußte eigentlich nicht recht, was er jetzt tun sollte und schickte vorerst einmal die beiden Freiwilligen William Foster und Charles Blewett aus, um das Gebiet auszukundschaften. Die beiden hatten das Pech, auf einen Kundschaftertrupp der Nez Percé Hauptmacht, die vom Salmon River kam, zu stoßen. Und bevor die beiden Zivilisten wußten, was sie tun sollten, krachten ein paar Gewehre, und der junge Blewett fiel von seinem bockenden Pferd. Foster drehte, jagte davon und floh zur Norton Ranch am Cottonwood zurück.

Bei Whipples Kommando war ein junger, ziemlich temperamentvoller Lieutenant, der die Gelegenheit wahrnehmen wollte, einmal sein ganzes Können unter Beweis zu stellen.

Sevier M. Rains hieß er. Und er traute sich einiges zu. Mit zehn ausgesuchten Männern verließ er noch am gleichen Tag die Norton Ranch, um nach Blewett zu suchen. William Foster meldete sich freiwillig als Kundschafter und führte Lieutenant Rains und die zehn Soldaten dorthin, wo Blewett vom bockenden Pferd gefallen war.

Von Blewett war keine Spur zu sehen. Dafür tauchten plötzlich ein paar Indianer auf, die sofort zum Angriff ansetzten. Es war Five Wounds, einer der tüchtigsten in Josephs Stamm, der die Indianer führte. Lieutenant Rains und seine zehn Soldaten hatten keine Chance. Sie schossen zwar, trafen aber nicht, weil ihnen zum Zielen keine Zeit blieb. Dann flohen sie, und ein paar von ihnen wurden dabei aus den Sätteln geschossen. Die anderen erreichten einen Hang. Sie suchten hinter Steinen und Erdbuckeln Schutz, aber die Kugeln der Nez Percé Scharfschützen fanden ihr Ziel. Lieutenant Sevier M. Rains mußte schnell einsehen, daß er sich übernommen hatte. Er schoß einige Male zurück, ohne ein genaues Ziel zu haben. Als er der letzte war, der noch lebte, und merkte, daß seine zehn Männer tot waren, da nahm Rains die Mündung seines Revolvers in den Mund und drückte ab.

Der Ausfall des jungen Lieutenant mit seinem Trupp traf Captain Whipple so schwer, daß er stundenlang nicht entscheiden wollte, was als Nächstes zu tun war.

Am Morgen des 4. Juli rückte Whipple dann mit dem Rest seiner beiden Kompanien aus, weil er wußte, daß er der Nachschubkolonne Captain Perrys den Weg zur Norton Ranch freihalten mußte. Als Captain Perry, dem noch immer der Schock der White Bird Canyon Schlacht in den Knochen saß, sich mit einem Packzug und einer kleinen Eskorte auf den Weg gemacht hatte, wußte er noch nicht, daß General Howard auf der anderen Seite des Salmon River, in den unwegsamen Salmon River Bergen, nur die Schatten der Nez Percé jagte. Zu diesem Zeitpunkt hatte die Hauptmacht der Nez Percé den Salmon River längst wieder überquert.

Perrys Kundschafter entdeckten am Nachmittag von einem Hügel aus, etwa zwei Meilen entfernt, die beiden Kompanien von Captain Whipple, die in Schlachtformation anrückten. Captain Perry traute seinen Augen nicht, als er den Hügelrücken erreichte. Da unten kamen Soldaten durch Camasfelder, als wäre ein Manöver im Gang. Weit und breit waren keine Indianer zu entdecken. Perry ritt Whipple entgegen und sah sofort, daß irgend etwas passiert war.

Captain Whipple berichtete von Rains Niederlage. Perry übernahm das Kommando, und zusammen kehrten die Truppen zur Norton Ranch zurück, wo sofort zwei Abwehrlinien nördlich und südlich der Häuser gelegt wurden. Die Soldaten hoben Schützengräben und Schützenlöcher aus. In der Ferne tauchten Indianer auf, ritten ein bißchen auf der Ebene spazieren, manchmal allein, manchmal in Gruppen. Einige kamen so nahe heran, daß sie es sich schon erlauben konnten, ein paar Schüsse auf die Soldaten abzufeuern. Mehr so zum Spaß. Aber im Laufe des Nachmittages wurden es immer mehr Indianer, und Perry und Whipple mußten jetzt jederzeit mit einem ernsthaften Angriff rechnen. Die Soldaten lagen während der ganzen Zeit in ihren Stellungen, die Gewehre schußbereit. Doch die Indianer kamen nicht. Sie taten nur so.

Die Nacht war ruhig. Trotzdem lagen die Soldaten wach. Und am nächsten Morgen waren sie hundemüde. Von einem Hügel aus stiegen kurz vor Sonnenaufgang drei Rauchsignale in den wolkenlosen Himmel. Niemand konnte die Zeichen deuten. Nichts passierte. Zwei Stunden später fragte eine Stimme aus einem Schützenloch: »Wann, zum Teufel, greifen die nun endlich an? Rauchzeichen machen kann jeder!«

Kaum hatte er ausgesprochen, rief ein Posten, der im Haus aus einem Dachfenster lugte, daß sich jetzt etwas täte.

Zwei Reiter, die aus der Richtung der Johnson Ranch kamen, jagten auf schäumenden Pferden auf die Stellungen der Soldaten zu. Hinter ihnen zwei oder drei Dutzend berittener Indianer. Die Indianer schossen. Die beiden Weißen duckten sich und schossen nicht zurück, weil sie sich festhalten mußten. Sie erreichten die Soldatenlinien und sprangen von den Pferden in die Gräben hinein. Es waren zwei Zivilisten als Vorhut von D. B. Randalls Freiwilligentruppe, die unterwegs war zum Salmon River, um mit General Howard Kontakt aufzunehmen.

Randall und seine übrigen Leute sahen sich keine zwei Meilen von den Stellungen der Soldaten entfernt plötzlich einer indianischen Übermacht gegenüber, die unverzüglich angriff.

D. B. Randall, ganz in alter Bürgerkriegsmanier, ließ seinen Trupp in Keilformation antreten und befahl, die angreifenden Indianerhorden zu durchbrechen, um wenigstens bis zu den Häusern der Norton Ranch zu kommen. Randall übernahm die Spitze und wurde auch als erster getroffen, flog rücklings aus dem Sattel und unter die Hufe der nachfolgenden Pferde. Ein anderer Zivilist, der beim Angriff auf Looking Glass' Dorf nicht dabeigewesen war und deshalb besonders wild zur Spitze gedrängt hatte, bekam eine Kugel mitten ins Gesicht, und später hatte man Mühe, ihn als einen Mann namens B. F. Evans zu identifizieren.

Die anderen gingen nun in Deckung. Sie zielten weiter auf die Indianer, die ein bißchen umherritten und herumballerten, fast lustlos, manchmal aber trotzdem gefährlich nahe an den Köpfen der Zivilisten vorbeischossen.

Hier warteten sie auf Verstärkung durch die Soldaten. Sie warteten lange. Sie schwitzten und schossen und beteten. Fast zweihundert Indianer taten so, als wären sie wild darauf, Zivilisten zu töten. Aber auch sie warteten darauf, daß die Soldaten aus ihren Löchern und Gräben und hinter den Barrikaden hervorkommen würden.

Sie kamen lange nicht, die Soldaten von Captain Perry und Captain Whipple. Whipple wollte zwar, aber Perry weigerte sich, noch mehr Männer zu opfern. Die Soldaten hörten die Schüsse, sahen die Indianer und manchmal Rauchfetzen über den Hügeln. Sergeant Simpson tobte in seinem Graben, daß er die längste Zeit Soldat gewesen sei, wenn Perry sich nicht dazu entscheiden würde, den Zivilisten unter die Arme zu greifen.

»Wir sind nicht an Captain Perrys Befehle gebunden!« rief einer der Freiwilligen. »Wir müssen die Jungs da drüben raushauen!«

Sergeant Simpson sprang auf und bot an, die Freiwilligen zu führen. »Selbst wenn ich dafür bei Trommelwirbel erschossen werde!«

Hart bedrängt, kam Captain Perry nicht darum herum, ein Kommando zur Unterstützung der Freiwilligen abzukommandieren. Er überließ es Captain Whipple, die notwendigen Vorkehrungen zu treffen. George M. Shearer aus Mount Idaho übernahm das Kommando über fünfundzwanzig Freiwillige, die hinter Sergeant Simpson standen. Captain Whipple stellte einen Stoßtrupp aus Infanteristen und Kavallerie zusammen. Ungefähr hundert Mann verließen die schützende Stellung bei der Norton Ranch, und als die Indianer sahen, daß auch unter ihnen viele Zivilisten waren, verschwanden sie in aller Eile.

Daraufhin beschloß Captain Perry, sich sofort nach Mount Idaho zurückzuziehen. Am nächsten Tag erreichte er die Stadt. Zwei seiner Leute waren tot, drei ziemlich schwer verwundet. Er brachte keine Beute. Aber einer seiner Leute erzählte, daß er einen Indianer aus drei Schritten Entfernung in den offenen Mund geschossen habe. »Der kam nicht mehr aus dem Staunen raus«, sagte er.

Dieser Indianer war Owyeen. Er war der erste Tote in Josephs Streitmacht, seit der Krieg angefangen hatte.

11

Clearwater River

Häuptling Josephs Großmut mag uns, wenn wir Glück haben, vor der Fortsetzung dieses Krieges bewahren.

E. B. Whitman im LEWISTON TELLER vom 26. Juni 1877

Fünf Tage nachdem General Howard merkte, daß wir ihn ins Leere hatten laufen lassen, griff er uns mit dreihundertfünfzig Soldaten und fünfzig Zivilisten an.

Joseph in: THE NORTH AMERICAN REVIEW, 1879

Seit dem Morgen, an dem Captain Whipple mit seinen müden Soldaten und den besessenen Mount Idaho Zivilisten Looking Glass' Lager überfallen hatte, folgte Chapman den fliehenden Nez Percé Familien, bei denen Linda und Jeffrey waren.

Chapman hatte keine Mühe, die Fährte zu halten. Hunderte von Pferde- und Rinderhufen hatten das Gras niedergetrampelt und den Boden zerwühlt. Auch Captain Whipples Kundschafter hätten diesen Spuren fast mit geschlossenen Augen folgen können, aber Chapman nahm an, daß Whipple es vorgezogen hatte, sich und seine Soldaten am Cottonwood Creek in Sicherheit zu bringen und auf die Befehle General Howards zu warten.

Am ersten Tag hatte Looking Glass fast zwanzig Meilen gemacht. Er wollte die aufgescheuchten Familien in die Clearwater Berge bringen, die vorerst genügend Schutz gegen Howards Kavallerie bieten würden.

Chapman hielt einen sicheren Abstand. Er ritt langsam und war vorsichtig. Oft blieb er weit zurück, machte Umwege, durchstreifte die Gegend links und rechts der Fährte und mied unübersichtliches Gelände, in dem es den Nez Percé leicht gewesen wäre, einen Hinterhalt zu legen. Gegen Abend beobachtete Chapman, wie einige Boten in südwestlicher Richtung davonritten, wahrscheinlich zum Salmon River, um mit Joseph, White Bird und Toohoolhoolsote Kontakt aufzunehmen. Für Chapman gab es keine Zweifel mehr darüber, daß Howard durch den Überfall auf das friedliche Lager in Looking Glass einen neuen Gegner herausgefordert hatte.

Die Nacht verbrachte Chapman in einer windgeschützten Mulde. Am nächsten Morgen zog Looking Glass tiefer in die Berge hinein. Chapman hätte die Indianer leicht einholen können, aber so sehr ihn auch der Gedanke an Linda und Jeffrey trieb, er blieb weit zurück. Chapman war sich darüber im klaren, daß er um Jeffrey kämpfen mußte, wenn er ihn zurückhaben wollte. Und Linda würde ihm kaum helfen können. Sie hatte auf ihn gewartet. Sie war ihm entgegengekommen, und dann hatte sie um ihr Leben laufen müssen, denn als er kam, hatte er Soldaten hinter sich und Kanonen, die plötzlich zu schießen anfingen.

Am Ende der Fährte würde ihm niemand mehr entgegenkommen. Niemand würde ihn einladen, ins Lager zu kommen und als Gast zu bleiben. Und Looking Glass würde keinen Erklärungen zuhören wollen. Es gab keine Entschuldigung, die für Lindas Familie gut genug sein würde, denn Chapman war mit den Soldaten gekommen, und die Soldaten waren zum Töten gekommen.

So einfach war das. Und deshalb würde Chapman um Jeffrey kämpfen müssen. Jeffrey gehörte jetzt nicht mehr ihm. Die Verantwortung für Jeffrey teilten sich jetzt einige Dutzend Onkel und Tanten und Großmütter und Großväter. Die paßten auf Jeffrey auf. Bei ihnen war er wohlbehütet. Bei ihnen war er so lange in Sicherheit, bis die Soldaten kamen. Und da Chapman wußte, daß die Soldaten unterwegs waren, wollte er Jeffrey zurückhaben.

Am Mittag des zweiten Tages, als ihm die schwüle Hitze den Schweiß auf die Stirn trieb, machte Chapman im Schatten einiger Cottonwoodbäume halt.

Es ging kein Wind. Über einer zerfurchten Senke, die sich unter ihm ausbreitete, flirrte die Luft, und in der Ferne, zwischen Himmel und Erde, schienen ein paar Hügel zu schwimmen. Chapman stieg vom Pferd und löste den Sattelgurt. Das Fell glänzte schweißnaß, und dort, wo der Sattel daran gescheuert hatte, hingen gelbliche Schaumflocken. Chapman goß ein wenig Wasser aus der Blechflasche in seinen Hut und gab es dem Pferd zum Trinken. Er selbst spülte den Mund aus, trank einige Schlucke und legte sich dann ins Gras. Durch das Blattwerk der Bäume hindurch konnte er sehen, wie vom Westen her dunkle Wolken aufzogen.

Fast zwei Stunden lang blieb Chapman unter den Bäumen. Es schien während dieser Zeit noch heißer, noch drückender zu werden. Dann ver-

Bereit zum Aufbruch

Peopeo Tholekt

Lachsfischer am Columbia River

schwand die Sonne hinter den Wolken, die sich jetzt schnell am Himmel ausbreiteten. Chapmans Pferd wurde unruhig, drehte sich mit aufgeblähten Nüstern gegen den ersten schwachen Windstoß, der in den Baumkronen ein leises Rauschen erzeugte. Chapman zog den Sattelgurt wieder fest und stieg auf. Als er unter den Bäumen hervorritt, sah er auf dem Hügelrücken vor sich, etwa eine halbe Meile entfernt, drei Reiter. Sie zügelten kurz ihre Pferde, und einer winkte herüber. Dann wendeten sie und verschwanden in einem Wald. Daß es Nez Percé Kundschafter waren, wußte Chapman, als er auf die Spuren der drei Pferde stieß. Sie hatten unbeschlagene Hufe.

Chapman versuchte gar nicht erst, ihnen zu folgen. Er ritt im schwächer werdenden Licht gegen den Wind talwärts, durchquerte die Senke, ritt einen Hang hoch und auf der anderen Seite in ein enges Tal hinein. Er folgte einem schmalen Bächlein, als die ersten Tropfen fielen, schwer, eiskalt auf seinen Händen, mit denen er die Zügel festhielt.

Chapman zog seinen Regenumhang an. Heftiger Wind kam auf, peitschte das Gras, stieß und zerrte an Büschen und Bäumen. Es wurde schnell dunkel, fast so dunkel wie die Nacht. Blitze schossen nieder, grelles, zuckendes Licht, als im ersten Donnerschlag der Himmel barst.

Chapman trieb sein Pferd gegen den Hang vorwärts. Er spürte, wie sich unter ihm im schmetternden Donnerschlag die Erde aufbäumte und sein Pferd den Halt verlor, rückwärts bockte bis hinunter zur Uferbank, wo es, geblendet vom nächsten Blitz, jäh in das Krachen des Donners hinein stieg, sich auf der Hinterhand drehte, mit den Vorderhufen nach einem unsichtbaren Gegner auskeilte und sich rückwärts überschlug, halb über die steil zum Bach hin abfallende Böschung.

Irgendwie war Chapman aus dem Sattel gekommen und rollte über die Uferbank, während über ihm das Pferd für einen Moment mit allen vieren in der Luft war, sich am Boden wand und dann jäh aus ein paar Verrenkungen heraus auf die Beine kam, gerade als auch Chapman hochkam. Das Pferd schlug aus, traf Chapman in den Unterleib, und während er flog, stieg das Pferd erneut in einen grellen Blitz hinein, rutschte weg, verlor auf der glitschigen Uferbank des Baches den Halt und fiel über die steile Böschung.

Chapman sah im nächsten Blitz, wie das Pferd vergeblich versuchte, wieder auf die Beine zu kommen. Es schien den rechten Vorderlauf gebrochen zu haben. Chapman rutschte auf dem Hosenboden die Böschung hinunter und fand am Zaumzeug Halt, um nicht in den Fluß zu fallen, der innerhalb der ersten paar Minuten zu einem tobenden Ungetüm geworden war. Er suchte mit den Absätzen festen Boden und zerrte am Kopfzeug, aber das Pferd kam nicht hoch. Chapman verlor den Halt unter den Füßen und klammerte sich an der Mähne des Pferdes fest. Mit der linken Hand gelang es ihm, das Gewehr aus dem Sattelschuh zu ziehen. Er drehte sich halb herum, brachte die Mündung an den Kopf des Pferdes, spannte den Hammer, und im nächsten Donnerschlag drückte er ab.

An einem Weidenstrauch zog sich Chapman auf die Uferbank. Er mußte jetzt weg vom Talgrund und lief durch schäumendes und schnell fließendes Wasser zum Hang, an dem die sonst ausgetrockneten Falten und Rillen und Gräben zu tosenden Sturzbächen geworden waren. Innerhalb weniger Minuten sammelten sich unten im Tal die Wassermassen, die Uferbänke und Erdbuckel unterspülten und dann einfach wegrissen. Steine polterten von den Hängen in die Tiefe, und rechts von Chapman schien der ganze Hang in Bewegung zu geraten, rutschte erst langsam und dann immer schneller talwärts und schichtete sich unten am Bachufer zu einem Schlammwall auf, der aber das Wasser nur für einen Moment zu stauen vermochte und dann jäh auseinandergerissen und weggeschwemmt wurde.

Chapman hatte starke Schmerzen im Unterleib, wo er vom Hufschlag getroffen worden war. Er kroch auf einem schmalen Schlammstreifen den Talhang hoch. Links und rechts von ihm schoß das Wasser in die Tiefe, Inseln aus Busch und Gras mit sich reißend, gurgelnd und brausend, mit weißen Schaumblasen an den schnell steigenden Rändern.

Fortwährend öffneten Blitz und Donnerschlag die Wolken. Es regnete schillernde Peitschenschnüre, deren Enden mit hellem Knall auf Chapmans Rücken platzten. Er kroch auf allen vieren, hielt sich an Sträuchern fest, deren freigewaschene Wurzeln selbst kaum mehr Halt finden konnten. Der Regen war eiskalt, prasselte hart auf Chapman nieder, der immer wieder wegrutschte, mit wühlenden Fingern neuen Halt fand, die Beine nachzog und langsam und mühsam zum Talrand hochkroch, wo sich einige Wacholder in heftigen Windböen bogen. Hier oben, auf dem Kamm, traf ihn das Unwetter wie Kieselsteine. Es hagelte, und innerhalb weniger Minuten war alles Eis. In den Mulden, wo sich vorher braunes Wasser gesammelt hatte, wurde es schnell weiß. Chapman kauerte sich unter den tiefhängenden Ästen einer verkrüppelten Zeder nieder, den Kopf gegen den Stamm gelegt, das Gewehr unter sich. Um ihn herum tanzten Hagelkörner zwischen zerzausten Salbeibüschen und Grasbüscheln, die vom Wasser noch nicht weggetragen worden waren und vom Eis zugedeckt wurden.

Knöchelhoch lag der Hagel, als die letzten Donnerschläge durch das Tal rollten und im Westen plötzlich ein Loch in der Wolkendecke klaffte, durch das bleiches Sonnenlicht stach. Die letzten Regentropfen glitzerten wie Silberfäden, und über das Tal spannte sich ein Regenbogen, als Chapman unter der Zeder hervorkam und sich zähneklappernd aufrichtete. Noch immer brauste das Wasser talwärts, und Chapman zog den Kopf ein, als sich wenige Schritte entfernt plötzlich ein Wacholder neigte, für einen Moment waagerecht vom Hang wegstand, dann den Halt verlor und vom Wasser weggetragen wurde.

Chapman suchte mit den Blicken nach seinem Pferd, aber dort, wo er es erschossen hatte, war der Fluß jetzt etwa zehn Meter breit, und das Pferd war nirgendwo zu sehen. Das Eis knirschte unter seinen Stiefeln, als er ein Stück weit zum Kamm hoch ging. Auf der anderen Seite sah es ebenso aus. Auch dieses Tal war von den Wassermassen überflutet worden.

Chapman blickte eine Weile hinunter und wollte sich gerade umdrehen, als er die drei Männer entdeckte, die mit ihren Pferden an den Zügeln aus einem Zedernwäldchen kamen. Sie sahen ihn sofort und schienen nicht überrascht zu sein. Einer von ihnen stieg auf und kam Chapman ein Stück entgegengeritten. Chapman konnte jetzt sein Gesicht deutlich sehen. Er war ein junger Bursche, der nur die untere Hälfte seines Gesichtes mit roter Farbe angestrichen hatte. Er zügelte in einer Wasserlache sein Pferd, ließ es steigen und drehte es auf der Hinterhand. Dabei schwenkte er sein Gewehr, eine 66er Winchester. Der Messingverschluß reflektierte Sonnenlicht.

Chapman sah zu, wie der Junge zu seinen Freunden zurückritt. Dann verschwanden alle drei im Wald, und Chapman ging zu einem Steinbrocken, setzte sich und fing an, sich auszuziehen.

Sie kamen, als Chapman gerade seine Unterwäsche auswrang. Und jetzt waren es nicht mehr drei, sondern drei Dutzend. Und sie kamen auf dem Hügelrücken herangeritten. Allen voran Looking Glass.

Chapman stand splitternackt neben dem Stein. Seine Hose und das

Hemd über Büschen ausgebreitet an der Sonne. Seine Stiefel hatte er mit der Schaftöffnung nach unten auf einem Stein gegen einen anderen Stein gelehnt.

Das rostrote Unterzeug hatte er zu einer langen, dünnen Wurst gedreht, die er sich um den Hals legte, als die Indianer kamen. Er ergriff sein Gewehr, spannte es und ging etwas in die Deckung einer kleinen Zeder, die Mündung ungefähr auf Looking Glass gerichtet.

Chapman entdeckte Tucallacasena unter ihnen. Tucallacasena trug verziertes Hirschlederzeug, Federn im Haar und viel Farbe im Gesicht. Er sah wild aus, hielt sich aber zurück und machte sich klein im Sattel.

Sie nahmen Chapman in die Zange, und er konnte nichts dagegen tun. Als sie ihre Pferde zügelten, hatte er sogar im Rücken ein paar Krieger, und eigentlich hätte er jetzt das Gewehr weglegen sollen. Er senkte aber nur den Lauf ein bißchen.

Looking Glass saß kerzengerade auf seinem Pferd. Er trug einen komischen Hut, den er mit einer Perlenkette, einem Federbusch und einem Taschenspiegel verziert hatte. In seinem Gesicht rührte sich nichts. Aus schmalen Augen musterte er Chapman, und Chapman musterte ihn. Fast eine Minute verstrich. Dann sagte Chapman, daß er mit seinem Pferd Pech gehabt hätte. »Es war Tucallacasenas Pferd, und ich werde es ihm bezahlen.« Chapman trat jetzt hinter der Zeder hervor. Einer der Indianer lachte. Da nahm Chapman die Mündung etwas hoch und zielte wieder auf Looking Glass. »Du weißt schon, weshalb ich euch nachgekommen bin, nicht wahr? Du weißt, daß ich meine Frau und meinen Sohn zurückhaben will.«

Looking Glass nickte. Dann gab er Tucallacasena einen Wink, und Tucallacasena kam nach vorn geritten. Jetzt konnte Chapman sehen, daß Tucallacasena ein Fell in der Hand hatte, blutig auf der Innenseite. Er warf das Fell vor Chapmans Füße. Chapman erkannte es sofort. Es war das schwarz-weiß-rostrot gefleckte Fell von Billy Blue. Chapman hatte Mühe, nicht einfach abzudrücken. Einen Moment nur brauchte er, um mit seinem Zorn fertig zu werden. Er lächelte dann, und Tucallacasena senkte den Kopf.

»Einige sagten, man müsse dich töten«, sagte Looking Glass. »Tucallacasena war dagegen. Ich war dagegen. Wir haben die Frauen gefragt. Die Frauen haben den Hund getötet, der uns nachgelaufen ist, genau wie du.«

»Ich bin nicht gekommen, um mir das Fell eines toten Hundes abzuholen«, sagte Chapman kalt, aber immer noch lächelnd. »Ich will meine Frau und meinen Sohn!«

»Die Frau hat anders entschieden«, sagte Looking Glass. Und jetzt nickte Tucallacasena. »Es ist wahr«, sagte er leise. »Chapman, geh weg, bevor wir dich töten müssen.«

»Ihr denkt, ich hätte die Soldaten gebracht, nicht wahr?« fragte Chapman. Sie gaben ihm keine Antwort. Er lachte auf. »Gut. Denkt, was ihr wollt. Aber eigentlich solltet ihr mich besser kennen. Ich wollte nicht, daß es zu einem Krieg zwischen euch und den Soldaten kommt. Ich war bei Joseph. Ich war in Fort Lapwai bei den Verhandlungen, und ich habe für euch Partei ergriffen. Aber plötzlich war der Krieg da. Tucallacasena weiß, wie wir vom Töten überrascht wurden. Ich habe ihm meine Familie anvertraut, weil er unser Freund war. Ich will meinen Sohn zurück und mehr nicht.«

Looking Glass holte Luft. »Chapman, du hast keinen Sohn«, sagte er dann mit dunkler Stimme. Und bevor Chapman ihm eine Antwort geben konnte, drehte er sein Pferd. Und die anderen folgten ihm. Nur Tucallacasena zögerte, sah für einen Moment ziemlich hilflos aus auf seinem Pferd, drehte dann auch und rief über die Schulter: »Du brauchst mir das Pferd nicht zu bezahlen, Chapman. Ich habe genug Pferde.«

Chapman hatte das Gewehr an die Schulter genommen. Er hatte jetzt ganz genau Looking Glass' breiten Rücken im Visier. Aber er drückte nicht ab. Nach einer Weile senkte er den Lauf, ließ den Hammer zurückgleiten und legte das Gewehr auf den Stein. So schnell, wie die Indianer gekommen waren, so schnell waren sie auch wieder verschwunden. Aber Chapman wußte, daß sie ihn von nun an nicht mehr aus den Augen lassen würden.

Er brauchte jetzt dringend ein Pferd.

Chapman holte sich in der nächsten Nacht ein Pferd und einen Sattel. Er erwischte einen Boten, der auf einem schnellen Pferd vom Salmon River zurückkam. Chapman kannte ihn. Er war ein Sohn von Hair Combed Over Eyes und hieß Bighorn Bow. Chapman überraschte ihn beim Pinkeln, und der Junge hatte keine Chance. Er versuchte zwar noch, nach einem Revolver zu greifen, aber Chapman stieß ihm den Gewehrkolben so wuchtig in den Unterleib, daß Bighorn Bow, obwohl er ein junger kräftiger Bursche war, mit schmerzverzerrtem Gesicht zusammenklappte. Chapman nahm das Pferd an den Zügeln und wartete, bis der Junge sich etwas erholt hatte.

»Wenn du geradeaus gehst, kommst du zu einem Wald. Hinter dem Wald ist das Lager von Looking Glass. Du kannst es überhaupt nicht verfehlen, junger Freund.«

Bighorn Bow hatte beide Hände gegen den Leib gepreßt. Er starrte zu Chapman hoch, dessen Gesicht im Schatten der Hutkrempe so schwarz war wie die Nacht.

»Bist du nicht Tucallacasenas Freund?« fragte er schwer atmend.

Chapman nickte. »Ich brauche das Pferd«, sagte er. »Ich habe meine Füße wundgelaufen.«

Bighorn Bow entblößte seine Zähne. »Du hast doch die Soldaten in das Land gebracht, oder?«

»Den Teufel habe ich!« erwiderte Chapman verärgert. »Verdammt, wenn das so weitergeht, habe ich am Ende diesen gottverdammten Krieg ganz allein gemacht!«

»Du bist aber mit den Soldaten, oder?«

»Nein! Ich bin nicht mit den Soldaten. Ich bin allein! Verstehst du das, Junge! Ich bin gottverdammt allein, und dabei hatte ich noch vor wenigen Tagen eine Frau, eine Schwiegermutter, eine Schwiegergroßmutter und einen strammen Stammhalter! Ganz abgesehen vom Haus und dem Land und dem Vieh und den Pferden und Hunden!« Chapman holte Luft. »Ich hatte auch Träume«, sagte er dann etwas leiser. »Und ich hatte Pläne. Ich wollte zum Beispiel meiner Frau und meinem Sohn und diesem Tucallacasena das Meer zeigen. Ich wollte nach Portland fahren, mit ihnen. Im Dampfboot. Und Jeffrey sollte mal einen richtigen . . .«

»Mister, du erzählst mir da Dinge, die mich nichts angehen und . . .«

»Du hörst jetzt zu, Junge!« stieß Chapman wütend hervor. »Jeffrey sollte mal einen richtigen Zuckerlutscher kriegen, so einen, der in allen Farben schillert. Und in Portland hätten wir . . .«

»Mister, ich will das alles nicht wissen. Ich muß Looking Glass eine Nachricht von Joseph bringen, und dann möchte ich schlafen. Ich bin müde, Mister. Ich habe vier Nächte hintereinander kein Auge zugetan und ich . . .«

»Hör zu, Kid!« sagte Chapman und ging auf den jungen Indianer zu, der immer noch am Boden kniete. Er hielt ihm die Mündung des Gewehres ans Kinn. »Hör zu, Kid! Mir ist scheißegal, was du willst und was du nicht willst. Du hast eine Nachricht für Looking Glass von Joseph. Gut. Ich gebe dir auch eine Nachricht mit, und sie ist genauso wichtig wie die von Joseph. Sag Looking Glass, daß ich meine Frau und meinen Sohn holen werde und daß ich jeden, der mich daran zu hindern versucht, töten werde. Sag ihm, daß ich allein bin und keine Soldaten mitgebracht habe. Sag ihm . . .«

»Die Soldaten kommen, Mister. Sie kommen zum Salmon zurück. Sie haben einen weiten Umweg gemacht und sind alle ziemlich müde, und ihre Pferde sind müde, und sie kommen alle nur langsam vorwärts. Aber in ein paar Tagen sind sie hier, Mister, und dann macht es keinen Unterschied mehr, ob du sie gebracht hast oder nicht!«

Chapman atmete langsam ein und aus. Dann nickte er. »Gut, Kid. Sag Looking Glass einfach, daß ich meinen Sohn nicht in diesem gottverfluchten Krieg verlieren will!«

Bighorn Bow stand langsam auf, und der Mond schien jetzt in sein Gesicht.

»Mister, ich kenne deine Geschichte nicht. Aber ich weiß, daß du sterben wirst, wenn du allein kommst.«

Chapman nickte. »Wann sind die Soldaten hier?« fragte er jetzt fast wieder freundlich.

»In vier oder in fünf Tagen. Vielleicht noch später.«

»Und was passiert, wenn die Soldaten kommen?«

»Weiß ich nicht genau. Es könnte sein, daß es einen großen Kampf gibt. Es könnte sein, daß wir weiterziehen und es keinen Kampf gibt. Ich weiß nicht, was wir beschließen werden.«

»Und wann ist Joseph hier?«

»Morgen abend.«

»Ich nehme an, daß er mit White Bird und Toohoolhoolsote kommt?«

»Ja. Und mit Hahtalekin und mit Hush-hush-cute, und vielleicht werden bald unsere Freunde kommen, die Spokanes, die Umatillas und sogar die Cœur d'Alenes. Joseph hat die Soldaten im White Bird Canyon geschlagen, und dann hat er den einarmigen Soldatengeneral mit seiner ganzen Armee an der Nase herumgeführt. Stell dir vor, Mister, Washington hat Prügel bezogen, und darüber werden sich unsere Freunde im Norden freuen, und sie werden alle herkommen und mithelfen, die Soldaten zu schlagen und die Weißen aus dem Land zu jagen.«

»So einfach, wie du dir das vorstellst, wird es aber nicht sein«, sagte Chapman.

»Ich stelle mir überhaupt nicht vor, daß es einfach ist«, sagte Bighorn Bow. »Aber wir werden kämpfen, bis wir tot umfallen!«

Chapman nickte. »Ich glaube tatsächlich, daß ihr das tun werdet«, sagte er und trat einen Schritt zurück. »Leg dich jetzt auf den Bauch, Kid.«

»Ich?«

»Ja. Komm, tu mir den Gefallen, ja? Leg dich auf den Bauch und schließ die Augen.«

Etwas verwirrt ließ sich Bighorn Bow im nassen Gras nieder und drehte sich auf den Bauch.

»Verschränk die Arme hinter dem Kopf!« befahl Chapman nicht unfreundlich, und der junge Nez Percé Krieger gehorchte.

»Wie weit kannst du zählen?« fragte Chapman.

»Zählen? Bis hundert.«

»Gut. Aus dir wird noch mal was.« Chapman berührte mit der Gewehrmündung den Nacken des Indianers. »Zähl bis dreißig, Kid. Falls du dann nicht eingeschlafen bist, stehst du auf und gehst nach Hause.«

»Und was passiert, wenn ich nur bis zwanzig zähle und dann aufstehe?«

»Dann fällst du tot um, ohne gekämpft zu haben!«

»Das wäre eine Schande«, sagte Bighorn Bow, der Sohn von Hair Combed Over Eyes, und dann fing er mit Zählen an. Chapman stieg auf das Pferd, das einen Indianersattel trug. Er zog es rückwärts und drehte es, als Bighorn Bow eben bei zehn angelangt war. Langsam, fast so langsam wie Bighorn Bow zählte, ritt Chapman davon.

Drei Nächte lang belauerte Chapman das Lager in den Clearwater Bergen. Es waren lange Nächte, während er vergeblich auf eine Gelegenheit wartete, Jeffrey wegzuholen. Linda, ihre Mutter und die Großmutter bewohnten ein kleines Büffelhaut-Tipi inmitten einer Gruppe größerer Tipis, darunter auch die von Looking Glass und Tucallacasena. Es schien, als hätte sich der ganze Clan um die drei Frauen und Jeffrey geschart.

Es gab kein Durchkommen für Chapman, der zweimal bis auf zwanzig Schritte an die Zelte heranschlich und ein bißchen zuhörte, was an den Feuern besprochen wurde.

Seit Joseph, White Bird, Toohoolhoolsote und Hush-hush-cute mit ihren Stammesabteilungen zu Looking Glass gestoßen waren, umfaßte das Nez Percé Lager über 200 Tipis, die ungefähr 700 Menschen Obdach gaben. Es schien Chapman, als ob die Nez Percé sich nicht darüber einig werden konnten, ob sie bleiben oder weiterziehen sollten. Tag und Nacht wurden Beratungen abgehalten, die nicht selten im Streit zwischen den Teilnehmern endeten. Toohoolhoolsote verlor einmal die Beherrschung und wütete für Stunden im Lager herum.

Chapman, der sich tagsüber versteckt hielt und Nacht für Nacht das Lager beschlich und beschnüffelte, hatte kein Glück. Es gelang ihm nur einmal, so nahe an die Tipis heranzukommen, daß er im Lärm einer Tanzveranstaltung Jeffrey brüllen hören konnte. Wahrscheinlich war er müde, denn es war lange nach Mitternacht, und Lindas Mutter wiegte ihn immer wieder wach, während sie den Tänzern und Tänzerinnen zusah.

»Jeffrey gehört um diese Zeit ins Bett!« knurrte Chapman in sich hinein, und in seiner Wut beschloß er, nach Howards Armee Ausschau zu halten.

Er ritt westwärts und traf am Salmon River einige hundert völlig erschöpfte und demoralisierte Soldaten an, die eben den Fluß bei Billy's Crossing durchquert hatten und am Ufer lagerten.

Einige Tage lang war General Oliver Otis Howard mit seinen Kavalleristen, Infanteristen und Artilleristen in den Salmon River Bergen umhergeirrt, bevor er durch zwei Reservationsindianer erfahren hatte, daß ihn die Nez Percé von seiner Nachschubbasis, Fort Lapwai, und von den Nachschubkolonnen Captain Perrys abgeschnitten hatten. Die Nachricht von Captain Whipples Mißerfolg, die Niederlage von Lieutenant Sevier M. Rains und das Desaster der Freiwilligen unter D. B. Randall hatten Howard derart geschockt, daß er seine Armee zu einem Gewaltmarsch durch unwegsamstes Berggebiet trieb. Aber nicht nur die Indianer setzten Howard zu. Eine Schlechtwetterperiode brachte Regen, Nebel und Schnee. Howard brauchte zwei Tage, um mit der schweren Artillerie wieder zum Salmon River zurückzustoßen. Als Chapman kam, lagen die

Soldaten bis auf die Haut durchnäßt, seit Tagen ohne warmes Essen und einige Nächte ohne Schlaf mehr tot als lebendig im Gras umher. Chapman suchte sofort den General auf. Auch der General sah aus, als wäre er quer durch die Hölle gestolpert. Sein Mantel hing dreckig und naß von seinen Schultern, und sein Gesicht war faltiger und dünner geworden.

»Ein Hundewetter, das uns der Herr beschert hat!« knurrte er und warf einen Blick zum Nachthimmel, an dem keine Sterne zu sehen waren. »Ich möchte gerne wissen, wie wir das verdient haben.«

Chapman konnte ihm darauf keine Antwort geben. Aber er verriet dem General, daß sich die Nez Percé in den Clearwater Bergen versammelt hatten. Und er erzählte dem General, daß sich seine Frau und sein Sohn bei Looking Glass' Stamm befanden. Der General hörte aufmerksam zu, gähnte nur ein einziges Mal und fragte am Ende, wie denn seine Chancen jetzt ständen.

Chapman sah sich um. Es brannten einige kleine Feuer, an denen sich die Soldaten wärmen konnten, die zu müde zum Schlafen waren.

»Ist das alles, was Sie aufmarschieren lassen können, Sir?« fragte Chapman.

»Major Green ist mit drei Kavalleriekompanien aus Fort Boise unterwegs hierher.«

»Wie lange dauert es, bis er hier ist?«

»Zu lange«, sagte Howard. »Ich muß versuchen, die Nez Percé zu erwischen, bevor sie sich über den Lolo Trail davonmachen. Das ist es doch, was sie vorhaben, nicht wahr?«

Chapman hob die Schultern. »Vielleicht bleiben sie, um zu kämpfen, Sir. Vielleicht warten sie auf die Spokanes und die Umatillas und die Cœur d'Alenes. Vielleicht nehmen sie auch den Lolo Trail, um in das Bitterroot-Valley zu kommen, wo sie mit der Unterstützung der Flatheads rechnen können. Sie sind uneinig. Aber sie sind auch unberechenbar. Man weiß erst, woran man mit ihnen ist, wenn man sie unter Kontrolle hat.«

»Was schlagen Sie vor, Chapman?«

»Verschaffen Sie den Soldaten eine Verschnaufpause. Lassen Sie die Infanterie zurück und stoßen Sie mit der Kavallerie in Richtung Grangeville vor. Sehen Sie zu, daß die Freiwilligen nicht erneut auf eigene Faust Krieg machen. Wenn Ihre Soldaten wieder einen besseren Eindruck machen, bringe ich Sie an das Nez Percé Lager heran. Dann können Sie mal zeigen, was Sie haben, Sir. Nur drohen, meine ich, und ich kann nur hoffen, daß es genügt, um die Nez Percé zu beeindrucken.«

»Was versprechen Sie sich von einer solchen Demonstration, Chapman?«

Chapman hob die Schultern. »Ich glaube, daß Joseph einer der vernünftigsten Menschen ist, denen ich je begegnet bin. Vielleicht bringt er wenigstens einen Großteil des Stammes dazu, doch noch in die Reservation zu ziehen.«

»Kaum, nach dem, was im White Bird Canyon passiert ist«, sagte Howard. »Er weiß, daß er dafür keine Gnade zu erwarten hat.«

»Kanonen sind auch gnadenlos, Sir«, sagte Chapman grimmig. »Unschuldige sterben. Frauen und Kinder. Väter und Mütter, die zu alt zum Kämpfen sind. Für die Schlacht im White Bird Canyon kann Joseph kein Strick gedreht werden. Er wurde von der Armee angegriffen, nicht wahr! Er mußte sich wehren, wenn er überleben wollte. Und er hat sich gewehrt, Sir!«

»Zuerst einmal hat er den Befehl, in die Reservation zu ziehen, einfach mißachtet. Dann wurden Siedler auf brutalste Art und Weise ermordet und ...«

»Sir, wenn mein Sohn nicht in Gefahr wäre, würde ich kaum hier sein und Ihnen Ratschläge erteilen. Ich wollte, es wäre mir gelungen, mich und meine Familie aus allem rauszuhalten.«

General Howard hauchte gegen seine kalten Hände. »Was wollen Sie damit sagen, Chapman?« fragte er fröstelnd.

Chapman, der auf einem Klappstuhl vor dem Zelt des Generals gesessen hatte, stand auf. »Was mit diesen Indianern gemacht wird, ist eine Schweinerei, Sir! Das ist es, was ich sagen wollte! Durch die Politik der Regierung werden sie systematisch betrogen, ausgebeutet und schließlich enteignet! Sie hatten nie eine Chance, auf friedlichem Wege ihr Recht zu bekommen. Und dann, als einige von ihnen anfingen, die Hände zu Fäusten zu ballen, als einige von ihnen durchdrehten, da hat man Sie und Ihre Armee ausgeschickt, um sie auszurotten! Das ist meine Meinung, Sir!«

Howard schien beeindruckt. »Es könnte schon sein, daß diesen Indianern einige Unfreundlichkeiten widerfahren sind, Chapman. Aber das ändert nichts an der Tatsache, daß sie den entscheidenden Fehler gemacht haben, als sie nicht termingerecht in der Reservation ...«

»Diese Scheißreservation ist für diese Leute doch wie ein Käfig, Sir! Da will man aus ihnen doch Amerikaner machen! Da werden sie doch regelrecht abgeändert und umgearbeitet, bis sie selbst keine Ahnung mehr haben, wer sie sind!« Chapman lachte fast gehässig auf. »Da kann ich es gut verstehen, daß sie es nicht so eilig hatten!«

»Sie hatten einen Termin, Chapman«, wiederholte der General Oliver Otis Howard.

»Gut. Und jetzt haben *Sie* einen gottverdammten Krieg, Sir! Und mein Sohn ist mittendrin.« Chapman schüttelte wütend den Kopf.

»Mister Chapman, ich habe keine Lust, mich mit Ihnen darüber zu streiten, wer an diesem Krieg die Schuld hat. Das würde wohl sowieso kaum dazu beitragen, daß Sie Ihren Sohn wiederbekommen. Wir müssen diesen Krieg so schnell wie möglich beenden. Und ich bin nicht abgeneigt, Joseph und seinen Leuten noch eine Chance zu geben. Ich hoffe auch für Sie, daß sie sie wahrnehmen werden.«

»Das hoffe ich auch«, knurrte Chapman. »Ja, das hoffe ich auch.«

»Sie scheinen nicht davon überzeugt zu sein, Chapman?«

»Nein, Sir. Ich könnte verstehen, wenn Joseph kämpft.«

Arthur I. Chapman führte Howards Armee vom Salmon River zum White Bird Canyon, wo viele der toten Soldaten vom Regen freigespült waren und erneut begraben werden mußten. Es war eine grausige Arbeit, die von den erschöpften Kavalleristen verrichtet werden mußte.

Vom White Bird Canyon ging es weiter durch wellige Prärien auf Grangeville zu. Es regnete jetzt nicht mehr. Ein wolkenloser Himmel breitete sich über dem Land aus. Die Sonne brannte erbarmungslos auf Soldaten und Pferde nieder. Der Boden trocknete und wurde schnell hart.

In der Nacht vom 9. Juli erreichte Howards Armee Grangeville, wo schon Captain Perry und Captain Whipple mit ihren Einheiten warteten. Vor den Toren der kleinen Stadt, die knapp zwei Dutzend Häuser und Hütten zählte, wurde das Lager errichtet, und später in der Nacht kamen dann auch noch die langsameren Infanteriekompanien unter dem Kommando von Captain Evan Miles an.

Nach Mitternacht war Howards gesamte Streitmacht in Grangeville versammelt. Der General beorderte sofort alle Offiziere zu einer Lagebesprechung in den Speisesaal des Hotels. Perry und Whipple machten einen niedergeschlagenen Eindruck. Howard hörte sich die Berichte der beiden Kommandanten an, ohne daß er dazu Stellung nahm. Sein Gesicht verfinsterte sich aber schlagartig, als Captain Perry erzählte, daß zur Zeit die Freiwilligen-Kompanie dabei wäre, das Clearwatergebiet auszukundschaften. Chapman sprang auf. »Wer, zum Teufel, hat diesen glorreichen Einfall gehabt?« rief er wütend in den Raum.

»Edward McConville und James Cearley«, erwiderte Captain Perry. »McConville wurde zum Nachfolger von Randall gewählt. Sie sind am Vormittag abgezogen, und ich hoffe, daß sie das Nez Percé Lager ausfindig machen.«

»Bevor die auch nur eine Tipispitze zu Gesicht bekommen, sind sie von Nez Percé Kundschaftern entdeckt!« Chapman donnerte die Faust auf den Tisch. »Wahrscheinlich stecken sie jetzt schon in der Klemme, diese Idioten!«

»Mir schien, als wäre Mister McConville ein zuverlässiger und erfahrener Mann, und James Cearley kennt sich auch aus. Ich glaube, Ihre Befürchtungen sind unbegründet, Mister Chapman.«

»Ich hoffe, daß Sie recht haben, Captain!« erwiderte Chapman scharf, aber schon während der General anfing, seine Pläne zu erläutern, war draußen schneller Hufschlag zu hören, der vor dem Hotel verstummte. Sekunden später stürzte ein Mann herein, dem der Schweiß seines Pferdes in Fetzen auf der Brust und an den Beinen klebte.

»Sir!« keuchte er, »Sir, die haben uns auf dem Hügel festgenagelt! Plötzlich waren sie da! Plötzlich waren sie über uns! Zu Hunderten! Wir schafften den Hügel. Dort haben wir uns eingegraben, und als ich wegritt, waren noch alle am Leben. Aber sie brauchen Hilfe, sonst schaffen sie es nicht! Die Armee muß ihnen zu Hilfe kommen! Hier ist eine Nachricht von Captain McConville!«

»Schon wieder ein neuer Captain!« sagte Chapman laut und warf Perry einen Blick zu. Howard las, was auf dem Zettel stand, und man konnte in seinem Gesicht erkennen, welche Mühe es ihm bereitete, Haltung zu bewahren.

»Sie haben recht gehabt, Chapman«, sagte er etwas gepreßt. »Sie stecken tatsächlich in der Klemme.« Er wandte sich an seine Offiziere. »Meine Herren, es liegt bei Ihnen, Ihren Männern zu erklären, warum sie nicht ausschlafen können. Abmarsch ist um sechs Uhr früh. Lassen

Sie alle notwendigen Vorbereitungen treffen. Wir werden morgen oder übermorgen mit größter Wahrscheinlichkeit auf die Nez Percé treffen, und das wird die Entscheidung sein. Meine Herren, wir haben einiges wettzumachen. Darüber sind wir uns doch wohl alle im klaren.«

Es überraschte Chapman nicht, daß alle einer Meinung waren. Es schien ihm, als hätten sie aus Howards Worten frischen Mut und neue Kraft geschöpft. Chapman war klar, daß mutige Soldaten wohl kaum drauf aus sein würden, Frieden zu verkünden, wenn sich ihren Gewehren und Kanonen Ziele bieten.

Und Chapman hatte recht. Am 11. Juli brachte General Howard seine Armee zum Clearwater River. Am Mittag entdeckte eine Vorhut, geführt von Lieutenant Fletcher, das Indianerlager, das sich in dem engen, von steilen Hügeln begrenzten Tal befand. Eine Stunde rückten die Offiziere mit ihren Kompanien in Angriffsformation vor, und pünktlich um ein Uhr fingen die Artilleristen an, mit einer Haubitze und zwei Gattling-Kanonen von den Hügeln aus in die Massen der aufgeschreckten Indianer hineinzuschießen.

Chapman sah, wie zuerst die Frauen und Kinder flohen. Er versuchte nicht, ihnen nachzulaufen.

Tucallacasena wollte zeigen, was in ihm steckte. Am Anfang, als die ersten Granaten ein paar leere Tipis zerfetzten und zwei Kinder töteten, rannte Tucallacasena hinüber zu den Frauen, die in panischer Angst zu fliehen versuchten und wahrscheinlich den Soldaten, die vom Fluß herkamen, in die Arme gelaufen wären. Es gelang Tucallacasena, einige der Frauen um sich zu versammeln und mit ihnen gemeinsam die anderen an der Flucht zu hindern.

»Noch sind die Soldaten nicht da!« rief er ihnen zu. »Noch habt ihr Zeit, euer Hab und Gut und eure Kinder zu retten!«

Die Frauen liefen zurück und packten in aller Eile zusammen, was ihnen wichtig war. Einige fingen sogar damit an, die Tipis abzubrechen. Ältere Kinder halfen ihren Müttern. Alte Leute schleppten Waren hinunter zum Ufer des Clearwaterflusses, wo Büffelhautflöße beladen wurden. Junge Burschen trieben die Pferdeherde zu beiden Seiten des Flusses talaufwärts aus der Reichweite der Kanonen und Gattlings.

Tucallacasena sah Linda zum Fluß hinunterlaufen. Sie trug Jeffrey auf dem Rücken und hatte ihre Großmutter an der Hand. Ihre Mutter trottete schwer beladen hinter ihnen her und schleppte ein weinendes Mädchen mit sich. Tucallacasena warf einen Blick zu den Hügelkämmen hoch, wo die Soldaten erwartet wurden. Ob Chapman bei ihnen war? Ob Chapman vielleicht da oben zwischen den Büschen war und zusah, wie die Frauen und die Kinder davonliefen?

Auf einem der Hügel tauchten jetzt ungefähr vierzig Soldaten auf. Bei ihnen waren ein paar Zivilisten und ein Indianer, der einen Hut trug. White Bird jagte mit einer Gruppe berittener Krieger zum Fuße des Hügels, um die Soldaten daran zu hindern, in das Tal vorzustoßen. Ein anderer Kriegertrupp machte einen kleinen Bogen um den Hügel herum, und bevor die Soldaten angreifen konnten, befanden sie sich im Kreuzfeuer der Scharfschützen.

Tucallacasena wartete, bis Linda und Jeffrey über den Fluß waren. Dann ritt er mit Looking Glass und einigen Freunden einen steilen Hang hinauf zu einem Grat, von dem aus sie sehen konnten, wie General Howard mit seiner Hauptmacht Schwierigkeiten hatte, eine Schlucht zu durchqueren, um zum vordersten Hügelrücken vorzustoßen, von dem aus das Lager durch Infanterie und Kavallerie angegriffen werden konnte. Ohne Unterlaß donnerten die Kanonen. Unten im engen Tal wurden die Reste des Lagers verwüstet, während Joseph und Ollokot mit den meisten Kriegern den Clearwaterfluß durchquerten und am gegenüberliegenden Hang sofort damit anfingen, Schützengräben auszuheben und aus Steinen Barrikaden zu errichten. Frauen halfen ihnen dabei.

Tucallacasena merkte, wie er von einem unheimlichen Gefühl der Hochstimmung gepackt wurde. Er hatte diesem Kampf entgegengefiebert. Er wollte Chapman zeigen, daß er auf Linda und auf Jeffrey aufpassen konnte. Und er wollte versuchen, so viele Soldaten wie möglich zu töten.

Auf der Hügelkuppe ließ Tucallacasena sein Pferd steigen und einige Male drehen, während er sein Gewehr schwenkte und gellende Schreie ausstieß. Auf einem anderen Buckel tanzte ein anderer Krieger, der seine rote Decke wie eine Fahne flattern ließ. Howards Soldaten kamen am Steinhang ins Schwitzen. Tucallacasena sah einen, der einen flammendroten Bart im Gesicht und drei Winkel an der Uniformjacke hatte. Das war Sergeant Simpson, und Tucallacasena traf ihn mit der ersten Kugel in den Unterleib. Der Sergeant fiel vom Pferd und rollte den Hang hinunter. Einen Triumphschrei auf den Lippen, wendete Tucallacasena sein Pferd und jagte über den Grat und sah Chapman aus dem Schatten einiger Bäume kommen. Chapman hatte das Gewehr in beiden Händen und saß auf dem Rücken des Ponys, das er Bighorn Bow abgenommen hatte.

»Hoh, Chapman!« rief Tucallacasena krächzend, während er sein Gewehr an die Schulter nahm und ungezielt zwei Kugeln abfeuerte. Chapman schoß zurück und traf Tucallacasenas Pferd, das stürzte und in einer Staubwolke unterging. Sekunden danach tauchte Tucallacasena auf. Er rannte talwärts, Haken schlagend wie ein Hase, und Chapman ließ ihn laufen.

Hinter Chapman hatte sich jetzt die Armee formiert. Die Angriffslinie von über 400 Soldaten und Zivilisten war fast zwei Meilen lang. Howard hatte die Kavallerie links, die Infanterie- und Artillerie-Bataillone rechts aufmarschieren lassen. Auf der ganzen Linie waren die Soldaten im Vormarsch, bis sie den letzten Hügelrücken erreichten, wo sie das Tal des Clearwaterflusses vor sich hatten. Jenseits des Flusses hatten die Indianer ihre Stellung bezogen.

»Schützengräben und Barrikaden!« knurrte General Howard kopfschüttelnd. »Wer hat denn so was schon mal gesehen!«

»Das sind keine Narren«, erwiderte Chapman, der eine Nachschubkolonne gesichtet hatte, die von Kamiah heraufkam und von einer Kompanie Kavallerie eskortiert wurde.

»Sie kriegen Verstärkung, Sir«, sagte er und zeigte zur Straße hinunter, die dem Flußufer entlangführte. Die Indianer hatten den Packzug ebenfalls entdeckt und griffen ihn sofort an. Zwei Zivilisten, die als Packer angestellt waren, kamen nicht rechtzeitig in Deckung. Zwei Maultiere, die Haubitzengranaten geladen hatten, brachen im Feuer der Indianer zusammen. Die anderen Treiber und Packer jagten mit den restlichen Maultieren auf Howards Stellung zu, und der General schickte ihnen Captain Whipple mit seiner Kompanie zur Rettung entgegen.

Der Juli-Nachmittag war lang und heiß. Die Sonne brannte auf das Schlachtfeld nieder. Soldaten mühten sich redlich ab, den zerklüfteten, unübersichtlichen Hügelzug, an dem sich die Indianer verschanzt hatten, zu stürmen, und die einzige Trinkwasserquelle in der Gegend wurde zu einem heiß umkämpften, strategisch wichtigen Objekt, das die Indianer geschickt zu verteidigen wußten.

Immer wieder attackierten Kriegertrupps die Flanken von Howards

Angriffslinie, während Scharfschützen von den ausgetrockneten Gräben und Furchen aus die Stellungen der Soldaten beschossen. Spät am Nachmittag versuchte dann Captain Evan Miles mit seinem Bataillon einen Sturmangriff auf einen trockenen Wasserlauf, in dem sich einige der besten Nez Percé Scharfschützen aufhielten. Die Scharfschützen brachten den Angriff mit ein paar wohlgezielten Schüssen zum Stillstand. Sie trafen Captain Bancroft von der 4. US Artillerie, Lieutenant Williams und Lieutenant Farrow von der 21. US Infanterie. Jemand schien die Indianer gelehrt zu haben, immer zuerst auf Uniformen mit Goldbesatz zu zielen. Captain Miles ließ seine Soldaten darauf in Deckung gehen.

Howards Angriffslinie war durch eine schmale, tiefe Erdfurche geteilt, die schräg zum Fluß hinunterführte. Durch diesen Graben gelang es den Nez Percé Kriegern immer wieder, bis dicht an die Stellungen der Soldaten heranzukommen. Chapman machte General Howard darauf aufmerksam, und Howard schickte sofort Captain Marcus P. Miller mit seinem Artillerietrupp aus, um am oberen Ende der Furche in Stellung zu gehen und die Lücke in der Angriffslinie zu schließen. Miller, ein nervenstarker Offizier, rauchte genüßlich seine Pfeife, während er an der Spitze der Kompanie unter dem Feuer der Indianer zur Furche ritt. Oben angekommen, fingen einige seiner Soldaten sofort an, auf ein paar Gestalten zu schießen, die im hüfthohen Gras lagen. Die Gestalten feuerten zurück, und erst als im Gras ein heiserer Fluch auf Englisch ertönte, gab Miller den Befehl, nicht mehr zu schießen. »Das sind doch welche von uns!« rief er. »Heh, ihr da drüben, wir sind die Artillerie!«

»Verdammt, wir sind Infanterie! Wie kommt es, daß ihr hier oben herumkriecht und nicht mal 'ne anständige Kanone dabei habt?« brüllte Captain Miles.

»Ich glaube, wir sind Lückenbüßer«, sagte Miller und sog an seiner Pfeife, die jetzt ausgegangen war.

Kurz vor Sonnenuntergang entschied sich General Howard noch für einen Versuch, die Quelle zu erobern. Er ließ Captain Perrys und Captain Whipples Kavallerie und Captain Morris' Artillerie von links her angreifen, um die Indianer, die die Quelle hielten, zurückzustoßen. Von rechts her rückte gleichzeitig unter dem Kommando von Lieutenant Wilkinson die restliche Infanterie, Artillerie und die gesamte Kavallerie vor, während Fletchers Haubitze vom Hügel aus die Barrikaden der Indianer unter Feuer nahm. Es war kurz vor 4 Uhr am Nachmittag, als die Soldaten das Tal hochstürmten und die Nez Percé zurücktrieben. Trotzdem gelang es Howard nicht, die Quelle zu erobern, und als die Sonne unterging, fingen durstige Soldaten damit an, in der Kälte einer langen Nacht Schützengräben und Schützenlöcher auszuheben.

Chapman fand Howard ziemlich wütend bei einer Besprechung mit Major Keeler, einem Offizier, der als Beobachter für General McDowell aus dem Armee-Hauptquartier in San Francisco zu ihnen gekommen war. Die beiden Offiziere erörterten die Lage, und Major Keeler meinte gerade, daß morgen schließlich auch noch ein Tag sei, als Chapman das Armeezelt betrat.

»Wie sieht es aus, Chapman?« fragte Major Keeler. »Glauben Sie, daß die Nez Percé auch morgen ihre Stellung halten?«

»Warum sollten sie nicht?« erwiderte Chapman und nahm die Wasserflasche, die er an einem Riemen über der Schulter hängen hatte, und öffnete sie. »Ich habe Wasser geholt«, sagte er.

Howard trat einen Schritt vor. »Sie waren an der Quelle?« fragte er ungläubig.

Chapman nickte. »Es war einfach, bevor der Mond aufging. Wollen Sie, General?«

Howard fuhr sich mit der Zungenspitze über seine trockenen Lippen. Dann wandte er sich an Major Keeler. »Bitte, bedienen Sie sich, Major.«

Keeler winkte ab. »Wir haben Verwundete draußen, nicht wahr.« Es war keine Frage, sondern eine Feststellung. Chapman nickte. »Ja, wir haben Verwundete«, sagte er, drehte sich um und ging hinunter in die Senke, wo sich ein Arzt um die Verletzten kümmerte. Er übergab ihm die Blechflasche.

Der nächste Tag begann für alle sehr früh. Aber es war dann auch alles sehr schnell erledigt.

Chapman rannte, stolperte über einen Wurzelstock, rutschte in ein ausgetrocknetes Bachbett hinein und rannte weiter im Staub und vom Licht der aufgehenden Sonne geblendet.

Rechts von ihm rollte ein Soldat den Hang hinab, und als er liegenblieb, schossen die Nez Percé weiter auf ihn, und die Kugeln, die ihn trafen, gaben ihm Leben, das er nicht mehr besaß. Zwei junge Burschen rannten im Kugelhagel hinzu, und einer kniete nieder und schoß mit seinem Gewehr, während der andere den Toten an den Schuhen packte, um ihn zu einer der Steinbarrikaden zu tragen, die von den Indianern aufgegeben worden war. Aber er kam nicht weit. Plötzlich taumelte er hoch und suchte mit beiden Händen in der Luft nach einem Halt. Dann brüllte er: »Mutter, ich bin getroffen!« und brach über dem Toten zusammen. Der andere, der dabei war, sein Gewehr aufzuladen, warf sich hinter einigen Steinen in Deckung.

Chapman war der erste, der die Bauminsel und die Quelle erreichte. Und nach ihm kam Howards gesamte Armee. Soldaten zu Fuß und zu Pferd, keuchend, lärmend und schießend, Gesichter voll Schweiß und Staub und Blut und Ruß. Hurrahgebrüll im Krachen der Kanonen und Gewehre, als die Quelle eingenommen war. Die Nez Percé hatten sich zurückgezogen, flohen über den Hügelkamm und machten nur kurz halt in ihrem Lager, das inzwischen durch die Splittergranaten der Haubitze verwüstet worden war.

Das war der Kampf am zweiten Tag.

»Gratuliere, Chapman«, sagte General Howard Punkt fünf Uhr am Nachmittag und streckte Chapman seine Hand hin. Chapman ergriff sie, erwiderte den Druck fest und fragte dann, wie er sich die Ehre verdient hätte.

»Ich ließ mir sagen, daß Sie zuerst an der Quelle waren und sozusagen meinen Soldaten durch ihren Einsatz Ansporn gaben.«

»Ich hatte Durst«, sagte Chapman. »Und außerdem hatte ich Glück.«

»Trotzdem, Chapman«, sagte General Howard, und für einen Moment wurde sein Gesicht durch ein Lächeln aufgehellt.

Er sah sich um. Soldaten und Zivilisten wühlten in den Trümmern des Indianerlagers und plünderten die wenigen Tipis, die den Granatenhagel unversehrt überstanden hatten. Einige der Packer beluden ihre Maultiere mit Büffelfellen, Decken, Kleidungsstücken und anderen Sachen, die sie in der Stadt als Souvenirs der Clearwater Schlacht verkaufen wollten.

Howards Offiziere kamen zur Lagebesprechung. Auch an ihnen hatte der Kampf Spuren hinterlassen. »Das war ein Kampf!« sagte der Kavalleriehauptmann Whipple. »Herrgott, war das ein Kampf!«

Und Lieutenant Wilkinson hatte einen verklärten Ausdruck im

Gesicht, als er seinem General die Hand schüttelte. »Sir, wir haben gesiegt! Dem Himmel sei Dank!«

Major Keeler machte Notizen, die er für seinen Bericht an General McDowell brauchte, und nur Captain Perry schien ziemlich bedrückt, denn dieser Sieg hier strich seine Niederlage im White Bird Canyon noch deutlicher heraus. Außerdem war Perry auch heute nicht erfolgreich gewesen, als er auf Befehl von Howard Infanteristen auf den Pferden seiner Kavallerie über den Clearwater River brachte. Die Infanteristen, viele Nichtschwimmer unter ihnen, stellten sich so dämlich an, daß es Stunden dauerte, bis der letzte am anderen Ufer war. Dadurch hatten die fliehenden Nez Percé inzwischen einen uneinholbaren Vorsprung.

Chapman wanderte ziellos durch das, was vom Indianerlager übriggeblieben war. Er hoffte, Spuren von Jeffrey zu finden, entdeckte aber nur eine zerbrochene Porzellanschüssel mit Rosen drauf, die zweifellos aus seinem Haushalt stammte. Chapman zählte achtzig zerstörte Tipis. Die Nez Percé hatten einen großen Vorrat an Mehl und getrocknetem Fleisch zurücklassen müssen. Die Soldaten trugen Haufen von Decken und Kleidungsstücken zusammen, die angezündet und verbrannt wurden.

Chapman warf den Porzellanscherben in den Fluß, stieg auf sein Pferd und ritt auf den Spuren der fliehenden Indianer den Hügel hoch, fand einen toten Krieger, neben dem mit hängendem Zügel ein Pferd stand. Chapman ritt weiter, bis die Dunkelheit die Spuren schluckte. Irgendwo machte er halt und war froh, allein zu sein. Er fragte sich, wie es wohl kam, daß er während des Kampfes nie an Linda und nicht einmal an Jeffrey gedacht hatte.

Teil III

Die Vertreibung

12

Der Lolo Trail

»Wofür kämpfen wir eigentlich? Um am Leben zu bleiben? Nein! Wir kämpfen für dieses Land hier, das die Gebeine unserer Väter in sich geborgen hält. Ich will meine Frauen nicht unter lauter Fremden wissen. Ich will nicht in der Fremde sterben. Einige von euch haben einmal behauptet, ich hätte Angst vor den Weißen ... Gut, bleibt mit mir hier in diesem Land und kämpft! Wir werden unsere Frauen und Kinder in den Bergen verstecken und in diesem Land für sie kämpfen und sterben! Ich würde das eher tun als einfach irgendwohin davonlaufen.«

Joseph in: Lt. C. E. S. Wood, CHIEF JOSEPH, THE NEZ PERCE, Century Mag., Mai 1884

Es hatte unter den Nez Percé einige Spaßvögel gegeben, die General Howard nicht mehr den einarmigen Soldatenhäuptling, sondern *General Übermorgen* nannten, als er ihnen in einem Zwei-Tage-Abstand kreuz und quer durch die Salmon River Berge gefolgt war.

Als er dann aber plötzlich am Clearwater angriff, waren sie alle ziemlich überrascht worden.

Jetzt wußte jeder im Lager, daß *General Übermorgen* kein Gegner war, mit dem man Spaß machen konnte. Jetzt wußte jeder im Lager, daß *General Übermorgen* kämpfen konnte.

Auch Walaitits und Sarpsis, die beide behauptet hatten, dieser General wäre nicht besser als jener Captain, der zum White Bird Canyon gekommen war, wußten jetzt, daß *General Übermorgen* vielleicht ein bißchen langsam vorrückte, aber dann mit der Gewalt eines plötzlichen Unwetters über sie hereinbrechen konnte.

Er hatte gut gekämpft, dieser General. Und er hatte seine Pferdesoldaten und seine Fußsoldaten gut geführt. Ohne seine Kanonen aber, ohne die Donnerrohre, die immerfort Tod und Verderben ausspucken konnten, hätten die Soldaten und ihr General vielleicht auch jetzt wieder davonlaufen müssen. Und dieser Gedanke ärgerte vor allem Walaitits, der am Abend nach der Schlacht im Lager umherging und für einigen Unfrieden sorgte. »Hätten wir die Frauen und die Kinder in den Bergen versteckt, hätten wir nicht davonlaufen müssen! Und das nächste Mal töten wir zuerst die Soldaten bei den Kanonen! Wenn die Kanonen stumm bleiben, können die Blaubäuche hören, wie die Angst in ihren

Herzen rumort. Diese Angst wird ihre Beine schwer machen, und ihre Hände werden zittern, wenn sie schießen!«

»Und sie werden gar Tränen in den Augen haben, wenn sie zielen!« rief Looking Glass spöttisch. Walaitits nannte ihn einen Freund der Weißen, und im Nu war ein Wortstreit im Gange, an dem sich besonders die jungen Krieger beteiligten. Viele von ihnen fieberten bereits dem nächsten Kampf entgegen. Sie waren davon überzeugt, daß es ihnen gelingen würde, alle Soldaten zu töten oder zumindest aus dem Land zu jagen. Sie waren unzufrieden mit der Entscheidung der Häuptlinge, das Lager am Clearwater am zweiten Tag fast widerstandslos aufzugeben. Sie fühlten sich um einen Sieg betrogen.

Die jungen Krieger fanden in Toohoolhoolsote einen Fürsprecher von Bedeutung. Der alte Träumer-Medizinmann versprach, am nächsten Sonntag beim Großen Geist um die Kraft und die Macht zu bitten, alle Soldaten in einer einzigen Schlacht zu töten.

»Und falls uns das nicht gelingt?« wollte der Palouse-Häuptling Hush-hush-cute wissen. »Falls noch mehr Soldaten in das Land kommen und noch mehr Kanonen gebracht werden?«

»Wir warten auf unsere Brüder, die Umatillas, die Yakimas und die Cœur d'Alenes!« rief Häuptling White Bird scharf. »Sie werden mit ihren Scharen zu uns kommen und mit uns gegen den Feind kämpfen, der auch ihr Feind ist!«

»Warum gehen wir nicht in das Land unserer Brüder und Schwestern, der Flatheads?« Es war Looking Glass, der diese Frage stellte. »Ich glaube nicht, daß uns General Howard und seine Soldaten folgen würden. Wir könnten diesen Krieg hier zurücklassen.«

»Hier ist das Land unserer Väter!« sagte Häuptling Joseph. »Hier will ich bleiben!«

»Und sterben?« – »Ja, wenn es sein muß.«

»Heißt das, daß du mit uns bist?« fragte Walaitits und sah Joseph dabei herausfordernd an. »Wirst du mit uns kämpfen?«

Für einen Moment wurde es ruhig im Kreis der Männer. Und jetzt konnte man das Wehklagen der Frauen hören, die in der Dunkelheit um ihre Männer und Söhne trauerten. Alle Augen waren auf Joseph gerichtet, der neben seinem Bruder Ollokot stand. »Wenn General Howard mir keine andere Wahl läßt, werde ich kämpfen!« sagte Joseph mit fester Stimme. »Vorerst will ich meinen Stamm ein Stück von hier wegbringen. Dann werde ich auf General Howard warten, und dieses Mal wird er vielleicht wissen, daß es besser ist, wenn wir diese Angelegenheit in Frieden regeln.«

»Das ist keine Angelegenheit!« rief Toohoolhoolsote. »Das ist ein Krieg, den wir gewinnen müssen! Du sollst dich entscheiden. Entweder du kämpfst, oder du läufst davon. Sieh, niemand hindert dich, davonzulaufen! Geh mit Looking Glass in das Land der Flatheads.«

»Es ist gutes Land, das die Flatheads haben«, sagte Looking Glass ruhig. »Wir würden in der Nähe der Büffelprärien sein.«

»Und falls uns die Flachköpfe nicht haben wollen?« fragte Toohoolhoolsote und ging mit einem grimmigen Gesicht im Kreis auf und ab. »Sie sind unsere Brüder und Schwestern. Aber ihr wißt doch, daß sie in Frieden mit den Weißen leben, weil sie den Schwarzröcken gehorchen. Sie sind wie eine Herde Schafe, die Flachköpfe. Und sie werden von einem Schwarzrock gehalten!«

Als Toohoolhoolsote ausgesprochen hatte, trat ein großgewachsener junger Mann vor, dessen Gesichtszüge von einer fast mädchenhaften Anmut waren. Er lächelte ein wenig schüchtern und sagte, daß es ihm bei den Flatheads gut gefallen hätte, als er das letzte Mal bei ihnen zu Gast gewesen wäre. »Und ich habe nichts davon gemerkt, daß sie sich wie Schafe um den Schwarzrock versammelt haben. Sie leben in Frieden mit den Weißen, und sie leben gut. Ihre Ponys sind schnell wie der Wind, weil sie gutes Futter haben. Ihre Wälder sind groß, und es gibt dort viel Wild. Sie haben saftige Wiesen und weite Camasfelder. Ihre Mädchen sind schön wie Sommerblumen und . . .«

»Du bist ein Schwärmer, Rainbow!« rief White Bird lachend dazwischen. »Und trotzdem glaube ich, daß es kein schlechter Vorschlag ist, dieses Land zu verlassen. Wir müßten hier so lange kämpfen, bis der letzte Soldat tot ist. Aber kann einer von euch sagen, wie viele Soldaten Washington hat? Nein! Keiner weiß es. Vielleicht ist Washingtons Armee wie ein Fluß, der nie versiegt. Wir können zwar flußaufwärts schwimmen, aber dabei werden wir schnell müde. Und ich glaube, daß es besser ist, von hier wegzugehen, bevor wir dazu zu müde sind.«

»Wir sind nie zu müde zum Kämpfen!« rief Walaitits. »Ich will kämpfen! Ich will die Soldaten töten! Ich will diesen Fluß zum Versiegen bringen!« Walaitits drehte sich im Kreis. »Was meint ihr, meine Freunde? Sollen wir kämpfen oder davonlaufen?«

»Kämpfen!« riefen sie, und in ihrem Schrei waren die Trauernden und die Verwundeten nicht zu hören. Sie fingen zu tanzen an und ließen die Älteren nicht mehr zu Worte kommen. Die Nacht gehörte ihnen. Sie waren jung, und der Kampf hatte sie nicht müde gemacht.

Auch Tucallacasena war unter ihnen. Er hatte am Clearwater seinen ersten Soldaten getötet. Es war einfach gewesen. Der Soldat war mit seinem Pferd gestürzt, und das Pferd war auf die Beine des Soldaten gefallen. Es gelang dem Soldaten, ein Bein freizubekommen. Aber das andere war unter dem toten Pferd zerquetscht worden, und er zog und zerrte und schrie und fluchte und betete, als Tucallacasena über den Grat kam. Er war ein junger, bleicher Soldat mit Blasen an den Lippen. Er hatte Angst, als er den Revolver aus dem Futteral zog. Die Augen weit vor Angst, lag er am Hang und kam nicht mehr dazu, den Revolver abzudrücken. Tucallacasena schoß vom Rücken seines Pferdes aus mit dem Gewehr und traf den jungen, bleichen Soldaten vier- oder vielleicht sogar fünfmal hintereinander.

Als Tucallacasena mit Schießen aufhörte, lag der Soldat krumm am Boden und hatte kein Gesicht mehr.

Durch den Pulverrauch hindurch starrte Tucallacasena auf den Toten nieder, und erst als plötzlich eine ganze Reihe Soldaten auftauchte, jagte er davon und hinunter durch das Tal und rief allen zu, daß er einen Soldaten getötet hatte.

Und jetzt tanzte Tucallacasena mit Walaitits, mit Sarpsis und mit vielen anderen jungen Kriegern, die nicht einfach davonlaufen wollten wie Hasen. Und während er tanzte, kam ihm plötzlich Chapman in den Sinn, Chapman, der ihm das Pferd unter dem Hintern weggeschossen hatte und der ihn hätte töten können. Und mit dem Gedanken an Chapman verlor Tucallacasena plötzlich die Lust am Tanzen. Er entfernte sich, suchte Linda und fand sie draußen mit anderen Frauen zusammen am Grab eines Knaben, der auf der Flucht von der Kugel eines Soldaten eingeholt worden war. Linda hatte Jeffrey in einem Korb, und Jeffrey schlief. Tucallacasena nahm den Korb und trug ihn hinunter in eine Mulde, wo es ruhig war und kein Wind hinkam. Er blieb wach, bis Linda kam. Sie sah müde aus. Sie holte Decken für ihn, und er legte sich neben dem Korb hin. Sie nahm ihre Decken und legte sich auf der anderen Seite des Korbes nieder. Und sie wachten durch den Rest der Nacht, Jeffrey zwischen sich.

Am 13. Juli durchquerten die Nez Percé in ihren Büffelhautbooten den Clearwater River in der Nähe der Kamiah Fähre. Auf der anderen Seite, kaum eine Meile von den Agenturgebäuden und der Missionsstation Kamiah entfernt, am Rande der Kornfelder, die von Reservationsindianern angelegt worden waren, wollten sich die Krieger der Nez Percé noch einmal dem einarmigen Soldatenhäuptling und seiner Armee stellen.

Es war ein sonniger Tag, und die Krieger fingen an, Schützenlöcher zu graben und Steinbarrikaden zu bauen. Aber nach kurzer Zeit meldeten Kundschafter, daß Soldaten im Anmarsch waren.

Schon tauchten auf einem steil abfallenden Hügelkamm Soldaten auf, die sich schnell formierten und dann über einen schmalen Weg zum Flußufer heruntergeritten kamen. Da die Nez Percé Krieger noch nicht für den Kampf gerüstet waren, rief Joseph zum Aufbruch und zog mit seinen Leuten sofort weiter. Nur ein paar Scharfschützen blieben zurück und empfingen die Soldaten mit einem heftigen Gewehrfeuer und hinderten sie daran, den Fluß zu durchqueren. Darauf machten die Soldaten kehrt.

Die Krieger schossen ein paar Kugeln hinter ihnen her, folgten dann aber ihren Leuten, die quer durch das Anbaugebiet der Kamiah Senke ostwärts gezogen waren. Die Häuptlinge hatten jetzt erkannt, daß sie auf dem schnellsten Weg den Anfang des Lolo Trails erreichen mußten, falls ihnen dieser Weg im Ernstfall zum Rückzug offenbleiben sollte.

Vier Meilen hinter Kamiah machten die Nez Percé halt. Joseph schickte sofort einige Kundschafter aus, die beobachten sollten, was General Howard mit seiner Armee vorhatte.

Am Nachmittag des 15. Juli kamen aufgeregte Kundschafter in das Nez Percé Lager und berichteten, daß eine Kompanie Pferdesoldaten und eine Kompanie Zivilisten im Schutze der Hügel auf der Westseite des Clearwaters zur Greer Fähre unterwegs waren. Die Häuptlinge erkannten sofort die Gefahr, die von diesem Manöver ausging. Von der Greer Fähre aus konnten diese Soldaten zum Nordarm des Lolo Trails vorstoßen und ihnen den Weg durch die Berge blockieren.

Um Zeit zu gewinnen, schickten die Häuptlinge einen Parlamentär aus, der mit General Howard Verbindung aufnehmen sollte, um zu fragen, welche Bedingungen den Nez Percé im Falle einer Kapitulation gewährt würden. Inzwischen brachen die Indianer das Lager ab und hetzten dem Lolo Trail entgegen.

Der Parlamentär verhandelte mit General Howard. Der beorderte sofort seine Kavalleriekompanie und die Freiwilligen von der Greer Fähre zurück und beriet sich mit seinen Offizieren und mit E. C. Watkins, dem von der Regierung eingesetzten Indianer-Inspektor. Dann brachten Reservationsindianer die Nachricht, daß sich die Nez Percé unter Führung von Joseph längst im Anstieg zum Lolo Trail befanden. General Howard begriff, daß er an der Nase herumgeführt worden war. In aller Eile ließ er seine gesamte Armee zur Verfolgung der Nez Percé aufbrechen.

Auf einem Hügel stand ein einzelner Indianer, der Howards Manöver beobachtete, und als die Soldaten aufbrachen, hob er sein Hirschlederhemd, bückte sich und zeigte den Soldaten seinen nackten Hintern zum Zeichen, daß sie verarscht worden waren. Einige Zivilisten versuchten, ihn einzuholen, aber ihre Pferde waren nicht schnell genug, und nach wenigen Meilen gaben sie die Jagd auf.

Der junge Bursche ritt hinter seinem Stamm her. Es war ein mühsamer Ritt auf schmalen und steilen Bergpfaden, die zur Weippe Prärie hochführten, einer Alm, die zum großen Teil aus Camasfeldern bestand. Dort lagerte der Stamm, und es fand eine Versammlung der Häuptlinge und Unterhäuptlinge statt. Noch einmal sollte versucht werden, eine gemeinsame Entscheidung zu treffen. Sie hatten die Möglichkeit, über den Lolo Trail das Land zu verlassen und jenseits der Bitterroot Berge entweder bei den Flatheads oder bei den Crows unterzukommen. Looking Glass, der fast jedes Jahr die Sommermonate im Yellowstone Becken bei der Büffeljagd verbrachte, wollte unter allen Umständen versuchen, seinen Stamm mit den Crows, die am Yellowstone River lebten, zu vereinen.

Die Crows waren ein starker Stamm, und Plenty Coups, ihr Häuptling, hatte es verstanden, mit den Weißen ein freundschaftliches Verhältnis einzugehen. Die Crows kontrollierten das Yellowstone Basin im *Land der alten Frau*. Im Norden waren nur noch die Schwarzfüße verwegen genug, ihnen bei der Jagd auf die letzten großen Büffelherden Konkurrenz zu machen.

Looking Glass hatte sich entschieden und konnte nicht verstehen, daß Joseph noch immer hoffte, Washington würde es sich anders überlegen und ihm das Wallowa Tal doch überlassen. Es gelang Looking Glass, White Bird und selbst Toohoolhoolsote zu überzeugen, daß es besser wäre, das Land zu verlassen, dem Krieg auszuweichen und eine neue Heimat zu finden. Joseph wurde schließlich überstimmt.

Joseph war dagegen, das Weite zu suchen. Aber er wurde schließlich überstimmt.

Am Morgen des 16. Juli brachen die Nez Percé ihr Lager auf der Weippe Prärie ab. Sie wandten sich den Bitterroot Bergen zu, die im Osten hoch in den Himmel ragten. Durch dieses Bergmassiv führte der Lolo Trail, ein Pfad, der seit Jahren von den Büffeljägertrupps benutzt wurde. Er führte von der Weippe Prärie zum Lolo Pass hoch und auf der anderen Seite hinunter in das Bitterroot Tal, und jeder, der ihn einmal gemacht hatte, wußte, daß er von Mensch und Tier nur unter schwersten Anstrengungen und Strapazen passiert werden konnte. Aber es war der einzige Ausweg.

Für die Nez Percé, die zwar fast ihre gesamte Lagerausrüstung und fast die Hälfte aller Tipis verloren hatten, dafür aber Frauen, Kinder und die alten Leute hinüberbringen mußten, war der Lolo Trail ein ebenso schwieriges Unterfangen wie für General Howard und seine Soldaten. Falls sie den Indianern überhaupt folgen würden, denn eigentlich hatte Washington ja nun erreicht, daß die Nez Percé ihr Wallowa Gebiet endlich aufgegeben hatten und um des Friedens willen abzogen.

Doch hinter ihnen marschierten schon die Treiber auf, fast vierhundert Soldaten, die von einem unerbittlichen General geführt wurden, der entschlossen war, die Nez Percé daran zu hindern, nach Montana zu entkommen.

Chapman hatte das Weippe Lager der Nez Percé beobachtet und gesehen, wie sie sich auf den Lolo Trail machten. Er hatte versucht, Tucallacasena abzufangen, aber der lange erfolglose, doch jetzt mit sehr guten Chancen bedachte Verehrer seiner Frau hatte sich nie allein vom Lager entfernt.

Chapman sah seine letzte Möglichkeit, Jeffrey wiederzubekommen, immer geringer werden. Da er wußte, wie schwerfällig sich Howards Armee auf dem Lolo Trail bewegen würde, schlug er vor, telegrafisch die auf der anderen Seite der Bitterroot Berge in Montana stationierten Truppen um Unterstützung zu bitten.

»Die passieren den Paß vor uns, selbst wenn Sie Ihre Soldaten Tag und Nacht in Bewegung halten, Captain«, sagte Chapman zu Captain Perry.

»Der Vorsprung ist zu groß, und sie sind selbst mit ihren Frauen, Kindern, Alten und Verwundeten schneller als Infanteristen!«

»Man müßte halt die Infanteristen reiten lassen«, sagte einer der jüngeren Offiziere. »Man müßte Maultiere auftreiben.«

»Meinen Sie nicht, daß ein Infanterist, der den Lolo Trail auf einem Maultier machen will, so etwas wie ein Selbstmörder ist«, sagte jetzt Lieutenant Wilkinson, General Howards Adjutant. »Außerdem, wo holen wir in den nächsten Stunden einige hundert Maultiere her?«

McConville, Captain der Freiwilligen, glaubte auch, daß es unmöglich wäre, in so kurzer Zeit genügend Maultiere herbeizuschaffen. »Trotzdem bin ich nicht Chapmans Meinung, daß es unmöglich ist, die Rothäute einzuholen. Die haben auf dem Trail genauso Schwierigkeiten wie wir.«

»Kennen Sie denn den Lolo Trail?« fragte General Howard McConville. McConville verneinte lächelnd und verwies auf die Reservationsindianer, die für die Armee Kundschafterdienste leisteten. Unter ihnen war auch James Reuben, und dieser erzählte natürlich sofort, wie gut er den Lolo Trail kenne. »Wie meinen Hosensack!« sagte er und grinste von einem Ohr zum andern. »Ehrlich, General, Sir! Immer, wenn wir zur Büffeljagd ritten, mußten wir diesen Weg nehmen. Ein guter Reiter hat Spaß auf diesem Weg, und ein schlechter Reiter bricht sich vielleicht das Genick. So ist das, General, Sir.«

McConville schlug sofort vor, mit seinen Freiwilligen und einer Kavalleriekompanie zum Anfang des Lolo Trails vorzustoßen. »Von dort an verfolgen wir die Wilden aufs härteste, und ich gebe Ihnen die Garantie, daß die nie zur Ruhe kommen werden, Sir!«

Chapman lächelte, sagte aber nichts. Eine Stunde später war McConville wieder einmal unterwegs. Stolz geschwellt saß er im Sattel, denn hinter ihm formierten sich nicht nur seine Freiwilligen, sondern in Reih und Glied, auf ausgeruhten Pferden, saßen erfahrene Kavalleristen, und zwar nicht nur eine Kompanie, sondern gleich ein Bataillon. Außerdem standen McConville über ein Dutzend Indianerkundschafter zur Verfügung, und auch Chapman ließ es sich nicht nehmen, McConville zu begleiten, obwohl dieser meinte, er käme auch ohne die bestimmt wertvolle Hilfe von Mister Chapman zurecht. Neben McConville, als Kommandeur des Kavalleriebataillons, ritt Major Edwin C. Mason, ein kräftiger Mann mit angegrautem Backenbart und einer Säbelnarbe über dem linken Auge. Mason schien zu denen zu gehören, die nicht unbedingt darauf aus waren, ein Denkmal zu kriegen und so der Nachwelt erhalten zu bleiben. Die Soldaten mochten ihn, ebenso die anderen Offiziere, die in ihm nie einen Rivalen sahen. Während des Rittes unterhielt sich Mason mit Chapman, fragte ihn über Lebensgewohnheiten der Nez Percé aus, über ihre Sprache und ihre Sitten und Bräuche. Auf der Weippe Prärie, wo die Nez Percé gelagert hatten, machten die Zivilisten und die Soldaten halt. Major Mason ritt mit Chapman und mit McConville ein Stück weit ostwärts. Vor ihnen waren die schroffen Bitterroot Berge. Das Gelände stieg steil an. Deutlich waren die Spuren der Pferde und Travois der Indianer zu sehen. Sie zogen sich in Windungen ein enges Tal hoch und verschwanden nach etwa zwei Meilen in einem Wald.

»Das sieht ja alles gar nicht so schlimm aus«, meinte Major Mason. »Da kommen wir ganz gut voran, Mister Chapman.«

»Das ist erst der Anfang«, erwiderte Chapman. »Da hinten ist die Hölle, Major.«

»Und Teufel tragen dort wohl Federn im Haar, Chapman«, lachte McConville. »Nein, ich glaube, daß wir eine gute Chance haben, die Wilden einzuholen.«

»Ich wüßte nicht, wie wir das anstellen sollten«, erwiderte Chapman. »Von hier an gibt es pro Meile ein halbes Dutzend Plätze, die für einen Hinterhalt in Frage kommen. Da oben gibt es Stellen, wo zehn oder zwanzig ausgesuchte Gewehrschützen tausend Soldaten aufhalten könnten, McConville.«

»Sie scherzen!« lächelte McConville.

Chapman nickte. »Ja, man müßte wirklich mal wieder was zum Lachen haben, nicht wahr, Sir?« sagte er zu Major Mason, der in die Ferne schaute und nichts sah außer Bergen und Wäldern und Himmel.

Am Nachmittag, während der schlimmsten Tageshitze, bewegte sich der Zug von Zivilisten und Kavalleristen durch ein langes schmales Bergtal, das dicht bewaldet war. Der Pfad schlängelte sich von einem Hang zum anderen. Mächtige Fichten und Tannen beschatteten dichtes Unterholz, in dem sich gut ein paar Nez Percé Scharfschützen hätten versteckt halten können. Major Mason fragte Chapman, was dieser von dem Wald halte. Chapman zuckte die Schultern. »Es ist kühl da drin«, sagte er. »Für einen, der auf der Lauer liegt, ist es angenehm kühl da drin.«

»Sie meinen, daß dies ein Hinterhalt sein könnte?«

»Sicher, Sir«, sagte Chapman und lächelte an Mason vorbei in das Gesicht von McConville, der tat, als hätte er nicht zugehört. Erst nach einigen Minuten schlug McConville so ganz nebenbei vor, die indianischen Kundschafter vorzuschicken und vielleicht auf ihre Rückkehr zu warten. »In diesen finsteren Wäldern müssen wir schon aufpassen, nicht wahr, Chapman?«

James Reuben und acht seiner Freunde hatten nichts dagegen, vorzureiten. »Kommst du mit, Chapman?« fragte James Reuben.

»Warum nicht«, sagte Chapman und ritt mit den Indianern voraus, während McConville und Mason mit ihren Truppen nur langsam weiterritten.

Selbst die Kundschafter hatten jetzt Mühe, voranzukommen. Das Unterholz war so dicht ineinander verwachsen, daß sich jeder Reiter selbst einen Durchschlupf suchen mußte. An einigen Stellen fand Chapman Spuren und Pferdehaar, wo Nez Percé zuvor ihre Pferde zwischen eng stehenden Bäumen hindurchgetrieben hatten. An einer querliegenden, vom Sturm gefällten Fichte fand Chapman Lederstreifen, die wahrscheinlich von einem Travoi stammten.

Rechts von Chapman blieb James Reuben mit seinem Hosenbein am Stock einer entwurzelten Tanne hängen, und sein Pferd drängte zur Seite und bockte plötzlich, als James Reuben über seinen Hintern wegrutschte. Zu Fuß holte James Reuben sein Pferd ein und zog sich in den Sattel. Chapman ritt als letzter, als ihm im Zwielicht des Waldes am Stamm eines Baumes eine helle, dünne Stelle auffiel, etwa zwei Fuß hoch über dem Boden. Chapman ritt hinüber und beugte sich aus dem Sattel. Der Baum war bis auf einen kleinen Rest durchgesägt. Der Einschnitt war mit Rindenstücken abgedeckt. Chapman glitt aus dem Sattel und wühlte mit der einen Hand das Laub auf. Darunter, in frischem Sägemehl, lagen Holz- und Rindenstücke des Baumes. Chapman richtete sich auf und bemerkte, daß auch ein zweiter Baum angesägt war. Sofort schwang er sich auf sein Pferd. Er sah Reuben etwa zehn Schritte entfernt. Neben Reuben war ein junger Bursche. Zwei andere hatten eine kleine, farnbewachsene Lichtung erreicht, und von den anderen war nichts zu sehen.

»Reuben, das ist eine Falle!« rief Chapman leise hinüber. Reuben zügelte sein Pferd und duckte sich etwas im Sattel. Der junge Bursche neben ihm ritt weiter. Vielleicht hatte er Chapman nicht verstanden.

Chapman war schon dabei, sein Pferd zu wenden, als Reuben dem jungen Burschen zurief, daß hier eine Falle wäre. Der junge Bursche drehte sich im Sattel und guckte dumm zurück. »Was hast du gesagt, Reuben?« fragte er. »Eine Falle?«

Reuben nickte, während er sein Pferd langsam umdrehte. Chapman hatte sein Gewehr aus dem Scabbard gezogen. Aus den Augenwinkeln sah er, wie der junge Bursche sich neugierig nach allen Seiten umblickte. Und gerade, als er etwas sagen wollte, krachte ein Schuß, und der junge Bursche flog, ein ungläubiges Staunen in seinem Gesicht, aus dem Sattel.

»Jesus Christus, steh mir bei!« schrie Reuben und duckte sich tief über den Hals seines Pferdes, das aus der Drehung heraus einen querliegenden, moosbewachsenen Baumstamm übersprang und davongaloppierte.

Chapman sah, wie ein paar dunkle Gestalten zu Fuß die steilen, bewaldeten Hänge heruntergerannt kamen und auf die angesägten Bäume zustürzten.

Chapman feuerte vom Sattel aus und traf einen von ihnen. Er überrollte sich am Hang und schlug gegen einen Baumstamm, wo er krumm am Boden liegenblieb, mit aufgeplatztem Bauch und blutigem Gedärm, das zwischen den Fransen seines Jagdhemdes hervorquoll.

Im Krachen der Schüsse fielen ächzend und rauschend die ersten Bäume. Einer der Kundschafter, der Schwierigkeiten mit seinem erschreckten Pferd hatte, wurde von einer stürzenden Tanne begraben. Er versuchte freizukommen, aber ein Nez Percé, der aus den Büschen kam, schoß ihm durch das Geäst des Baumes hindurch ein paar Kugeln in den Leib.

Chapman entschied sich dafür, so schnell wie möglich wegzureiten. Er sah sich nicht mehr um, hörte hinter sich Bäume fallen und Schüsse krachen. Er jagte zurück, bis vor ihm die Spitze von Major Masons Kavalleriekolonne auftauchte. Gleichzeitig mit Chapman brach Reuben auf seinem Pferd aus dem Dickicht. Er schleppte einen seiner Freunde, dessen Kleider zerfetzt waren und der viel Blut im Gesicht hatte.

»Was ist da vorn los?« wollte McConville wissen.

»Jesus Christus, steh uns bei!« rief Reuben und machte mit der Hand schnell ein großes Kreuz. »Da hinten sind tausend wilde Indianer, Colonel, Sir!«

»Zwei, drei Dutzend«, sagte Chapman. »Aber das genügt auch, McConville. Das genügt wirklich.«

Major Mason bewies, daß er auch in bedrängter Lage nicht die Übersicht verlor. »McConville, Sie und Ihre Leute sitzen ab und schwärmen im Dickicht aus! Nehmen Sie den Hang da drüben! Captain Winters, Sie lassen Ihre Kompanie ebenfalls absitzen und gehen am Hang gegenüber in Stellung!« Mason nickte McConville zu. »Dies ist ein Rückzug, meine Herren!« sagte er. »In diesem Gebiet haben wir gegen die Indianer keine Chance!«

McConville warf Chapman einen wütenden Blick zu. »Ich dachte, daß es genügt, wenn fünf Kundschafter vorausreiten!« sagte er. »Da hätte man doch die Falle früh genug entdecken sollen!«

»Ihre Indianerkundschafter wären glatt weitergeritten, und Sie hätten der erste sein können, der in der Falle hängengeblieben wäre!« erwiderte Chapman.

Major Mason blies zum Rückzug, um sich mit General Howard zu beraten. Der Zwischenfall und eine weitere Falle der Nez Percé, die eine Umkehr der Indianer auf dem Lolo Trail vortäuschen sollte, machten Howard die Entscheidung darüber, was nun zu tun sei, nicht gerade leicht.

Chapman sah den General an diesem Tag zum ersten Mal richtig wütend, und zwar vor seinem versammelten Stab. Als er sich wieder gefaßt hatte, bestimmte er: »Meine Herren, der Vorsprung ist jetzt nicht mehr einzuholen. Ich habe telegrafisch um Truppen aus Fort Missoula gebeten. Sie werden versuchen, die Indianer jenseits der Bitterroot Berge abzufangen. Inzwischen gehen wir folgendermaßen vor: Major Green bleibt mit den Truppen aus Boise hier zurück, um dieses Gebiet unter Kontrolle zu halten. Colonel Wheaton mit seiner Infanterie wird die nördliche Route nehmen, unterstützt durch ein Bataillon der ersten Kavallerie und Colonel Grovers berittene Freiwillige aus dem Washington Territorium. Diese Streitmacht nimmt die Mullan Straße über die Cœur d'Alene Mission nach Missoula, während wir versuchen, mit der Artillerie den Lolo Trail zu schaffen.«

General Howard brach ab und blickte die Reihe seiner Offiziere entlang. Wilkinson meldete sich.

»Sir, Major Green mit den Boise Truppen wird erst Ende nächster Woche hier eintreffen.«

»Ich weiß«, sagte Howard. »Wir warten solange.«
Ungläubige und erstaunte Gesichter. Aber Howard winkte ab. »Major George Sanford wird mit vier Kompanien Kavallerie in wenigen Tagen ebenfalls hier eintreffen. Mit diesen ausgeruhten Soldaten werde ich die Verfolgung von Joseph und seinen Nez Percé aufnehmen. Ich weiß, daß die meisten von euch andere Vorschläge haben, und ich weiß auch, daß ich von der Presse und von der Öffentlichkeit wahrscheinlich für diese Verzögerung aufs schärfste kritisiert werde. Aber ich will nicht riskieren, in diesen Bergen meine gesamte Armee zu verlieren! Die Nez Percé haben bewiesen, daß sie uns in der Kriegsführung um nichts nachstehen! Nur mit viel Glück ist Major Masons Bataillon einem Desaster entgangen. In diesen Bergen sind uns die Indianer überlegen, meine Herren. Das ist eine Tatsache!«

General Howard ließ sich durch seine Offiziere nicht mehr von seinem Plan abbringen.

Acht Tage lang wartete er auf Major Green und dessen Truppen aus Fort Boise. Dann erst machte er sich mit einem Bataillon der 4. US Artillerie unter dem Kommando von Major Marcus P. Miller, einem Bataillon der 21. US Infanterie, geführt von Captain Evan Miles, und einem Bataillon der 1. US Kavallerie, kommandiert von Major George Sanford, auf zum Lolo Trail.

Es war der 30. Juli, ein Tag, an dem es in Strömen regnete und schmutzige Wolkenfetzen von den Bitterroot Bergen tief in die Täler hineinhingen.

Schon nach wenigen Stunden bis auf die Haut durchnäßt, ritten die Soldaten hintereinander auf schmalen Pfaden steile Hänge hoch, durch Schluchten und Wälder, in denen düsteres Dämmerlicht herrschte.

Den Anfang machte Chapman mit einigen Reservationsindianern. Hinter ihnen kam ein Trupp Idaho Zivilisten, die unter dem Kommando eines Ingenieur-Offiziers der 21. US Infanterie standen und dafür sorgten, daß die schwierigsten Stellen des Trails auch für die Packkolonnen passierbar wurden. Sie fällten Bäume, schlugen sich durch dichtes Unterholz, räumten Steinbrocken zur Seite, stützten Wegstücke an Steilhängen und verbreiterten den Pfad dort, wo die vollbeladenen Maultiere mehr Platz brauchten. Ohne die Arbeit dieser Männer wären Howards Packkolonnen schon am ersten Tag steckengeblieben, und die Verfolgung hätte abgebrochen werden müssen.

Luther S. Kelly,
Chief Scout für Gen. Miles

General O. O. Howard

General N. A. Miles

Colonel John Gibbon

Völlig erschöpft erreichten die Männer am ersten Abend die Weippe Prärie, wo das Lager aufgeschlagen wurde.

Für die Offiziere, die Küche und das Gepäck wurden Zelte aufgestellt. Am Waldrand entstand eine Mannschaftsmesse. Ein paar große Feuer wurden angezündet, an denen sich die Soldaten aufwärmen konnten. Der erste Tag war geschafft. Fast zwanzig Meilen hatten sie zurückgelegt. Die Männer spürten sie in den Knochen. Sie legten sich früh schlafen. Um 3 Uhr am nächsten Morgen war Tagwache. Um 4 Uhr gab es Frühstück. Um 5 Uhr saßen sie wieder in den Sätteln. Und sie arbeiteten sich an diesem Tag knapp vierzehn Meilen ostwärts auf dem Lolo Trail. Am Abend glaubten sie, daß es nicht mehr schlimmer werden könnte. Sie irrten sich. Die nächsten fünf Tage waren höllische Tage. Der Trail forderte alles, was die Soldaten und die Zivilisten und vor allem die Reit- und Packtiere zu geben hatten. Einige schafften es nicht. Maultiere brachen unter ihrer Last zusammen. Pferde stolperten oder rutschten auf schmalen Pfaden aus und stürzten in die Tiefe. Die Infanteristen zogen es vor, ihre Maultiere an den Zügeln zu führen. Und da es keine Ersatzpferde gab, fanden Kavalleristen, die ihr Pferd verloren, einen Platz bei den Infanteristen, die von den Indianern spöttisch *squaw soldiers* – Weiber-Soldaten – oder *walk-a-heaps* – Vielgeher – genannt wurden.

Acht Tage lang befand sich Howards Armee auf dem Trail durch die Bitterroot Mountains. Es gab kaum Gras, um die Pferde zu füttern. Schwache Maultiere mußten entladen werden. Proviant blieb am Wegrand zurück. Jeden Abend waren die Männer zu Tode erschöpft. Zu müde, um ihre Kleider auszuziehen, legten sie sich hin. Wachen patrouillierten die Nächte hindurch. Trotzdem kam für viele mit der Dunkelheit die Furcht, im Schlaf von den Indianern überrascht zu werden. Die Männer hielten ihre Waffen schußbereit. Ein erfahrener Sergeant riet seinen jungen Freunden, die Köpfe seitwärts auf den angewinkelten Arm zu legen, um auch das untere Ohr frei zu haben. Sie befolgten den Rat, hörten jedes kleine Geräusch, schreckten hoch, wenn ein Pferd sich bewegte oder ein Käfer durchs Gras kroch, und machten die ganze Nacht hindurch kein Auge zu. Am Morgen waren sie so müde, daß sie sich Tabak in die Augen reiben mußten, um wach zu bleiben.

13

Die Barrikade

Camp Alfred Sully, 25. Juli 1877
An den Kommandanten von Fort Missoula, Montana

Sir ... Sämtliche Nachrichten, die hier eintreffen, bestätigen, daß die wilden Indianer mit ihrem Vieh und ihrem Plunder über den Lolo Trail unterwegs sind und vielleicht schon Ihr Gebiet erreicht haben, wenn Sie diese Nachricht bekommen. Ich werde mit meinem Kommando von Kamiah aus am Montag, dem 30. dieses Monats, die Verfolgung aufnehmen. Meine Scouts sagten mir, daß Sie die Flucht der Indianer verhindern könnten, wenn Sie unverzüglich mit Ihren Truppen zum Lolo Canyon vorstoßen. Die Indianer haben mindestens 1000 Pferde und allerlei Kram dabei, so daß sie kaum schnell vorankommen, wenn sie die Berge mal durchquert haben. (Wahrscheinlich werden sie dann erst ihre Pferde weiden lassen.) Wenn Sie die Indianer einfach stören und nicht zur Ruhe kommen lassen, kann ich in der Zwischenzeit aufschließen, und ihre Vernichtung oder Kapitulation wird uns dann gewiß sein. Ich werde diesen rauhen Trail so schnell wie möglich machen. Colonel Wheatons Kolonne wird das gleiche Ziel haben, stößt allerdings über die Cœur d'Alene Mission und über den Sohon Pass vor. Ich bitte Sie, sämtliche Kommandanten regulärer und freiwilliger Truppen von meinem Manöver zu unterrichten. Wir dürfen diese Wilden nicht entkommen lassen.

Sehr respektvoll
(gezeichnet) O. O. Howard
Brigadier General, U. S. A.

Irgendwo auf dem Lolo Trail trafen die Nez Percé dann auf Lean Elk. Er kam ihnen auf einem seiner besten Büffelponys entgegengeritten. Hinter ihm eine Gruppe seiner Freunde mit ein paar schwerbeladenen Packpferden. Es waren verwegene Burschen, die mit Lean Elk vor Monaten in das *Land der alten Frau* geritten waren, um mit Crow-Freunden Büffel zu jagen. Sie schienen eine erfolgreiche Jagd hinter sich zu haben. Einer von ihnen hatte gar ein junges, hübsches Cheyenne Mädchen mitgebracht, das er einem Crow für ein Grizzlybärenfell und ein Büffelpony abgekauft hatte. Alle waren munter und fröhlich. Keiner hatte eine Ahnung von dem, was während ihrer Abwesenheit passiert war. Sie sagten nur, daß die Flatheads im Bitterroot Tal komische Gesichter gemacht hätten und sie nicht so zuvorkommend behandelt hätten wie früher und wie es sich für gute Freunde und Blutsverwandte gehöre.

Lean Elk und seine Freunde konnten kaum glauben, was man ihnen erzählte. Wie das denn sei, so ein Krieg, wollten sie wissen. Und was da mit all den weißen Freunden wäre, ob man die Städte angezündet und niedergebrannt hätte.»Wenn ihr die Soldaten doch besiegt habt, warum rennt ihr dann davon?« fragte Lean Elk, der nicht begreifen konnte, was geschehen war.

Lean Elk, ein hellhäutiger junger Mann mit einem scharfgeschnittenen Piratengesicht, war Halbindianer. Sein Vater war ein franko-kanadischer Fallensteller gewesen, der eine Weile bei den Nez Percé gelebt hatte, Lean Elks Mutter schwängerte, ausriß und von Schwarzfüßen erwischt wurde, als er eines ihrer Mädchen vergewaltigte. Die Schwarzfüße quälten ihn langsam zu Tode. Lean Elk erfuhr die Geschichte Jahre später in den nördlichen Büffeljagdgebieten Montanas von einem Schwarzfuß, der dabeigewesen war. Nun wußte er endlich etwas über seinen Vater.

Lean Elk war unter den Nez Percé und allen Nachbarstämmen berühmt für seinen Mut, seine Tapferkeit und seine Leidenschaft, Wetten einzugehen. Er besaß die besten Rennpferde des Stammes, war einer der besten Schützen und ein hervorragender Reiter, Läufer und Ballspieler. Obwohl er nur ein halber Nez Percé war, hatte sein Wort am Beratungsfeuer großes Gewicht.

Manche nannten ihn auch Poker Joe, denn er machte aus fast allem, was er tat, ein Glücksspiel. Als er erfuhr, daß Tucallacasena Chapmans Frau und Chapmans Sohn dabei hatte, versuchte er sofort, ihn dazu zu verleiten, eine Wette einzugehen. »Ich wette zwei meiner Pferde, daß Chapman seinen Sohn zurückholt, bevor der erste Schnee fällt«, sagte er, und als Tucallacasena das Gesicht verzog, fügte er hinzu, daß er die Wette auch halten würde, wenn Tucallacasena nur ein Pferd bieten wolle. »Du weißt, ich habe die besten Pferde, Bruder«, sagte er und zeigte hinüber zu der großen Herde, unter denen auch einige seiner Pferde waren, die von Familienmitgliedern mitgenommen worden waren.

Tucallacasena ging die Wette ein. Falls es Chapman wirklich gelingen sollte, Jeffrey zurückzuholen, würde es nichts ausmachen, auch noch auf ein Pferd verzichten zu müssen. Aber Chapman war zur Zeit weit zurück, berichteten die Kundschafter. Die Soldaten kamen nicht. Sie lagerten noch in Kamiah und schienen auf irgend etwas zu warten.

Viele Nez Percé waren erfreut darüber, daß nun auch Lean Elk wieder bei ihnen war, denn Lean Elk war klug und kannte sich aus. »Wollen wir wetten, daß irgendwo Soldaten auf uns warten, bevor wir im Tal des Bitterroot Flusses sind?« sagte Lean Elk. »Ihr glaubt zwar, daß ihr den Krieg in Idaho zurückläßt, aber die Weißen werden euch nicht einfach ziehen lassen. In Montana gibt es auch Soldaten, die euch aufhalten können. Und es gibt den Telegraph, durch den man eine Nachricht schneller von einem Ort zum andern bringen kann als durch einen Boten auf dem schnellsten Pferd. Wir sollten uns also beeilen.«

»Morgen oder übermorgen werden wir sehen, ob du recht hast«, sagte Looking Glass, der sich angegriffen fühlte.

»Ich wette mit dir, daß ich recht habe!« sagte Lean Elk grinsend. Als er seine Halbschwester Linda sah, ging er hinüber zu ihr und setzte sich neben ihr ins Gras.

Lean Elk lächelte sie an und fragte: »Wo ist er?«

»Wer?« fragte sie zurück.

»Wer denn? Der Kleine. Chapmans Sohn.«

»Er heißt Jeffrey.«

»Gut. Jeffrey. Ich wußte doch, daß er Jeffrey heißt. Wie geht es ihm?«

»Er fühlt sich gut.«

»So? Kann er dir sagen, wie er sich fühlt?«

Linda senkte für einen Moment den Blick. Als sie ihn wieder hob, lag ein trotziger Zug in ihrem Gesicht. »Ich weiß, daß er sich gut fühlt! Alle sorgen für ihn. Er ist nie allein. Alle mögen ihn, und er kriegt, was er haben will.«

»Er hat nur keinen Vater«, sagte Lean Elk. »Oder glaubst du, daß ihm etwa Tucallacasena ein Vater sein könnte?«

»Ich weiß nicht, was du willst!« sagte Linda trotzig. »Du kommst von der Jagd zurück, weißt von nichts, und trotzdem tust du, als ob du für jeden von uns den richtigen Rat hättest! Du blähst dich auf wie ein Truthahn. Was willst du?«

Lean Elk zauberte ein Grinsen in sein Gesicht, mit dem er sich schon oft durch heikle Situationen gebracht hatte. »Ich möchte ihn sehen, Schwesterchen«, sagte er.

»Jeffrey?«

»Chapmans Sohn«, sagte er und nahm sie beim Arm. »Komm, zeig mir Chapmans Sohn. Ich bin sicher, daß er einen Vater braucht, bis Chapman kommt.«

»Und wenn Chapman nicht kommt?«

»Du kennst ihn«, sagte Lean Elk. »Er ist nicht der Mann, der leicht etwas hergibt, was ihm gehört und was er gern hat. Ich glaube nicht, daß er seinen Sohn einfach hergibt.«

»Er kam, aber er brachte die Soldaten mit!« erwiderte Linda scharf. »Ich selbst sah ihn am Clearwater kämpfen. Ich sah, wie er sein Leben aufs Spiel setzte, um den Soldaten Munition zu bringen! Hätte er seinen Sohn und mich zurückhaben wollen, wäre er allein gekommen!«

Lean Elk legte den Arm um Lindas Schultern. Er sah nachdenklich auf ihr langes, schwarzes Haar nieder, und sie hob den Kopf und blinzelte, als die Sonne ihr Gesicht traf. »Warum hat er die Soldaten gebracht,

Bruder?« fragte sie leise und etwas wehmütig. »Als ich ihn sah, ging ich zu ihm. Aber dann krachten Gewehre und Kanonen. Und ich bin von ihm weggelaufen. Ich mußte von ihm weglaufen, Bruder.« Ihre Stimme zitterte etwas, und Lean Elk strich ihr mit der Hand über das Haar.

»Er war einer meiner guten Freunde, dieser Chapman«, sagte Lean Elk nachdenklich. »Und ich glaube nicht, daß er die Soldaten gebracht hat, wenn es dafür nicht einen guten Grund gab. Er weiß immer, was er tut. Chapman ist gescheit. Man kann ihm nichts vormachen. Er weiß, daß sein Sohn immer dann in Lebensgefahr ist, wenn die Soldaten kommen. Er weiß es so gut wie du und ich.«

»Er ist ein Weißer. Es ist Krieg, und er hilft dem General. Für den General tut er alles, und sicher wird er dafür gut bezahlt. Und es ist eine Ehre für ihn, die Soldaten zu führen. Und vielleicht macht es ihm überhaupt nichts aus, wenn sein Sohn getötet wird. Vielleicht denkt er gar nicht mehr an seinen Sohn und vielleicht...«

»Du redest Unsinn, Schwesterchen!« unterbrach Lean Elk Linda. »Du sagst, was du dir im Zorn eingeredet hast.« Lean Elk grinste. »Oder ist es das, was du von deinen Schwestern und von deinen Müttern und Tanten gehört hast? Vielleicht auch von Tucallacasena?«

»Er redet nicht von Chapman.«

»Nein? Ich bin überrascht. Er hat die erste gute Gelegenheit wahrgenommen, Chapman die Frau wegzunehmen. Schläfst du mit ihm?«

»Nein!« Jetzt lachte sie. »Brüderchen, du spinnst!« sagte sie auf englisch zu ihm. »Ich warte auf Chapman. Wie könnte ich da mit Tucallacasena schlafen?«

»Das könntest du leicht tun«, grinste Lean Elk. »Du bist doch wütend auf Chapman, der die Soldaten gebracht hat und dem es bis jetzt noch nicht gelungen ist, dich zurückzuholen. Er ist doch der beste Reiter im Land und der beste Läufer und der beste Jäger und der beste Mann überhaupt. Aber bis jetzt hat er in diesem Spiel keinen Stich getan.«

»Das ist kein Spiel, Brüderchen«, sagte sie jetzt wieder ernst. »Und deine Meinung über Tucallacasena ist schlecht. Er beschützt mich, und er beschützt Jeffrey. Er sorgt für uns wie ein Mann. Ja, er ist ein Mann geworden, Bruder.«

Lean Elk lachte. »Ein Grund mehr für dich, mit ihm zu schlafen«, sagte er. Sie machte sich frei und kniff ihn in den Hintern, als er sich niederbeugte, um das Tipi zu betreten.

Im Dämmerlicht schimmerte fast grünlich das knochenmagere Gesicht der alten Frau, die auf einem Deckenbündel hockte und ins Leere starrte. Schüttere weiße Haarsträhnen hingen ihr ins Gesicht. Sie redete leise, aber weder Lean Elk noch Linda konnten sie verstehen.

Jeffrey lag in einem Korb. Obwohl er wach war, verhielt er sich ruhig. Lean Elk fragte, ob er ihn aus dem Korb nehmen dürfe. »Wenn der mehr an die Sonne kommt, sieht er bald nicht mehr so blaß aus«, sagte er.

Linda hob Jeffrey aus dem Korb und trug ihn aus dem Tipi. Lean Elk begutachtete ihn, nickte zufrieden und sagte: »Kein Zweifel, das ist Chapmans Sohn. Kann er denn schon reden?«

Linda nickte. »Ja. Bis vor wenigen Tagen konnte er nur ›Klick‹ sagen. Das hat er jetzt vergessen. Dafür kann er ›Chapman‹ sagen.« Sie hob Jeffrey hoch. »Sag mal Chapman«, sagte sie. »Chapman.«

Und Jeffrey tat ihr den Gefallen. Er sagte etwas, was beinahe klang wie Chapman. Lean Elk schlug sich vor Begeisterung auf die Schenkel und sagte, daß er noch nie ein gescheiteres und freundlicheres Baby gesehen habe. Nicht einmal bei den Crows, die ja für ihre netten Babys bekannt wären. Und er würde jede Wette eingehen, daß aus Jeffrey mal ein Präsident oder ein Pokerspieler werden würde.

Die Nez Percé kamen auf dem Lolo Trail gut voran, obwohl auch sie viele Hindernisse zu überwinden hatten. Der Armee gegenüber hatten sie die Vorteile, das Land und den Pfad gut zu kennen und genügend Pferde zu haben, um Last- und Reittiere austauschen zu können. Ihre Pferde waren denen der Armee in Schnelligkeit und Ausdauer überlegen, immerhin konnten sich die Reiter die Besten aus einer fast dreitausendköpfigen Herde aussuchen. Die einzelnen Familien waren unterwegs für sich selbst verantwortlich und stellten innerhalb des Stammes selbständige Gemeinschaften dar. Die Aufgaben der einzelnen Familienmitglieder wurden je nach Talent und Eignung verteilt. Ältere Knaben wurden meistens als Herdentreiber eingesetzt. Erfolgreiche Jäger versorgten auch während des Trails ihre Familien mit Frischfleisch, erfahrene Krieger bildeten die Vor- und die Nachhut oder ritten als Kundschafter dem Stamm weit voraus. Frauen waren dafür verantwortlich, daß die noch verbliebenen Tipis schnell aufgeschlagen und wieder eingepackt wurden. Sie verteilten auch die Lagerarbeiten unter den älteren Leuten und Kindern, die vor allem zum Beerenpflücken und Wurzelsammeln ausgeschickt wurden. Die Nez Percé hatten, obwohl sie den Großteil ihrer Vorräte in der Clearwater-Schlacht zurücklassen mußten, keine Verpflegungsschwierigkeiten. Im Gegensatz zu den Soldaten fanden sie überall in den Bergen eßbare Pflanzen, Pilze und Wurzeln. Auch ihre abgehärteten Pferde fanden sich in dieser kargen Bergwelt gut zurecht. Sie fraßen das zähe Drahtgras, rupften sogar an dem staubfarbenen Buttongestrüpp herum, das sonst nur von Schafen verdaut werden konnte, und fraßen die Blätter vom weißen Salbei und vom Shadscale. Hinter ihnen blieb für die Armeepferde und die Maultiere nicht mehr viel Eßbares zurück, und es ging der Scherz um, daß Howards Soldaten am Ende wohl ihre Sättel selbst tragen müßten, wenn sie ihnen durch den Lolo Trail folgen würden.

Ein paar Tage nachdem Lean Elk und seine Freunde sich angeschlossen hatten, stießen Kundschafter auf die Spuren von beschlagenen Pferden. Das war der Tag, an dem sie von den Höhen heruntergzogen, durch die Wälder und zum Lolo Creek, der sich durch das Tal zum Bitterroot River schlängelte. Die Kundschafter folgten den Spuren und überraschten zwei Siedlerburschen aus dem Bitterroot Tal. Die beiden hatten einen kurzen Sommerurlaub in den Bergen verbringen wollen, dort, wo die heißen Quellen aus dem Boden sprudelten. Die Weißen nannten diesen Lagerplatz, seit Lewis und Clark ihn passiert und im Tagebuch vermerkt hatten, *Travelers Rest*, während die Nez Percé ihn *Nasook Nema* getauft hatten. Dort, an einem der Quelltümpel, hatten die beiden Jünglinge ihr Zelt aufgeschlagen, und als die Indianer kamen, waren sie dabei, ein Kaninchen zu braten, das der jüngere von ihnen, Pete Matt, mit einer Drahtschlinge gefangen hatte.

Angesichts der Indianer verging ihnen nicht nur der Appetit, sondern auch die Freude am Urlaub. Sie wollten weglaufen, kamen aber nicht weit. Der andere, William Silverthorn, wehrte sich ein bißchen, als Bighorn Bow über ihn herfiel, und Bighorn Bow blieb nichts anderes übrig, als dem weißen Jungen das Messer gegen die Kehle zu halten, und da fing William Silverthorn zu jammern an, erzählte seine Lebensgeschichte und daß er viele Freunde unter den Flachköpfen und noch nie im Leben einem Indianer ein Haar gekrümmt hätte.

Pete Matt hingegen sagte immer und immer wieder: »Gut, ihr könnt mich töten und skalpieren! Ich werde nicht mit der Wimper zucken! Gut, wenn ihr wollt, könnt ihr mich töten! Von mir werdet ihr kein Jammern hören!«

Als dann der ganze Stamm nach und nach aus den Wäldern sickerte und sich auf dem Lagerplatz versammelte, beruhigten sich die beiden und staunten nur noch.

Lean Elk, der Englisch konnte, knöpfte sich die beiden vor. Während Silverthorn einige Male beteuerte, von Natur aus ein friedfertiger Mensch zu sein, stand Pete Matt beherzt Rede und Antwort. Er wußte sowieso von nichts, fragte, ob es sich da um eine Völkerwanderung handle. Dann stellte er mit Kennerblick fest, daß da ein paar »Wundergäule« bei der Herde waren, und fragte, ob die vielleicht zu kaufen wären. »Ich habe zwanzig Dollar gespart, und falls ihr bei unserem Hof vorbeikommt, könnt ihr ja nach mir fragen. Mein Alter könnte endlich mal ein paar anständige Pferde gebrauchen. Ihr könnt da wirklich ein Geschäft machen, wenn ihr bei uns durchkommt.«

Lean Elk fragte nach Soldaten, aber die beiden sagten, sie hätten den letzten Soldaten vor einigen Jahren gesehen. »Hier gibt es keine Soldaten«, sagte Pete Matt. »Hier ist alles in Ordnung. Wir haben die Flachköpfe und die Flachköpfe haben uns. Wir kommen ganz gut miteinander zurecht.«

Lean Elk übersetzte den Häuptlingen, was Pete Matt sagte. Einige Krieger meinten, man sollte die beiden Gefangenen töten, aber Joseph trat dafür ein, sie gefangenzuhalten und im Notfall als Geiseln zu benutzen. Sein Vorschlag wurde angenommen, und die beiden Weißen wurden gefesselt. Gegen Abend beklagte sich Pete Matt über die unmenschliche Behandlung, und die Fesseln wurden gelockert. Dann bekamen die beiden das Abendessen, und in der Nacht, als es im Lager ruhig war und die beiden Wächter auch Mühe hatten, wach zu bleiben, befreiten sich Pete Matt und William Silverthorn, holten sich ihre Pferde und ritten einfach davon.

Früh am nächsten Morgen schickte Joseph einen Trupp aus, um das Ende des Lolo Trails auszukundschaften. Lean Elk und Tucallacasena waren dabei. Lean Elk entdeckte die Soldaten zuerst, die im Lolo Canyon eine Barrikade aus Baumstämmen und Steinbrocken errichtet hatten. Zusammen mit Tucallacasena beschlich er die Festung, und zu seiner Überraschung zählte er fast fünfzig Indianer, die sich ebenfalls hinter den Barrikaden versammelt hatten.

»Flachköpfe«, sagte er leise zu Tucallacasena. »Und Zivilisten.«
»Ich sehe Häuptling Charlot unter ihnen«, sagte Tucallacasena. »Siehst du ihn auch?«

Lean Elk nickte. »Die wollen uns daran hindern, durch ihr Land zu ziehen«, erwiderte er. »Sie glauben, daß wir ihnen viel Ärger bringen.«

»Wenn wir gegen sie kämpfen müssen, kämpfen wir gegen unsere Brüder und Schwestern«, sagte Tucallacasena, und er dachte vor allem an eine seiner Schwestern, die sich Häuptling Charlot zur Frau genommen hatte. Zusammen mit den anderen Kundschaftern ritt Tucallacasena zurück, und ihre Nachricht brachte den Zug zum Stehen. Sofort wurde eine Beratung abgehalten. Keiner der Häuptlinge hatte ernsthaft damit gerechnet, auf dieser Seite der Bitterroot Berge erneut angegriffen zu werden. Im Gegenteil. Sie hatten geglaubt, auf ihrem Weg in das Land der Büffel von den Flachköpfen unterstützt zu werden. Hier, am Ende des Lolo Trails, wollten die Häuptlinge entscheiden, welchen Weg sie nehmen wollten, um in das *Land der alten Frau* zu gelangen.

Hush-hush-cute vertrat die Ansicht, es sei gut, mit dem Stamm direkt nach Kanada zu ziehen, in *Großmutters Land*, wo Sitting Bull mit seinen Sioux in Sicherheit war und wo Washington nichts zu sagen hatte. Hush-hush-cute hatte vor allem viele Frauen und ältere Leute auf seiner Seite. Sie wollten nicht mehr kämpfen und nichts mehr verlieren. Sie wollten nicht mehr gehetzt werden. Sie wollten nur noch in Frieden leben und in Frieden sterben. Der direkte Weg nach Kanada allerdings führte vom Bitterroot Tal aus den Hellgate River entlang, dann quer durch die Flathead Reservation und nordwärts über die Tabaco Plains und durch die Jagdgründe der feindlichen Blackfeet. White Bird trat für diesen Weg ein, da er viel lieber gegen Schwarzfüße als gegen Soldaten kämpfte, abgesehen davon, daß es da oben genug Büffel zu erlegen gab.

»Wer sagt uns denn, daß die Crows uns aufnehmen?« fragte er in die Runde. »Ihr seht doch, daß selbst die Flachköpfe sich auf die Seite der Soldaten geschlagen haben.«

»Wir sollten den kürzesten Weg nehmen«, schlug Lean Elk vor. »Meine Freunde und ich kennen diesen Weg gut. Er führt am Hellgate entlang zur Mündung des Big Blackfoot River und von dort zum Cadotte Pass und hinunter zum Missouri River.«

Es gab noch ein paar andere Routen, die von einigen Nez Percé vorgeschlagen wurden. Joseph, von Ollokot und Looking Glass unterstützt, schlug vor, den Weg durch das Bitterroot Tal zu nehmen und in einem weiten Bogen zum Clark Fork des Yellowstone River zu ziehen. »Das ist Crow-Land. Wir brauchen dort nicht gegen Schwarzfüße zu kämpfen. Und wenn uns die Crows nicht haben wollen, ziehen wir nordwärts nach Kanada. Zuerst aber müssen wir an den Soldaten vorbeikommen, die auf uns warten. Und das ist keine einfache Sache.«

Josephs Blick richtete sich auf Lean Elk, der mit seinem Clan eine Zeitlang bei den Flachköpfen im Bitterroot Tal gewohnt hatte. »Wir müssen versuchen, mit Charlot zu verhandeln«, sagte Joseph. »Ich will nicht gegen ihn kämpfen. Ich will in Frieden meinen Weg machen. Es wäre besser für ihn, wenn er nicht versuchen würde, mich daran zu hindern.«

»Er fürchtet sich davor, daß du den Krieg in sein Land bringst«, sagte Lean Elk. »Aber ich glaube schon, daß er mit sich reden läßt.«

»Die Soldaten dort, werden die auch mit sich reden lassen?« fragte Ollokot.

»Es sind nicht sehr viele«, sagte Lean Elk. »Ich glaube, daß sie froh sind, wenn sie nicht zu kämpfen brauchen.«

»Warum greifen wir sie nicht einfach an und töten nur die Soldaten?« fragte Red Owl, ein gefürchteter Krieger. »Wir sollten nicht darüber streiten, ob es gut oder schlecht ist, Soldaten zu töten. Es ist immer gut, Soldaten zu töten!« Red Owl sprach jungen Kriegern wie Walaitits und Sarpsis und Bighorn Bow aus dem Herzen. Joseph hatte Mühe, sie zu beruhigen. Auch Looking Glass meinte, man müsse versuchen, in Frieden durchzukommen.

Am gleichen Tag noch stellte Joseph eine Abordnung zusammen, um mit den Soldaten und den Flatheads hinter den Barrikaden Kontakt aufzunehmen. Er selbst führte den Reitertrupp. Neben ihm ritten White Bird und Looking Glass. Lean Elk hatte eine Stange mit einem weißen Stoffetzen dabei. Hinter ihnen folgten drei Dutzend Unterhäuptlinge und Krieger in einem sicheren Abstand, denn Lean Elk meinte, daß man bei Soldaten immer damit rechnen müsse, daß sie durchdrehen.

Fort Missoula hatte die telegraphische Bitte General Howards um die Hilfe der dort stationierten Truppen erhalten. Howard forderte, daß man den Nez Percé am Ende des Lolo Trail, im Lolo Canyon, den Weg verlegen sollte.

Das Kommando in Fort Missoula hatte Captain Charles C. Rawn, ein junger Mann aus Pennsylvania, der beauftragt worden war, mit einer kleinen Einheit den Aufbau des neuen Forts zu überwachen. Der Bau der neuen Militärstation war im Juni in Angriff genommen worden. Als Captain Rawn General Howards Telegramm erhielt, standen die ersten Skelette der Häuser, die einmal den Paradeplatz einfassen sollten. Captain Rawn hatte nicht mehr als vierzig Soldaten zur Verfügung, aber da aus dem Telegramm nicht klar hervorging, ob die Nez Percé tatsächlich den Lolo Trail genommen hatten, schickte er zuerst einmal einen Lieutenant mit vier Infanteristen zum östlichen Ende des Lolo Trails. Der Lieutenant sah sich dort einen Tag lang gründlich, aber vergeblich um, fand nicht einmal eine Spur von wilden Indianern. Er war schon auf dem Rückweg, da stolperte sozusagen ein Halbblut namens John Hill über die kleine Gruppe. John Hill erzählte, daß die Nez Percé tatsächlich unterwegs waren und schon in einigen Tagen das Ende des Lolo Trails erreichen würden. Der Lieutenant schickte sofort einen Kurier nach Fort Missoula, und noch am selben Tag telegraphierte Captain Rawn nach Fort Shaw. Dort saß ein ehemaliger Bürgerkriegsgeneral mit seinen Infanteristen und wartete darauf, endlich wieder einmal etwas für die Eroberung des Westens tun zu können. Dieser Mann war Colonel John Gibbon, der eine längere Krankheit gut überstanden hatte und sich wieder voll einsatzfähig fühlte. Während Colonel Gibbon im entfernten Fort Shaw zum Aufbruch rüstete, machte sich Captain Charles C. Rawn mit einem flauen Gefühl im Magen und dreißig Soldaten im Rücken auf den Weg zum Lolo Canyon. Sofort fingen die Soldaten damit an, an der engsten Stelle des Canyons eine Barrikade zu errichten. Im Laufe des Tages kamen dann auch Freiwillige und eine Abordnung von Flathead Indianern, die allerdings keine Waffen dabei hatten und nur da waren, um ihre Neutralität unter Beweis zu stellen.

Captain Rawns Streitmacht zählte fünf Offiziere, dreißig Infanteristen, dazu eine Gruppe Zivilisten und an die fünfzig Flachköpfe, die aber nicht kämpfen wollten. Auch unter den Zivilisten kam einfach keine kriegerische Stimmung auf. Viele der Siedler wollten vorerst nur einmal sehen, was los war. Sie hatten keinen Streit mit den Nez Percé Indianern, und das, was in Idaho passiert war, das war eben in Idaho passiert.

»Könnte aber demnächst auch bei euch zu Hause passieren«, meinte ein Sergeant bärbeißig. »Denkt nur daran, wenn es darauf ankommt.«

Sie verbrachten gemeinsam die Nacht an den Feuern. Sie glaubten die Nez Percé noch weit entfernt, und man spielte zum Zeitvertreib Karten und erzählte sich Geschichten. Erst im Morgengrauen wurden vor allem die Flachköpfe wachsam. Aber es geschah nichts, und als das Sonnenlicht in den Canyon hineinsickerte, gab es Frühstück.

Nach dem Frühstück kamen die Indianer. Sie tauchten am Ende einer kleinen Ebene auf, etwa zweihundert Yards von den Barrikaden entfernt, und formierten sich, als wollten sie angreifen. Hinter den Barrikaden gab es ein furchtbares Durcheinander. Nur Captain Rawns Soldaten nahmen in aller Ruhe ihre Stellungen ein und hielten ihre Gewehre schußbereit auf die Indianer gerichtet. Captain Rawn hätte nur noch »Feuer!« brüllen müssen, aber angesichts der aufgescheuchten Zivilisten und der Flatheads, die mehr aus Neugier dabei waren und vielleicht ein bißchen aus Sorge, ihr gutnachbarliches Verhältnis mit den Siedlern des Bitterroot Tales könnte gestört werden, entschloß sich der junge Captain weise, den Feuerbefehl so lange wie möglich hinauszuzögern. Selbst als die indianischen Reiter in breiter Front stürmten, brachte es Rawn nicht fertig, mit dem Schießen anzufangen. Seine Geduld wurde belohnt. Keine fünfzig Yards vor den Palisaden schwenkten die Indianer ab und ritten im Bogen dorthin zurück, von woher sie zuerst aufgetaucht waren. Nur vier von ihnen kamen angeritten, und einer schwenkte einen weißen Stoffetzen im Wind.

Captain Charles C. Rawn, fünf Offiziere, dreißig Infanteristen, zweihundert Zivilisten und über fünfzig Flathead Indianer atmeten erleichtert auf. Nur der Sergeant knurrte, nachdem auch er aufgeatmet hatte: »Erbärmliches Schauspiel, das die da vor unseren Mündungen abgezogen haben! Die hätten wir gleich mal wegputzen sollen, dann wären es jetzt drei Dutzend weniger, mit denen wir uns herumärgern müssen!«

Da man den bärbeißigen Sergeanten kannte, gab man ihm keine Antwort. Statt dessen fragte Captain Rawn, wer denn die Sprache der Nez Percé beherrsche. Da meldete sich ein Halbblut, der auf den Namen Delaware-Jim hörte. Mutig verließ der Captain mit dem Halbblut die Barrikaden und traf sich etwa fünfzig Schritte entfernt mit den Häuptlingen Joseph, Looking Glass, White Bird und Lean Elk.

Captain Rawn ließ die Häuptlinge durch den Dolmetscher wissen, wer er war und was er wollte. »Tut mir leid, Herrschaften, aber ich kann euch nicht einfach so ohne weiteres durchlassen. Ich habe strikte Befehle, und um mir und euch ein paar Unannehmlichkeiten zu ersparen, schlage ich vor, daß ihr mal eure Waffen dort drüben auf einen Haufen schmeißt. Dann unterhalten wir uns weiter.«

Damit waren die Häuptlinge nicht einverstanden. Verärgert über das unsinnige Verlangen von Captain Rawn drohte White Bird mit einem Angriff seiner Krieger, die inzwischen einige Übung darin hätten, Soldaten zu besiegen.

Captain Rawn ließ sich nicht einschüchtern. Er brachte es sogar fertig, die Stärke seiner Festung und seiner Truppe zu preisen, ohne rot zu werden. »Ihr kommt da einfach nicht durch«, ließ er von Delaware-Jim übersetzen. »Es wäre nur vernünftig, das einzusehen. Ohne Waffen könnt ihr meinetwegen in das Bitterroot Tal ziehen, wo es genug Futter für eure hungrigen Pferde gibt.«

Joseph und Looking Glass erzählten dann, wie es kam, daß sie hier waren und nicht zu Hause, wo sie eigentlich hingehörten und wo sie am liebsten wären. »Wir sind auf der Suche nach einer neuen Heimat«, sagte Joseph. »Wir glauben, daß es in Montana einen Platz gibt, wo wir in Frieden leben können. Dorthin wollen wir gehen. Und wir brauchen unsere Waffen, um zu jagen und Fleisch zu machen. Wir brauchen unsere Waffen aber auch, um unsere Frauen und Kinder gegen die Angriffe unserer Feinde zu schützen.«

»Ohne unsere Waffen sind wir wehrlos. Wir müßten hungern und würden sterben«, sagte Looking Glass. »Nein, wir geben unsere Waffen nicht her. Wir geben überhaupt nichts mehr her, was uns gehört. Wir haben schon genug weggegeben, und das wenige, was wir jetzt noch besitzen, das behalten wird.«

Joseph nickte. »Und wenn es sein muß, werden wir kämpfen, obwohl ich nicht weiß, wofür wir noch kämpfen sollten, seit wir unsere Heimat verlassen haben. Dies ist fremdes Land, und es bedeutet mir nicht viel. Ich will hier nur durchziehen mit meinem Stamm.«

Captain Rawn beharrte auf seiner Forderung. Nach langem Hin und Her sagte Joseph, daß es keinen Sinn hätte, noch weiter zu diskutieren.

»Was du verlangst, bekommst du nicht von mir.« Joseph drehte sein Pferd halb herum, und Captain Charles C. Rawn, jetzt etwas blaß um die Nase, ließ fragen: »Was willst du tun, Chief?«

»Wir werden sehen«, sagte Joseph und ritt davon. White Bird folgte ihm. Looking Glass hob die Hand. »Wir werden beraten«, sagte er zu

Lean Elk, der übersetzte. »Morgen wirst du erfahren, was wir beschlossen haben.«

»Wann morgen?« fragte Rawn.

»Um neun Uhr am Morgen«, sagte Lean Elk grinsend. »Dann ist es noch nicht zu heiß, falls wir beschlossen haben anzugreifen.«

Captain Rawn grinste zurück, obwohl ihm überhaupt nicht danach zumute war. »Dann treffen wir uns besser am Mittag«, sagte er. »Punkt zwölf Uhr.«

»Punkt zwölf«, sagte Lean Elk.

Nachdem auch Lean Elk und Looking Glass weggeritten waren, wischte sich Rawn den Schweiß von der Stirn. Er hatte immerhin einen Tag herausgeschunden, und in einem Tag konnte General Gibbons berittene Infanterie, die von Fort Shaw aus unterwegs war, mindestens dreißig Meilen schaffen.

Hinter den Barrikaden wurde Rawn von seinen Offizieren und den Freiwilligenführern sofort bestürmt. Als Rawn erzählte, die Nez Percé wollten friedlich durch das Bitterroot Tal ziehen und eigentlich würde für niemand Gefahr bestehen, wollten die meisten Zivilisten sofort nach Hause gehen. »Wir haben nichts gegen die Indianer«, bestätigte einer von ihnen. Er war dann der erste, der einfach seine Sachen zusammenpackte, den Soldaten viel Glück wünschte und davonritt. Andere machten es ihm nach, und schon bald war Captain Charles C. Rawn die meisten Zivilisten los. Die Zurückbleibenden bereiteten sich mißgelaunt auf einen Angriff vor. Die ganze Nacht hindurch warteten sie vergeblich. Einige setzten sich im Schutze der Dunkelheit noch ab. Sie wollten nach Hause, wo ihre Frauen und Kinder und ihre Arbeit auf sie warteten.

Im Morgengrauen blieb alles still. Die Sonne kam. Vögel zwitscherten in den Wäldern. Ein Waschbär äugte aus einer Baumkrone herunter auf die schmale Ebene. Es wurde warm. Stunden verstrichen. Plötzlich war entfernter Hufschlag zu hören. Die Männer hinter den Barrikaden hoben die Köpfe, suchten mit ihren Augen die Steilwände des Canyons ab und entdeckten einen langen Zug von Menschen, Pferden und Hunden, der sich den Canyonrand entlangschlängelte, hoch über ihnen und außer Gewehrschußweite. Und die Leute dort oben sangen und lachten und winkten fröhlich herunter. Einige der Flatheads winkten zurück, fast ein wenig stolz auf ihre Verwandten und Bekannten, die dort oben, wo selbst

Bergziegen kaum einen sicheren Tritt finden konnten, mit Sack und Pack vorbeizogen.

Captain Charles C. Rawn mußte tatenlos zusehen, wie die Nez Percé, die er hatte aufhalten sollen, einen kleinen, aber steilen Umweg machten, ihn und seine Soldaten umgingen und hinter der Barrikade, einige Meilen entfernt, in das Bitterroot Tal hinunterzogen. Rawn formierte seine Männer zu einer kümmerlichen Angriffslinie und versuchte, den Nez Percé noch in den Rücken zu fallen, aber ein paar Scharfschützen der Indianer stoppten den Angriff.

Noch vor Mittag entschloß sich Charles C. Rawn, nach Fort Missoula zurückzukehren.

Der bärbeißige Sergeant tröstete seinen Captain etwas, indem er meinte: »Wir haben getan, was wir tun konnten, Sir. Unter diesen Rothäuten gibt es halt auch ein paar schlaue Füchse. Da soll doch der General selber zusehen, wie er seine Indianer erwischt!«

Die Nachricht von Captain Rawn, daß die Indianer die Barrikade umgangen hätten, erreichte General Howard in einem Lager auf der Summit Prärie, der Paßhöhe. Rawn schrieb, die Indianer würden nun langsam das Bitterroot Tal entlangziehen.

14
Bitterroot Valley

Wir glaubten wirklich, daß es jetzt keinen Krieg mehr geben würde. Wir hatten vor, friedlich in das Land der Büffel zu ziehen und vorerst die Klärung der Frage, ob wir jemals wieder in unser Land zurückkehren könnten, für einen späteren Zeitpunkt aufzuheben.

Wir brauchten vier Tage, um das Bitterroot Tal entlangzuziehen, und da wir dachten, alles wäre jetzt in Ordnung, machten wir halt, um neue Tipi-Stangen zu schneiden. Danach zogen wir weiter, und zwei Tage später sahen wir drei Weiße. Da wir an den Frieden glaubten, ließen wir die Männer ungestört weiterreiten. Wir hätten sie töten können, oder wir hätten sie gefangennehmen können, aber wie konnten wir wissen, daß sie als Spione ausgeschickt worden waren, obwohl Friede war.

Joseph in: NORTH AMERICAN REVIEW, 1879

In Stephensville trafen die Leute sofort, nachdem sie erfuhren, daß die Nez Percé Rawns Barrikade umgangen hatten, mehr oder weniger nützliche Vorbereitungen, um der drohenden Gefahr einer Indianerinvasion zu begegnen.

Stephensville war eine kleine Ortschaft mit knapp zwei Dutzend Holzhäusern, Schuppen und einigen Läden. Die Menschen, die hier lebten, waren vor Jahren eingewandert und hatten sich ungehindert im Land der Flatheads angesiedelt. Es hatte nie Krieg gegeben zwischen den Indianern und den Weißen, die hier lebten. Längst hatten sie sich aneinander gewöhnt. Es herrschte Ruhe und Ordnung im Bitterroot Valley. Am Sonntag knieten Siedler und Indianer auf der gleichen Bank in der St. Mary Missionskirche, außerhalb von Stephensville. Die Mission wurde seit Jahren von den Jesuitenpatres Vater Ravalli und Vater D'Aste geleitet.

Vater Ravalli war ein alter Fuchs, der zu dieser Zeit ziemlich krank in seinem kleinen Zimmer lag und nur durch das Fenster sehen konnte, wie die Gefahr eines bevorstehenden Krieges die Gemeinschaft der Siedler und Indianer, die um die Mission herum ihr Anwesen hatten, zu erschüttern drohte.

Schon Wochen bevor die Nez Percé in das Bitterroot Tal vordrangen, hatten ungewisse Nachrichten aus Idaho Sorge und Unruhe verbreitet. Die Weißen fürchteten, daß die Flatheads sich ihren Verwandten, den Nez Percés, anschließen würden. Die Flatheads aber beteuerten immer wieder ihre Neutralität, obwohl sie seit Jahren schon den alten Nez Percé

Häuptling *Eagle from the Light* mit über fünfzig Stammesmitgliedern beherbergten und Lean Elk mit seinen Freunden auch schon oft bei ihnen zu Gast gewesen war. Es herrschte jetzt plötzlich eine neue Gespanntheit zwischen den Flatheads und den weißen Bewohnern des Tales.

Gerüchte, andere Indianerstämme würden sich ebenfalls zum Krieg rüsten, verschlimmerten die Situation. Böswillige Zeitungsberichte, die den ganzen Kontinent überfluteten, erhitzten die Gemüter der durch die Custer Niederlage noch bestärkten Ausrottungspolitiker und ihrer Anhänger. Man schrie: »Rache für Custer!« Man verlangte die Ausrottung der Wilden. Man warf General Howard Unfähigkeit vor, schrieb, daß er nur deshalb immer zu spät käme, weil er die Sonntage dazu benütze, Predigten abzuhalten. Die amerikanische Öffentlichkeit nahm lebhaft Anteil an den Geschehnissen im Nordwesten. Die eingesetzten Armeeführer fühlten sich beobachtet und bedrängt, fürchteten um ihre Karriere und versuchten, so schnell wie möglich mit den Nez Percé fertig zu werden.

Den Siedlern im Bitterroot Tal allerdings konnte eigentlich niemand etwas vormachen. Sie wußten, daß sich zur Zeit in West-Montana kaum mehr als zwei- oder dreihundert Soldaten befanden, die meisten von ihnen Infanteristen, die sich auf Maultieren und Pferden ihre Ärsche wundreiten würden, bevor sie den ersten wilden Indianer zu Gesicht bekämen.

Als die Nez Percé aber auf Stephensville zukamen, da machten sich die Siedler trotzdem auf das Schlimmste gefaßt. Türen wurden verrammelt und zugenagelt, Fenster mit Brettern verschlagen. Jeder Mann, der eine Waffe hatte, trug sie oder hielt sie schuß- und immer griffbereit. In Häuserlücken baute man notdürftige Barrikaden aus Kisten und Fässern und sandgefüllten Mehlsäcken.

Jerry Fahy, der einen Store besaß, schaute dem Treiben gelassen zu. Er hatte von Joe Hill, dem Halbblut, gehört, daß die Nez Percé Geld und Gold genug dabei hätten, um seinen ganzen Laden aufzukaufen. Jerry Fahy holte seine letzten Ladenhüter aus dem Keller und präsentierte sie auf den Regalen und im Auslagefenster. Außerdem ließ er durch seinen Partner, Mr. Reeves, einige Fäßchen Schnaps herbeischaffen, da die Indianer wahrscheinlich jeden Preis für einen Schluck Whisky bezahlen würden, jetzt, wo sie wochenlang unterwegs waren und die Armee ihnen nie Zeit gab, schnell mal eine Kneipe aufzusuchen. Mr. Reeves selbst war die Sache nicht ganz geheuer. Er schickte vorsichtshalber seine ganze Familie mit seiner Briefmarkensammlung nach Fort Owen.

An einem Sonntag hatten sich bei der Missionskirche alle im Tal ansässigen Indianer und Mischlinge versammelt. Am frühen Morgen hielt Vater d'Aste eine heilige Messe ab. Anschließend wurden die beiden jungen Flatheads Martin und Mary getraut. Im Verlauf eines kleinen Festes brachte ein Bote die Nachricht, daß die Nez Percé in der Nähe von Rob Carletons Farm dabei wären, in aller Ruhe ein Picknick abzuhalten.

Wenig später kam Eagle-from-the-Light mit einigen seiner Clanmitglieder zur Mission. Er lud den Flathead-Häuptling Charlot, der bei der Hochzeit anwesend war, zu einem Treffen mit Joseph, Looking Glass, White Bird und Toohoolhoolsote ins Lager der Nez Percé ein. Charlot freute sich nicht über die Einladung. Er sah keinen Grund, die Nez Percé zu besuchen, im Gegenteil.

»Sag Joseph und Looking Glass, sie sollen mit ihrem Stamm auf der Westseite des Flusses bleiben, wenn sie durch das Tal ziehen. Dort drüben gibt es keine Felder, die durch die Hufe ihrer Pferde zerstört werden. Auf dieser Seite des Flusses haben die Nez Percé nichts zu suchen. Sag ihnen das. Sag ihnen, daß ich nichts dagegen habe, wenn sie in das Land der Büffel ziehen wollen. Sie sollen schnell machen, wenn sie hier durchziehen. Ich will keinen Ärger. Wir leben in Frieden mit den Weißen, und wir wollen diesen Frieden unter allen Umständen bewahren. Sag Joseph, daß es besser wäre, wenn er den Weg durch das Land der Kooteneys nehmen würde anstatt durch das Land der Flatheads. Das ist alles, was ich zu sagen habe, und meine Meinung ist auch die Meinung meines Stammes. Schau dich nur um!«

Eagle-from-the-Light sah sich um, und was er zu Gesicht bekam, enttäuschte ihn tief. Die meisten der Flathead-Männer, die hier zwischen den Gebäuden der Mission versammelt waren, trugen offen ihre Waffen, die sie sonst nur zur Jagd brauchten. Eagle-from-the-Light, von dessen Frauen zwei dem Flathead-Stamm angehörten, kannte Charlot gut genug, um zu wissen, daß der Häuptling meinte, was er sagte. Diese Flatheads waren bereit, für ihren Frieden zu kämpfen, selbst gegen ihre Freunde und Verwandten, die hergekommen waren, um ihre Hilfe zu erbitten. Und sie brauchten Hilfe, die Nez Percé, die seit Wochen unterwegs waren, verfolgt und bedrängt von den Soldaten, noch immer ohne ein wirkliches Ziel und vielleicht sogar jetzt schon ohne Hoffnung, überhaupt irgendwo ein neues Zuhause zu finden.

Eagle-from-the-Light brachte Joseph die Nachricht von Charlot. Joseph schien nicht einmal überrascht oder enttäuscht. Er lächelte und sagte, daß er die Hilfe der Flachköpfe nicht brauche. Toohoolhoolsotes junge, ungezähmte Krieger regten sich auf und drohten, den Flachköpfen mit ihren Freunden, den bleichgesichtigen Siedlern und den sanftsprechenden Schwarzröcken zu zeigen, wieviel der Friede in diesem Land taugte. White Bird und Looking Glass wollten von Charlot selbst hören, was er zu sagen hatte. Mit fast fünfzig Kriegern ritt Looking Glass am Nachmittag zur Mission hoch.

Vater D'Aste stand in Ravallis Krankenzimmer und blickte aus dem Fenster. »Da draußen wird der Friede auf eine Zerreißprobe gestellt«, sagte er zu Ravalli, der im Bett lag, schmal und mit weißem, eingefallenem Gesicht. Er hatte mehrere Kissen im Rücken, so daß auch er aus dem Fenster blicken und ein Stück des Vorplatzes mit der kleinen Holzkirche sehen konnte.

»Sie sehen aus wie streunende Tiere«, sagte Ravalli schwach. Er beobachtete die Nez Percé Krieger, die von den Kämpfen und von ihrer Flucht über den Lolo Trail gezeichnet waren, wie sie im Hof anhielten, eingekreist von den Flatheads.

»Ich glaube, sie wären bereit, einem ehrlichen Menschen aus der Hand zu fressen, Bruder Jeremias.«

Vater D'Aste nickte. »Es kann sein, daß sie dazu bereit sind«, sagte er nachdenklich. »Es kann aber auch sein, daß sie dir aus Angst an die Kehle fahren.« Vater D'Aste ging zur Tür. »Ich will versuchen, Charlot und die Häuptlinge zusammenzubringen.«

»Bring sie zu mir, Bruder«, sagte Vater Antonio Ravalli, »keiner von ihnen wird Angst haben, denn sie werden erkennen, daß ich zu schwach bin, als daß ich ihnen gefährlich werden könnte.«

Vater D'Aste sah zum Bett hinüber, erwiderte Ravallis Lächeln und ging hinaus. Durch Eagle-from-the-Light ließ er die Häuptlinge der Nez Percé einladen. Nur einer kam. Es war Looking Glass, aufgerichtet im Sattel, ein verschlossener Ausdruck in seinem breitflächigen Gesicht. Die Messingringe an seinen Ohren funkelten. Im Haar trug er eine Anzahl von Adler- und Truthahnfedern, und an seiner Skalplocke hing ein kleiner, runder Metallspiegel.

Looking Glass zügelte sein Pferd. Vater D'Aste forderte ihn auf abzusteigen. Wortlos folgte Looking Glass der Aufforderung. Er stand vor dem Priester und blickte zur Veranda, wo Charlot vorgetreten war. Nach einem kurzen Zögern ging Looking Glass auf Charlot zu, um ihm die Hand zu geben, aber der Häuptling rührte sich nicht. Sein Gesicht blieb völlig ausdruckslos. Er hatte die Arme über der Brust verschränkt. Er wollte wohl in dieser entscheidenden Situation mit allen Mitteln seine Neutralität demonstrieren, nachdem er sie immer und immer wieder beteuert hatte. »Meine Hand ist sauber«, sagte Charlot laut und deutlich, so daß alle es hören konnten. »Und ich kann sie nicht einer Hand reichen, die vom Blut der Weißen befleckt ist. Wir waren immer Freunde, aber nie unter solchen Umständen wie jetzt.«

Looking Glass stand für Sekunden regungslos. Dann senkten sich seine Schultern etwas. Für einen Moment schien es, als hätte ihm jemand eine Zentnerlast auf die Schultern geladen. Die Farbe wich aus seinem Gesicht, und er schloß die Augen. D'Aste hörte, wie er Luft holte und sich dann wieder aufrichtete. Wortlos drehte sich Looking Glass um und ging zu seinem Pferd. Rundherum herrschte Schweigen. Vater D'Aste trat einen Schritt vor, hob seine Hand, wollte etwas sagen, fand aber keine Worte. Langsam senkte sich seine Hand, während Looking Glass in den Sattel stieg und das Pferd wendete. An der Spitze der Nez Percé Krieger ritt er die Straße hinunter, und D'Aste sah ihnen nach, bis dichter Staub sie einhüllte. Dann ging er in das Krankenzimmer zurück, wo Ravalli ihn erwartete.

»Du hast gehört, was Charlot zu ihm gesagt hat?« fragte D'Aste.

Ravalli nickte. »Manchmal, Bruder Jeremias, manchmal, so scheint mir, schmecken die Früchte unserer Arbeit bitter.«

Am nächsten Tag kamen die Nez Percé zum Einkaufen nach Stephensville.

Es war zwei Tage nachdem sie Captain Rawns Barrikade, die inzwischen von den Siedlern spöttisch *Fort Fizzle* genannt wurde, umgangen hatten. Die Häuptlinge warben jetzt nicht mehr um die Gunst der Flachköpfe. Sie hatten erkannt, daß sie sich eher die Hilfe der Weißen kaufen konnten, als die Freundschaft der Flatheads zu gewinnen. Die Weißen waren nie abgeneigt, Geschäfte zu machen. Voraussetzung war, daß man ihnen Geld offerieren konnte. Für Geld taten die meisten von ihnen fast alles. Nun, die Nez Percé hatten Geld. Einige hatten sich durch den Pferdehandel einige Dollar verdient, bevor es zum Krieg gekommen war. Andere besaßen, was sie den in Idaho getöteten Siedlern geraubt hatten. Die meisten aber hatten Geldscheine dabei, die sie den toten Soldaten im White Bird Canyon aus den Taschen gezogen hatten. Sie waren nicht reich, die Nez Percé, als sie nach Stephensville kamen, aber sie waren auch keine Bettler. Sie konnten bezahlen, was sie brauchten. Und sie brauchten Mehl, Zucker, Kaffee, sie brauchten neue Werkzeuge, Kochgeschirre und andere Sachen, die am Clearwater in die Hände der Armee gefallen waren. Und sie wollten auch Munition für ihre Gewehre und Revolver haben.

Nach einer mehrstündigen Konferenz in der *Comunity Hall*, einem langen Bretterschuppen, beschlossen die Männer von Stephensville fast einstimmig, daß alles an die Indianer verkauft werden durfte, außer Alkohol. Jerry Fahy legte bei der Abstimmung sein Veto ein, ebenso John Armstrong, der Schmied. Armstrong hatte vorsorglich am frühen Morgen einem Farmer zwei Fässer selbstgebrannten und hochprozentigen Schnaps zum doppelten Preis abgekauft, nur weil er wußte, daß er von den Indianern den vier- bis achtfachen Preis kriegen würde. Nach der Abstimmung stampfte John Armstrong zorngeladen aus dem Schuppen hinunter zu seiner Schmiede und rollte die beiden Fässer demonstrativ aus dem Schatten des Schrägdaches in die Sonne. Jerry Fahy, der selbst ein paar Fässer im Lager stehen hatte, nahm den Schmied in Schutz und meinte: »Er will halt auch seinen Buck machen. Und da die Rothäute ihre Pferde kaum beschlagen lassen werden, nur weil er ein netter Kerl ist, verkauft er ihnen halt zwei Fässer Schnaps. Was sind schon zwei Fässer bei einigen hundert Rothäuten?«

»Ich habe in meiner Jugend einmal mit eigenen Augen gesehen, wie ein paar betrunkene Indianer einen Missionar massakriert haben«, sagte einer der älteren Siedler. »Das möchte ich nicht noch einmal erleben, Gentlemen!«

»Brauchen Sie auch nicht, verehrter Mister Burke«, sagte Reeves, der Partner von Jerry Fahy. »Wir werden schon dafür sorgen, daß hier nichts passiert.«

Es passierte am ersten Tag auch tatsächlich nichts. Die Nez Percé kamen und kauften ein, was sie brauchten. Es wurde kein Alkohol verkauft. John Armstrong bekam zu seiner Überraschung einiges zu tun, denn viele Pferde, die von den Indianern mitgetrieben wurden, waren von den Weißen gestohlen. Mehr als zwei Dutzend mußten beschlagen werden. John Armstrong verdiente an diesem ersten Tag mehr als sonst im Monat. Er verlangte pro Eisen den vierfachen Preis, und die Indianer zahlten, ohne mit der Wimper zu zucken.

Auch der Store von Fahy und Reeves ging ausgezeichnet. Nez Percé Frauen kamen und kauften den gesamten Vorrat an Segeltuch. Bunte Kleiderstoffe und vor allem Wolldecken fanden reißenden Absatz. Jerry Fahy ließ die Frauen in einer Kiste voll glitzerndem Klimperkram wühlen. Messingohrringe und Armspangen waren zuerst vergriffen. Die Frauen kauften aber auch sämtliche Kochtöpfe und Äxte. Eine muskelbepackte Indianerin, der sogar ein paar Bartstoppeln aus einer Kinnfalte wuchsen, suchte sich die schwerste Zweihandaxt aus und ließ sich von Reeves hinters Haus zum Holzbock führen, schwang die Axt einige Male über dem Kopf und hieb sie dann mit aller Kraft in den Holzbock hinein. Mit einem Grinsen im Gesicht forderte sie Reeves auf, die Axt wieder herauszuziehen. Er versuchte es, kam ins Schwitzen, gab auf und machte eine kleine Verbeugung, bevor er zurücktrat. Die Indianerin sagte etwas, was Reeves nicht verstehn konnte, spuckte in ihre Hände, rieb sie gegeneinander, griff nach dem langen, gebogenen Axtstiel und duckte sich. Reeves sah, wie sich in ihrem Nacken Muskelstränge spannten und an ihren Schläfen die Adern schwollen. Aber sie hob den Holzbock tatsächlich an der Axt in die Höhe, ohne daß das Grinsen aus ihrem Gesicht fiel. Sie stemmte ihn, hielt ihn oben, drehte sich wie ein Tanzbär, ließ ihn langsam nach unten zurückgleiten, und als er den Boden berührte, bückte sie sich schnell und stieß mit der Schulter von unten her gegen den Axtstiel. Es gab ein ächzendes Geräusch, als die Klinge freikam. »Gutt«, sagte die Indianerin. »Särr gutt. Was kosten?«

Reeves holte erst einmal Luft und nannte dann, ohne sich anzustrengen, einen Preis, der ihn für zwei Jahre ins Gefängnis bringen konnte. Die Indianerin wußte auch, daß die Axt bei diesem Preis mindestens vergoldet sein müßte. Für einen Moment zeigte sie Reeves ihre gelben Zähne, und Reeves spürte, wie sich in seinem Nacken die Haare sträubten. Aber dann zahlte sie, kaufte im Laden noch vier Kandisstangen und eine Tüte mit Erdnüßchen, beriet eine junge Frau bei der Wahl von Stoffen und ging hinaus, als draußen ein kleiner, hagerer Indianer mit heller Fistelstimme nach ihr rief.

Reeves trocknete sich den Schweiß von der Stirn, während er der Frau mit der Axt nachblickte, wie sie über die Straße ging, festen Schrittes, und der kleine Mann hinter ihr versuchte, sich mit einem schnellen Griff nach ihrem Rock anzuhängen.

»Bei denen gibt's halt auch welche, die ihre Müh und Not haben«, sagte Reeves tiefsinnig, während er die Geldscheine in den Safe im Hinterzimmer legte. Jerry Fahy, der im Türrahmen lehnte und einem vollbusigen jungen Indianermädchen zusah, wie es sich eine glitzernde Halskette um den Hals legte, so daß der Anhänger daran zwischen ihre Brüste auf der nackten dunklen Haut zu liegen kam, hielt die Luft an. Sie drehte sich vor dem großen Spiegel, strich die Haare aus dem hübschen Gesicht, bewegte herausfordernd ihre Hüften und schob sich am Spiegel vorbei zum Ladentisch. Jerry Fahy fing den Blick aus ihren schwarzen Augen auf und versuchte es mit einem Augenzwinkern. Seine Kehle war trocken. Es war ein heißer Tag. Jerry Fahy spürte, wie ihm das Hemd am Rücken klebte, als er zum Ladentisch ging. Er benetzte mit der Zunge seine Lippen, beugte sich vor und nahm den Messinganhänger zwischen die Finger. Sachte fuhr er mit der Hand über die Wölbungen ihrer Brüste. Sie lachte, und Jerry Fahy nickte und sagte mit leicht belegter Stimme: »Du hast gut gewählt, Mädchen. Das Stück kostet dich zehn Dollar oder . . .« Er sprach den Satz nicht fertig, zeigte aber mit einer Kopfbewegung zum Türrahmen, in dem Reeves stand und vergessen zu haben schien, daß er sich eben eine Zigarre hatte anzünden wollen.

»Oder?« fragte Reeves, das Streichholz in der linken, die Zigarre in der rechten Hand.

Jerry Fahy drehte den Kopf nicht. »Die Kleine hat etwas, was mir diesen Anhänger wert wäre«, sagte er, nahm den Arm des Mädchens und führte es den Ladentisch entlang. Reeves warf die Zigarre auf den Boden, zertrat sie, nahm das Streichholz zwischen die Zähne und machte Platz. Jerry Fahy grinste ihm zu. »Du hältst die Festung, Partner«, sagte er. »Es dauert keine Ewigkeit.«

»Und wenn jemand nach dir fragt?«

»Laß dir eine gute Antwort einfallen«, erwiderte Jerry Fahy und drückte hinter sich die Tür ins Schloß. Reeves ging zur Vordertür, schloß sie ab und hängte das erste Schild, das ihm in die Hände geriet, an das Türfenster.

WEGEN UMBAUARBEITEN VORÜBERGEHEND GESCHLOSSEN
Reeves verriegelte auch die Hintertür, zog alle Vorhänge zu, hörte das Mädchen kichern und Jerry Fahy etwas sagen, dann klirrte ein Glas, und Jerry Fahy lachte jetzt auch. Sie lachten zusammen weiter, und Reeves trocknete sich den Schweiß vom Gesicht und vom Nacken, wischte die klebrigen Hände an seinem Hemd ab, hörte die Bodenbretter im Hinterzimmer knarren, und dann quietschte der große Sessel mit der Ohrlehne. Reeves schlich auf Zehenspitzen zur Tür, bückte sich und lugte durch das Schlüsselloch. Da waren die strammen, dunklen Schenkel des Mädchens, und dazwischen der weiße, zuckende Arsch von Jerry Fahy, und der Schweiß lief Reeves aus den Stirnfalten in das eine, immer größer werdende Auge.

»Gott, wenn das seine Frau wüßte!« flüsterte Reeves fast gequält und rieb das brennende Auge, sah mit dem anderen, wie der Ohrlehnensessel nach hinten kippte und hörte den Aufschrei des Mädchens. Er sah ihr Gesicht schweißbedeckt, den Mund aufgerissen, und über ihr war Jerry Fahy, die Hose und die Unterhose in den Kniekehlen, das Hemd naß auf dem Rücken. Er keuchte, während er sich mit beiden Händen auf ihren großen, festen Brüsten aufstemmte und sich von unten her in sie hineindrängte.

Reeves merkte erst, daß jemand in den Laden wollte, als eine Scheibe an der Tür platzte. Lärm drang herein. Durch den Scheibenrest hindurch sah Reeves, wie sich auf dem Gehsteig Männer drängten. Bürger der Stadt. Und mitten unter ihnen einige Indianer.

Für einen Moment glaubte Reeves, sein Herz würde stillstehen, als John Armstrong, der Schmied, durch das Loch in der Scheibe nach dem Schlüssel griff. Dann sprang die Tür auf und Reeves kam gerade noch hinter den Ladentisch, bevor die Männer hereinstürzten, allen voran John Armstrong, der vor dem Ladentisch stehenblieb und die Arme ausstreckte, um die nachdrängenden Männer aufzuhalten.

»Wo ist er?« fragte John Armstrong hart.

Reeves hob die Schultern. »Was wollt ihr?« fragte er zurück und gab sich Mühe, seiner Stimme einen festen Klang zu geben. »Der Laden ist geschlossen! Wie kommst du dazu, die Scheibe einzuschlagen und einfach hier einzudringen?«

»Die Indianer behaupten, ihr hättet euch eines ihrer Mädchen geschnappt. Ein Cheyennemädchen, das einer von ihnen aus dem Yellowstone Gebiet zurückgebracht hat. Reeves, wir wollen wissen, wo Jerry steckt!«

»Der hat sich hingelegt«, sagte Reeves. »Es war ein anstrengender Tag. Heiß wie die Hölle. Da fühlte er sich plötzlich schlapp, und wir beschlossen, den Laden zu schließen und . . .«

Weiter kam Reeves nicht mehr. John Armstrong verschaffte sich mit den Ellbogen Platz, ging zur Tür, die ins Hinterzimmer führte, und legte sein Ohr daran.

»Jerry!«

Keine Antwort.

»Jerry! Gottverdammt, mach die Tür auf, sonst trete ich sie ein!« John Armstrong machte einen Schritt rückwärts, hob den linken Fuß mit dem klotzigen Stiefel aus dem Bürgerkrieg und trat heftig auf Schloßhöhe gegen die Tür. Holz splitterte, und die Tür sprang auf. John Armstrong stand breitbeinig im Türrahmen, und Reeves, der einen Blick über die mächtigen Schultern des Schmiedes werfen konnte, stellte erleichtert fest, daß weder das Mädchen noch Jerry Fahy im Zimmer waren. Der große Sessel lag noch nach hinten gekippt neben der Standuhr und dem Schreibtisch. Das Leder war an einigen Stellen fleckig.

John Armstrong ging zum Fenster und beugte sich über die Brüstung. Draußen waren Spuren im dürren Gras. Sie führten zu einer Mauer. John Armstrong richtete sich auf. »Hier ist kein Mädchen drin«, sagte er zu den Männern.

»Und Jerry Fahy?« fragte Longstreet, ein hagerer Mann mit einem dünnen, faltigen Hals, der in einem steifen Hemdkragen steckte. Longstreet führte mit seinen beiden unverheirateten Schwestern den Tabakwarenladen und den Drugstore. Er war John Armstrong zum Fenster gefolgt, schnüffelte mit seiner Hakennase im Zimmer herum, warf einen Blick auf den Sessel und sagte düster: »Hier hat sich vor wenigen Augenblicken etwas abgespielt, was der Öffentlichkeit verborgen bleiben sollte. Deshalb war die Tür abgeschlossen!«

»Dafür aber stand das Fenster sperrangelweit offen«, grinste Jim Bourke, ein Farmer aus der Umgebung.

»Das war der Fluchtweg«, erwiderte Longstreet, warf noch einmal einen angeekelten Blick auf den Sessel, drehte sich um und drängte sich durch die Männer hinaus auf den Gehsteig, wo er zuerst einmal demonstrativ nach Luft schnappte.

»Es kommt vor, daß Jerry das Fenster benützt, wenn er mal plötzlich dringend zum Außenhaus muß«, sagte Reeves zu den Männern. »Longstreet müßte doch wissen, daß Jerry Schwierigkeiten hat. Er gab ihm doch diesen Blutreinigungstee zur Kur.«

»Blutreinigungstee?« John Armstrong zog seine buschigen Brauen hoch und ging auf die Indianer zu, die im Laden warteten. »Also, Jungs, ihr habt es gehört. Alles nur wegen dem Blutreinigungstee. Kein Mädchen da drin. Alles in bester Ordnung.«

Die Indianer machten einen ziemlich verstörten Eindruck, aber sie ließen sich von John Armstrong zum Ausgang schieben. Draußen vor dem Gehsteig wartete Looking Glass mit ein paar Unterhäuptlingen. Sie saßen auf ihren Pferden. Lean Elk war bei ihnen. Und Lean Elk fragte nach dem Cheyennemädchen, das er mitgebracht hatte. Jim Bourke spuckte einen Strahl Tabaksaft aus und hob die Schultern. »Da ist kein Mädchen drin, Freunde«, sagte er. »Geht heim und schaut mal im Lager nach. Vielleicht ist es längst zu Hause.«

Die Indianer redeten eine Weile aufeinander ein. Looking Glass hörte sich alles an. Dann nickte er, sagte etwas zu Lean Elk, der übersetzte: »Also, Looking Glass will glauben, was er gehört hat. Aber er erinnert auch daran, keinen Alkohol an Nez Percé Indianer zu verkaufen. Er meint, daß ihr Gentlemen seid und Freunde der Nez Percé. Das ist alles.«

Reeves, der in der Ladentür stand, konnte endlich aufatmen, als die Indianer ihre Pferde wendeten und die staubige, von Hufen und Rädern zerfurchte Hauptstraße hinunterritten. John Armstrong wandte sich an Reeves. »Sag mal, hat denn Fahy überhaupt noch alle Tassen im Schrank?« rief er wütend. »Das hätte ins Auge gehen können, verdammt noch mal! Was, zum Teufel, hat er mit dem Indianermädchen gemacht?«

»Indianermädchen?« fragte Reeves. »Welches Indianermädchen? Ich weiß nichts von einem Indianermädchen!« Er knallte die Ladentür zu. Ein paar Scheibensplitter fielen zu Boden. Das Schild schwang hin und her. Reeves nahm es herunter. »Ich frage mich, wer für den Schaden aufkommt, der hier angerichtet wurde!« rief er durch das Loch im Fenster.

»Von mir kriegst du keinen blutigen Cent!« rief John Armstrong zurück. »Und deinem Partner kannst du sagen, daß ich ihm höchstpersönlich den Arsch aufreiße, wenn der uns noch einmal Scherereien macht! Ist das klar, Reeves?«

Reeves gab keine Antwort. Er ging nach hinten in das Zimmer und sah durch das Fenster Jerry Fahy um die Mauer biegen. Etwas hinter ihm kamen Lean Elk und zwei junge Burschen, die beide Revolver in den Händen hatten. Jerry Fahy glänzte im Gesicht. Er trug keinen Hut. Das Hemd war schmutzig und klebte noch immer an ihm. Die Hose hatte am linken Bein über dem Knie einen Dreiangel. Es schien, als hätte er sich ein bißchen gewehrt.

Reeves eilte zum Ladentisch, angelte eine Schrotflinte mit abgesägtem Doppellauf darunter hervor und spannte die Hähne. Langsam ging er zum Fenster und sah zu, wie die Indianer Jerry Fahy hinüber zum Lagerschuppen trieben. Bei der Mauer tauchten jetzt vier Frauen auf, die je ein Packpferd an den Zügeln führten. Sie gingen auch hinüber zum Lager, und unter Aufsicht von Jerry Fahy wurden die Packsättel fachgerecht beladen. Reeves zählte sechs Säcke Mehl, sechs Säcke Kaffee, vier Säcke Zucker, drei Kupfereimer, ein Fäßchen mit Schwarzpulver, vier Wolldecken und zwei Drahtrollen. Als sie fertig waren, brachten die Frauen die Packpferde weg, und Lean Elk verabschiedete sich mit einem Händedruck von Jerry Fahy, der seine Unterlippe zwischen den Zähnen hatte und einen recht unglücklichen Eindruck machte. Die jungen Krieger gingen mit gezogenen Revolvern rückwärts bis zur Mauer, warteten, bis Lean Elk ihre Pferde brachte, stiegen auf und ritten davon.

Jerry Fahy schlurfte zum Fenster herüber, in dem Reeves mit der Schrotflinte stand. »Was hat dich jetzt das ganze Vergnügen gekostet?« fragte Reeves. »Hundert oder zweihundert Dollar?«

Jerry Fahy lehnte gegen die Fensterbrüstung. »Ich war verrückt«, sagte er und starrte in das Zimmer. »Es war heller Wahnsinn. Aber du hast ja gesehen, wie sie auf mich zukam. Hast du gesehen, wie sie auf mich zukam, die Hure?« Er spuckte aus. »Sie hat den Anfang gemacht. Sie hat sich die Kette umgehängt und mir den Arsch hingehalten. Hast du gesehen, wie sie mir den Arsch hingehalten hat oder nicht?«

»Ich weiß nicht«, sagte Reeves. »Auf jeden Fall wünsche ich dir, daß deine Frau nichts davon erfährt.«

»Wenn alle den Mund halten, erfährt sie es nicht«, sagte Jerry Fahy.

»Herrgott, wie konnte ich nur so wahnsinnig sein!« Er kletterte in das Zimmer und stellte den Sessel auf die Beine. Er setzte sich auf die Lehne, und seine Finger zitterten, als er sich eine Zigarette rollte.

Die nächste Stadt am Weg der Nez Percé hieß Corvallis. Sie war kleiner als Stephensville und ohne Bedeutung. Ein paar Holzhäuser säumten die Überlandstraße, die von Missoula nach Bannack City führte. Vor einigen der schiefsten Bretterhütten waren falsche Fassaden errichtet, bunt, mit aufgemalten Fenstern und aufgemalten Geranien. Auf der Straße zwischen den Häusern lag der Staub knöcheltief, und wenn es regnete – und im Frühjahr regnete es oft lange –, wurde sie zu einem Dreckgraben, in dem ein Fußgänger bis zu den Knien versinken konnte.

Corvallis lebte von den Bitterroot Siedlern, die in der Umgebung ihre Ranches und Farmen hatten. Weiter talaufwärts, knapp vier Meilen entfernt, war vor kurzem sehr zum Verdruß der Geschäftsleute von Corvallis die kleine Ortschaft Hamilton entstanden. Noch weiter oben im Tal, schon fast am Rande des Ross Hole, gab es noch ein paar Häuser, die Siedlung Skalkaho am Skalkaho Creek.

Als die Nez Percé aus dem Lolo Canyon in das Bitterroot Tal eingedrungen waren und in der Nähe von Stephensville haltgemacht hatten, kriegten es die Bewohner von Corvallis, Hamilton und Skalkaho mit der Angst zu tun. Die Farmer und Rancher, denen zu Ohren gekommen war, wie furchtbar die Nez Percé in Idaho gehaust hätten, kriegten es auch mit der Angst zu tun. Sie packten ihre Sachen zusammen, beluden ihre Wagen, verschlossen ihre Häuser und fuhren mit Frauen und Kindern, Sack und Pack nach Corvallis, Hamilton und Skalkaho. In Skalkaho aber trafen sie nur Leute an, die ebenfalls gerade ihre Sachen gepackt hatten und im Begriff waren, nach Hamilton hinunterzuziehen, wo es mehr Leute gab und die Sicherheit dadurch größer wurde.

In Corvallis schufteten die Männer unter dem Kommando des neu gewählten Bürgerwehr-Kommandanten J. L. Hubble in der Bruthitze, eine Meile außerhalb der Stadt. Zugespitzte Baumstämme wurden, zu einem Viereck aufgereiht, tief in den Boden gerammt. Die Lücken füllte man mit Lehm aus der Flußniederung. An zwei Ecken des Vierecks errichteten die Männer je einen Wachtturm mit überdachter Plattform, Brüstung und Schießscharten. In dieser Festung, die aus einiger Entfernung aussah, als könnte sie auch ein mittleres Erdbeben überstehen, brachten die Männer von Corvallis ihre Frauen und Kinder unter. Dann warteten sie auf die Indianer, hatten aber in der Stadt alles bereitgemacht, um auch ein paar Dollars zu verdienen. Nur einer von ihnen, der einen Kramladen besaß, verkündete, daß er als ehrbarer Geschäftsmann und pflichtbewußter Bürger der Vereinigten Staaten von Amerika nicht mit Kannibalen Geschäfte machen würde. Er drohte, jedem Indianer, der seinen Laden betreten würde, den Kopf von den Schultern zu schießen.

Auch in Hamilton entstand eine Palisadenfestung, nachdem man eine Miliz gegründet hatte. John B. Catlin, ein Rancher aus der Nähe von Skalkaho, wurde zum Captain ernannt. Auch er ließ Frauen und Kinder hinter den Palisaden in Sicherheit bringen, während in der Stadt die Geschäftsleute hofften, daß die Nez Percé nicht all ihr Geld in Stephensville und Corvallis ausgeben würden.

Die Nez Percé kamen auf der rechten Seite des Flusses das Tal hoch. Die Männer auf den Wachttürmen des *Forts* von Corvallis sahen die Vorhut, die aus nahezu hundert Kriegern bestand. J. L. Hubble ließ sofort seine Männer die im Falle eines Angriffs vorgesehenen Posten einnehmen. Die Frauen im Viereck beruhigten die Kinder, von denen ein paar Knaben meinten, daß das Ganze ein gewaltiger Spaß werden könnte.

Joseph und Looking Glass überzeugten J. L. Hubble, daß die Nez Percé nicht unbedingt beweisen wollten, daß sie auch eine Festung stürmen konnten. Sie wollten nur Lebensmittel kaufen und Munition. Mehr nicht. Frauen hätten sie selbst genug und Kinder auch. Außerdem wäre es zu heiß zum Kämpfen, und man könnte dabei glatt einen Hitzschlag kriegen. Da konnte J. L. Hubble nur zustimmen. Er nahm den Hut vom Kopf und zeigte die großen, schon etwas schlaff gewordenen Kohlblätter, die in der Hutkrone lagen. »Hat mir meine Frau gemacht. Das kühlt die Glatze.«

J. L. Hubble war ein Mann, der schnell Freunde gewann. Und so überraschte es kaum jemand, als er die Häuptlinge zu einer Besichtigung des Forts einlud. Die Einladung wurde angenommen, und die Häuptlinge und einige Krieger machten einen Rundgang, kauften den Verteidigern Waffen und Munition ab, gingen anschließend in die Stadt, um einzukaufen, und verließen Corvallis am nächsten Tag.

In Hamilton kam es auch nicht zum Kampf, obwohl hier der neuernannte Captain John B. Catlin nicht abgeneigt gewesen wäre, die Kampfkraft seiner Miliz unter Beweis zu stellen. Aber es waren einfach zu viele Nez Percé, die die Festung eine Stunde lang belagerten, nahe heranritten, gegen die Bretter und Baumstämme klopften und sich mit einigen Weißen unterhielten, die hinter den Palisaden standen.

Schließlich wurde das Fort geöffnet, und auf Einladung der Häuptlinge besuchten diesmal die Siedler das Indianerlager, wo man ihnen die Waffen abkaufte und die Munition. Ein Dollar pro Patrone. Ein gutes Geschäft für die Helden aus Hamilton und Skalkaho. Einer hätte gern sein Gewehr gegen das reichverzierte Jagdhemd eines Medizinmannes eingetauscht, doch der lehnte es ab. Auf dem Heimritt sagte der Mann zu seinem jüngeren Bruder: »Falls die Armee kommt und Freiwillige braucht, hole ich mir dieses verdammte Hirschlederhemd.«

Auch in Hamilton blieben die Nez Percé einen Tag. Dann zogen sie weiter talaufwärts, dem Ross Hole entgegen.

John B. Catlin schickte einige Männer hinter den Nez Percé her, gebot ihnen aber, in sicherem Abstand zu bleiben.

Eines der letzten Anwesen im oberen Bitterroot Tal war die Ranch von Myron M. Lockwood. Wie alle anderen Siedler hatte es Lockwood vorgezogen, in die Stadt zu ziehen. Er befand sich bei den Männern, die hinter den Nez Percé herritten, um zu sehen, wo sie ihr nächstes Lager aufschlagen würden. Lockwood ritt aber auch mit, um zu sehen, ob seine Ranch unbehelligt bleiben würde, denn sie lag genau auf dem Weg, den die Indianer eingeschlagen hatten.

Am Abend kamen die Männer zur Lockwood Ranch. Schon von weitem konnten sie erkennen, daß die Tür offenstand. Einige Fenster waren eingeschlagen, und die Schuppentür war aus den Angeln gerissen worden. Im Haus sah es schlimm aus. Die Vorratskammer war aufgebrochen und alle Lebensmittel mitgenommen. Einmachgläser lagen zersplittert am Boden. In der Küche fehlten Kochtöpfe, und in den Zimmern war ein heilloses Durcheinander. Wolldecken und verschiedene Kleidungsstücke waren gestohlen worden. Lockwood tobte herum, zerschlug noch ein paar Scheiben, wollte zuerst das ganze Haus niederbrennen, drohte den Indianern blutige Rache und beruhigte sich erst, als Johnny Chaffin im Corral sieben erstklassige Pferde entdeckte, die alle einen frischen Brand trugen.

Myron Lockwood traute seinen Augen nicht, als er die Pferde sah.

»Teufel!« sagte er und ging langsam zum Corralzaun. »Teufel, das ist doch mein Brand, den die da im Fell sitzen haben.«

Johnny Chaffin lachte. »Die haben bezahlt, was sie dir weggenommen haben, Myron. Das sind sieben phantastische Renner, die sie zurückgelassen haben!«

»Teufel!« sagte Myron M. Lockwood noch einmal. Und mehr fiel ihm im Moment ganz einfach nicht ein, aber die Hände, die er zu Fäusten geballt hatte, lösten sich langsam.

15
Die Big Hole Schlacht

In dieser Nacht umzingelten die Soldaten unser Lager. Als der Morgen dämmerte, verließ einer unserer Männer sein Tipi und ritt hinaus, um nach den Pferden zu sehen. Die Soldaten sahen ihn kommen und schossen ihn nieder wie einen Coyoten. Später habe ich dann erfahren, daß es nicht die Soldaten waren, die wir schon vorher getroffen hatten. Es waren neue Soldaten. Sie kamen aus einer anderen Richtung, um uns zu überfallen. Der Name des neuen Soldatenhäuptlings war Gibbon. Er überfiel uns, als viele von uns noch schliefen.

Joseph in: THE NORTH AMERICAN REVIEW, 1879

In Vertiefungen krochen wir dicht an die Schützengräben der Soldaten heran. Wir konnten hören, wie sie redeten, fluchten und weinten . . . Wir griffen nicht an. Wenn wir einen Soldaten töteten, dann würden tausend Soldaten seinen Platz einnehmen. Wenn wir einen Krieger verloren, dann gab es keinen, der ihn ersetzen konnte.

Yellow Wolf in: L. V. McWhorter, YELLOW WOLF, 1940

Kaum einer von uns wird jemals das Wehklagen, das Zorngeheul und das Schreckensgeschrei vergessen, das vom Lager zu uns herüberklang, als die Indianer dorthin zurückkehrten und ihre massakrierten Krieger, Frauen und Kinder fanden.

John Gibbon, THE BATTLE OF THE BIG HOLE, 1895

Colonel John Gibbon hatte innerhalb weniger Tage alle im westlichen Montana Territorium zur Zeit verfügbaren Soldaten in Fort Shaw gesammelt. Es waren 76 Infanteristen und 7 Offiziere, mit denen er Fort Shaw in Richtung Missoula verließ, das über 150 Meilen entfernt lag.

John Gibbon wußte, daß er mit seiner kleinen Streitmacht keinen großen Krieg gewinnen konnte. Er war ein erfahrener Mann, der die Uniform schon über zwanzig Jahre lang trug. Er hatte im Krieg gegen Mexico angefangen. Danach beteiligte er sich an der Unterwerfung der Seminolen in Florida und an ihrem Transport in das Indianer Territorium. Anschließend focht er im *alten Westen*, in Utah und Kansas, recht erfolgreich gegen verschiedene Indianerstämme, was ihm den Rang eines Captain einbrachte. Mit Howard zusammen bildete er vor dem Bürgerkrieg fünf Jahre lang in West Point Kadetten aus. Als dann der Krieg ausbrach, machte John Gibbon schnell Karriere. Er diente als Divisionskommandant in der Potomac Armee, und seine Brigade wurde schnell unter dem Namen »Iron Brigade« – *Eiserne Brigade* – berühmt. In Gettysburg und Fredericksburg wurde Gibbon zweimal schwer verwundet. Er wurde insgesamt viermal mit der Ehrenmedaille für Tapferkeit ausgezeichnet, bevor er im Jahre 1865, kurz vor dem Ende des Bürgerkrieges, zum Major-General befördert wurde.

Nach dem Krieg diente John Gibbon in der regulären US Armee im Range eines Colonels wieder im Westen. Er hatte kleine Einsätze in den Utah, Montana und Dakota Territorien, bevor er sich 1876 mit einer Armee von 450 Mann am Sioux-Feldzug beteiligte. Die Erinnerung an das, was Gibbon wenige Tage nach der Schlacht auf dem Hügel am Little Big Horn vorgefunden hatte, war noch frisch, als sich Gibbon plötzlich inmitten eines neuen Indianerkrieges befand, ohne genau zu wissen, wie es gekommen war. Er hatte zwar schon einmal gehört, daß es irgendwo westlich der Rocky Mountains Indianer gab, die Nez Percé genannt wurden. Er wußte auch, daß sein alter Kampfgefährte und Rivale O. O. Howard dort drüben irgendein ganzes Departement für sich alleine hatte, in dem es nicht sehr viel zu tun gab. Er hatte auch vom Ausbruch eines neuen Indianerkrieges gehört und gelesen. Er mußte zugeben, daß er Howard fast ein wenig um diesen Krieg beneidete, denn seit Custers Mißerfolg gegen die Sioux brauchte die Öffentlichkeit dringend einen Helden, mit dem man in der Welt Eindruck machen konnte.

Colonel Gibbon konnte nicht verstehen, wie ein alter Haudegen vom Schlage eines Oliver Otis sich diese Chance entgehen lassen und gar zum Gespött der Nation werden konnte. Die Zeitungen im ganzen Land nannten Howard einen Versager und verlangten eine Umbesetzung der Armeeführung. General Sherman, Oberbefehlshaber der US Armee, nahm Howard öffentlich in Schutz, zog es aber vor, eine Rundreise durch den Yellowstone National Park zu unternehmen und denen diesen Krieg zu überlassen, die unmittelbar damit konfrontiert waren.

John Gibbon wollte es besser machen als sein alter Kriegsgefährte. Er brauchte die Chance. Immerhin war er fünfzig Jahre alt geworden und hatte noch kein Departement unter sich. Die Verletzungen machten ihm zu schaffen, und lange Zeit war er durch Krankheiten nicht in der Lage gewesen, dem Vaterland im Feld zu dienen.

John Gibbon hatte seine Infanteristen im Eilmarsch nach Fort Missoula getrieben, wo er sich Captain Rawn mit seinen Soldaten anschloß. Am Abend des 3. August verließ Gibbon Fort Missoula. Seine Streitmacht zählte jetzt 163 Soldaten und 17 Offiziere. In Stephensville ließ er sich sofort in der Mission anmelden, wo er dann mit Vater D'Aste und Vater Ravalli zusammentraf. Gibbon hoffte auf die Hilfe der Flatheads und ließ durch Boten einige der Häuptlinge zur Mission kommen. Charlot war unter ihnen, und Gibbon forderte ihn auf, sich mit seinen besten Kriegern der Armee anzuschließen. »Wenn wir sie einholen, gibt es einen herrlichen Kampf. Ihr könnt euch da richtig reinknien und kriegt dafür die Pferde und die Waffen der Nez Percé und alles, was ihr haben wollt. Ist das ein Angebot oder nicht, Chief?«

»Kein Angebot«, sagte Häuptling Charlot. »Unsere Brüder und Schwestern von den Nez Percé haben gehalten, was sie versprochen haben. Sie sind friedlich durch dieses Tal gezogen. Ich sehe keinen Grund, hinter ihnen herzureiten und gegen sie zu kämpfen.«

Gibbon konnte den Häuptling nicht umstimmen. Charlot verließ die Mission. Gibbon gelang es nur, an diesem Abend ein halbes Dutzend Bürger der Stadt zu rekrutieren. Außerdem ließ er eine alte Berghaubitze holen, die seit Jahren in Fort Owen gestanden hatte.

Den Abend verbrachte Colonel John Gibbon im Zimmer von Vater Ravalli. Der Colonel und der Missionar, beide Oldtimer im Westen, unterhielten sich prächtig, philosophierten über den Sinn ihrer Aufgaben und über die langen Jahre, die sie der Wildnis getrotzt hatten.

»Manchmal wünsche ich mir, ich hätte Philadelphia nie verlassen«, sagte Colonel Gibbon, während er an seinem grauen Bart herumzupfte. »Ich war ein Leben lang unterwegs, Vater, und wenn ich jetzt zurückdenke, ist mir, als hätte ich nie ein Stück festen Boden unter den Füßen gehabt.«

»Das Los eines Soldaten«, sagte Vater Ravalli und blickte über die kleine, randlose Brille hinweg in das hagere Gesicht des Colonels. »Ich bin als junger Mann von daheim in Genua weggegangen, und ich habe es nie bereut. Hier ist mein Platz, Colonel. Hier habe ich seit dreißig Jahren festen Boden unter den Füßen, der mir inzwischen so vertraut ist, daß ich hier begraben werden will. Das ist meine Heimat.«

»Ich habe schon oft von Ihnen reden gehört, Vater«, sagte Colonel Gibbon. »Sie haben viel für den Frieden in diesem Land getan. Man sagt, Sie seien ein Indianerfreund.«

Ravalli nickte schmunzelnd. »Ich liebe meine Flachköpfe. Sie sind wie meine Kinder, Colonel. Als ich herkam, war hier eine Wildnis. Sehen Sie sich um. Aus der Wildnis ist ein kleines Paradies geworden, in dem die Menschen in Frieden leben. Weiße und Indianer. Ja, ich bin glücklich, wenn ich hier sterben darf.«

Colonel Gibbon lachte auf. »Vater, die Aussicht, daß ich schon recht bald in diesem Land sterben könnte, erschreckt mich gewaltig. Sie wissen, daß ich keine zweihundert Mann beisammen habe.«

»Ja, das hat man mir gesagt.« Vater Ravalli richtete sich etwas auf. »Versuchen Sie nicht, die Nez Percé anzugreifen. Es sind über dreihundert Krieger, und sie haben ausgezeichnete Gewehrschützen.«

»Was schlagen Sie für den Fall vor, daß ich sie einhole?« fragte Gibbon mit einem Lächeln im Mundwinkel.

»Versuchen Sie, mit Joseph zu reden, Colonel. Ich habe viel von ihm gehört. Ich weiß, daß er den Frieden über alles liebt. Man muß ihn ihm nur anbieten. Ich weiß allerdings nicht, ob Sie dafür der richtige Mann sind, Colonel.«

Gibbon wiegte den Kopf. »Wohl kaum, Vater«, sagte er leise und stand auf. Die Lider des Missionars fielen hinter den Brillengläsern über die blassen Augen. »Gute Nacht, Vater«, sagte Gibbon und zog sich zur Tür zurück. Vater Ravalli gab ihm keine Antwort, und als Gibbon hinausging, hörte er ihn leise schnarchen.

In Corvallis kam am nächsten Tag J. L. Hubble mit seiner Miliz aus der Stadt geritten und bot Gibbon seine Hilfe an. »Wir begleiten euch bis Ross Hole, aber nicht weiter. Es liegt nicht in unserem Interesse, die Indianer kreuz und quer durch Amerika zu jagen.«

In Hamilton wurde Gibbons Armee von John B. Catlin mit seiner Miliz erwartet.

J. L. Hubble kehrte dann im Ross Hole um, und am Sleeping Child Creek fanden andere Freiwillige, daß ihnen ja die Indianer eigentlich nichts zuleide getan hätten und sie viel besser daheim geblieben wären. Sie verließen John Gibbons Armee, bevor sie den steilen Anstieg über den Hogback machte.

Keiner von Gibbons Männern wußte, daß die Nez Percé nur noch einen Tag Vorsprung hatten und dabei waren, in der Big Hole Senke ihr Lager aufzuschlagen. Und sie wußten auch nicht, daß General Howard inzwischen ebenfalls das Bitterroot Tal erreicht hatte und sich alle Mühe gab, so schnell wie möglich nachzukommen.

Ein Bote brachte General Howard die Nachricht, daß Colonel John Gibbon von Fort Shaw aus unterwegs nach Süden war.

Als Chapman hörte, daß Gibbon nur 163 Mann hatte, da lachte er zum ersten Mal seit langer Zeit.

Howard schickte sofort eine Nachricht an Gibbon, die besagte, daß er mit zweihundert Kavalleristen so schnell wie nur möglich vorstoßen würde.

Am 8. August hatte Chapman Howards Armee aus dem Lolo Canyon herausgeführt auf die breite Fährte der Indianer in Richtung Stephensville. Es war Spätnachmittag, als die Soldaten vor den Toren der Stadt haltmachten. Mit einigen Offizieren und Chapman ritt General Howard die staubige Straße hinunter zum Marktplatz. Hunde und Kinder begleiteten sie lärmend. Frauen kamen auf die Straße. Nur wenige Männer waren zu sehen.

»Wo sind die Männer?« fragte General Howard die Umstehenden.

»Einige sind als Freiwillige mit Colonel Gibbon geritten«, sagte ein graubärtiger Mann. »Die anderen sind nach Missoula gefahren, um neue Vorräte zu beschaffen. Wir sind ausverkauft.«

General Howard erfuhr hier zum ersten Mal, daß die Siedler den Indianern Waffen, Munition und Lebensmittel verkauft hatten.

Howard brauchte, um mit seiner Infanterie schneller voranzukommen, Maultiere und Wagen, in die die Soldaten verladen werden konnten. Bevor es dunkel wurde, bewegte sich auf der Straße, die von Stephensville wegführte, eine lange Schlange requirierter Frachtwagen, voll von Infanteristen, die sich auf dem Lolo Trail wunde Füße gelaufen hatten.

Howard übergab das Kommando an Major Mason und ritt mit der Kavallerie so schnell wie möglich talaufwärts. Am 9. August errichtete Howard im oberen Teil des Tales ein Camp. Hier stieß auch die Infanterie wieder zur Kavallerie.

Da von Gibbon noch keine Antwort auf Howards Nachricht gekommen war, ließ Howard durch Chapman in der Nacht vom 9. auf den 10. August zwanzig Soldaten und zwanzig der kräftigsten Pferde aussuchen. Im Morgengrauen verließ Chapman mit seinem kleinen Trupp das Camp. Ohne Pause ritten die zwanzig Männer über fünfzig Meilen durch das Tal und machten dann noch den steilen, sechs Meilen langen Anstieg hoch zum Hogback, der kontinentalen Wasserscheide. Hier oben, inmitten bewaldeter Hügelzüge, an den Quellwassern des Trail Creek, richteten die erschöpften Männer am Abend des 10. August ihr Lager ein.

In der Nacht zum 8. August hatte Lieutenant Bradley Colonel Gibbon den Vorschlag gemacht, einen Nachtritt zu unternehmen, um ein eventuelles Lager der Nez Percé früh genug zu entdecken. Lieutenant Bradley war ein zuverlässiger Offizier, der das uneingeschränkte Vertrauen des Colonels besaß. Mit 60 Kavalleristen und Zivilisten ritt der Lieutenant in der Nacht los. Im Morgengrauen erreichte er mit seinem Kommando den südlichen Rand der Big Hole Senke am Fuß einiger Ausläufer der

Rocky Mountains. In einem engen Taleinschnitt ließ Bradley sein Kommando sicherheitshalber anhalten. Er schickte Lieutenant Jacobs und Sergeant Wilson weiter, um die Senke auszukundschaften. Kurz nach Sonnenaufgang hallten plötzlich Axtschläge durch die Wälder. Vorsichtig arbeiteten sich der Lieutenant und der Sergeant im Schutze der Pinien an die Senke heran und kletterten auf einen hohen Baum. Der Anblick, der sich ihnen bot, überraschte sie gewaltig. Keine zwei Meilen entfernt, jenseits einer buschbedeckten Niederung, die von mehreren Flüßchen durchzogen wurde, befand sich das Lager der Nez Percé. Es schien, als wollten sich die Indianer darauf einrichten, eine Weile in der Senke zu bleiben. Einige Dutzend Tipis standen. Von anderen ragten nur die Stangen hinter den Weidenbüschen hervor, mit denen ein großer Teil der Senke dicht bewachsen war. Feuer brannten. Kinder spielten an den Ufern der Bäche und zwischen den Büschen. An den Hängen weideten Pferde, und Frauen schleppten neue Tipistangen aus den Wäldern hinüber zum Lagerplatz.

»Mann, die kriegen wir!« stieß Lieutenant Jacobs hervor und kletterte hastig am Baumstamm hinunter, gefolgt von Sergeant Wilson, der plötzlich einen trockenen Gaumen hatte, an dem die Zunge klebenblieb.

»Ich glaube, die fühlen sich hier so sicher wie in Abrahams Schoß«, sagte er zu Lieutenant Jacobs. »Morgen früh könnten wir das Lager angreifen.«

Lieutenant Jacobs nickte. »Mann, unser Colonel wird sich diese Chance nicht entgehen lassen wollen!« Zusammen kehrten die beiden sofort zu Lieutenant Bradley zurück, der nicht zögerte, Colonel Gibbon von seinem Glück zu benachrichtigen.

Colonel John Gibbon brach mit dem Rest seiner Soldaten und den Zivilisten, die ihm noch verblieben waren, sofort auf. Am Abend des gleichen Tages erreichte er den Taleinschnitt, in dem Lieutenant Bradley auf ihn wartete.

Gibbon ließ sofort das Essen austeilen und verbot, Feuer zu machen. Danach ließ er seine Offiziere zu sich kommen, und anhand des Berichtes, den Lieutenant Jacobs machte, plante Colonel Gibbon einen Überraschungsangriff, der bei Tagesanbruch erfolgen sollte. John B. Catlin, der Führer der Zivilisten, nahm an der Beratung der Offiziere teil.

Gibbons Plan war ziemlich einfach. Eine Stunde vor Mitternacht wollte er mit 132 Soldaten und Offizieren und 34 Zivilisten aufbrechen, um am Senkenrand, westlich des Nez Percé Lagers, in Angriffsstellung zu gehen. Der Rest seines Kommandos, bestehend aus 14 Soldaten, sollte den Wagenzug und die Berghaubitze erst am frühen Morgen über einen alten Indianerpfad zum Senkenrand vorbringen und dort in Stellung gehen. Alle Offiziere stimmten dem Plan zu. Ein Lieutenant warnte davor, Unruhe in die Herden der grasenden Indianerpferde zu bringen. »Das wird für uns ziemlich schwierig werden, Sir.«

»Wir haben mehr als fünf Stunden Zeit, um die sechs Meilen bis zum Lager zu schaffen«, sagte Colonel Gibbon. »Es wird also für keinen von euch nötig sein, durch schnelle Bewegungen Geräusche zu machen. Schärfen Sie den Männern ein, daß unsere ganze Stärke in der Überraschung liegt. Wir greifen im Morgengrauen ein schlafendes Lager an, und wenn die Sonne aufgeht, sollte alles erledigt sein.«

John B. Catlin hob seine Hand. Er wollte wissen, was mit den Indianern passieren sollte. »Es ist ja nicht sicher, daß die Nez Percé kämpfen wollen.«

Einige der Offiziere blickten verständnislos, andere fast etwas mitleidig zu John B. Catlin hinüber, der vor einer Gruppe von Zivilisten am Boden saß.

Colonel Gibbon räusperte sich. »Darf ich Sie fragen, was nach Ihrer Meinung die Nez Percé tun werden, wenn sie nicht kämpfen wollen?«

John B. Catlin stand auf. »Ich wollte nur wissen, ob wir einfach alles, was sich bewegt, totschießen sollen, oder ob wir auch Gefangene machen können, Sir.«

Colonel Gibbon wechselte einige Blicke mit Lieutenant Jacobs. Dann schüttelte er den Kopf. »Nein, wir wollen keine Gefangenen, Mister Catlin!« sagte er hart. »Wozu sollten wir Gefangene machen?«

Und John B. Catlin nickte. »Jawohl, Sir«, sagte er und fuhr sich mit gespreizten Fingern durch sein Haar. »Warum sollten wir Gefangene machen.«

Pünktlich um elf Uhr brach Colonel John Gibbon auf. Die Soldaten und die Zivilisten folgten ihm, einer hinter dem anderen. Die Männer hüteten sich, Geräusche zu machen. Es war stockdunkel im Wald, und sie mußten sich den schmalen Pfad entlangtasten. Zwei Kundschafter, die die Big Hole Senke wie ihre Handrücken kannten, gingen voran.

Einer war ein Halbindianer. Und er kannte sich aus. Als er in der Senke die Feuerstellen rauchen sah, wußte er, daß die Nez Percé die herannahenden Feinde noch nicht entdeckt hatten. Er führte Gibbons Streitmacht am Rand der Senke entlang, quer über ein kleines, von Föhren bewachsenes Plateau, hinunter zum Fuße eines steil abfallenden, graswachsenen Hügels, an dem über tausend Indianerponys weideten. Die Soldaten und die Zivilisten schlichen teilweise auf allen vieren einer hinter dem anderen, bis sie die ihnen zugewiesenen Positionen erreicht hatten.

Kaum dreihundert Meter trennten die Soldaten noch von den Tipis, die bleich in den Nachthimmel ragten. Die Feuer der Indianer waren niedergebrannt. Nur noch an einigen Stellen glühte es manchmal zwischen den Büschen auf. Bald würden die Frauen herauskommen, um die Feuer wieder in Gang zu bringen. Und falls die Frauen nicht herauskämen, dann wäre das ein Zeichen dafür, daß die Indianer sie entdeckt hätten.

Die Soldaten und Offiziere warteten ungeduldig. Als im Osten über den flachen Hügeln hinter dem Indianerlager der Nachthimmel langsam verblaßte, da kamen die Frauen. Sie redeten miteinander, während sie Holz in die Glut legten und die Feuer wieder entfachten. Die Soldaten konnten hören, wie sie redeten und lachten. Dann fing ein Kind zu weinen an. Ein Hund bellte.

Gibbon gab das Zeichen zum Vorrücken. Die Truppenkommandanten gaben den Befehl an ihre Männer weiter.

In der Mitte der Angriffslinie setzten sich zwei Kompanien in Bewegung. Links von ihnen, flußabwärts, arbeiteten sich Soldaten und Zivilisten unter dem Kommando von Lieutenant James H. Bradley durch das dicke Unterholz und durch sumpfige Mulden und durch die Bäche, die sich im Laufe der Zeit immer wieder neue Wege durch die Senke gesucht hatten. Den rechten Flügel der Angriffslinie bildete eine weitere Kompanie, während Captain Rawn mit seinen Soldaten in Reserve etwas zurückbleiben sollte.

In John Gibbons Plan schien es keine Fehler zu geben, und der Colonel glaubte, leichtes Spiel zu haben, an diesem frühen, kühlen Augustmorgen, als die Soldaten nach einer schlaflosen Nacht durch das eisige Wasser der Bäche wateten, sich durch das Weidendickicht schlichen, hängenblieben, im Sumpf einsackten, über Wurzeln stolperten und langsam gegen das ruhige Nez Percé Lager vordrangen.

Die Nez Percé nannten die Big Hole Senke *Iskumlselalik Pah* – Tal des Eichhörnchens.

Es war ein wunderbares Stück Land, das ihnen Mütterchen Erde als Lagerplatz offeriert hatte. Es lag nahezu unberührt zwischen den dichtbewaldeten Vorgebirgen der Rocky Mountains und den flachen, tafelartigen goldgelben Hügelzügen, die sich im Osten zu einer endlos scheinenden, welligen Ebene ausbreiteten, baumlos, so als wäre sie von den Präriewinden leergefegt worden.

Für die Nez Percé war die Big Hole Senke wie eine Oase. Hier, am Rande der Wälder, konnten endlich wieder neue Zeltstangen geschnitten werden, nachdem nur wenige Familien ihre Behausungen aus der Clearwaterschlacht gerettet hatten. Hier gab es an den Hängen gute Weideplätze für die Pferde, die seit Wochen nicht zur Ruhe gekommen waren. Hier konnten die Verletzungen aus den Idaho-Kämpfen geheilt werden. Es gab genug Wild in den Wäldern, um Fleischvorräte anzuschaffen, und die Kinder konnten überall reife Camaszwiebeln finden, die frisch geröstet besser schmeckten als teures Büchsengemüse, das ihnen Händler im Bitterroot Tal verkauft hatten.

Die Nez Percé hatten nicht zufällig vom Ross Hole den steilen und mühsamen Aufstieg zum Hogback und dann hinunter in das Tal des Big Hole River genommen. Sie kannten die Senke. Viele von ihnen hatten früher auf den Jagdausflügen zu den Crows hier haltgemacht. Es war sozusagen ein traditioneller Rastplatz, den außer den Nez Percé auch die Bannacks, die Blackfeet, die Flatheads und andere Stämme östlich und westlich der Rocky Mountains benutzten.

So fühlten sich die Nez Percé hier fast wie zu Hause und in Sicherheit. Sie glaubten, die Armee endgültig abgeschüttelt zu haben. Sie glaubten, daß General Howard aufgegeben hatte und Washington nicht mehr versuchen würde, ihnen den Weg zu verlegen.

Sie waren alle müde, besonders die Frauen und die Kinder. Nur aus der Hoffnung, vielleicht doch einen Platz zu finden, wo es so wie früher sein würde, konnten sie immer wieder genug Kraft schöpfen, um ihren Männern zu folgen, die Lasten zu tragen, ihre Kinder zu schleppen und ihre Familien zu versorgen. Vieles, was die Männer bestimmten, war ihnen unverständlich, erschien ihnen manchmal reichlich unsinnig. Sie wären sogar mit ihren Kindern in die Reservation gezogen. Vielleicht war es in der Reservation gar nicht so schlimm, wie die Männer erzählten. Die Frauen hatten im Bitterroot Tal gesehen, wie die Flatheads lebten, wie ihre Frauen prächtig bunte Stoffkleider trugen und nicht mehr am Feuer, sondern an einem Herd kochten, mit glänzendem Blechgeschirr. Einige hatten sogar feste Häuser, und sie hielten die Nächte hell mit Laternen, die man überall aufhängen konnte und die nie verlöschten. Die Nez Percé Frauen wußten nicht, ob das alles gut war, was die Frauen der Flatheads hatten, und ob es gut war, wie die Flatheads lebten. Aber sie wußten, daß es besser war, als davonzulaufen ohne Rast und Pause.

Hier im Tal des Eichhörnchens schien es, als würde das Leben einen neuen Anfang nehmen. Es war so wie früher, wenn sich die Stämme zum Sammeln der Camaszwiebeln auf der Weippe Prärie getroffen hatten. Der Friede, den die Senke verströmte, erfüllte die Menschen mit neuer Hoffnung und Zuversicht, nahm ihnen die Angst und gab ihnen das Gefühl von Geborgenheit.

Ja, es war gut, hier zu sein.

Frauen halfen einander, die Tipis aufzustellen, gegerbte Büffelhäute zusammenzunähen und über die neuen Stangen zu ziehen. Am zweiten Tag standen schon 89 Büffelhautzelte auf einer blumenübersäten Wiese am Ostufer des Big Hole River, der in vielen engen Krümmungen und dann wieder in weiten Schleifen die Senke durchfloß.

Nicht alle Häuptlinge und Unterhäuptlinge teilten Looking Glass' Ansicht, daß die Gefahr vorüber war, seit sie den Lolo Trail hinter sich gelassen hatten. White Birds Forderung, das Bitterroot Tal so schnell wie möglich zu durchqueren und ohne Pause weiterzuziehen, entsprang wahrscheinlich der Angst, für den Ausbruch des Krieges zur Rechenschaft gezogen zu werden. Obwohl ihm eigentlich niemand die Schuld gab, fühlte er sich doch verantwortlich für den wilden Ausbruch seiner jungen Krieger, die er auch im Bitterroot Tal nur mühsam unter Kontrolle halten konnte.

Walaitits war noch immer der Anführer dieser jungen Burschen. Sarpsis Ilpilp und Swan Necklace standen ihm treu zur Seite. Sie alle gingen nur unwillig an den Zügeln, die ihnen White Bird angelegt hatte. Sie waren jung und hatten nicht zu bestimmen, aber die Erfahrung der Älteren war für sie eine Bürde, die sie immer wieder loszuwerden versuchten. Dieser Marsch sollte zu einem Abenteuer werden, nicht zu einer Flucht ins Ungewisse. Wo es die Möglichkeit gegeben hatte, hätte man die Weißen ausrauben und töten sollen. Man hätte wenigstens mal den Versuch machen müssen, eine der Städte, die sie auf dem Weg durch das Bitterroot Tal passiert hatten, an allen vier Ecken anzuzünden. Man müßte mehr Zeit dafür aufbringen, Kriegstänze abzuhalten, als um Wege zu streiten, die nirgendwohin führten. Man hätte auch so im Vorbeigehen den Flachköpfen eins auswischen können, Verwandte hin oder her.

Die Sorgen und die Angst, von denen ihre Eltern getrieben wurden, bewirkte in ihnen, daß sie sich stark fühlten. Und sie wollten beweisen, wie stark sie waren. Sie wollten allen anderen zeigen, daß sie mit dem Feind fertig werden konnten. Und für sie waren die Feinde nicht nur die Soldaten. Für sie waren auch die Siedler Feinde, die Frauen der Siedler und die Kinder.

White Bird hatte viel Mühe mit ihnen. Und deshalb wollte er so schnell wie möglich weiterziehen, weg von den besiedelten Tälern und hinaus in die weiten Büffelprärien, wo es keine Dörfer gab und keine Farmen.

Am Tag bevor die Nez Percé am Big Hole anlangten, hatte auch Walaitits plötzlich schnell weiterziehen und keinesfalls eine längere Pause machen wollen. Ziemlich erregt erzählte er den versammelten Männern der Stämme von einem Gesicht, das er in der Nacht gehabt hätte. »Wir müssen schnell machen!« sagte er. »Soldaten sind hinter uns. Ich habe sie gesehen. Sie kamen und sie überfielen uns. Wir schliefen in unseren Tipis. Es war alles ruhig. Da fielen sie über uns her. Sie töteten unsere Frauen und Kinder. Als ich aus dem Tipi stürzte, war der Boden weich vom Blut der Frauen und Kinder. Ich stürzte mich in den Kampf, und die Soldaten, die ich tötete, fielen nicht um, obwohl ich sie durchschoß und ihnen auch den Schädel einschlug. Sie blieben stehen und kamen auf mich zu und wollten mich töten. Ich wehrte mich und kämpfte, und ich tötete sie alle immer wieder und immer wieder, aber sie fielen nicht um. Sie drangen auf mich ein wie Wölfe!«

Walaitits Geschichte hatte einige Unruhe erzeugt. Looking Glass schickte sicherheitshalber ein paar Kundschafter auf der Fährte zurück. Nach Stunden kamen sie wieder und berichteten, daß hinter ihnen alles ruhig wäre. Keine Soldaten. Niemand würde kommen.

»Wenn ihr euch da nur nicht irrt«, sagte Lean Elk zu ihnen, und er nahm Tucallacasena zur Seite. »Ich bin sicher, daß Chapman kommt«, sagte er mit einem herausfordernden Grinsen in seinem Gesicht. »Du mußt dich vorsehen. Wenn er kommt, wird er versuchen, dich zu töten.«

»Er kommt nicht! Und wenn er kommt, dann töte ich ihn!« stieß Tucallacasena hervor, drehte sich um und ging davon. Lean Elk lachte hinter ihm her und ging hinüber zu Linda. »Du freust dich, wenn wir ein paar Tage bleiben, nicht wahr?«

»Warum fragst du? Was ist mit Tucallacasena? Hast du ihn wütend gemacht?«

»Ich habe ihm gesagt, daß Chapman kommt.« Lean Elk lächelte.

»Und was hat er gesagt?«

»Daß er Chapman töten wird, wenn er kommt.« Lean Elk lächelte noch immer. Sie sah ihn von unten herauf an, lange, abschätzend, so als wäre er ihr fremd geworden.

»Was willst du?« fragte sie dann. »Sag, Bruder, was willst du?«

»Ein Pferd gewinnen, Schwesterchen«, sagte Lean Elk. »Oder glaubst du, daß ich ihm gern zwei meiner besten Pferde geben würde?«

»Chapman würde sagen, daß du ein krummer Hund bist!« sagte sie. Dann ging sie und half ihrer Mutter, ein Maultier zu beladen.

Am Abend des zweiten Tages im Big Hole fand im Nez Percé Lager ein großer Tanz statt. Viele Feuer erhellten die Nacht. Die Frauen kochten in den großen, neuen Töpfen. Der Geruch von frischem *Fried Bread* zog durch die Senke. Zwischen den Feuern saßen im Kreis die Männer, die etwas zu sagen hatten. Seit Walaitits von seinem Gesicht gesprochen hatte, waren sie sich nicht mehr darüber einig, ob sie bleiben oder weiterziehen sollten. Lean Elk und Looking Glass stritten sich. Während Looking Glass bleiben wollte, rief Lean Elk zur Eile auf. White Bird unterstützte ihn. Schließlich fragte man Joseph. Er sollte entscheiden, aber er winkte ab.

»Die Gründe, warum wir hier bleiben, kennen wir. Und wir wissen auch, daß wir General Howard weit zurückgelassen haben. Vielleicht folgt er uns nicht einmal mehr. Vielleicht blieb er in Idaho. Das wissen wir nicht. Unsere Pferde brauchen Ruhe. Wir müssen einige Vorbereitungen treffen, bevor wir in das Land der Büffel hinausziehen. Dies ist ein guter Platz, all das zu tun, was notwendig ist.«

Kurz nachdem Joseph seine Meinung gesagt hatte, tanzte an einem der Feuer ein Medizinmann namens Pile-of-Clouds. Er war ein bekannter Medizinmann und Heiler. Viele Leute vertrauten ihm. Viele Leute sangen, während er tanzte. Krieger ließen ihre Pfeifen ertönen. Vier Männer trommelten auf einem großen Tom-Tom. Pile-of-Clouds tanzte im Feuerschein. Schweiß glänzte auf seinem Gesicht. Er schwenkte seine Medizinrassel und einen Medizinbeutel, stieß manchmal ein tierisches Gebrüll aus, verrenkte sich und schüttelte sich, blies feinen Staub aus zerriebenen Knochen auf die sich im Rhythmus wiegenden Mittänzer.

Plötzlich verstummte das Tom-Tom, und mit dem letzten Schlag stand Pile-of-Clouds stockstill, den Kopf in den Nacken gelegt, das Gesicht hell im Licht des Mondes. Sekundenlang verharrte er regungslos. Dann senkten sich seine Arme. Er drehte sich dem Feuer zu, an dem sich die Häuptlinge versammelt hatten. Gefolgt von seinen Anhängern ging er hinüber und wurde in den Kreis gebeten. Die Menge hielt sich etwas zurück. Es wurde still im Lager. Man konnte die Coyoten in den Hügeln hören. Hunde gaben ihnen Antwort.

»Die Leute haben mich gefragt, ob es gut ist, hier zu sein«, sagte Pile-of-Clouds in die Stille hinein. Seine Stimme konnte man überall im Lager vernehmen. Er drehte sich im Kreis und blieb so stehen, daß er Joseph vor sich hatte. Neben Joseph saß Ollokot. Beide blickten zu dem Medizinmann auf, und ihre Gesichter waren ernst.

»Was tun wir hier?« fragte Pile-of-Clouds. »Als ich schlief, gebot mir meine Medizin, weiterzuziehen. Jetzt habe ich getanzt, und ich sah, wie der Tod sich uns nähert. Nehmt meinen Rat, ihr Häuptlinge, denn er ist zum Wohle aller Leute hier: Zieht weiter, so schnell ihr nur könnt! Das ist mein Rat. Wenn wir dieses Land nicht schnell genug verlassen, wird Tod und Verderben über uns kommen!«

Keiner der Häuptlinge hatte Lust, auf Pile-of-Clouds Warnung einzugehen. Nach langem Kopfnicken hob Looking Glass schließlich die Schultern. »Es gibt keine Anzeichen von Gefahr«, sagte er. »Aber morgen werde ich noch einmal Kundschafter ausschicken.«

Damit hatte es sich. Pile-of-Clouds verließ den Kreis, und jetzt folgten ihm nur noch ein paar seiner Anhänger, als er durch das Lager zu seinem Tipi ging. Die Frauen verteilten Brot und Fleisch. Man tanzte und sang und trommelte. Es ging hoch her an diesem Abend, und an einigen Feuern feierte man bis nach Mitternacht. Niemand dachte mehr an die Soldaten. Satt und müde legten sich die Nez Percé in ihre Tipis. Die Feuer brannten langsam nieder, glühten nur noch unter der Asche weiter. Es war eine sternenklare, kalte Nacht. Tau legte sich auf die Büffelhäute der

Lagerplatz der Nez Percé

Yellow Wolf, nach dem Krieg

Tipis. Das Gras glitzerte feucht im Mondlicht. Auch die Hunde schliefen jetzt. Ab und zu bewegte sich ein Pferd, machte ein Geräusch, das niemanden störte, weil man daran gewöhnt war. Ein Hund japste im Schlaf, wälzte sich zuckend vor einem der Tipis, geplagt von einem bösen Traum. Weit in der Ferne heulte ein Coyote, der keine Antwort bekam.

Tucallacasena schlief schlecht und hörte, wie die Frauen hinausgingen und die Feuer entfachten. Harzknoten platzten krachend. Holz knisterte, und die Frauen redeten leise miteinander.

Tucallacasena wälzte sich aus den Decken und kroch zum Eingang des Tipis. Er hob das Büffelfell, das lose herunterhing, etwas an. Es war noch dunkel draußen. Flammenschein tanzte im taufeuchten Gras, durch das dunkle Spuren liefen. An den Tipieingängen lagen Hunde, die sich eng zusammengerollt hatten. Die Frauen standen an den Feuern, drehten sich langsam in der Wärme, während sie sich unterhielten. Einige hoben ihre Röcke weit, um darunter die Hitze einzufangen.

Lindas Mutter war unter den Frauen. Tucallacasena konnte sie an der Armspange erkennen, die sie am linken Handgelenk trug. Chapman hatte ihr diese Armspange in Lewistone gekauft, damals, als er noch um Linda werben mußte.

Tucallacasena blickte hinüber zum Tipi, in dem er Linda und Jeffrey wußte. Er hatte am Abend mit Linda getanzt. Und er hatte ihr gesagt, daß er sie zur Frau nehmen würde, wenn sie Chapman vergessen hätte. Sie sagte darauf, daß sie Chapman wahrscheinlich nie vergessen könne, weil er der Vater von Jeffrey sei. Und sie sagte, daß sie im Haus auf ihn hätte warten müssen. Nach dem Tanz gingen sie hinunter zum Fluß, und da sagte sie ihm, daß sie schwanger war. Sie lächelte dabei, und ihre Stimme klang weich. Sie nahm Tucallacasenas Hand und streichelte sie sanft. Lange Zeit saßen sie am Ufer des Flusses. Als es im Lager ruhig wurde, gingen sie heim.

Die Frauen warfen noch mehr Holz in die Feuer und gingen dann zurück in ihre Tipis. Am östlichen Horizont wurde der Himmel grau, und erstes Dämmerlicht sickerte über die flachen Hügel in die Senke. Ein Mann ging durch das Lager und holte ein Pferd, das zwischen den Weidenbüschen am Flußufer stand. Es war ein älterer Mann, der nach den Pferdeherden Ausschau halten wollte. Tucallacasena wußte, daß er fast blind war, dafür aber die Sprache der Pferde verstehen konnte. Die meiste Zeit verbrachte er bei den Pferden. Dort sah er mit den Augen der Pferde, und dort erzählte er den Knaben, die kamen, um seine Geschichten zu hören, von seinen Erlebnissen und von den vielen Abenteuern, die er mit Pferden erlebt hatte. Er war für die Kinder und für die Pferde da, und sie liebten ihn.

An diesem Morgen bestieg er eine wunderschöne Stute und ritt ein Stück den Bach entlang und ließ dann das Pferd durch seichtes Wasser gehen. Tucallacasena sah, wie die Stute plötzlich stehenblieb, den Kopf hob und die frische Morgenluft durch die aufgeblähten Nüstern sog. Der Reiter beugte sich weit vor, so, als versuchte er zu sehen, worauf ihn die Stute aufmerksam machen wollte.

Und als er sich aufrichtete, blitzte es in den Büschen hell auf, und im Krachen der Schüsse stürzte die Stute und peitschte mit schlagenden Hufen das Wasser des Flusses. Der Indianer fiel neben ihr in das seichte Wasser. Tucallacasena sah, vor Schreck gelähmt im Eingang des Tipis kauernd, wie jenseits des Baches die Soldaten angestürmt kamen. Es schienen Tausende zu sein, und die ersten von ihnen rannten durch das seichte Wasser des alten Flußlaufes und schossen wie wild mit ihren Gewehren durch die Büffelhäute in die Tipis hinein.

Als Tucallacasena endlich sein Gewehr in der Hand hatte und aus seinem Tipi stürzte, überflutete die Angriffslinie der Soldaten und Zivilisten das Lager wie eine Welle, und Tucallacasena rannte hinüber zum Tipi von Linda. Bevor er es erreichte, kam Lindas Mutter heraus. Sie stürzte sich mit einem großen Fleischerbeil den Soldaten entgegen, und hinter ihr kamen Linda und die Großmutter. Linda hatte Jeffrey unter dem Arm. Ihr Gesicht war von Angst und Schrecken verzerrt. Sie blickte sich gehetzt um. Kugeln trafen die Großmutter und warfen sie gegen das Tipi. Sie schrie, versuchte sich an den Büffelhäuten festzuklammern, rutschte aber haltlos an ihnen herunter.

»Lauf!« brüllte Tucallacasena Linda an und stieß sie weg. Sie stolperte, rannte ein Stück, drehte sich und blieb geduckt stehen, Jeffrey an sich gepreßt. »Chapman!« hörte Tucallacasena ihre helle Stimme. »Chapman! Schieß nicht! Ich bin da! Hier! Das ist dein Sohn! Das ist Jeffrey!« Ihre Stimme überschlug sich, und sie streckte den Soldaten Jeffrey entgegen.

Tucallacasena tötete einen Soldaten, der neben Linda auftauchte und mit seinem Gewehr zu einem fürchterlichen Schlag ausgeholt hatte. Das Gewehr streifte Linda noch an der Hüfte, und sie stürzte, begrub Jeffrey unter sich, und Tucallacasena kniete neben ihr nieder und feuerte vom Boden aus auf die Soldaten, die angerannt kamen.

»Steh auf!« rief er in den Lärm der Schlacht. »Lauf mit deinem Sohn! Lauf, Linda!« Er trat mit dem Fuß nach ihr, traf sie, und sie hob den Kopf. Das Haar hing ihr in Strähnen über das Gesicht und über Jeffrey, den sie an ihre Brust gepreßt hatte. In ihren großen Augen war der Ausdruck eines gehetzten Wildes. Tucallacasena packte sie und zerrte sie auf die Beine. »Komm, lauf mit mir!« Und er schleppte sie, bis sie anfing zu laufen. Links und rechts von ihnen fielen ziellos flüchtende Männer, Frauen und Kinder im Kugelhagel der Soldaten. Am Fuß der flachen Hügel ließ Tucallacasena Linda allein weiterlaufen. Er drehte sich um und sah, daß die Soldaten das Lager überrannt hatten und auf alles schossen, was sich bewegte. Nackte Männer und Frauen liefen um ihr Leben. Ein paar Krieger feuerten mit Revolvern und Gewehren auf die Soldaten, die jetzt versuchten, die Tipis anzuzünden. Aber die Büffelhäute waren naß vom Tau und brannten nicht. Etwas flußabwärts, am Fuß der flachen Hügel, hatten sich jetzt einige Dutzend Krieger versammelt. Und noch während die Soldaten im Lager die Menschen töteten, die nicht schnell genug weggekommen waren, krachten plötzlich hinter ihrem Rücken vereinzelte Schüsse. Tucallacasena sah, wie ein Soldat umfiel, als er mit einer Hand ein Baby hoch über seinen Kopf hob und ihm mit dem Revolver eine Kugel durch den kleinen Körper schoß. Da stürmte Tucallacasena durch die Senke und fing an mit seiner Winchester zu schießen, während er rannte. Und rechts von sich hörte er die Stimme von Looking Glass. »Diese Männer schlafen nicht wie die Siedler, die ihr in Idaho ermordet habt! Diese Soldaten machen Krieg! Jetzt habt ihr euren Krieg! Kämpft und zeigt, was in euch steckt! Jetzt könnt ihr beweisen, wie stark ihr seid!«

Und White Birds gewaltige Stimme durchbrach den Lärm: »Warum lauft ihr davon?! Seit die Erde besteht, haben Krieger für ihre Frauen und Kinder gekämpft! Wollt ihr in die Berge laufen und diese weißen Hunde eure Frauen und Kinder töten lassen? Jetzt ist die Zeit zum Kämpfen! Diese Soldaten sind nicht besser als die, die wir in Idaho getötet haben! Kämpft! Tötet sie! Schießt sie nieder!«

Und sie stürmten auf ihr Lager zu, wo Soldaten brennende Fackeln gegen die Tipis hielten und nach noch lebenden Indianern suchten, die sie töten konnten.

Joseph, Looking Glass und White Bird führten die durch ihre Anfeuerungsrufe angeheizten Krieger an. Sie kämpften mit dem wilden Mut der Verzweifelten. Im ersten Schrecken waren sie davongerannt, hatten ihre Frauen und die Kinder sich selbst überlassen, und nur wenigen von ihnen war es gelungen, ihre Waffen mitzunehmen. Jetzt stürmten sie alle zurück, und es waren auch Frauen unter ihnen und Knaben, die noch nie gekämpft hatten.

Als sie die ersten Tipis erreichten, stürzten ihnen Soldaten entgegen. Ein furchtbares Handgemenge entstand. Ein Soldat hatte zwei Revolver und schoß nach allen Seiten und verwundete viele Krieger. Da stürzte sich einer der Krieger auf ihn und tötete ihn mit einem Schuß aus seinem Gewehr. John Armstrong, der Schmied aus Stephensville, wütete wie ein Verrückter unter den Indianern. Er hielt ein Gewehr mit beiden Händen am Lauf und schwang es über seinem Kopf. Ein Nez Percé warf sich vom Boden gegen die gespreizten Beine des Zivilisten und riß ihn von den Füßen. Beide überrollten sich zwischen den kämpfenden Soldaten und Indianern, und John Armstrong kam über ihn zu liegen und würgte ihn, bis ein anderer Krieger kam und dem Schmied die Gewehrmündung in die Seite stieß und abdrückte.

Es war noch keine halbe Stunde vergangen, und die Indianer eroberten Schritt um Schritt ihr Lager zurück. Einigen von ihnen war es gelungen, im Schutze der Weidenbüsche in den Rücken der Soldaten zu gelangen. Und von den Hängen im Westen feuerten Scharfschützen, als das Licht der Morgendämmerung gezielte Schüsse zuließ.

Im Fluß standen Frauen mit ihren Babys und duckten sich, so daß nur noch ihre Köpfe aus dem eiskalten Wasser ragten. Und manchmal, wenn zurücklaufende Soldaten den Fluß durchquerten, streckten sie ihnen ihre Babys entgegen, damit sie sehen konnten, daß sie Mütter waren und nicht kämpfen konnten. Aber manchmal schossen die Soldaten trotzdem, oder sie stachen mit ihren Bajonetten zu, und die Leichen trieben im Fluß, dessen Wasser trüb wurde vom Blut.

Joseph und Ollokot kämpften sich durch das Lager bis zu ihren Tipis. Dort fand Joseph die Frau, die ihm während der Schlacht im White Bird Canyon ein Kind geboren hatte. Sie lag einige Schritte neben dem Tipi in ihrem Blut, und halb unter ihr begraben lag ein Mädchen, das Kind ihrer Schwester, das von der gleichen Kugel durchbohrt worden war. Ohnmächtiger Zorn trieb Joseph, als er sich wieder in den Kampf stürzte, gefolgt von Ollokot, der zusehen mußte, wie eine seiner Frauen von Kugeln niedergeworfen wurde, als sie flußabwärts fliehen wollte. Am anderen Ende des Lagers kämpfte Walaitits an der Seite seiner jungen Frau, die ein Gewehr in den Händen hielt und auf die Soldaten feuerte, die zurückwichen. Dann stürmten beide vorwärts, und Walaitits Frau brach jäh mitten im Lauf zusammen. Walaitits lief zurück zu ihr, stützte ihren Oberkörper, und als sie ihm etwas sagen wollte, kam ein Blutsturz aus ihrem Mund, und sie starb in seinen Armen. Blindwütig rannte Walaitits brüllend mitten unter die Soldaten, die langsam zurückwichen. Die Soldaten schossen ihn nieder, und er kroch zurück zu seiner Frau, und neben ihr legte er sich hin. Als Sarpsis Ilpilp ihn entdeckte, war er schon tot.

Der Kampf tobte hin und her, als die Sonne aufging und mit ihren warmen Strahlen die Big Hole Senke überflutete. Die Soldaten hatten jetzt zwei Linien gebildet, die Rücken an Rücken standen. Gibbons Armee mußte nach zwei Seiten kämpfen, während sie sich langsam seitlich zurückzog, durch die buschbedeckte Niederung hinüber zu den steil ansteigenden Hängen.

Und die Nez Percé folgten schreiend und lärmend, ihre Knochenpfeifen blasend, um den Schutz und die Kraft der *Wyakin-Macht*, der guten Kriegsgeister, zu erlangen. Sie rannten von Busch zu Busch, feuerten, rannten weiter, duckten sich, wenn die Soldaten Zeit fanden, ihre Gewehre nachzuladen und zurückzuschießen. Von allen Seiten drangen jetzt Nez Percé Krieger auf die Soldaten ein, und die Angriffslinien zerfielen.

Vom Hang aus schoß Red Spy, ein junger Krieger, Kugel um Kugel in die Senke hinunter. In Idaho hatte er einen von General Howards Kundschaftern getötet und ihm ein zusammenschiebbares Fernrohr weggenommen. Damit konnte er genau erkennen, welcher der Soldaten Goldbesatz an der Uniform hatte. Er schoß nur auf Offiziere. Und er war es, der Lieutenant James H. Bradley tötete und noch einen anderen Lieutenant zweimal traf. Mit dem Fernrohr konnte er auch den Soldaten sehen, der am meisten Gold an der Uniform hatte. Dieser Soldat ritt am Rande der Schlacht auf und ab, brüllte viel herum, kämpfte aber nicht mit den anderen Soldaten.

Red Spy wartete, bis dieser Soldat in Schußnähe kam, legte an, feuerte und traf. Der Soldat stürzte vom Pferd, und sofort liefen andere Soldaten zu ihm und schleppten ihn ein Stück. Dann kroch er aus eigener Kraft in einen Graben hinein, und der Indianer war traurig darüber, daß er ihn nicht besser getroffen hatte.

Colonel Gibbon, von der Gewehrkugel in die Seite getroffen, sah aus dem Graben heraus, wie seine Angriffslinie zerfiel. Er gab den Befehl zum Rückzug. Langsam kämpften sich die Soldaten den Weg zurück, den sie gekommen waren.

Der Colonel war einer der letzten, die sich auf dem Plateau unter den Pinienbäumen in Sicherheit brachten. Es war fast Mittag. Die Sonne brannte in die Senke hinein. Nez Percé Krieger krochen im Schatten der Büsche auf das Plateau zu, während die Scharfschützen auf die Soldaten und Zivilisten schossen, die sich hinter Erdbuckeln so klein wie möglich machten. Einige Soldaten fingen an, mit ihren Schaufelbajonetten Erde aufzuwerfen. Andere lagen hinter Baumstämmen und warteten auf den Angriff der Indianer. Das Geheul der Frauen, die um ihre Toten trauerten, wurde vom Wind herübergetragen. Dazwischen krachten immer wieder Schüsse.

Colonel Gibbon, der eine kleine Mulde in der Mitte des Plateaus zu seinem Gefechtsstand machte, gab den Befehl aus, sich zu verschanzen. »Und versucht, die Scharfschützen außer Gefecht zu setzen!« rief er seinen Leuten zu, während er sich von seinem Adjutanten die Wunde an der Hüfte verbinden ließ. Neben ihm lag ein Lieutenant, den Oberkörper dick verbunden. Er war bewußtlos und atmete schwer. Sein Gesicht war dick angeschwollen und bläulich. Unter seiner Decke ragten die blutverschmierten dicken Füße hervor. Andere Verwundete wurden herbeigeschleppt. Man konnte wenig für sie tun. Ein Captain hockte gegen einen Baum gelehnt, kalkweiß im Gesicht, Schweiß auf der Stirn. Obwohl er starke Schmerzen hatte, gab er keinen Laut von sich. Ein Soldat brüllte ab und zu. Er hatte einen Bauchschuß. Ein anderer starb mit einem Gebet auf den Lippen.

Einem Sergeanten gelang es, einen Scharfschützen, der sich in einer kleinen, verkrüppelten Föhre in der Senke eingenistet hatte, herunterzuschießen. Es wurde jetzt weniger geschossen. Die Soldaten mußten mit der Munition sparsam umgehen. Gibbon gab sich keinen Illusionen hin. Falls die Nez Percé das Plateau stürmten, hatten er und seine Leute kaum eine Chance, diese Schlacht zu überleben.

Dabei hatte alles so vielversprechend angefangen, an diesem Morgen des 9. August. Die Indianer waren so gut wie geschlagen, als der Tag graute. Dann aber hatten sie sich im Zorn aufgerafft, und jetzt wußte Gibbon, daß die Nez Percé den Sioux und den Cheyenne um nichts nachstanden. Im Gegenteil: Diese Krieger kämpften in einer für Indianer ungewöhnlichen Art. Sie stürmten diszipliniert und ließen sich durch ihre erfahrenen Häuptlinge führen. Sie postierten Scharfschützen und machten Flankenangriffe. Und jetzt, als sich die Soldaten verschanzten, warteten sie unten in der Senke. Nur die Scharfschützen machten weiter, und ein paar der wilden, jungen Burschen versuchten, mit blitzschnellen Vorstößen Unruhe in die Stellungen der Armee zu bringen.

Colonel John Gibbon dachte wieder einmal an Custer. Ein Jahr nach dessen Niederlage am Little Big Horn befand er sich jetzt selbst in einer ähnlichen Lage. Er lag mit dem Rest seiner Armee eingeschlossen auf einem kleinen Plateau, und es gab keine Möglichkeit, irgend etwas anderes zu tun, als abzuwarten. Keine Bewegung blieb den Nez Percé verborgen. Die Soldaten und die Zivilisten konnten sich in ihren Stellungen kaum rühren. Gegen Mittag kroch die Hitze aus der Senke zum Plateau hoch und in die kleinen Schützenlöcher hinein. Die Verwundeten bettelten um Wasser. Man vertröstete sie auf die Transportkolonne, die Proviant und Munition bringen sollte. Und die Soldaten hofften, daß die Haubitze bald losdonnern und die Indianer vielleicht etwas einschüchtern würde.

Der Mittag kam. Es wurde unerträglich heiß. Seit mehreren Tagen waren die Soldaten ohne warme Mahlzeit. Das letzte Mal hatten sie am Abend zuvor gegessen. Hartbrot, Streifen von Trockenfleisch und ein bißchen Wasser. Unten in der Senke war das Wasser jetzt nicht mehr trüb vom Blut.

Die Sonne stand im Zenith, und die beiden Sergeanten waren mit ihrem kleinen Trupp, der die Haubitze über den alten Indianerpfad zur Senke bringen sollte, immer noch nicht angelangt.

Auf dem gesamten Weg hatten sie seit den frühesten Morgenstunden

den Schlachtlärm gehört. Sie wußten, daß es dort heiß herging. Obwohl sie sich beeilten, brauchten sie den ganzen Morgen dazu, um mit dem Geschütz die sechs Meilen auf dem schmalen, schräg zum Hang laufenden Weg zurückzulegen.

Gerade als der Sergeant sagte, daß sie jetzt nahe genug an das Lager herangekommen wären, tauchten vor ihnen plötzlich einige berittene Indianer auf, die fast ebenso überrascht schienen wie die Soldaten. Der zweite Sergeant reagierte zuerst. Er ließ die Haubitze, die geladen war, auf die Indianer richten und abfeuern. Die Granate flog in den Wald und platzte irgendwo wirkungslos.

»Tiefer, gottverdammt, tiefer!« schrie er, als die Indianer angriffen. Eine der ersten Kugeln traf einen Corporal in die Brust. Der Junge flog von den Beinen und rollte vor die Räder der Haubitze, die jetzt zum zweiten Mal abgefeuert wurde. Wieder verfehlte die Granate ihr Ziel. Der Sergeant hatte keine Zeit mehr, sich darüber zu ärgern. Eine Kugel riß ihm die Mütze vom Kopf und zog ihm dabei eine blutige Schramme durchs Haar. Fast gleichzeitig wurde der erste Sergeant an der linken Schulter verwundet. Die anderen elf Männer des Trupps, alles einfache Soldaten, rannten in Panik davon, in den Wald hinaus. Die beiden Sergeanten zogen es vor, hinterherzulaufen. Die Haubitze blieb auf dem Weg zurück, und die Indianer versuchten, sie auf die Stellung der Soldaten schräg unter ihnen zu richten und zu laden. Aber nach kurzer Zeit gaben sie es auf. Peopeo Tholekt, der Anführer des Trupps, entschied, das Geschütz einfach den Abhang hinunterzustoßen. Sie überschlug sich mehrere Male und blieb in einem Erdgraben liegen, wo sie anschließend von den Kriegern mit Steinen und Erde zugedeckt wurde.

Danach ritten sie ein Stück den alten Indianertrail entlang, auf dem die Soldaten mit der Haubitze gekommen waren. Dabei fiel ihnen ein Maultier in die Hände, das zweitausend Patronen für Springfield-Karabiner auf dem Packsattel trug. Mit der erbeuteten Munition kehrten sie zum Lager zurück, und die Patronen wurden unter den Kriegern verteilt, die den toten Soldaten Springfield-Gewehre abgenommen hatten.

Die Soldaten, die auf dem Plateau ausharrten, hörten die beiden Detonationen der Haubitze und das Krachen der Granaten, die über ihnen im Wald zerbarsten. In das Echo hinein peitschten mehrere Gewehrschüsse, die von heftigem Kriegsgeschrei begleitet wurden. Nach einigen Minuten aber war es wieder still, und die Soldaten warteten vergeblich auf weitere Detonationen.

Auch der Packzug kam nicht. Kein Proviant. Kein Wasser. Einige Männer krochen zu einem Pferd, das am Rande des Plateaus tödlich getroffen zusammengebrochen war. Die Männer schnitten große Fleischstücke aus den Seiten des Tieres, schnitten sie in Streifen und verteilten sie an die Soldaten in den Gräben und Löchern. Viele verzichteten angewidert. Anderen machte es nichts aus, warmes, rohes Pferdefleisch zu verzehren.

Langsam verging der Nachmittag. Die Soldaten erwarteten jederzeit den Angriff der Indianer. Plötzlich hob sich in der Senke, unweit des Anstieges zum Plateau, Rauch. »Sie haben das Gras angezündet!« rief einer der Zivilisten. »Jetzt rösten sie uns!«

Der Wind zerrte Flammen aus dem dicken Qualm, der zum Plateau heraufzog. Minutenlang fraß sich das Feuer gegen den Anstieg vor. Die Soldaten starrten mit tränenden Augen hinunter, so als könnten sie das Feuer mit ihren Blicken aufhalten. Die Flammen erreichten die Büsche am Fuße des Anstieges, als plötzlich der Wind drehte, den Rauch über die Senke zurücktrieb und die Flammen im verbrannten Gebiet keine Nahrung mehr fanden und erstickten. Die Soldaten jubelten für Minuten. Dann fiel ein Schuß, und der Musikant, ein Junge, der noch keine achtzehn Jahre alt war, wuchs hinter einem Erdbuckel, stand plötzlich mit leicht erhobenen Händen, drehte sich und brach dann jäh zusammen. »Kopfschuß!« rief ein Sergeant, der neben dem Jungen gelegen hatte. »Der Bursche schießt von dort drüben, wo die beiden großen Bäume stehen. Zwillingsbäume, so sehen sie aus.«

Alle blickten hinüber zu Robert Benzinger. Benzinger war ein kleingewachsener, muskulöser Sergeant, der noch immer mit einem harten Schweizerakzent sprach, obwohl er vor mehr als zwei Dutzend Jahren nach Amerika eingewandert war. Benzinger war der beste Schütze der Kompanie G. Er kroch aus seinem Loch, robbte hinüber zum Gefechtsstand von Colonel Gibbon und verlangte ein Fernrohr. Als er es vom Auge nahm und zum Gewehr griff, war der Nez Percé Scharfschütze so gut wie tot. Nur wußte er es noch nicht.

Robert Benzinger kroch auf allen vieren durch den Wald und zum Rand des Plateaus. Vor ihm war ein großes Stück des Hanges nicht bewaldet. In einer Entfernung von etwa zweihundert Yards standen zwei einzelne Pinien dicht beisammen. In ihrem Geäst hockte der Scharfschütze. Robert Benzinger kniete nieder, stützte einen Ellbogen auf das hochgestellte Knie, legte an, zielte und drückte ab. Es dauerte eine Weile, bis sich im Geäst der Bäume etwas tat. Erst als Benzinger leise fluchte und zum zweiten Mal anlegen wollte, fiel der Scharfschütze herunter und blieb am letzten Ast hängen. Benzinger kroch rückwärts, doch kurz bevor er seine Stellung erreichte, wurde er von einer Kugel an der Seite gestreift. Jetzt fluchte er wieder. Dieses Mal aber auf schweizerdeutsch, und das konnte außer ihm niemand verstehen.

Der Nachmittag verstrich, ohne daß es zum Angriff kam. Statt dessen wurde das Wehklagen im Lager der Indianer immer lauter und durchdringender. Schauriges Geheul mischte sich mit dumpfem, monotonem Summen, das in Abständen laut und leise wurde. Dazwischen Schreie.

Als die Sonne unterging, wurde es schnell kalt. Die Soldaten hatten keine Decken, und jetzt froren sie. Keiner konnte schlafen. Sie lauschten dem Wehklagen. Sie hörten jedes Geräusch und warteten darauf, daß die Indianer plötzlich aus der Dunkelheit heraus angreifen würden. Stunde um Stunde verging. Männer beteten. Andere fluchten. Die Verwundeten stöhnten. Jemand sagte, daß es vor einem Jahr, als Reno am Little Big Horn mit seinen Leuten auf einem Hügel belagert wurde, einigen Soldaten gelungen sei, Wasser vom Fluß zu holen. »Es waren Freiwillige, und sie kriegten alle die Ehrenmedaille dafür.«

Niemand wollte die Ehrenmedaille. Ab und zu leuchteten in der Nacht Schußblitze auf. Kugeln schlugen in die Bäume und in die Erdhügel, hinter denen die Männer die Gräben tiefer gruben, mehr um sich aufzuwärmen, als um darin Schutz zu finden. Wenn die Nez Percé angriffen, würde kein Graben tief genug sein.

Es war eine schreckliche Nacht. Nach Mitternacht suchte Colonel John Gibbon nach einem Freiwilligen, der nach Deer Lodge gehen sollte, um über den Telegraf Hilfe anzufordern. Ein junger Engländer meldete sich. Er hieß William H. Edwards. Einer der Zivilisten riet ihm, das Gesicht mit Dreck anzustreichen und alle glänzenden Sachen und vor allem das weiße Hemd zurückzulassen. Es waren sechzig Meilen nach Deer Lodge. Und der junge Edwards war zu Fuß.

Als der Morgen graute, wurde die Spannung größer. Morgengrauen, das war die Zeit der Indianer. Jetzt würden sie kommen. Die Männer hielten ihre Gewehre und Revolver bereit. Sie starrten in die Dämmerung hinaus. Nichts geschah. In der Senke war es still.

Als es hell genug war, sahen sie, daß drüben, wo die Zelte gestanden hatten, nur noch ein paar Stangenskelette über die Büsche ragten. Auf der Wiese verstreut lagen auch Tipistangen. Dazwischen ein paar tote Soldaten und das Zeug, das die Indianer zurückgelassen hatten, weil es im Kampf unbrauchbar geworden war. Jenseits der Senke, in einem Einschnitt zwischen zwei Hügelzügen, führte eine breite, frische Fährte südostwärts.

»Das kann eine Falle sein!« warnte General Gibbon. »Keiner rührt sich! Wir warten ab!«

Die Männer gehorchten. Ein Halbindianer, den Colonel Gibbon aus Fort Shaw mitgebracht hatte, verließ das Plateau, um sich in der Senke umzusehen.

Er war keine zehn Minuten fort, als unten am Bach ein paar Schüsse krachten. Die Soldaten sahen ihn im Zickzack über eine Wiese laufen, quer durch eine sumpfige Mulde, und als er sich hinter einigen Weidenbüschen in Deckung werfen wollte, empfing ihn dort ein Nez Percé mit einem Gewehr in der Hand. Er riß beide Arme hoch, rief dem Indianer etwas zu. Doch der Indianer drückte ab. Die Kugel warf ihn rückwärts in die Mulde hinein. Schlamm spritzte auf, der Kundschafter aus Fort Shaw kam nicht wieder auf die Beine.

»Jetzt wissen wir wenigstens, daß sie noch da sind«, sagte einer der Freiwilligen. Kaum hatte er ausgesprochen, krachten ein paar Schüsse. Kugeln schlugen in die Baumstämme. Danach war es wieder für eine Zeit ruhig. Ab und zu sahen die Soldaten, wie Nez Percé Krieger in der Senke ihre Stellungen wechselten. Dann schossen sie wieder, und einige Soldaten konnten sich nicht beherrschen. Sie schossen zurück, obwohl sich ihnen kaum ein Ziel bot.

Kurz bevor die Sonne aufging, hörten sie Hufschlag. Vom Hang her, durch den Wald, kam ein einzelner Reiter. Es war Sergeant Owen Sutherland, der Bote von General Howard. Die Soldaten und die Zivilisten auf dem Plateau jubelten. Sutherland brachte die Nachricht, daß General Howard mit einem Teil seiner Kavallerie im Eilmarsch vorrückte und am nächsten Tag spätestens hier eintreffen würde. Colonel John Gibbon übergab Sutherland eine weniger erfreuliche Nachricht und schickte ihn sofort auf den Rückweg.

Wenig später kam dann auch noch ein anderer Bote mit der Nachricht, daß der Wagenzug mit dem Proviant und der Munition unbehelligt geblieben war und langsam vorgebracht werden würde.

In der Nacht hatte Lean Elk gesagt, daß man unbedingt fortziehen müßte. Die Frauen sollten packen, die Trauernden sollten aufhören mit dem Weinen und dem Heulen um die Toten. Es war keine Zeit, die Toten richtig zu begraben. Viele lagen im Dickicht, und einige konnten nicht gefunden werden. Außerdem war noch immer ein Durcheinander. Niemand hatte einen Überblick, wer tot war und wer noch dort am Steilhang versuchte, die Soldaten wachzuhalten, und wer unterwegs war, um nach den restlichen Maultieren und den Pferden zu suchen. In der Eile wurden die Toten einfach in die alten Flußläufe und in die trockenen Gräben gelegt, unter die überhängenden Uferböschungen, mit denen sie dann zugeschüttet wurden. Das Abbrechen der Tipis war eine mühsame Sache. Die Arbeiten konnten jetzt nicht mehr planmäßig aufgeteilt werden, da jetzt viele der Frauen fehlten oder ihren Arbeitsteil nicht mehr verrichten konnten. Linda holte ganz allein das große Büffelhautzelt herunter, band die Stangen zusammen, belud das Travoi, umsorgte gleichzeitig die Großmutter, die im nassen Gras kauerte, mit einem fleckigen, grauen Gesicht, wie Asche über einem abgebrannten Feuer. Um den Oberkörper trug sie einen völlig durchbluteten Verband, und manchmal wimmerte sie vor Schmerzen.

Linda nahm Jeffrey auf den Rücken, ging dorthin, wo ihre Mutter lag. Zwei Knaben trugen ihre tote Schwester durch die Büsche, legten sie in ein flaches Grab und deckten sie mit Erde zu. Dann kamen sie zurück und halfen Linda, den schweren Körper ihrer Mutter zu einem trockenen Bachbett zu tragen. Dort bedeckte Linda ihre Mutter mit einer Wolldecke. Die Knaben holten Steine und Erdklumpen und versuchten, mit den Füßen die Böschung zum Einsturz zu bringen. Das gelang ihnen endlich, als die ersten Familien bereits die Senke verlassen hatten und über den Hügeln im Süden verschwanden.

Im Lager trieb Lean Elk die restlichen Frauen zur Eile an und hetzte die Knaben zur Arbeit. Als er Linda sah, kam er schnell herüber.

»Chapman ist da nicht dabei«, sagte er zu Linda. »Das weißt du doch, oder?«

»Ja«, sagte sie. »Aber es macht jetzt keinen Unterschied mehr, Bruder.«

Lean Elk hob die Schultern. Ein Knabe brachte ihm sein Pferd. Er ritt hinüber zu Joseph, der mit Ollokot, White Bird und Hush-hush-cute redete. Looking Glass war nicht bei ihnen. Looking Glass war schon weggeritten. Er gab sich die Schuld für das Schreckliche, das passiert war. Er hatte sich so sicher gefühlt, und für ihn war der Angriff im Morgengrauen eine noch schlimmere Überraschung gewesen als für die anderen. Er hatte gekämpft wie ein Wahnsinniger. Alle wußten, daß er versucht hatte, getötet zu werden.

Jetzt ritt Looking Glass dem Stamm voraus. Ganz allein, mit quälenden Gedanken, Gedanken an seine Freunde, die gefallen waren, an Five Wounds und Rainbow, die großartigen Krieger, an die Frauen und Kinder und die alten Leute, die wieder laufen mußten, obwohl sie kaum mehr die Kraft dazu hatten.

Looking Glass hatte das Kommando an Lean Elk abgegeben. Lean Elk sollte jetzt bestimmen, wann und wo haltgemacht wurde. Lean Elk trug jetzt die Verantwortung.

Joseph hatte Looking Glass gegen die Anschuldigungen der anderen Häuptlinge und der Krieger verteidigt, hatte aber nichts dagegen einzuwenden, daß Lean Elk nun sein Können unter Beweis stellen würde. Lean Elk war lange in der Fremde gewesen und hatte mit weißen Soldaten einige Erfahrungen sammeln können. Er war schlau, und er war es gewohnt, Kämpfe und Spiele zu gewinnen. Außerdem verstand er sich gut mit White Bird und mit Toohoolhoolsote.

Lange bevor der Morgen graute, war der Stamm unterwegs. Im Big Hole zurück blieben nur Ollokot und Peopeo Tholekt mit etwa zwanzig jungen Kriegern, die die Soldaten noch eine Weile beschäftigen sollten.

Sie belagerten das kleine Plateau, schossen in Abständen, auch wenn sich ihnen keine Ziele boten. Manchmal schossen die Soldaten zurück. Die meiste Zeit aber verhielten sie sich still in ihren Löchern im Schatten der Bäume. Einige Krieger arbeiteten sich bis auf wenige Schritte an die Stellungen der Soldaten heran. Sie schossen dann in die aufgeworfenen Erdhügel hinein, hinter denen sich die Soldaten klein machten.

Am Abend kamen dann Wagen. Peopeo Tholekt wollte die Soldaten und die paar Zivilisten, die mit den Wagen kamen, angreifen und töten. Etwa die Hälfte der Krieger wollte sich ihm anschließen, aber Ollokot meinte, daß das Risiko zu groß wäre und bei einem Angriff auf die Wagen vielleicht die Soldaten aus dem Wald herauskommen und mitkämpfen würden.

Die Nacht kam, und Ollokot sagte, daß die Soldaten noch ein bißchen eingeschüchtert werden müßten, so daß sie endgültig genug hätten vom Indianertöten und zu Hause in ihren Forts bleiben würden.

»Wir greifen sie zum Schein an. Dann gehen wir und überlassen sie ihrer Angst, mit der sie für den Rest der Nacht zu kämpfen haben werden«, sagte Ollokot.

Alle holten ihre Pferde. Sie ritten aus den Büschen heraus, so daß sie vom Plateau aus gut gesehen werden konnten.

Der Mond stand schräg über der Senke, als Ollokot und Peopeo Tholekt das Zeichen zum Angriff gaben. Alle lärmten fürchterlich und ritten durch den Fluß und gegen den Steilhang, der zum Plateau hochführte. Vor Schreck schienen die Soldaten wie gelähmt. Am Steilhang schwenkten die Krieger ab und ritten quer durch die Senke zurück, und erst als sie schon weit weg waren und die Gewehrkugeln sie nicht mehr einholen konnten, fingen die Soldaten an, hinter ihnen her zu schießen.

Die Soldaten schienen überhaupt nicht mehr zu wissen, was sie taten. Peopeo Tholekt glaubte, daß es leicht wäre, das Plateau zu stürmen und alle Soldaten zu töten. Aber Ollokot, der sehr traurig war über den Tod seiner Frau und eines seiner Kinder, fand keinen Sinn darin, auch nur einen einzigen Soldaten zu töten. »Washington hat mehr Soldaten, als wir jemals töten können.«

Er wollte nicht mehr kämpfen. Er wollte mit seinem Bruder Joseph nur dafür sorgen, daß keine Frauen und Kinder mehr getötet werden konnten. Er würde versuchen, jedem Kampf auszuweichen. Das war seine und das war Josephs Aufgabe. Sie mußten gemeinsam versuchen, den Krieg von den Frauen und Kindern fernzuhalten. Das würde nicht einfach sein, denn nach dieser Schlacht gab es Häuptlinge und Krieger, die nicht mehr klar denken konnten und am liebsten nach Soldaten gesucht hätten, die sie töten konnten. Und jetzt waren es nicht nur junge Krieger. Viele Väter waren unter ihnen.

Ollokot wußte, daß Joseph es jetzt nicht leicht haben würde und deshalb seine Unterstützung brauchte.

Chapman erreichte am frühen Morgen den Rand der Big Hole Senke. Vom Waldrand, aus den Schatten der Pinien heraus, konnte er die schwarzen Feuerstellen sehen und die Tipistangen, die zurückgeblieben waren.

Chapman verharrte auf dem Pferd. Hinter ihm, vielleicht eine Meile zurück, war Howard mit seinen Kavalleristen. Sie kamen durch den Wald, Chapman konnte sie hören, weil in der Senke kein Geräusch war.

Langsam ritt Chapman den Pfad hinunter. Er suchte mit den Blicken jede Unebenheit des Bodens, jeden Busch ab. Er entdeckte ein Paar Stiefel, die zu einem Zivilisten gehörten. Der Zivilist lag am Hang, halb von Erde zugeschüttet. Chapmans Pferd scheute, wich aus, blieb aber auf dem schmalen Pfad, der die Spuren von Wagenrädern trug. Unten, schräg am Hang, war eine bewaldete Terrasse, die etwas in die Senke hinausragte. Dorthin führte der Pfad.

Chapman zog die Winchester aus dem Scabbard. Er zügelte sein Pferd, stieg ab und führte es an den Zügeln. Das Pferd schnaubte plötzlich und wurde unruhig. Chapman band es an einem Strauch fest. Mit gespannter Winchester ging er allein weiter, folgte einem trockenen Erdgraben, der den Wald trennte. Wo der Hang in ein kleines Plateau auslief, wurde Chapman plötzlich angerufen.

»Heh!« rief jemand. »Mister, hierher, Mister!« Dann ein heller Ruf: »Jesus, der kommt von Howard! Das ist einer von Howard, Jungs!«

Chapman stand im Dämmerlicht des Waldes, und vor ihm tauchten sie auf. Soldaten in staubigen Uniformen, mit blutverschmierten Gesichtern und Verbänden.

»Bist du von Howard, Mann?« fragten sie ihn. »Komm, sag, daß du von Howard bist, Mann!«

Chapman nickte. Er erkannte den Colonel. Er hatte schon einmal ein Bild von Gibbon gesehen. Das war während des Krieges gewesen.

»Wir haben auf Sie gewartet, Sir«, sagte er zu Chapman. Dann streckte er die Hand vor. »Ich bin Gibbon.«

»Chapman«, sagte Chapman. Er nahm Gibbons Hand nicht. Er sah die Soldaten an und die Zivilisten. Er sah die Verwundeten im Gras einer kleinen Lichtung.

»Was ist mit den Indianern?« fragte er in die Runde. »Was habt ihr mit den Indianern gemacht?«

»Mister, du siehst das nicht richtig«, sagte ein Zivilist. »Du mußt fragen, was die Indianer mit uns gemacht haben, dann kriegst du 'ne feine Antwort.«

Chapman ging rückwärts. Die Kavalleristen waren jetzt nahe. Ein Soldat rief, daß die Jungs von Howard kämen. Hurragebrüll. Der Wald wurde lebendig. Gibbon ging zur Lichtung, wo er zwischen seinen Offizieren General Howard erwartete.

Chapman holte sein Pferd, und er ritt allein hinunter in die Senke. »Passen Sie gefälligst auf, Mister, da können noch Rothäute in der Nähe sein!« rief ihm ein junger Soldat nach.

Chapman durchritt den Big Hole River. Überall waren frische Gräber. Und er sah viele Tote. Indianer, Frauen und Kinder. Einige von ihnen ohne ihre Hirschlederhemden und ohne Federn und Ketten. Ein paar Frauen lagen in den Büschen. Dann ein Knabe, der einen kleinen Hund umklammert hielt. Der Leib des Hundes war aufgeplatzt. Es stank hier, und Chapman atmete durch den Mund.

Er durchritt das Lager. Er suchte die ganze Gegend ab. Er fand Five Wounds, der völlig nackt war, von mehreren Kugeln durchbohrt. Jemand hatte ihn begraben wollen, dann aber nicht genug Zeit gehabt und ihn in einen Erdgraben gelegt und zugeschüttet. Coyoten hatten ihn in der Nacht freigescharrt, und Chapman erkannte ihn eigentlich nur an den Ohrringen, die er trug.

Chapman sah General Howard und Colonel Gibbon mit einem kleinen Trupp von Offizieren in die Senke hineinreiten. Die beiden unterhielten sich. Gibbon schien den Ablauf der Schlacht zu beschreiben, und sie kamen auf ihn zugeritten. Chapman wartete, und als sie anhielten, unterbrach General Howard seinen Kollegen.

»Nichts, Mister Chapman?« fragte der General.

»Tote«, sagte Chapman. »Viele Frauen und Kinder. Man hat einige begraben.«

»Wir haben heute morgen 86 Leichen gezählt«, sagte Gibbon. »Eine stattliche Zahl, möchte ich sagen. Das ist ein Schock für die Rothäute! Die laufen jetzt, bis ihnen die Luft ausgeht.«

»Frauen und Kinder«, wiederholte Chapman. »Wann haben Sie dieses Lager hier überfallen, Sir?«

Gibbon wandte sich an Howard, eine stumme Frage im Gesicht. Howard hob die Schultern. »Mister Chapmans Frau und sein Sohn befinden sich bei den Nez Percé«, sagte er.

»Aha!« sagte Colonel Gibbon. »Das tut mir aber aufrichtig leid, Mister!«

»Sicher«, sagte Chapman. »Das sieht man Ihnen auch an, daß es Ihnen verdammt leid tut! Aber das nächste Mal schaffen Sie es vielleicht, Sir. Das nächste Mal gelingt es Ihnen vielleicht, diese Leute bis zum letzten Kind niederzumetzeln!« Chapman spürte, wie ihm heiß wurde. Und er nahm den Blick von Gibbon und sah General Howard an. Der erwiderte den Blick nicht, kratzte an einem Mückenstich an seinem Nacken herum. Gibbon fuhr in seinem Bericht fort und erzählte, wie seine Männer das Lager gestürmt hatten. »Natürlich konnten wir in der Dunkelheit Weiblein nicht von Männlein unterscheiden, ganz abgesehen davon, daß die Weiber fast ebenso verbissen gekämpft haben wie die Männer.«

Chapman wendete sein Pferd. Er ritt davon und folgte der Fährte der Indianer. Die Ungewißheit ließ ihn jetzt nicht mehr zur Ruhe kommen. Er fand in einem Arroyo sechs tote Krieger, die alle nebeneinander lagen. Und wenig später eine tote Frau am Wegrand. Krähen hatten ihr schon das Gesicht zerhackt.

Und Chapman ritt weiter, und als es dunkel wurde, suchte er trockenes Holz und machte ein Feuer, das ihn warm hielt. Er hatte nichts zu essen und nichts zu trinken. Er befand sich in einer Gegend, in der er sich nicht auskannte. Am nächsten Tag ritt er noch ein Stück. Er fand Stellen, wo Verwundete gepflegt worden waren. Er fand blutige Stoffetzen und dann wieder eine tote alte Frau, die im Gras lag. Chapman begrub sie und ritt bis zum Abend. An einem Bach machte er halt. Er schoß ein Kaninchen, briet es und aß ein bißchen. In der Nacht hatte er einen Alptraum. Er sah einen Wolf, der sich mit dem Vorderlauf in einer Falle verfangen hatte, und er wußte, daß es Jeffrey war. Als er hinlaufen wollte, um ihn zu befreien, trat ihm Colonel Gibbon entgegen. Der hatte ein riesiges Scharfrichterschwert in den Händen und ein paar Männer mitgebracht, die alle keine Gesichter hatten, dafür aber magere Krallenhände. Sie versuchten, Chapman in die Krallen zu bekommen, während Gibbon mit dem Schwert zur Falle ging, um Jeffrey den Kopf abzuschlagen.

Als Chapman davon aufwachte, mochte er nicht mehr weiterschlafen. Es war noch dunkel. Seine Taschenuhr zeigte zwei Uhr an. Chapman aß noch ein Stück von dem Kaninchen. Dann sattelte er sein Pferd und ritt weiter. Er bemühte sich, nicht an den Traum zu denken.

16

Camas Meadows

Wir Nez Percé haben nie Krieg gegen Frauen und Kinder gemacht. Wir hätten während des Krieges viele weiße Frauen und Kinder töten können, aber wir müßten uns solcher Feigheiten heute noch schämen. Wir skalpierten unsere Feinde nie, aber als General Howard kam und Gibbon traf, gruben die Indianerkundschafter, die Bannacks, unsere Toten aus und skalpierten sie. Man sagte mir, daß General Howard nicht befahl, diese schrecklichen Dinge zu tun.
 Nach der Big Hole Schlacht zogen wir so schnell wir nur konnten weiter, dem Land der Büffel entgegen. Nach sechs Tagen befand sich General Howard dicht auf...

Joseph in THE NORTH AMERICAN REVIEW, *1879*

Es war nicht Howards Niederlage. John Gibbon hatte sich übernommen, und als Howard zum Big Hole kam, war nichts mehr an der Blamage zu ändern, mit der die Nation knapp ein Jahr nach Custers Niederlage erneut gedemütigt wurde. Daß es viel schlimmer hätte werden können, wußten nur die, die dabeigewesen waren. Für alle anderen hatte die Armee eine Schlacht verloren, und die Zeitungen lieferten dem braven US-Bürger den Schuldigen, den er brauchte, um nicht das Vertrauen an sich selbst zu verlieren.

Im »Idaho Semi Weekly World« stand am 17. August 1877 zu lesen:
»*Über eine Sache sind wir uns alle im klaren ... General Howard muß abgelöst werden, und ein anderer soll das Kommando der Streitkräfte übernehmen ... Um die Indianer erfolgreich niederzukämpfen, sollte man sie im Eiltempo verfolgen und dann gründlich zuschlagen. Ihnen in einem Abstand von 100 Meilen mit Sack und Pack hinterherzureiten, ist geradezu lächerlich.*«

Howard kannte die Spielregeln. Während der langen Jahre, die er in der blauen Uniform verbracht hatte, war er schon einige Male zum Sündenbock gestempelt worden, für Mißerfolge, die nicht immer die seinigen waren. Jetzt war er wieder dran. Jetzt zogen über ihm wieder die dunklen Wolken auf. Howard nahm sich vor, keine Zeitungen mehr zu lesen, bis er die Nez Percé besiegt haben würde.

Der einzige Trost war, daß er selbst, John Gibbon und alle, die dabeigewesen waren und die etwas davon verstanden und die Tatsachen kannten, wußten, daß es nicht seine Niederlage war.

Das veranlaßte Howard, sofort die Verfolgung der Nez Percé aufzunehmen, verstärkt durch drei Lieutenants, die sich mit 50 Soldaten aus Gibbons Einheit freiwillig Howards Armee anschlossen.

Colonel Gibbon brachte den Rest seiner Truppen, einen geschlagenen Haufen, nach Deer Lodge. Viele seiner Soldaten hatten in knapp zwei Wochen über 500 Meilen zurückgelegt. Die Kompanie D der 7. US Infanterie zum Beispiel hatte sich am 24. Juli von Camp Baker aus auf den Marsch nach Fort Shaw gemacht, war von dort nach Fort Missoula und weiter zum Big Hole gezogen und wieder nach Fort Missoula und hatte dabei 549 Meilen zurückgelegt.

Howards Armee war aber nicht viel besser dran. Viele Soldaten waren jetzt seit dem 14. Juni sozusagen ohne Unterbrechung im Feld. Einige Einheiten hatten lange Anmarschstrecken nach Idaho hinter sich, bevor sie sich auf den Lolo Trail machten. Howard kannte die Ausdauer seiner Männer. Er wußte, daß sie weitermachen würden, daß sie kämpfen würden, wenn die Nez Percé eingeholt waren.

Howard hatte keine Eile, die Nez Percé einzuholen. Er wollte seine Männer und vor allem die Pferde für einige Tage schonen. Die Nez Percé würden irgendwann und irgendwo, sobald sie sich sicher fühlten, wieder ein Lager aufschlagen. Sie hatten Verwundete und waren müde und ausgebrannt wie die Soldaten. Das Land war auch ihnen fremd. Ihr einziger Vorteil gegenüber der Armee war, daß sie genug Pferde besaßen, um die erschöpften jeweils gegen frische auszutauschen.

Als die Kunde von der Big Hole Schlacht die besiedelten Gebiete Montanas erreichte, zogen 64 schwerbewaffnete Montana-Zivilisten aus Deer Lodge, Sheridan und Butte aus, um sich ebenfalls ein bißchen am Krieg zu beteiligen. Sie holten Howards Kommando am 15. August ein, wollten sofort frischen Mutes die Spitze übernehmen, wurden aber vom General zurückbeordert, um die rechte Flanke der Hauptmacht zu decken. Darüber waren die Zivilisten ziemlich erbost, und einige wollten auf eigene Faust diesen lächerlichen Krieg gewinnen. Sie blieben dann aber alle bei Howard, als von Siedlern der Umgebung die ersten Schreckensgerüchte gebracht wurden, die von blutigen Massakern an der Zivilbevölkerung erzählten.

Auch in Bannack City, der nächsten Siedlung, hatten sich die Bürger auf einen Angriff, ja sogar auf eine lange Belagerung der Stadt vorbereitet. Auf zwei Hügeln über der Stadt wurden je eine kleine Festung aus

Stämmen und Erdwällen errichtet. Frauen, Kinder und alte Leute wurden im Hotel Meade, einem rostroten Backsteingebäude, untergebracht.

Als Howard mit seiner Armee Bannack City erreichte, schien die Stadt in Angst erstarrt. Die Leute hatten sich in ihren Häusern verbarrikadiert. Das Hotel war zum Bersten voll. Auf den beiden Hügeln im Osten der Stadt wachten Männer, die sich bis an die Zähne bewaffnet hatten. Frauen und Kinder kamen erst auf die Straße, als das gesamte Kommando von Howard in Sicht war. Jetzt explodierte Bannack. Salutschüsse wurden abgefeuert. Frauen weinten vor Erleichterung. Die Soldaten wurden wie Befreier gefeiert, obwohl kein einziger Nez Percé auf Schußweite an die Stadt herangekommen war.

Die Nez Percé hatten einige Meilen entfernt gelagert und waren dann in Richtung Horse Prairie weitergezogen. Von dort aber war kurze Zeit später die Kunde von einem Überfall auf eine Ranch gekommen. Eine Vorhut der Nez Percé, bestehend aus jungen Kriegern, hatte die Ranch gestürmt und einen Cowboy getötet. Im Feld westlich des Hauses hatten sie zwei andere Männer umgebracht. Danach hatten sie das Haus durchsucht und Verbandstoff und Salben, aber auch Lebensmittel, Waffen und Munition mitgenommen. Fünf Meilen weiter waren sie auf zwei Siedler getroffen. Während einer mit einem Streifschuß entkam, wurde der andere durch einen Kopfschuß getötet.

Es wurde erzählt, die Nez Percé hätten einen Siedler beim Mittagsschlaf überrascht und getötet.

»Und Jimmy Dibbs war dort. Der hat sie nicht alle. Manchmal, wenn er klar ist, ist er ganz brauchbar, und dann half er auf der Ranch bei der Arbeit. Er war nicht klar, als die Rothäute kamen, und deshalb ließen sie ihn wohl am Leben. Eigenartige Leute sind das schon, diese Rothäute. Wirklich seltsam.«

Howard mußte den Siedlern recht geben, als seine Bannack-Kundschafter, die ein Stück vorausgeritten waren, die Kunde brachten, daß die Nez Percé zum Bannack Pass hochmarschierten. Also wollten sie durch den Cruikshank Canyon hinunter ins Lehmi Tal und zurück nach Idaho.

Zurück nach Idaho?

Howard ließ seine Nez Percé und Bannack Kundschafter zu sich rufen. Er hörte sich an, was sie dazu sagten. James Reuben grinste und behauptete, das sei sicher wieder ein Trick. Das Ziel der Nez Percé wäre sicher das Yellowstone Becken.

Die Nez Percé machten also einen Umweg, um die Armee erneut an der Nase herumzuführen, so wie sie es schon einmal gemacht hatten. In der Besprechung mit seinen Offizieren und den Kundschaftern vermißte Howard Chapman zum ersten Mal. Chapman hätte gewußt, ob die Nez Percé nicht tatsächlich durch die Berge zurück in ihre Heimat ziehen würden. Er kannte Joseph besser als James Reuben.

Howard fragte die Bannacks nach Spuren von Chapman. Sie nickten. Buffalo Horn, ein junger Häuptling, sagte, daß seine Fährte auch zum Paß hochführe.

»Dieser Chapman will um jeden Preis seinen Sohn«, sagte daraufhin Major Mason ernst. »Er folgt ihnen auch auf Umwegen.«

Howard entschloß sich, anstatt den Nez Percé über den Bannack Pass zu folgen, die Post- und Frachtstraße über den Monida Pass und durch den Beaver Canyon zu nehmen. Mit etwas Glück würde er die Beaver Creek Station vor den Nez Percé erreichen und konnte sie dort abfangen. Zum ersten Mal hatte Howard eine echte Chance, die Nez Percé zu überholen, und die wollte er nützen. Um aber völlig sicherzugehen, schickte er einen Lieutenant mit seiner Kavalleriekompanie zum Tacher's Pass oberhalb des Henry's Lake, um die Nez Percé dort so lange aufzuhalten, bis er mit seiner Armee von der anderen Seite her kommen würde.

Es waren gute Pläne, die General O. O. Howard hatte. Sie versprachen Erfolg, und die Offiziere und die Männer folgten den Befehlen ihres Generals in der Hoffnung, daß in wenigen Tagen dieser Krieg endlich ein Ende nehmen würde.

In der Nähe von Bannack hatte Chapman auf einer Ranch, die schon von den Nez Percé heimgesucht worden war, ein Maultier mitgenommen. Das Maultier stand in einem Corral, und Chapman fand im Stall einen Packsattel.

In Bannack hatte er Lebensmittel, Gewehrmunition, eine Blechflasche voll Schnaps und eine Zuckerstange für das Maultier gekauft.

Auf der Horse Prairie passierte Chapman die Ranchen und Farmen, die von den Nez Percé überfallen worden waren. Auf einem Hügel neben einer kleinen Farm wurde der Besitzer von ein paar Nachbarsleuten begraben. Chapman hatte kurz angehalten und den Leuten gesagt, daß Howard in wenigen Tagen hier sein würde.

»Zu spät«, schluchzte eine Frau. »Es ist schon zu spät, Mister.«

Chapman ritt weiter. Bergwärts. Die letzte Ranch, die er passierte, schien verlassen. Als Chapman näher kam, traf er einen älteren Mann auf der Veranda, der teilte mit einem mausgrauen Maultier einige Biskuits. »Ich passe auf, daß da nicht noch andere kommen und Zeug klauen«, sagte er mit einer Stimme, die ein bißchen eingerostet klang. Er zeigte mit dem Daumen über die Schulter zur Tür. »Aufgebrochen haben sie das Haus. Und drin waren sie auch. Der Teufel weiß, warum sie nichts geklaut und nichts kaputtgemacht haben.«

Chapman stieg vom Pferd und ging mit dem alten Mann in das Haus. Sofort fielen ihm die beiden farbigen Bilder in den schwarzen Rahmen auf, die im Wohnraum links und rechts vom Kamin hingen. Sie zeigten leuchtende Engel, die in einen wolkenverhangenen Himmel schwebten, über einer düsteren Weidelandschaft, in der sich eine Schafherde um ihren Hirten drängte.

Der alte Mann bemerkte, daß Chapmans Blick die Engelbilder streifte. Er zeigte zu den Engeln hoch. »Sie können denen dort einiges verdanken.«

»Sie meinen, daß die Rothäute wegen der Engelbilder nichts geklaut haben?«

»Sicher«, sagte Chapman und ging hinaus. Er bestieg sein Pferd und ritt zum Bannack Pass hoch und dann hinunter durch das enge Tal. Am Abend war er den Nez Percé so nahe, daß er ihre Feuer sehen konnte.

Es war tatsächlich ein Trick, den sich Lean Elk ausgedacht hatte. Er wollte Howard in die Berge locken, auf beschwerliche Wege, wo er mit seinen Kanonen und seiner Infanterie nur langsam vorankommen würde.

Auf der anderen Seite des Bannack Passes befanden sich die Nez Percé wieder auf Idaho Boden, der ihnen hier allerdings auch nicht vertraut war. Sie folgten dem Cruikshank Canyon hinunter zum Lehmi Tal, in dem sich vor Jahren weiße Siedler eingenistet hatten. Es gab zwei kleine Ansiedlungen im Tal, Salmon im Norden und dann Junction, ein kleines Nest am Ende der Bannack Paßstraße, dort, wo sie auf die Old-Mormon-Missionary-Straße traf.

Neben den wenigen Häusern, hart an der alten Straße, trafen die Nez Percé wieder eine jener schnell errichteten Festungen an, die nicht einmal als Herausforderung etwas taugten. Joseph hatte Mühe, die jungen Krieger mit ihrem Zorn und Schmerz, den sie seit der Big Hole Schlacht in sich trugen, im Zaum zu halten. Er hatte sie nicht daran hindern können, auf dem Weg hierher einige weiße Siedler zu töten.

Joseph berief eine Versammlung ein, und es gelang ihm, die anderen Häuptlinge davon zu überzeugen, daß es wichtig wäre, die Unterstützung der hier ansässigen Shoshonen Indianer zu erlangen.

Der Shoshonen Häuptling Tendoy lebte mit seinem Stamm hier im Lehmi Tal. Er kam zur Versammlung, aber genau wie Häuptling Charlot von den Flatheads, wollte auch der Shoshonen Häuptling nichts mit den Nez Percé zu tun haben. Tendoys Leute aber sahen die Chance, wenigstens schnell ein gutes Geschäft zu machen. Sie kamen in Scharen nach Junction und verkauften im Schatten der kleinen Festung, wo die Nez Percé lagerten, Munition zu Wucherpreisen. In der Nacht zogen die Shoshonen wieder ab.

Im ersten Licht des anbrechenden Tages versammelte Joseph noch einmal die Häuptlinge. Er gebot ihnen, die jungen Krieger schärfer unter Kontrolle zu halten. »Wir wollen unsere Frauen und Kinder in Sicherheit bringen und ihnen nicht noch mehr Sorgen und Verdruß bereiten«, sagte er zu ihnen.

Wenn die jungen Krieger die Festung schon nicht angreifen durften, wollten sie in den frühen Morgenstunden die Siedler wenigstens ein bißchen einschüchtern. Während die Frauen mit Hab und Gut weiterzogen, machten die Krieger kurz vor Sonnenaufgang einen Scheinangriff, ritten schreiend und waffenschwingend auf die Festung zu, schwenkten erst kurz vor den Palisaden ab und ritten südwärts, ohne einen einzigen Schuß abgefeuert zu haben.

Nichts geschah, während sie durch das Lehmi Tal zogen. Niemand versuchte sie aufzuhalten. Die Kundschafter beobachteten manchmal weit hinter ihnen einen einzelnen weißen Mann mit einem Pferd und einem Maultier.

Chapman!

Niemand kümmerte sich um ihn. Die Frauen wußten nichts von ihm. Lean Elk sagte kein Wort zu Linda, und Tucallacasena ritt mit der Vorhut hinunter zum Birch Creek Canyon.

Dort sahen sie einen Frachtwagenzug, der auf dem Weg nach Salmon City war. Die mächtigen Frachtwagen wurden von Zwölfer-Maultiergespannen gezogen und machten auf der holprigen Straße einen furchtbaren Lärm. Sie ächzten und knarrten. Die Fahrer hatten alle Hände voll zu tun. Es waren große, kräftige Männer, und sie knallten mit ihren Maultiertreiberpeitschen und fluchten und schwitzten. Vier Passagiere waren auf die letzten beiden aneinandergehängten Wagen verteilt. Zwei kleine Chinesen und zwei Weiße mit finsteren Gesichtern.

Es war Spätnachmittag. Ein einzelner Reiter kam vom anderen Talhang heruntergeritten. Er war ein Cowboy, trug Chaps und ritt ein gutes Pferd. Tucallacasena beobachtete, wie er zur Straße ritt und die Frachtwagenfahrer begrüßte. Sie hielten die Wagen an und stiegen alle ab. Die Maultiere wurden ausgeschirrt. Die Chinesen sammelten Holz, und der Cowboy führte sein Pferd zum Fluß, wo er es saufen ließ.

Tucallacasena sah sich nach seinen Begleitern um. Bighorn Bow winkte herüber, den Arm in einem Verband, Red Spy war da und noch einer, der zu Josephs Wallowa-Stamm gehörte. Die anderen waren Leute von White Birds und Looking Glass' Stamm. Und Tucallacasena begriff sofort, was sie vorhatten, als er sah, daß einer ein paar Handzeichen machte. Sie warteten eine Weile, dann verließen sie, angeführt von Two Moons, das kleine Wäldchen am Hang und ritten hinunter und auf den Platz zu, wo die Wagen standen und die Weißen dabei waren, ihr Lager einzurichten. Der Cowboy wurde zuerst aufmerksam. Er rief den anderen eine Warnung zu, aber es war schon zu spät, und einer der Frachtfahrer rief: »Nur nicht nervös werden! Die sind vielleicht friedlich und reiten einfach vorbei!«

»Frommer Wunsch!« sagte ein anderer. Tucallacasena konnte es verstehen. Die Männer standen jetzt bei den Wagen und warteten. Einer trat vor und hob beide Hände, zeigte die Handflächen und grinste. Er hatte keinen Hut auf dem Kopf. Blondes Haar bewegte sich im Wind. Er hatte große, starke Hände. Two Moons zügelte plötzlich sein Pferd und zu Tucallacasenas Überraschung hob auch er eine Hand. Er grinste. Da grinsten die Weißen auch, und nur der Cowboy schien Angst zu haben. Die Chinesen hielten sich an den Händen. Ihnen war nicht anzusehen, ob sie Angst hatten oder nicht. Sie sahen fast aus wie kleine, gelbe Indianer. Sie hatten ihre Haare zu Zöpfen geflochten, und ihre Augen waren schmal und schwarz.

Einer der Weißen sagte: »Na, Freunde, ihr habt wohl einen weiten Weg hinter euch, was?«

»Weiter Weg«, sagte Two Moons, »ja, weiter Weg von zu Hause.«

»Ihr seid Nez Percé, nicht wahr?« fragte der Frachtwagenfahrer, und er ließ die Hände jetzt langsam sinken. »Wie wär's denn mit 'nem Drink, Freunde? Hoh, ich sehe euch an, daß ihr ausgetrocknete Kehlen habt!« Er lachte. »Kommt, Onkel Jim Hayden lädt euch zu einem Drink ein.«

Die Indianer stiegen tatsächlich ab, banden ihre Pferde an den Büschen fest und kamen herüber. Jim Hayden gab Two Moons die Hand und zeigte auf die anderen beiden Fahrer: »Al Green und Dan Combs«, sagte er. Die Männer schüttelten den Indianern die Hände und klopften sich gegenseitig auf die Schultern. Tucallacasena dachte jetzt, er hätte sich geirrt und die Weißen würden nicht getötet werden.

Jim Hayden holte ein kleines Fäßchen Schnaps unter dem Wagenbock hervor und füllte ein paar Blechtassen.

Two Moons trank zuerst. Er trank eine Tasse, die randvoll war, auf einen Zug leer. Keuchend gab er die Tasse zurück. Er wurde dunkel im Gesicht, machte allerlei Faxen, und schon während die Tasse wieder gefüllt wurde, wirkte er völlig betrunken. Von einem Moment auf den anderen. Er hatte einen Schluckauf, und in seine schwarzen Augen trat ein fast irres Leuchten. Aber er grinste und verlangte noch eine Tasse voll Schnaps. Jim Hayden gab sie ihm. Two Moons trank und warf die Tasse hoch in die Luft. Sie fiel einem der beiden Chinesen, die abseits standen, auf den Kopf. Er schrie leise auf, und die Indianer lachten schallend, und die Weißen lachten ebenfalls, während die beiden Chinesen todunglücklich schienen.

Während die anderen tranken, kam Tow Moons auf die Idee, ein Spiel mit den Chinesen zu machen. Er sagte, die Chinesen sollten sich auf alle viere niederlassen und sich wie Pferde benehmen. Dann könnte man mit ihnen ein kleines Rennen machen. Um die Wagen herum. Immer ein Indianer auf einem Chinesen gegen einen Weißen auf dem anderen Chinesen. Der Cowboy schwitzte plötzlich und wollte nicht mehr trinken. Die verschreckten Chinesen sträubten sich kaum und hopsten wiehernd um die Wagen herum, wurden schnell müde und blieben schließlich erschöpft im Gras liegen. Da schlug Two Moons vor, daß die Weißen jetzt die Pferde spielen sollten. Er trat Jim Hayden in den Bauch, und der Frachtwagenfahrer taumelte keuchend, fiel aber nicht um. Al Green langte nach seinem Revolver, den er im Leibgurt stecken hatte, verdeckt durch die Wolljacke.

Al Green brachte den Revolver nicht heraus. Two Moons warf sich auf ihn und hatte plötzlich ein Messer in der Faust. Die beiden Männer überrollten sich am Boden. Das Messer blitzte, und Two Moons brüllte, als er es von unten her in die Magengrube des Frachtwagenfahrers stieß. Und bevor die anderen Weißen und die beiden Chinesen etwas tun konnten, waren die Indianer über ihnen.

In knapp einer Minute war alles vorbei. Die fünf Weißen lagen tot im Gras. Der Cowboy war entkommen. Lärmend und fast verrückt vom Schnaps, zündeten Two Moons und die anderen die drei Frachtwagen an, und im flackernden Schein der Feuer taumelten die beiden Chinesen, die wie tot im Gras gelegen hatten, auf die Füße.

»Lauf, Pferd!« schrie Two Moons lachend. »Du Pferd, Chinamann!«

Und die beiden Chinesen ließen sich auf alle viere nieder und bockten wiehernd aus der Hitze des Feuers und die Straße hinunter, bis sie außer Sicht waren.

Von Bannack aus forcierte General Howard das Tempo. Jetzt würde es sich zeigen, ob es sich gelohnt hatte, Pferde und Reiter zu schonen. Am 15. August erreichte er die alte Corrine–Bannack Poststraße an der Mündung des Horse Prairie Creek. Er trieb seine Truppe hart an, folgte der Straße südwärts und wurde trotzdem zwei Tage später von einer Freiwilligenkompanie aus Virginia City unter dem Kommando von James E. Callaway eingeholt. Wenige Stunden später stieß Captain Randolph Norwood mit 50 Kavalleristen zu Howards Armee. Norwood kam aus Fort Ellis, wo der Oberbefehlshaber der US-Streitkräfte, General William Tecumseh Sherman, auf seiner Urlaubsreise zum Yellowstone National Park vorbeigekommen war. Sherman hatte Norwood losgeschickt, um Howard zu unterstützen. Norwoods Soldaten waren ausgeruht und voller Tatendrang.

Howard hatte vor, die Nez Percé im Gebiet der Dry Creek Station aufzuhalten. Um schneller voranzukommen, ließ er die Infanterie wieder in Wagen transportieren. Seine Bannack Kundschafter befanden sich mehr als einen Tagesritte vor der Spitze der Kavallerie.

Am 18. August beobachteten die Bannacks, wie einige Nez Percé die

Postkutschenstraße vor ihnen kreuzten. Es waren berittene, schwerbewaffnete Krieger. Die Kundschafter folgten der Fährte, und entdeckten am Abend das Nez Percé Lager inmitten einer hügeligen Wiesenlandschaft, die von den Weißen Camas Meadows genannt wurde.

Howard hatte es wieder einmal nicht geschafft, vor den Nez Percé anzukommen. Er war noch einen Tagesritt von ihnen entfernt. 18 Meilen trennten ihn vom Lager der Nez Percé.

Als General Howard plötzlich den Befehl zum Anhalten gab, spürten Norwoods Kavalleristen schon die Meilen, die sie geritten waren, in den Knochen. Sie waren froh wie alle anderen, als sie absitzen durften.

Sie fanden einen guten Lagerplatz. Bäche durchflossen die saftige Wiese, die vor kurzem erst von den Leuten, die den Postkutschendienst betrieben, abgemäht worden war. Das Heu lag trocken, zu mächtigen Haufen aufgeworfen, über die Wiesen verteilt. Die Soldaten und die Zivilisten fanden zum ersten Mal seit vielen Tagen Zeit, sich ein bißchen zu vergnügen. Sie badeten in den Bächen, jagten Schneehühner, spielten Karten, fischten nach Forellen oder legten sich einfach in das kurzgeschnittene Gras, um sich von den Strapazen zu erholen. General Howard ließ das Kommandozelt auf einer kleinen Hügelkuppe errichten. Von hier aus konnte er die buschbedeckte Ebene überblicken, die nach allen Seiten leicht abfiel. Norwoods Kavallerie biwakierte in Angriffslinie, um im Falle eines Überfalls das Lager schützen zu können. Ein Captain schlug mit 40 Infanteristen die kleinen Zelte in der Nähe eines Baches in Reserveformation auf.

Major Mason postierte überall Wachen, und jenseits des Baches, dem Kommandohügel gegenüber, zwischen Weidebuschinseln, campierten die Zivilisten aus Virginia City. Zu Ehren ihres Anführers, James E. Callaway, wurde dieses Lager »Camp Callaway« genannt. Und man fühlte sich sicher in Camp Callaway.

So gegen Abend kam fast eine Picknickausflugsstimmung auf. Die selbstgefangenen Forellen und die erlegten Schneehühner wurden an Feuern gebraten. Ein herrlicher Duft breitete sich über den Camas Meadows aus, und Major Mason meinte scherzhaft, daß die Indianer vielleicht dadurch angelockt würden.

Deshalb ließ er die Wagenpferde gut bewachen. Und Captain Norwood ließ *picket ropes* ziehen, Seile, an denen die Kavalleriepferde festgebunden werden konnten. Die Maultiere ließ man bis auf die *bell mares* frei.

Den *bell mares*, Leittieren, die Glocken um die Hälse trugen und mit ihrem Geläut die anderen Maultiere führten, wurden die Vorderhufe so zusammengebunden, daß sie nur kleinste Schritte machen konnten.

Der Nachthimmel war mit Sternen übersät, als im Lager Ruhe einkehrte. Alles schien friedlich. Manchmal bimmelten die Glocken der *bell mares*. Sonst war es sehr still. In weiter Ferne, vom Wind verweht, heulte ein Coyote, und manchmal klang es auch, als wären es mehr.

Ollokot schlug vor, den Soldaten die Pferde wegzunehmen. Er saß mit den anderen Häuptlingen an einem der Lagerfeuer. Kundschafter erzählten, daß Howard mit seinen Soldaten am anderen Ende der Camas Meadows, etwa 18 Meilen zurück, ein Lager aufgeschlagen hätte. Die Kundschafter berichteten auch von der Arglosigkeit, in der die Soldaten diese Nacht verbrachten.

Ollokots Vorschlag fand überall Zustimmung, und fast alle Krieger wollten mitmachen. Ollokot, White Bird und Peopeo Tholekt wählten 28 junge Männer, die frisch genug waren, in einer Nacht fast 40 Meilen zu reiten und zu versuchen, möglichst viele Soldaten des Generals zu Fußgängern zu machen.

Es sollte ein Pferdediebstahl werden, nichts weiter. Ollokot schärfte den Kriegern ein, so vorsichtig wie nur möglich an die Arbeit zu gehen, da die Sache nur dann ein voller Erfolg sein würde, wenn die Soldaten überhaupt nichts merkten.

Selbst Toohoolhoolsote wollte es sich nicht nehmen lassen, dabeizusein. Er und Ollokot führten.

Keiner sprach. Keiner rauchte. Sie ritten in Viererkolonne wie ein Trupp Kavallerie. Mitternacht war vorüber, als Ollokot Kundschafter vorausschickte. Sie beobachteten das Lager, und als Ollokot mit dem Rest anrückte, waren die Kundschafter dabei, den *bell mares* die Fußfesseln zu lösen und die Glocken wegzunehmen, ohne daß Unruhe entstand und die Wachen etwas merkten.

Es war 3 Uhr 30 am Morgen. Das Soldatenlager schlief. Die Kundschafter schlichen hinüber zu dem Seil, an dem die Kavalleriepferde festgebunden waren. Sie fingen an, ein Pferd nach dem anderen loszuschneiden, während Ollokot an der Spitze der Viererkolonne zur Wiese hinüberritt, wo die Maultiere weideten.

Plötzlich hörten sie die Stimme eines Wachtpostens. Der Mann hatte Geräusche gehört, hielt aber den anreitenden Trupp für die Leute aus Bacons Kompanie, die vom Tachers Pass zurückkamen. Der Posten rief trotzdem: »Halt! Parole!«

Keine Antwort. Der Posten lachte. »Na, Jungs, ihr seid wohl zu müde, zu reden, was?«

Keine Antwort.

Der Posten nahm das Gewehr etwas höher, und jetzt sah er, daß der Mann an der Spitze keine Uniform trug. Er schoß sofort, traf aber nicht. In das Echo des Schusses hinein fiel ein schauerliches Geheul, das die Maultiere und die Pferde nicht vertragen konnten. Die Indianer jagten jetzt in einem Kreis um das Lager herum und versetzten die Maultiere, die sich sonst auf das Geläut der Leittiere verlassen konnten, in Panik.

Die verstörten Tiere rannten in alle Richtungen. Pferde rissen sich los und galoppierten davon. Innerhalb von Sekunden war ein unbeschreibliches Durcheinander. Schüsse krachten. Männer in Unterhosen rannten durch die Nacht. Der Hornist schmetterte schlaftrunken zuerst einige Töne vom Zapfenstreich in die Nacht hinaus, bevor er auf »Boots and Saddles« überging, das Signal, marschbereit anzutreten. Die Soldaten, auf »Boots and Saddles« gedrillt, standen nach wenigen Minuten in Uniform und voll ausgerüstet bereit, während im Camp der Zivilisten die Männer fluchend und lärmend nach ihren Kleidern und Waffen suchten und dann wild auf ihre Pferde zustürmten, die dadurch in Stampede versetzt wurden und ebenfalls davonrannten.

General Howard befahl einem Major, mit einer starken Einheit unverzüglich die Verfolgung der Pferdediebe aufzunehmen und die Tiere wieder einzufangen und zurückzuholen.

Ein Stoßtrupp holte die Nez Percé ein, die mit der Maultierherde und den Pferden, die sie erbeutet hatten, nur langsam vorankamen. Die Indianer teilten sich sofort. Während einige von ihnen die Herde weitertrieben, dem Lager entgegen, stellten sich die anderen den Soldaten. Sie waren in einer günstigen Position. Das Tal war eng, und hinter einer Barriere aus Lavagestein, die das Tal quer durchzog, gingen sie in Deckung. Als die Kavalleristen näher kamen, wurden sie von einem gezielten Feuer empfangen und in Deckung gezwungen. Sofort wurde zum Rückzug geblasen, der fast zu einer planlosen Flucht wurde.

Der Mond war eine Sichel, die Nacht würde dunkel und kalt werden. Chapman hatte den eigenen Atem vor dem Geischt, als er vom Ufer eines Flusses aus das Nez Percé Lager beobachtete. Er sah die Feuer, an denen die Krieger saßen, und machte die Posten aus, die das Lager bewachten. Seit der Big Hole Schlacht waren die Nez Percé vorsichtiger.

An den Feuern wurde es lebhaft. Krieger entfernten sich und holten Pferde. Für kurze Zeit entstand im Lager Unruhe, die sich erst legte, als ein paar Häutplinge und zwei Dutzend Krieger davongeritten waren. Unter den Anführern erkannte Chapman Ollokot und Toohoolhoolsote. Hinter ihnen ritten die Krieger in fast militärischer Ordnung, und sie kamen knapp fünfzig Schritt von Chapman entfernt vorüber. Einer der letzten war Tucallacasena. Was mochten sie vorhaben?

Chapman wartete. Er fror. Dachte daran, daß er daheim einen Schwarzbärenfellmantel hatte, der aber so schwer war, daß er ihn nur anzog, wenn er den Wagen fuhr. Chapman wärmte die Hände zwischen den Oberschenkeln. Die Kälte kroch an seinem Rücken hoch und an seinen Beinen. Die Knie schienen eisig, und wenn er sich aufrichtete, taten sie ihm weh. Rheuma. Es kam jeden Winter. Aber noch nie im August. Später, wenn die Wolken sich in das Tal hängten wie schnutzige Fetzen. Dann konnte es schlimm werden. Da nützte die Salbe nichts mehr und die Katzenfelle, die ihm Linda auf die Unterhose genäht hatte.

Chapman rieb die Knie mit den Händen. Er hätte gern gewußt, was White Bird im Schilde führte. Er fragte sich, ob er vielleicht diesmal einen günstigen Zeitpunkt erwischt hatte. Zwei Dutzend Krieger waren weggeritten, und die Zurückgebliebenen warteten. Die Feuer mußten brennen, und die Feuer brauchten Holz. Die Frauen holten Holz. Chapman hatte Linda unter den Frauen gesehen, die zu einem Wäldchen gegangen waren, das schräg von ihm die Hälfte eines Hügels bedeckte und einen Schatten in die Senke warf, in der die Nez Percé lagerten.

Im Lager war es ruhig. Die Kinder schliefen. Jeffrey schlief. Chapman konnte ihn nicht sehen, denn die Schlafenden lagen in Gruppen dicht beisammen, mit Hunden und mit ihren gebündelten Habseligkeiten. Frauen, die wach waren, gesellten sich zu den Männern, die an den Feuern saßen. Chapman konnte sie reden hören. Manchmal lachen. Selten lachen. Linda saß jetzt an einem der Feuer. Zwischen anderen Frauen. Wenn sie den Kopf drehte, konnte er von der Seite ihr Gesicht sehen, schwarz, und das Profil vom Feuerschein hart gezeichnet. Sie würde wach bleiben, bis Tucallacasena kam. Und Chapman hoffte, daß sie noch einmal zum Wald gehen würde.

Nach Mitternacht wechselte Chapman den Standort. Er schlich hinüber zum Wald. Hier war die Nacht schwarz, und die Senke erschien ihm viel heller. Der Wind rauschte in den Bäumen. Chapman lehnte sich gegen einen Stamm. Die Rinde war kalt und naß. Hinter ihm waren Geräusche. Rascheln. Ein Knacken. Die Tiere waren wach. Belauerten sich gegenseitig. Warteten wie Chapman. Der Schrei eines Vogels. Messerscharf und schier ohne Ende. Neben Chapmans Stiefel grub sich ein Käfer aus dem Laub. Er machte so viel Lärm, daß ihn ein Stachelschwein wahrscheinlich auf zehn Meter Entfernung gehört hätte. Er kroch an einem Blatt hoch, das Blatt kippte unter ihm, und er fiel wieder in das Loch, aus dem er gekommen war. Es dauerte lange, bis er wieder kam und an dem Blatt hochkletterte, bis es wieder kippte. Chapman nahm das Blatt auf und warf es in den Wind, aber es war schwer von der Feuchtigkeit und flog nur ein kleines Stück. Der Käfer würde sich wundern, wenn er wieder kam. Er kam nicht. Chapman konnte ihn eine Weile hören. Und das Laub bewegte sich, und dann war es still. Der Käfer hatte sich einen anderen Weg gesucht.

Als Linda kam, war es lange nach Mitternacht. Chapman sah sie mit zwei anderen Frauen. Sie war schmal gegen die beiden anderen. Sie trug ein langes Kleid und eine Decke über den Schultern. Obwohl Chapman ihr Gesicht nicht sehen konnte, erkannte er sie sofort. Er kannte ihre Bewegungen. Er kannte ihre Art zu gehen. Er hätte sie erkannt, wenn tausend Frauen um sie herum gewesen wären. Und Chapman stand aufrecht, spürte keine Kälte mehr und kein Rheuma. Er stand am Stamm des Baumes, und alles in ihm verkrampfte sich. Er ließ keinen Blick von ihr. Er krallte sich an ihr fest. Sie ging zwischen den beiden anderen Frauen eine schmale Erdrinne entlang, die zu einer Waldschneise führte, die Chapman nicht einsehen konnte.

»Herrgott, hier gibt es doch Holz! Jede Menge. Hier, Mädchen! Komm! Komm hierher!« Chapman sagte es leise. Er bewegte kaum die Lippen dabei, starrte hinüber zu den drei Frauen, die jetzt etwa zehn Schritt entfernt waren, und plötzlich blieb Linda stehen und sagte etwas zu den anderen, und die anderen gingen weiter. Chapman hatte das Gefühl, als würde sein Herz zerspringen. Sie kam, vornübergeneigt, als hätte sie eine Last auf dem Rücken. Als würde sie Jeffrey tragen.

Keine fünf Schritt vor ihm erreichte sie den Waldrand und fing sofort an, dürre Äste aufzulesen. Chapman konnte sie atmen hören und wartete, bis die beiden anderen außer Sicht waren, bevor er ganz leise und sanft »Klick« sagte.

Sie stand sofort still. Chapman atmete nicht. Er sah, wie sie sich langsam aufrichtete.

»Chapman«, sagte sie. Die Äste fielen zu Boden. Sie hob die Arme, machte einen Schritt vorwärts, und dann war sie bei ihm, fiel in seine Arme. Ganz leise, mit bebender Stimme, sagte sie nur immer wieder seinen Namen, und er preßte ihren Kopf an sich, hatte ihr Haar im Gesicht. Das Haar klebte an ihm, naß von seinen Tränen, die er nicht zurückhalten konnte. Langsam, ganz langsam ließ er sich mit ihr auf die Knie nieder und nahm ihren Kopf zwischen seine Hände und küßte sie.

Sie weinte nicht. Sie kniete im Laub und hielt sich an ihm fest. Und dann sagte sie leise: »Ich wußte, daß du kommst, Chapman.«

Chapman umarmte sie, drückte sie fest an sich, und für Minuten verharrten sie still. Eine der beiden anderen Frauen rief etwas, und die andere antwortete. Linda hob den Kopf.

»Sie gehen, wenn sie genug Holz haben«, sagte sie leise.

Chapman nickte. »Da unten kommen zwei andere«, sagte er. Er deutete mit dem Kopf zum Lager. Zwei Frauen unterhielten sich und kamen den Hang hoch. Ein Hund trottete hinter ihnen her. »Wir haben keine Zeit«, sagte Chapman. »Ist Jeffrey wohlauf?«

»Ja. Meine Mutter ist tot, und Großmutter stirbt langsam.« Sie atmete jetzt schnell. »Chapman, du willst deinen Sohn haben, nicht wahr?«

»Ich will dich und ihn haben«, sagte Chapman leise. »Ich warte dort unten am Fluß. Dort, wo die drei Bäume stehen. Ich warte, bis du kommst.« – »Großmutter stirbt«, sagte sie noch einmal.

Chapman nahm sie bei den Schultern. »Laß sie sterben!« sagte er. »Es ist genug jetzt. Sie hat gelebt, verstehst du? Laß sie sterben!«

»Wir sind müde, Chapman«, sagte sie. »Und wir sind geschlagen, aber noch ist ein bißchen Kraft da. Es wird für die Soldaten nicht leicht sein, uns zu besiegen.«

»Es wird Winter«, erwiderte Chapman. »Herrgott, warum gebt ihr nicht auf? Es kann nur schlimmer kommen. Nichts wird besser, bis sie euch besiegt haben. Und das ist nur eine Frage der Zeit.« Chapman sagte es schnell. Er hörte die Frauen am Waldrand entlangkommen. Sie rede-

Nez Percé Kinder

ten miteinander. »Bring mir Jeffrey!« sagte er noch einmal. »Wir gehen nach Hause, Linda.«

»Nach Hause? Chapman, es ist so lange her. Es ist wie ausgewischt. Unser Haus, es steht im Nebel. Chapman, es ist so viel passiert, daß ich nicht mehr weiß, ob es nicht nur ein Traum war, daß wir einmal ein Zuhause hatten.«

»Komm zurück«, sagte Chapman. Langsam stand er auf und zog sie mit sich hoch. »Es war kein Traum!«

Sie küßte ihn. »Geh zu den Soldaten, Chapman«, sagte sie. »Wir werden beschützt, Chapman. Tucallacasena ist ein guter Beschützer.«

»Er ist ein gottverfluchter Scheißkerl!« stieß Chapman hervor. »Wenn Jeffrey etwas passiert, töte ich ihn!« Chapman nahm sie hart bei den Oberarmen. »Es wäre leicht für dich, zu kommen. Komm zu Fuß! Ich bringe dich weg von hier.«

»Ich will nicht weg von hier!« sagte sie. Ihre Stimme hatte einen harten Klang. Es war Chapman, als hätte sie nach ihm geschlagen. Er ließ sie los. »Sag das noch einmal, Mädchen«, sagte er durch die Nase.

»Nicht jetzt«, sagte sie. »Großmutter liegt im Sterben. Sie braucht mich. Und ich kann nicht aufgeben, jetzt. Niemand gibt auf. Wir kämpfen alle, und wir sterben alle, wenn es sein muß. Sag deinen Soldaten, daß sie uns in Ruhe lassen sollen. Wir wollen eine Heimat finden. Das ist alles, was wir wollen. Die Soldaten sind es, die den Krieg wollen. Und deshalb müssen auch wir kämpfen, Chapman. Verstehst du das?«

»Ich weiß nur, daß Jeffrey in Gefahr ist«, erwiderte Chapman.

»Er wäre in dieser Nacht nicht besser dran, wenn er im Lager der Soldaten schliefe.« Sie suchte seine Hände, fand sie und drückte sie gegen ihren Mund. Eine der Frauen rief nach ihr. »Geh weg!« flüsterte sie. »Geh weg, Chapman!« Sie ließ seine Hände los, drehte sich und nahm ein paar Äste vom Boden auf, bevor sie zu den Frauen ging. Chapman wartete, bis sie weg waren. Dann ging er hinunter zum Fluß.

Er wußte, daß sie nicht kommen würde. Trotzdem blieb er dort, bis der Morgen graute. Am Mittag stieß er auf ein paar von Howards Bannack Kundschaftern, und sie erzählten ihm, was passiert war. Er war eigentlich froh, daß Howard durch den Verlust der Maultiere aufgehalten wurde. Jetzt hatten die Nez Percé doch eine Chance, durch die Berge in das Flachland zu entkommen, wo es für die Armee schwieriger sein würde, überraschend anzugreifen.

17
Yellowstone National Park

Mein Bruder versuchte, mit Häuptling Joseph ins Gespräch zu kommen, aber der Häuptling saß am Feuer, regungslos und schweigend, mit den Gedanken in einer hoffnungslosen Zukunft. Der *edle Wilde*, von dem wir so oft schon gelesen haben, dem wir aber nie begegnet sind, schien in der Gestalt von Joseph tatsächlich zu leben. Er wirkte großartig und unnahbar – eine Persönlichkeit.

Eine Squaw setzte sich neben mich, ein Baby im Arm. Mein Bruder nahm zum Zeichen der Freundschaft das Baby und legte es in meinen Schoß. Ich schielte nach dem Häuptling und sah, wie der Hauch eines Lächelns über seine Züge glitt. Das zeigte mir, daß unter seinem ernsten Äußeren ein warmes Herz verborgen war. Die Squaw war überglücklich und zeigte uns lachend ihre schneeweißen Zähne. Da fing ich an zu weinen. Das schien schlimm für sie, und sie fragte meinen Bruder: »Warum weinen?« Mein Bruder erzählte ihr, was die Krieger mit meinem Mann gemacht hatten, und darauf nickte sie und sagte: »Sie ist verzweifelt.« Ja, genau das war ich. Verzweifelt.

Mrs. George F. Cowan, »REMINISCENCES OF PIONEER LIFE«, Hist. Society of Montana, 1903

Die Nez Percé kamen vom Henry's Lake her.

Lean Elk führte sie, und obwohl er wußte, daß General Howard durch den Verlust der Maultiere vorübergehend stark benachteiligt und weit zurückgeblieben war, trieb er den Stamm zur Eile an. Am Henry's Lake wurde nur kurz haltgemacht. Dann zogen die Nez Percé, wie Howards Kundschafter vermutet hatten, zum Tacher's Pass hoch, wo sie eigentlich durch Lieutenant George Bacon hätten aufgehalten werden sollen. Tatsächlich fanden die Indianer Spuren von Soldaten, die eine Weile hier gewesen waren und dann wahrscheinlich die Geduld verloren hatten und auf Umwegen zu Howard zurückgeritten waren. So erzählten es wenigstens die Fährten, die von den Kundschaftern genau untersucht wurden.

Vom Tacher's Pass aus trailten die Nez Percé hinunter zum Upper Madison River und kampierten dort zum ersten Mal im Yellowstone-Park.

Sie fischten und jagten, und die Häuptlinge saßen darüber zu Rate, ob sie dem alten Bannack Trail zum Clark's Fork des Yellowstone River folgen oder die Madison-River-Route nehmen sollten. Sie entschieden sich dafür, noch einmal den Versuch zu machen, General Howard ein bißchen an der Nase herumzuführen, und wollten den Madison entlangziehen.

Scouts ritten dem Stamm weit voraus. Als sie einmal nicht mehr weiter wußten und sich in den Wäldern verirrt hatten, trafen sie einen Goldsucher, der sich im Yellowstone-Gebiet auskannte. Obwohl er meinte, weder Zeit noch Lust zu haben, für eine Bande Rothäute den Führer zu spielen, blieb ihm nichts anderes übrig, als die Krieger zum Lager zu begleiten. Die Nez Percé gaben ihm ein altes, müdes Pferd, auf dem er nicht fliehen konnte. So blieb er eine Woche und führte die Indianer durch den Yellowstone National Park. Es stellte sich heraus, daß er alles über dieses Gebiet wußte. Er zeigte ihnen die Geysire und die rauchenden Krater. Die Nez Percé waren sehr beeindruckt, und ihr Führer kam sich manchmal vor wie der Schöpfer aller Dinge! Er erzählte ihnen von François Antoine Larocque, der 1805 mit einer Gruppe französischer Trapper und Jäger in das mysteriöse Land der »rauchenden Vulkane« und »leuchtenden Berge« vorgedrungen war. Ungefähr zur gleichen Zeit hatten auch Lewis und Clark auf ihrer Kontinentdurchquerung das sagenumwobene Gebiet entdeckt. Seit dem Start der Expedition im Jahre 1803 hatten sie einen verwegenen Burschen namens John Colter mit dabei. Für fünf Dollar im Monat hatte er sich anheuern lassen. Als dann das große Abenteuer allmählich seinen Abschluß fand, hatte Colter noch nicht genug. Er bat Lewis und Clark um die Erlaubnis, auf eigene Faust das Gebiet des Yellowstone River auszukundschaften. Es gab nur ein paar sehr schlechte Karten dieses Gebietes, gezeichnet nach Angaben von Indianern und von Trappern, die ein Stück weit in das Gebiet vorgedrungen waren.

John Colter trieb sich mit zwei Freunden einige Wochen am Unterlauf des Yellowstone herum, erhandelte sich dann ein Kanu und fuhr damit den Missouri River hinunter zum Platte River. Dort ließ er sich von der Missouri Fur Trade Company, einer Pelzhandelsgesellschaft, anheuern. Er zog mit einer Fallenstellerkompanie nordwärts in den Yellowstone bis zur Mündung des Bighorn River.

Da Colter sich in diesem Landstrich bereits ein bißchen auskannte, wurde er ausgeschickt, um mit den Indianerstämmen Kontakt aufzunehmen. John Colter verließ das Fort allein. Er trug Gepäck von 30 Pfund auf dem Rücken, sein Vorderladergewehr, ein wenig Pulver und Blei. Und er folgte dem Fluß, kam zu den Crows, erzählte ihnen, wo sie ihre Felle loswerden konnten und wo es Schnaps gab, blieb einige Tage und ging dann weiter, immer am Fluß entlang, um andere Indianerstämme, besonders die Shoshonen, zum Handel zu gewinnen.

Es war Winter im Jahre 1807–1808. In den Bergen lag der Schnee meterhoch, und Colter ging auf Schneeschuhen. Er war eine Ewigkeit unterwegs, kam durch tiefe Wälder, lagerte unter mächtigen Fichtenbäumen, aß, was er erlegen konnte. Er erschrak zu Tode, als plötzlich vor ihm dampfendes Wasser aus der Erde schoß, zischend und brodelnd und fauchend.

Während der nächsten Wochen entdeckte Colter Berge mit tausend Löchern, aus denen ohne Unterlaß Rauch kroch. Und er fand riesige Mulden, in denen heißer, rötlichgelber Brei brodelte, und kristallklare Teiche mit kochendem Wasser und warzenähnliche Buckel, aus denen in Abständen Wasserfontänen in den Himmel zischten, Flüsse und Bäche, von einer dicken Eis- und Schneeschicht bedeckt, zogen sich zwischen Warmwassertümpeln hin, in denen Colter die Füße wärmte. Es war das seltsamste Stück Erde, das Colter je gesehen hatte. Es war wie Hölle und Himmel zugleich, und Colter fragte sich manchmal, ob man ihm glauben würde, wenn er erzählte, was er da an Wundern gesehen hatte.

Man glaubte ihm nicht, als er im Frühjahr 1808 zurückkam. Die Monate, die er in der Wildnis verbrachte, hatten ihn schwer gezeichnet. Shoshone Indianer hatten ihn überfallen. Er litt an einer schlimmen Pfeilwunde am Bein, die stark eiterte. Er hatte mehrere hundert Meilen zu Fuß zurückgelegt. Er war mager geworden. Zähne fielen ihm aus. Frostbeulen hatten schwarze Flecken auf seinem Körper hinterlassen, und sein Haar war verfilzt und schulterlang.

Colter erzählte seine Geschichte. Die Männer hörten zu, lächelten, nickten und meinten: »Jaja, schon wieder eine dieser Lagerfeuergeschichten.« Davon gab es viele, aber später nannte man das Gebiet, in dem der Yellowstone River entsprang, noch lange Zeit *Colters Hell*.

Nach Colter waren dann im Laufe der nächsten 70 Jahre die Pelzjäger gekommen. Sie hatten das Gebiet gründlich ausgebeutet, bevor die Regierung im Jahre 1870 die Washburn-Langford-Doane Expedition ausschickte und 1871 die Hayden Expedition. Ihr Vorschlag, das gesamte Gebiet als Naturreservat unter den Schutz der Regierung zu stellen, wurde schon im folgenden Jahr realisiert. Am 1. März 1872 war der Yellowstone National Park entstanden, eine paradiesische Wildnis von 3500 Quadratmeilen.

Als die Nez Percé diese Geschichte von ihrem Führer erzählt bekamen, bestand der Park seit knapp fünf Jahren. Es gab noch keine richtigen Straßen und Routen zu den gewaltigen Sehenswürdigkeiten, welche die

Natur zu bieten hatte. Der Superintendent des Parkes machte auf eigene Faust und ohne Bezahlung Vermessungen, zeichnete Karten und markierte die alten Indianer- und Trapperpfade, die durch den Park führten.

Es war ein friedliches Gebiet, das seit dem Sommer 1873 immerhin einige hundert Besucher angelockt hatte, die meisten von ihnen aus benachbarten Gebieten Montanas.

Auch General William Tecumseh Sherman, der Oberbefehlshaber der US-Armee, war, wenige Tage bevor die Nez Percé kamen, mit einer Touristengruppe im Yellowstone Park zu Gast gewesen. Glück für ihn, daß sich die Nez Percé auf ihrem langen Marsch etwas verspätet hatten, sonst hätte es ihm leicht so ergehen können wie einer anderen unternehmungslustigen Reisegruppe, die im Yellowstone Park Ferien machte.

Frank Carpenter kam aus Helena. Montana. Er hatte schon oft von den Naturwundern des Yellowstone National Park gehört und den Spätsommer für die beste Zeit angesehen, um den Park zu besichtigen. Er war mit vier Freunden in Helena aufgebrochen: Albert Oldham war ein älterer erfahrener Mann, der sich gut auskannte, die anderen drei Begleiter waren William Dingee, ein noch junger Mann, der schon Magengeschwüre hatte, weil er sich immer schnell aufregte, A. J. Arnold, ein Schreiner, der noch in Meter und Zentimeter rechnete, weil er seine Lehre in Deutschland absolviert hatte, und Charles Mann, ebenfalls ein Deutscher, der eigentlich Geologe werden wollte, aber schließlich als Kneipenwirt in Helena besser dran war als die meisten Geologen.

In Radersburg gesellten sich noch weitere Leute dazu: Frank Carpenters Schwager George Cowan mit seiner Frau Emma und Franks jüngerer Schwester Ida und Henry Meyers, ein Freund der Cowans. Der große, neue Wagen, den sie dabeihatten, gehörte Henry Meyers, der ihn auch fuhr.

Als die Gesellschaft am 23. August am Firehole River lagerte, hatte sie herrliche Tage in der unberührten Natur hinter sich und wollte eigentlich die Heimfahrt antreten. Aber dazu kam sie dann nicht so schnell. Früh am Morgen kamen fünf Indianer zum Lager geritten.

»Junge Krieger«, sagte Albert Oldham. »Da müssen wir aufpassen!«

Die Indianer hatten angehalten und stiegen von den Pferden. Einer der Krieger trat vor. Er war ein Halbblut und sprach etwas Englisch. »Wir wollen Mehl, Schinken und Zucker«, sagte er und zeigte auf den Wagen. »Wir sind lange unterwegs und brauchen etwas zu essen.«

»Den Teufel kriegt ihr, gottverdammt noch mal!« William Dingee konnte sich nicht beherrschen. Er ballte die Fäuste und wollte auf die Indianer eindringen, aber George Cowan hielt ihn auf. »Mach keinen Blödsinn, Bill!« sagte er hart. »Und halt dich bloß zurück, ja! Wir wollen keinen Ärger hier!« Er wandte sich an die Indianer. »Nun sagt uns mal, wer ihr seid und woher ihr kommt, Jungs. Seid ihr allein hier?«

»Wir sind Nez Percé Indianer«, sagte das Halbblut. »Nach uns kommen Joseph, Looking Glas, White Bird und der ganze Stamm.«

Die Männer sahen sich an. Sie hatten vom Ausbruch des Nez Percé Krieges schon reden gehört. Und sie hatten auch schon einiges über diesen Joseph erzählt bekommen. Aber sie hatten die Indianer nicht in diesem Gebiet vermutet.

Die Indianer verlangten noch einmal Mehl, Zucker und geräucherten Schinken. Obwohl Dingee dagegen war, verteilten Arnold und Meyers die restlichen Vorräte an die Krieger, die ihre Taschen füllten. Dann bedeuteten sie Henry Meyers, die Wagen bereitzumachen. Man war noch einmal glimpflich davongekommen. Doch da kamen Emma Cowan und Ida aus dem Zelt und erregten die Aufmerksamkeit der jungen Krieger. Besonders Mrs. Cowan, knapp 24 Jahre alt und von zarter blonder Schönheit, wurde von ihnen nicht aus den Augen gelassen. Die Indianer pfiffen durch die Zähne, starrten und nickten, machten in ihrer Sprache ein paar Bemerkungen und trieben plötzlich zur Eile an.

Frank Carpenter verteilte noch die Frühstückspfannkuchen an die Indianer, dann wurde das Feuer ausgetreten, und kurz nach Sonnenaufgang verließ der kleine Zug den Lagerplatz, voran zwei der Indianer, die den Weg bestimmten, zum Schluß die anderen drei als Bewachung. Die Weißen waren sich nicht ganz sicher, ob sie wie Freunde oder wie Gefangene behandelt wurden und wo der Weg hinging.

Nach einigen Meilen mußten die Wagen zurückgelassen werden, da in den dichten Wäldern kein Durchkommen mehr war. Immer mehr Krieger tauchten auf, und allmählich wurde das Abenteuer für die Touristen immer gefährlicher. Die Indianer räumten die Wagen leer, zerstörten, was sie nicht brauchen konnten, und wurden immer bedrohlicher.

Noch hatten die Weißen ihre Waffen. Aber selbst William Dingee wagte es jetzt nicht mehr, seinem Unmut Luft zu verschaffen. Er schwieg verbissen, während sie zu Fuß weitergeführt wurden.

Schienen durch Indianerland

Bannack City, heute eine Geisterstadt

Am Mittag trafen sie dann auf den Stamm der Nez Percé. Die Häuptlinge hielten sofort eine Beratung darüber ab, was mit den Touristen geschehen sollte. Joseph und Lean Elk überzeugten die anderen, daß es keinen Sinn hätte, die Leute als Gefangene mitzuschleppen. Lean Elk sagte in seinem gebrochenen Englisch zu Cowan: »Die weißen Soldaten haben viele unserer Frauen und Kinder getötet. Trotzdem wollen wir gegen euch keinen Krieg machen. Ihr könnt gehen. Aber versucht nicht, uns nachzuspionieren!«

Alles, was sie noch besaßen, wurde ihnen abgenommen. Nur Albert Oldham durfte nach langem Bitten seinen alten Vorderlader behalten, da er nur drei selbstgemachte Patronen dafür besaß. Dann bekam jeder einen alten erschöpften Gaul, und sie ritten so schnell es ging davon.

Aber sie kamen nicht weit, bevor sie von ein paar jungen aufgebrachten Kriegern wieder aufgehalten wurden. Cowan fluchte, drängte sein Pferd herum und versuchte zu entkommen. Da zog Swan Necklace, der letzte der jungen Burschen, die in Idaho mit der Ermordung der Siedler begonnen hatten, seinen Revolver, schoß aus nächster Nähe auf George Cowan und traf ihn in den Oberschenkel. Gleichzeitig feuerte ein anderer Indianer mit dem Gewehr auf Albert Oldham, der seinen Vorderlader abgedrückt hatte, ohne daß ein Schuß losgegangen war.

Cowan lag mit zerschmettertem Bein im Gras und schrie vor Schmerzen. Seine Frau warf sich neben ihn und rief immer wieder: »Liebling, wo bist du getroffen?«

Ida war hysterisch geworden und ging mit ihren mageren Fäusten auf die Indianer los, die neugierig dastanden und zusahen, wie Cowan vor Schmerzen brüllte. Einer der Indianer wollte Cowan erschießen, um ihn von seinem Leiden zu erlösen, aber Emma Cowan sprang ihn an, zerkratzte ihm das Gesicht und trat ihm gegen die Schienbeine. Ein anderer Krieger trat vor, zog seinen Revolver, richtete ihn auf Cowan und schoß. Die Kugel streifte nur Cowans Stirn, aber er wurde sofort ohnmächtig und fiel ins Gras zurück. Die Krieger schleppten die anderen wieder zurück zu Josephs Lager. Aber am nächsten Morgen bekamen sie gute Pferde, und Frank Carpenter führte sie wieder sicher aus dem Yellowstone-Gebiet heraus. Später wurden abenteuerliche Geschichten über ihre Erlebnisse und ihre Rettung durch den »gütigen« Joseph verbreitet.

Trotz der Blamage von Camas Meadows gab General Oliver Otis Howard den Befehl zum Weitermarsch. Seine Armee, bestehend aus 200

Kavalleristen, 300 Infanteristen, 50 Scouts und 50 Montana-Zivilisten, glich einem Haufen Abenteurer, die sich übernommen hatten. Kaum einer der Soldaten trug noch eine komplette Uniform. Die Schuhe der Infanteristen waren durchgelaufen. Sie waren während der letzten 24 Stunden vor Camas Meadows 48 Meilen gegangen und waren vollkommen ausgepumpt. Im Gebirge waren die Nächte schon eisig kalt, und es fehlte an Mänteln und Decken. Viele Soldaten waren erkältet. Einige waren am Zusammenbrechen.

Trotzdem marschierten sie vom Callaway Lager zum Snake River. Die Offiziere drängten Howard, eine Pause einzulegen. Die Soldaten hatten mehr geleistet, als man von ihnen fordern konnte. Sie hatten eine Pause bitter nötig, und der Vorsprung der Nez Percé war auch durch Gewaltmärsche nicht mehr einzuholen, denn die restlichen Kavalleriepferde waren nicht besser dran als ihre Reiter.

Am Snake River stießen Captain S. G. Fisher und eine Gruppe von 30 Bannack Scouts zu Howards Armee. Sie kamen aus Fort Hall und schienen noch recht frisch zu sein. Howard befahl Fisher, die Spitze zu übernehmen. Fisher war ein hagerer Mann mit einem finsteren Gesicht. Er trug Hirschlederkleidung mit ausgefransten Nähten und erweckte dadurch das Mißtrauen der Offiziere und Soldaten.

Am 22. August erreichte Howards Armee Henry's Lake nach einem weiteren Gewaltmarsch, auf dem Menschen und Tiere die letzten Kraftreserven verbrauchten. Howard konnte jetzt nicht mehr anders, als der Aufforderung seiner Offiziere nachzukommen und ein Lager aufzuschlagen. Der Doktor meldete, daß seine Vorräte an Medizin aufgebraucht waren, ein großer Teil der Männer aber an Erkältungskrankheiten und Erschöpfung litt. Howard war selbst am Ende seiner Kräfte. Doch er stellte sofort einen Trupp der noch kräftigsten Männer zusammen, um mit ihnen 70 Meilen nach Virginia City zu reiten und Nachschub aufzubringen. Die Montana-Zivilisten wurden ausgemustert und durften heimkehren. Zwei Kavalleriekompanien wurden nach Fort Ellis geschickt, wo sie sich frisch ausrüsten und dann im Yellowstone National Park wieder zu Howards Armee stoßen sollten. Sie nahmen fast 200 von Howards völlig heruntergerittenen Pferden und Maultieren mit nach Fort Ellis. Die meisten dieser Tiere konnten sich kaum mehr auf den Beinen halten und waren nicht einmal mehr ihr Futter wert. Unterdessen versuchten ein paar Montana-Zivilisten in der Umgebung Reit- und

Packpferde aufzutreiben und zum Lager am Henry's Lake zu treiben. Viele dieser Pferde waren noch nicht zugeritten und gebärdeten sich wie Teufel, als man ihnen Sättel auflegte.

In Virginia City nahm General Oliver Otis Howard die Gelegenheit wahr, seinen Vorgesetzten, General William Tecumseh Sherman, per Telegraf über den Verlauf des Feldzuges ins Bild zu setzen und ihm die Gelegenheit zu geben, den weiteren Verlauf dieses Krieges zu planen. In der ersten Nachricht telegrafierte Howard unter anderem:
Ich schlage vor, daß im Osten liegende Einheiten die Nez Percé abdrängen, bevor sie die Crows verrückt machen oder sich gar mit den Sioux verbünden. Ich hörte, daß sich Miles, möglicherweise auch Sturgis, am Yellowstone befinden, nicht sehr weit von meiner Front entfernt. Ist das wahr? Meine Einheit ist derart erschöpft, daß ich nicht mehr viel weiter vorrücken kann. Ich müßte erst einmal Rast machen und mich dann auf den Rückmarsch nach Fort Boise begeben, wo ich meine Truppen wieder auf ihre Standorte verteilen könnte, bevor in den Bergen der Schnee fällt.
Schon am gleichen Tag beantwortete General Sherman Howards Telegramm:
Ich will keine Befehle erteilen, die möglicherweise bei Sheridan oder Terry Verwirrung stiften könnten, aber Ihre Einheit sollte die Nez Percé bis zu ihrer Vernichtung verfolgen, wo immer auch die Fährte hinführt. Miles ist zu weit entfernt, und ich fürchte, daß Sturgis zu langsam vorankommt. Wenn Sie müde sind, übergeben Sie das Kommando doch einem jungen, energischen Offizier, der die Verfolgung weiterführen kann, der den Indianern immer auf den Fersen bleibt, der es fertigbringt, seine Männer voranzutreiben, auch wenn sie sich von Rindern ernähren müssen, die an der Marschroute eingefangen und geschlachtet werden können. Für eine derart harte Verfolgung ist die Infanterie ebenso geeignet wie die Kavallerie. Am nächsten Dienstag bin ich in Helena. Es darf keine Zeit versäumt werden. Ich kenne Ihre Offiziere nicht, aber Sie können sich einen zum Kommandanten geeigneten Mann aussuchen und ihm sofort die nötigen Befehle geben. Wenn die Indianer besiegt und gefangen sind, können Ihre Männer zum Schienenstrang der Pacific Railroad

marschieren und per Bahn oder per Dampfschiff zu ihren Forts zurückkehren. Man braucht sie im Moment wirklich nicht in Kalifornien oder Oregon, sondern genau dort, wo sie sich jetzt befinden.

Howard antwortete am 27. August:

Ihre Nachricht vom 26. erhalten. Sie haben mich mißverstanden. Ich passe nie. Meine gesamten Leute, die jungen, energischen Offiziere eingeschlossen, sind zwar durch den langen Marsch im Zustand völliger Erschöpfung, aber Sie brauchen um die Fortsetzung dieses Krieges nicht zu bangen. Weder Sie noch General McDowell sollten meinen Willen und meine Energie in Frage stellen. Meine indianischen Kundschafter sind dem Feind auf den Fersen. Ausrüstung und neuer Proviant sind soeben hier eingetroffen. Wir werden morgen früh weitermarschieren, bis zum Ende. Die Nez Percé haben im Lower Geyser Basin eine Ausflugspartie von acht Herren und zwei Damen gefangengenommen. Die Indianer werden wahrscheinlich den Stinking River überqueren, ungefähr hundert Meilen südöstlich der Crow Agentur.

Einen Tag später telegrafierte General Sherman erneut:

Bin soeben aus Benton zurückgekehrt. Bekam Ihre Nachricht vom 27. Bin erfreut darüber, daß Sie Ihren Mut nicht verloren haben. Ich setze alles Vertrauen in Ihre gewaltige Energie, obwohl Sie sich offensichtlich trotzdem übernommen haben. Und manchmal denke ich, daß doch jüngere Männer besser wären, um Indianerkriege auszufechten. Sie bringen einfach mehr. Ich glaube, Sturgis wird sich am Clark's Fork um Ihre Indianer kümmern. Außerdem wird Sheridan eine Einheit in Camp Brown postieren und eine andere am Tongue River. Ich vermute allerdings, daß die Nez Percé versuchen werden, sich in den Big Horn Mountains zu verstecken, im Gebiet der Stinking Waters, da sie glauben, von Ihnen nicht mehr verfolgt zu werden. Wenn Sie jetzt mit Ihren Truppen auf dem Rückmarsch nach Idaho wären, würden diese Indianer nicht zögern, wieder nach Montana einzudringen.

Howard blieb seinem Vorgesetzten daraufhin eine Antwort schuldig. Er bekam noch von General McDowell ein Telegramm, in dem er aufgefordert wurde, seine eigenen Entscheidungen zu treffen und weniger darauf zu achten, was andere zu wissen glaubten, die nicht unmittelbar mit dem Nez Percé Krieg konfrontiert wurden. Damit meinte er in erster Linie Sherman, dem er wohl gern den Oberbefehl streitig gemacht hätte. Howard befand sich inmitten eines Intrigenspiels, das die verschiedenen Departements-Kommandanten ausgeheckt hatten, um auf der Erfolgsleiter eine Sprosse höher zu klettern, ohne viel dafür tun zu müssen.

Am 29. August kam dann ein Brief von Sherman. Howard war zu dieser Zeit längst unterwegs und befand sich im Yellowstone National Park. Sherman schrieb:

General Sturgis befindet sich mit 6 Kompanien am Clark's Fork. Major Hart ist mit 100 Scouts am Stinking Water. General Merritt mit 10 Kompanien hält sich in Camp Brown bereit. Ihre Einheit als Verfolger ist gezwungen, Geduld zu üben, und wird kaum eine Chance erhalten, diesen Krieg zu entscheiden.

Howard faltete den Brief sorgfältig, steckte ihn ein und fragte sich, ob seine Vorgesetzten aus der Niederlage, die Gibbon in der Big Hole Schlacht erlitten hatte, nichts gelernt hatten. Wenn es stimmte, was die Bannack Kundschafter erzählten, würde allein Sturgis das Pech haben, auf die Nez Percé zu stoßen. Und mit seinen 6 Kompanien würde Sturgis kaum in der Lage sein, besser abzuschneiden als Gibbon am Big Hole.

Die Nez Percé verließen den Yellowstone National Park und nahmen den beschwerlichen Weg über die Pelican-Cache-Creeks in Richtung zum Clark's Fork, einem Seitenarm des Yellowstone River.

General Howard überließ es den Bannack Scouts, die Fährte der Indianer zu halten. Er selbst rückte am westlichen Ufer des Yellowstone River nach Norden zur Mündung des Lamar River vor, wo er den Fluß über eine Holzbrücke passieren wollte. Chapman, der Howards Kavallerie weit vorausgeritten war, fand die Brücke teilweise zerstört. Die Nez Percé hatten versucht, sie abzubrennen. In aller Eile wurde sie repariert. Howard verlor dadurch viel Zeit. Er rechnete nicht mehr damit, die Nez Percé vor dem Clark's Fork einzuholen, hoffte aber, daß unterdessen Colonel Samuel Sturgis mit den Truppen des 7. Kavallerieregiments den Absaroka Pass sperren würde. Das war die einzige Möglichkeit, die Sturgis hatte. Er konnte versuchen, die Fliehenden aufzuhalten, und vielleicht würde es ihm sogar gelingen.

18

Canyon Creek

Ich verstehe nicht, wie die Crows sich dazu entschließen konnten, den weißen Soldaten zu helfen.
Sie kämpften gegen ihre besten Freunde! Einige der Nez Percé in unserer Abteilung hatten ihnen geholfen, die Sioux zu schlagen, von denen sie nur wenige Winter zuvor angegriffen wurden. Darum riet Häuptling Looking Glass uns allen, bei den Crows um Hilfe und Schutz zu bitten. Er dachte, die Crows würden uns im Kampf gegen die Soldaten helfen.

Yellow Wolf, in McWorther: YELLOW WOLF, 1940

Ein Marsch von 9 Tagen brachte uns zum Clark's Fork des Yellowstone. Wir wußten nicht, was aus General Howard geworden war, aber wir vermuteten, daß er neue Pferde und Maultiere auftreiben wollte und deshalb zurückblieb. Er holte uns nicht mehr ein. Dafür griff uns ein neuer Soldatenhäuptling an. Wir hielten ihn in Schach, während wir alle unsere Frauen, Kinder und Pferde außer Gefahr brachten, und wir ließen dann nur noch ein paar Krieger zurück, die uns den Rücken deckten.

Joseph, in: THE NORTHAMERICAN REVIEW, 1879

Als Colonel Samuel D. Sturgis hörte, daß die Nez Percé den Yellowstone National Park verlassen hatten, war er sofort zum Einsatz bereit, denn er befand sich mit 6 Kompanien in der Gegend. Vor ihm lag ein Stück Amerikas, das er noch nicht kannte. Schroffe Bergmassive, durchzogen von tiefen Felsschluchten und dichtbewaldeten Tälern. Eine Wildnis, die noch nicht erforscht war. Auf den meisten Karten war da ein weißer Fleck. Sturgis nahm den Clark's Fork des Yellowstone als Wegweiser. Er folgte ihm flußaufwärts, der südlichen Montana Grenze entgegen, und hinein in die Heart Mountains. Nach den letzten Nachrichten, die Sturgis erhalten hatte, trailten die Nez Percé dem Lamar River entlang, verfolgt von Howard. Irgendwo am Oberlauf des Clark's Fork wollte Sturgis ihnen den Weg verlegen, und er trieb seine Kompanien hart an, um Howard zuvorzukommen. Dafür hatte er seine guten Gründe. Sturgis' Sohn war in der Schlacht am Little Big Horn gefallen. Mit Custer zwar, aber das war ein schwacher Trost für Colonel Samuel D. Sturgis.

Custer hatte es vielleicht nicht anders verdient. Er wollte zum Helden der Nation werden, und sein sprichwörtliches Glück hatte ihn nicht im Stich gelassen. Tote Helden leben länger. Noch in hundert Jahren würde die Welt von Custer reden, Custer feiern, Custer verdammen. Noch in hundert Jahren würde Custer Schlagzeilen machen und in tausend Jahren immer noch. Aber der Name des jungen gefallenen Lieutenants James Garland Sturgis würde nicht genannt werden.

Samuel D. Sturgis trug die Briefe, die ihm sein Sohn aus West Point und von seinen ersten Einsätzen geschrieben hatte, seit einem Jahr mit sich herum. Manchmal las er sie, bevor er schlafen ging. Und dann lag er oft stundenlang wach, erinnerte sich an die Tage, die er mit James verbrachte, als dieser noch mit Bleisoldaten spielte. Samuel D. Sturgis hatte alle seine Beziehungen eingesetzt, um seinem Sohn die Offizierslaufbahn zu ermöglichen. Zunächst West Point. James hatte einen ausgezeichneten Abschluß. Er wollte zur Kavallerie, wollte zu Custer, der die Nation in Atem hielt. Colonel Sturgis verschaffte ihm einen Platz in dem *Siebten*, dem Regiment, das Custer kommandierte. Und Samuel D. Sturgis erinnerte sich an den Tag, als Custer sagte: »Ich werde aus Ihrem Sohn einen Mann und einen Offizier von Format machen, Colonel.«

Custer nahm ihn mit auf den Sioux Feldzug, und dort war er gestorben mit einer Reihe von anderen jungen Offizieren, die Custer treu ergeben waren. Seine Leiche wurde nie gefunden. Er sei wahrscheinlich beim Angriff auf das große Lager mitten im Fluß aus dem Sattel geschossen worden, sagten einige. Er könnte vielleicht auch lebend in die Hände der Indianer gefallen und später zu Tode gemartert worden sein, meinten andere.

Er war tot. Für Custer gefallen. Für das Vaterland. Colonel Samuel Sturgis konnte es nicht begreifen. Er selbst war mit 55 Jahren einer der ältesten Offiziere, die immer noch im Kriegseinsatz waren. Er hätte Jahre hergegeben für das Leben seines Sohnes. Seine Glanzzeit war vorbei. Und er hatte mehr Glück gehabt als viele andere. 35 Jahre Krieg hatte er hinter sich. Zuerst Mexico. Gefangen in Buena Vista. Dann im Einsatz in Missouri, Kansas, Kalifornien, Texas und New Mexico. Ausbruch des Bürgerkrieges. Offizier bei der Union im Rang eines Captains. Erfolge in Manassas, Fredericksburg, South Mountain, Antietam und wurde schon nach 3 Jahren zum Lieutenant Colonel der 6. Kavallerie befördert. Danach kommandierte er eine ganze Division.

Nach dem Krieg Grenzdienst in Texas. Nach Custers Niederlage trat er dessen trauriges Erbe als Kommandant des 7. Kavallerie-Regimentes an, stationiert in Fort Lincoln, im Dakota Territorium. Seine Aufgabe war es, aus dem, was die Sioux vom 7. Kavallerieregiment übriggelassen hatten, wieder eine Streitmacht zu machen, die sich sehen lassen konnte.

Samuel D. Sturgis' *Siebtes* war auch jetzt nur noch ein Schatten seiner selbst. Aber das störte den alten Colonel nicht, der nun ausgeschickt worden war, um einen Krieg zu gewinnen, den Howard und Gibbon versaut hatten.

Noch einmal packte ihn das Fieber. Er hatte in schlaflosen Nächten darum gebetet, den Sioux, den Cheyenne oder den Arapahos zu begegnen, die James getötet hatten. Jetzt kamen Howards Indianer. Keine Sioux. Nez Percé. Aber für Sturgis gab es keinen Unterschied. Indianer waren Indianer. Die mieseste Art von Menschen, die es gab. Tiere. Sturgis kannte sie von früher, aber er hatte vergessen, wie sie früher gewesen waren. Jetzt wurden sie aus seinen Alpträumen geboren, und seine Alpträume waren längst Tagträume geworden. Er brauchte nicht einmal die Augen zu schließen, um zu sehen, wie James gestorben war. Wie sie ihn marterten. Wie er schreit und sie darum bittet, daß sie ihn töten, schnell töten, weil er sich in seinem jungen Leben zu oft mit dem Tod beschäftigt hat, als daß er ihn noch fürchten könnte. Er schreit, und sie tanzen um ihn herum, Tiere, mit nackten, angemalten Körpern, und besessen von der Lust, einen Gegner zu Tode zu quälen.

Darum brannte Colonel Sturgis darauf, den Nez Percé zu begegnen.

Der einzige Mann in seinem Kommando, der schon einmal im Gebiet des Clark's Fork gewesen war, war Pawnee Tom, ein Mischling. Er schlug vor, einen engen Canyon am Oberlauf vom Clark's Fork zu blockieren, da die Nez Percé mit größter Wahrscheinlichkeit diesen Weg nehmen würden. Der Canyon wäre eine perfekte Falle, in der alle Nez Percé mit wenig Aufwand getötet werden könnten. Man müßte nur aufpassen, daß die Kundschafter die Soldaten nicht entdeckten, aber das wäre in diesem unübersichtlichen Land kein Problem. Es gäbe für die Nez Percé zwar noch einen anderen Weg, der am Stinking Water entlang führt, aber das wäre ein beschwerlicher Umweg.

Sturgis mußte sich wohl oder übel auf Pawnee Tom verlassen. In Gewaltmärschen hetzte er sein Regiment in die Berge hinein und zu jener Schlucht. Dort brachte er seine 350 schon ziemlich mitgenommenen Soldaten in Stellung. Dann schickte er Kundschaftertrupps aus, um nach den Nez Percé Ausschau zu halten. Sturgis wartete. Seine Männer warteten. Die Nächte waren eiskalt, die Tage trüb. Schummriges Zwielicht wich nicht aus der Schlucht, die so eng war, daß sie nicht mit Wagen passiert werden konnte. Fast senkrecht stiegen zu beiden Seiten feucht schimmernde Granitwände auf. Es roch nach Fäulnis und nach Moos. Das Warten wurde zur Qual. Dann kam die Nachricht, die Nez Percé hätten doch einen anderen Weg gewählt und würden einen Bergsattel passieren, in dem die Quelle des Stinking Water lag.

Ein gewaltiger Umweg. Die Nez Percé waren jetzt so weit nach Süden abgekommen, daß sie nicht mehr zum Clark's Fork zurückkommen würden. Auf Vorwürfe der Offiziere reagierte Pawnee Tom erst sauer und dann gleichgültig. Es hätte ja immerhin sein können, daß die Nez Percé durch die Schlucht gekommen wären, murrte er. Irren sei menschlich. Und es mache doch so oder so keinen Unterschied. Man müßte sich jetzt beeilen und ihnen den Weg am Stinking Water verlegen, wo es bestimmt auch einen Platz für einen Hinterhalt gäbe, in dem alle Nez Percé niedergemacht werden könnten.

Es klang, als wüßte er Bescheid. Und Sturgis verließ den Canyon und jagte seine Männer zum Stinking Water. Nieselregen setzte ein. Wolkenfetzen hingen tief in den Tälern. Trotzdem gelang es Sturgis, die Männer warm zu halten. Er versprach, das angeknackste Image des *Siebten* durch einen glanzvollen Sieg über die Nez Percé wiederaufzupolieren.

Die Berge, die in den Wolken standen, die grünen Täler mit ihren Wäldern und Quellflüßchen, erinnerten vor allem die Wallowa Nez Percé an ihre Heimat.

Joseph wäre mit seinem Stamm am liebsten geblieben. Aber die Kundschafter erzählten von den Bannacks, die nicht einmal einen Tag zurücklagen und die Fährte hielten. Und sie berichteten, daß General Howard zwar einen anderen Weg genommen, aber nicht aufgegeben hatte. Lean Elk ließ nicht nur Howards Soldaten beobachten. Er schickte Trupps voraus, und er war nicht überrascht, als er erfuhr, daß eine andere Armee versuchte, ihnen den Weg abzuschneiden.

Die Nez Percé befanden sich genau zwischen den beiden Armeen, und Lean Elks Führungsqualitäten wurden jetzt von Looking Glass in Zweifel gezogen.

»Du hast uns in die Falle geführt!« sagte er vor den versammelten Stammeshäuptlingen. Aber Lean Elk ließ sich nicht beirren. Er erklärte den Häuptlingen einen Plan, den er ausgeheckt hatte. Scouts hatten das ganze Gebiet, das vor ihnen lag, ausgekundschaftet. Sie kannten jeden Bergziegenpfad, der noch von Travoipferden begangen werden konnte.

Sie wußten, wo sich die neue Armee aufhielt und welchen Weg Howard eingeschlagen hatte.

Anstatt den Paß zum Clark's Ford zu nehmen, wollte Lean Elk ein Stück weit nach Süden marschieren, in Richtung zum Stinking Water. »Die Soldaten haben Scouts ausgeschickt. Denen werden wir uns zeigen, und ich wette alle meine Pferde gegen den Gaul, den Howard reitet, daß sich der neue Soldatenhäuptling täuschen läßt und dorthin reiten wird, wo wir nicht hingehen. Während er den Hügelpfad nimmt, reiten wir im Tal zurück und folgen dem Weg, der uns dorthin bringt, wo der neue Soldatenhäuptling die Geduld verloren hat. Dort werden keine Soldaten mehr sein, und wir kommen ungehindert durch die Berge.«

Lean Elks Vorschlag wurde angenommen. Sofort setzte sich der lange Zug in Bewegung. Kundschafter führten. Der Weg war schmal und zog sich an steilen Hängen hoch und durch enge Täler. Die Kundschafter der Nez Percé entdeckten Kundschafter der Armee des neuen Soldatenhäuptlings, die den Zug der Nez Percé beobachteten und dabei nicht merkten, daß sie selbst beobachtet wurden. Unterdessen fingen Krieger der Nachhut ein paar Boten ab, die Howard ausgeschickt hatte, um mit Sturgis Kontakt aufzunehmen. Sie töteten diese Männer, die alle Zivilkleider trugen. Als Yellow Wolf mit einem Trupp zurückkehrte und erzählte, daß der neue Soldatenhäuptling mit seinen Pferdesoldaten auf Lean Elks Trick hereingefallen war, kehrten die Nez Percé um. Keine zehn Meilen voneinander entfernt, kreuzten die Indianer den Weg der weißen Soldaten. Nur ein Hügelkamm trennte sie. »Du kriegst den Gaul des Generals«, sagte Ollokot zu Lean Elk, als sie die Schlucht passierten, in der kurz zuvor die Soldaten fröstelnd und mißgelaunt darauf gewartet hatten, daß die Indianer endlich kommen würden. Es gab Spuren von den Soldaten. Vom Nieselregen aufgeweichte Hartbrotstücke und Zigarettenstummel. Einer der Krieger fand sogar ein paar Wollsocken, die an einem Strauch hingen und tropften.

Joseph beglückwünschte Lean Elk. Wieder einmal war es ihnen gelungen, den Soldaten und dem Krieg auszuweichen. Jetzt brauchten sie nur noch die Unterstützung der Crow-Stämme, und Looking Glass, der lange mit den Crows gelebt hatte, versicherte, daß diese nicht zögern würden, ihnen Schutz und Hilfe zu bieten. »Sie sind unsere Brüder«, sagte er. »Sie werden mit uns gegen die Weißen kämpfen!«

Joseph erwiderte darauf, daß er das gleiche von den Flatheads und von den Shoshonen gedacht hätte und sein Mißtrauen nun berechtigt wäre. Da packte Looking Glass seine Sachen zusammen und ritt mit einigen Freunden und Yellow Wolf davon, um mit den Crows Kontakt aufzunehmen. Als er davonritt, war er voll Zuversicht und Mut. Einen Tag später kehrte er zurück, alt im Gesicht, die Enttäuschung in den Augen. Die Crows hatten ihm die Hilfe verweigert. Sie wollten nichts mit der Sache zu tun haben. Sie lebten mit den Weißen in Frieden. Sie boten Looking Glass nicht einmal ihre Gastfreundschaft an. Im Gegenteil, die Crows schickten ihn und seine Freunde fort und baten sie, nicht wieder zu ihnen zu kommen. Es war das zweite Mal, daß Looking Glass von Freunden zutiefst enttäuscht wurde. Charlot hatte ihm damals nicht einmal die Hand gegeben, und Plenty Coups, einer der Crow-Häuptlinge und ein alter Freund von ihm, hatte ihm sogar gedroht, die Soldaten zu unterstützen, falls es auf Crow-Gebiet zu einem Kampf käme.

Die Enttäuschung schien den ganzen Stamm zu lähmen. Hatte man den langen Weg hierher wirklich umsonst gemacht? Waren alle Strapazen und Qualen vergeblich gewesen? Hatte der Widerstand jetzt überhaupt noch einen Sinn?

Wie eine Herde verirrter Schafe, scharten sich die Nez Percé um Joseph. Selbst die jungen Krieger aus den Abteilungen von White Bird und Toohoolhoolsote hatten die Lust am Abenteuer plötzlich verloren. Sie hatten fest mit der Hilfe der Crows im Kampf gegen die weißen Soldaten gerechnet. Verständnislos lauschten sie den Ausführungen von Looking Glass, um schließlich mutlos auf eine Entscheidung Josephs zu warten, der sich mit den anderen Häuptlingen beriet. Alle Hoffnungen ruhten jetzt auf Joseph. Der hatte lange Zeit andere bestimmen lassen. Looking Glass und Lean Elk hatten den Stamm hierhergeführt. White Bird hatte seine jungen Krieger nicht im Zaum halten können, und Toohoolhoolsote hatte mit seinen Hetzreden immer wieder Unruhe gestiftet. Jetzt waren sie alle sehr still, und keiner von ihnen drängte sich, Joseph die Entscheidung abzunehmen. Alle Pläne, alle Träume waren zerschlagen. Der Weg, den sie eingeschlagen hatten, führte nach nirgendwo. Das Feuer, das in ihnen brannte, drohte zu erlöschen. Aber da zeigte es sich, daß Joseph die Kraft hatte, ihnen die Hoffnung wiederzugeben.

»Da oben ist ein Land, das nicht Washington gehört«, sagte er zu seinen Leuten. »Es ist *Großmutters Land*, das die Weißen Kanada nennen.

Wir wissen, daß Sitting Bull mit den Sioux dorthin ging, als er Schutz brauchte vor Washingtons Soldaten. Man hat den Sioux dort diesen Schutz gewährt. Warum sollten nicht auch wir im Land der Großmutter einen Platz finden, wo wir von Washingtons Soldaten nicht belästigt werden können? Ein Platz, wo es Frieden gibt zwischen den Roten und den Weißen? Warum gehen wir nicht dorthin, wo Sitting Bull ist?«

»Die Sioux sind unsere Feinde!« sagte Looking Glass.

»Du hast geglaubt, daß die Crows unsere Freunde sind«, lächelte Joseph. »Wenn unsere Freunde plötzlich zu unseren Feinden werden können, warum sollten dann unsere Feinde jetzt nicht unsere Freunde sein?«

Sie mußten ihm recht geben. Großmutters Land, das war ein Hoffnungsschimmer. Sie hatten viel davon gehört. Einige waren schon dort gewesen. Auf Büffeljagd und bei der Verfolgung der Blackfeet oder der Sioux.

Es gab nur wenige Weiße, die dort lebten. Und wenige Soldaten, die rote Uniformröcke trugen und von denen die Schwarzfüße sagten, daß sie mehr redeten und viel Spaß machten und selten schossen. Und Washington hatte dort, wo Großmutter regierte, nichts zu sagen, denn Großmutter liebte Washington nicht, und es hatte gar eine Zeit gegeben, in der Großmutters Soldaten gegen Washingtons Soldaten im Krieg waren, aber das war lange her. Inzwischen gab es etwas, was die Weißen Grenze nannten, und Washingtons Soldaten wußten genau, wo diese Grenze war, und sie durften diese Grenze nicht überschreiten.

»Wir müssen vor den Soldaten an der Grenze ankommen«, sagte Joseph. »Dann sind wir in Sicherheit.«

»Wenn du weißt, wo wir diese Grenze finden können, dann bring uns hin«, sagte Toohoolhoolsote. »Wenn du Großmutters Land so gut zu kennen glaubst, dann bring uns hin.«

»Ich kenne Großmutters Land«, mischte sich Lean Elk ein. »Es ist das Land der Königin von England. Sie wohnt irgendwo jenseits des Großen Wassers. Ich habe viel von ihr gehört. Sie ist eine gute Frau. Sie ist gut zu den Indianern. Sie hat nie Krieg gegen die Blackfeet geführt, obwohl die Blackfeet in ihrem Land leben. Es gibt auch Büffel dort und viel Platz für uns. Aber wir müssen uns beeilen, wenn wir die Grenze erreichen wollen, bevor die Soldaten dort sind. Es ist jetzt ein Wettlauf mit den Soldaten.«

»Führe uns, wenn du den Weg kennst!« sagte Joseph. Er stand auf. »Wir sind bereit!«

Auch Hush-hush-cute und White Bird wollten sofort aufbrechen. »Die Soldaten sind jetzt hinter uns«, sagte Hush-hush-cute. »Wir wollen nicht warten, bis sie uns wieder eingeholt haben.«

Die Nez Percé machten sich noch am gleichen Tag auf den Weg. Lean Elk übernahm die Führung. Er schickte Kundschafter aus und ließ eine kleine Nachhut hinter der Hauptmacht herreiten. Im kalten Nieselregen zogen die Nez Percé dem Clark's Fork entlang, auf einem alten Jägerpfad, den die Soldaten vor kurzem in umgekehrter Richtung genommen hatte. 700 Männer, Frauen und Kinder schöpften neue Hoffnung. Vielleicht würde es ihnen jetzt doch noch gelingen, Washingtons Soldaten für immer abzuschütteln.

Die jungen Krieger waren wieder voll Mut und Tatendrang. Sie überfielen am Unterlauf des Clark's Fork eine Ranch und töteten zwei Fallensteller, die auf der Ranch zu Gast waren und sich wahrscheinlich der Armee als Scouts verdingt hätten. Den Rancher und seine beiden Angestellten ließen sie am Leben. Danach überfielen sie ein Sägewerk und stahlen sämtliche Pferde.

Wenig später entdeckten Yellow Wolf, Tucallacasena und ein paar andere eine Postkutsche, die im Hof einer Ranch haltmachte. Die Krieger ritten sofort eine wilde Attacke. Passagiere und der Fahrer flohen und versteckten sich. Tucallacasena jagte auf seinem Pferd zur Postkutsche, sprang vom Sattel auf den Bock, löste die Bremse und trieb die Pferde mit scharfen Schreien an. Das Gespann galoppierte erschrocken quer über den Ranchhof und die Straße hinunter, die zum Ufer des Yellowstone führte. Tucallacasena hatte viel Mühe, sich auf dem Bock zu halten. Die Kutsche schlingerte und bockte und tanzte, drohte mehrere Male umzustürzen. Links und rechts der Kutsche jagten die anderen auf ihren flinken Ponys die Straße hinunter, lärmend und schreiend. Yellow Wolf sprang im Galopp von seinem Pferd und klammerte sich an der Kutsche fest, öffnete die Tür und verschwand im Innern. Dann warf er die Sachen der Reisenden aus den Fenstern. Am Fluß gelang es Tucallacasena, das Gespann von der Straße zu lenken. Die Pferde galoppierten querfeldein in einem großen Bogen zur Ranch zurück, kamen wieder auf die Straße, nahmen eine enge Kurve, und die Kutsche schleuderte, zwei Räder hoch in der Luft, die anderen im Straßengraben. Tucallacasena sprang vom

Bock, als die Kutsche umkippte, gegen eine Böschung krachte, auf die Straße zurückgeschleudert wurde und förmlich in der Luft zerbarst. Das Gespann schleifte die Trümmer fast eine Meile weit, bevor es einigen Nez Percé gelang, die Leitpferde am Kopfzeug zu fassen. Yellow Wolf war beim ersten Aufprall aus der Kutsche gefallen und lag besinnungslos mitten auf der Straße. Sein Cousin kümmerte sich um ihn, während Bighorn Bow den Postsack aufschlitzte und den Inhalt in den Wind fliegen ließ.

Als Yellow Wolf noch völlig benommen wieder auf seinen Beinen stehen konnte, ritten die jungen Krieger wieder zurück, das Tal des Clark's Fork hoch, und als sie auf die Hauptmacht trafen, meldeten sie, daß der Weg zum Yellowstone River frei sei.

Howard und Sturgis trafen sich am 11. September im Tal des Clark's Fork, genau zwei Tage nachdem die Nez Percé durchgezogen waren. Sturgis sah jetzt auch schon aus, als hätte er Monate im Feld verbracht. Sein Gesicht hatte fast die Farbe des wolkenverhangenen Himmels. Die Uniform hing naß und schmutzig an ihm herunter, und sein linkes Auge war stark entzündet. Auf Dr. Alexanders Rat, das Auge mit einer Salbe zu behandeln und anschließend mit einer Augenklappe abzudecken, reagierte Sturgis, als hätte ihm der Arzt vorgeschlagen, jeden Morgen einen Eßlöffel voll Rhyzinusöl einzunehmen.

»Ich habe einen Jungen in meinem Kommando, der einen Abszeß am After hat, und die letzten Tage bäuchlings im Sattel verbrachte!« sagte Sturgis. »Kümmern Sie sich um ihn, wenn Sie scharf auf ein medizinisches Erfolgserlebnis sind, Doktor!« Er war richtig gehässig. Wie ein alter Mann, der plötzlich merkt, daß er bei naßkaltem Wetter sein Wasser nicht mehr halten kann. Dr. Alexander war ein nachsichtiger Mensch, der es sogar fertigbrachte, Sturgis zuzulächeln, bevor er sich umdrehte und dorthin ging, wo sich die Kranken und die Müden versammelt hatten.

Howards Adjutant meldete, daß das Kommandozelt aufgebaut sei, innen und außen feucht, aber immerhin. »Kommen Sie, Colonel«, sagte Howard zu Sturgis. »Trinken wir eine Tasse Kaffee zusammen.«

Im Zelt fing es an warm zu werden. Im Sibley-Ofen, einem rußgeschwärzten Blechbehälter, der sich nach oben verjüngte und als Rohr durch ein Loch in der Zeltplane nach draußen führte, knatterte ein Feuer. Das Türchen war offen. Pinienzapfen zersprangen in der Glut. Funken regneten auf Sturgis Stiefel nieder, als er dicht am Ofen stehenblieb.

»Ziehen Sie doch die Stiefel aus«, sagte Howard.

Sturgis schüttelte den Kopf. »Ich bin auf der Jagd«, sagte er.

Howard lächelte. Sherman würde sich in den eigenen Arsch beißen, wenn er davon hörte, daß auch Sturgis mit dem Siebten von Joseph ausmanövriert worden war. »Ich möchte jetzt nur wissen, wo Sherman die Jungen hernehmen will, die mehr bringen können«, sagte er und setzte sich an den Klapptisch. Ein Soldat kam herein und hängte eine Kaffeekanne voll Wasser über die Öffnung des Sibley-Ofens. »Kann ich noch etwas für Sie tun, Sir?« fragte er Howard.

»Versuchen Sie, Chapman aufzutreiben«, sagte Howard. Der Soldat sagte, daß Chapman mit den Bannacks unterwegs sei. Wenn er zurückkäme, würde er sich bestimmt melden. Howard entließ den Soldaten und fing an, seine Stiefel auszuziehen. Er machte fast wollüstige Geräusche, als seine Füße freikamen. Sie waren schneeweiß und stanken. Die Stiefel waren schwer vom Regenwasser, mit dem sie sich vollgesogen hatten. »Man müßte sie mit Zeitungspapier ausstopfen«, sagte er zu Sturgis, dessen Hose ein bißchen zu dampfen angefangen hatte. »Das Wetter macht uns zu schaffen, seit wir hinter den Nez Percé her sind. Dieser Sommer war einfach zu kurz.«

Sturgis nickte, obwohl er nicht zugehört hatte. Er sagte, man müßte Miles, der am Zusammenfluß des Tongue und des Yellowstone River lagerte, eine Nachricht schicken.

Howard kraulte seinen Bart, in dem noch der Regen glitzerte. »Miles würde sich bestimmt freuen«, sagte er.

Der Soldat kam mit dem Hintern voran in das Zelt. Er schleifte eine Kiste zum Tisch, richtete sich auf und sagte, daß Chapman mit Pawnee Tom zurückgekommen wäre. »Die Rothäute haben es geschafft, Sir«, sagte der Soldat. »Fünfzig Meilen Vorsprung. Bevor wir an die herankommen können, sind sie im Flachland.« Der Soldat ging zum Ofen und legte ein paar Holzstücke ins Feuer. »Ihre Hose raucht, Sir«, sagte er zu Sturgis. »Wenn Sie mir sagen, wo Ihre Sachen sind, laß ich durch einen Ihrer Männer frisches Zeug herbringen.«

Sturgis bedankte sich und schickte den Soldaten zu seinem Adjutanten.

Howard, seine Füße mit einer Wolldecke umwickelt, hatte unterdessen eine Landkarte ausgebreitet. Er suchte die Mündung des Tongue Rivers. Dort war ein Stern eingezeichnet. Howard schrieb *Miles* über den Stern. »Er könnte Joseph den Weg abschneiden, wenn er die Ebenen durchquert, um nach Kanada zu entkommen. Das hat Chapman vermutet. Er behauptet, daß Joseph jetzt nur noch versuchen könnte, nach Kanada zu entkommen. Miles könnte seine Truppen bis Cow Island auf Frachtschiffen transportieren und die Nez Percé abfangen, bevor sie den Missouri überqueren.«

Sturgis kam vom Ofen herüber und beugte sich über die Karte. Eine Weile betrachtete er sie schweigend. Dann richtete er sich auf. »Gut«, sagte er. »Miles soll sich auf jeden Fall bereit halten, obwohl ich nicht gewillt bin, einfach aufzugeben. Ich mache weiter, Howard!«

General Howard lächelte.

»Sicher«, sagte er. »Warum nicht. Vielleicht können Sie die Indianer noch einholen. Aber dann haben Sie jetzt keine Zeit mehr, um die Uniform zu wechseln.« Howard sagte es mit leisem Spott in der Stimme, und den konnte Sturgis nicht überhören.

»Lassen Sie sich überraschen«, sagte er zu Howard. Dann verabschiedete er sich. Vor dem Zelt prallte er fast mit Chapman zusammen, der aussah, als hätte er ein Schlammbad genommen. Chapman wurde von Pawnee Tom begleitet. »Wie sieht es aus?« fragte Sturgis seinen Scout sofort.

»Mies«, sagte der Mischling fröstelnd. »Sind uns abgehauen. Morgen oder übermorgen kommen sie zum Yellowstone, und von dort können sie ihre Pferde laufen lassen.«

»Wir auch!« erwiderte Sturgis. »Kommen Sie mit!« Ohne auf eine Antwort zu warten, schritt er durch Howards Lager hinüber zu seinen Soldaten. Chapman sah ihm nach und ging dann in das Zelt von Howard. Der General war dabei, seine Uniform auszuziehen. »Na, Chapman?« fragte er und schlüpfte aus seinem durchnäßten Hemd. »Wie stehen Sturgis' Chancen?«

»Er ist wild genug, seine Jungs anzutreiben, bis sie entweder von selbst aus den Sätteln fallen oder aber von den Nez Percé heruntergeschossen werden, Sir«, sagte Chapman.

»Wollen Sie ihn begleiten?«

Chapman lachte auf. »Nein«, sagte er. »Für Sturgis bin ich nicht mehr zäh genug.« Chapman warf einen Blick in die Kanne, in der das Wasser kochte. »Soll das Kaffee werden, oder wollen Sie die Füße baden, Sir?«

»Ich dachte, Sturgis würde Zeit für eine Tasse Kaffee haben«, sagte der General. »Sie wissen, daß sein Sohn mit Custer gefallen ist, oder?«

»Das hat mir Pawnee Tom erzählt.« Chapman ging zum Zelteingang und brüllte nach Kaffee. Eine Ordonnanz lief hinüber zum Küchenzelt und kam mit einer Büchse gemahlenen Kaffee zurück.

Sturgis und Howard trafen sich am Abend noch einmal zu einer Lagebesprechung. Sturgis trug eine neue Uniform und schien jetzt etwas besser gelaunt, nachdem er sich durch eine lange Rede vor seinem versammelten Regiment erleichtert hatte. Früh am nächsten Morgen wollte er die Verfolgung der Nez Percé aufnehmen und versuchen, sie noch vor dem Yellowstone River einzuholen. Sie hatten einen Vorsprung von zwei Tagesritten, befanden sich aber in einem unwegsamen Gebiet, in dem sie mit Sack und Pack nur langsam vorankommen konnten. Howard hatte eine Meldung an Colonel Nelson A. Miles geschrieben und ihn darüber aufgeklärt, welchen Weg die Nez Percé einschlagen würden.

Howard munterte Sturgis noch etwas auf und lieh ihm großzügig seine beiden Haubitzen, die von Maultieren transportiert werden konnten. Sturgis bedankte sich mit einem Händedruck, und Howard sagte ihm, daß er eigentlich auch auf eine Kompanie Kavallerie verzichten könnte, da er sowieso nicht in der Lage wäre, schnell genug voranzukommen. Sturgis wollte zuerst nicht so recht, da er den Erfolg gern für sich und das *Siebte* gebucht hätte, gab aber schließlich nach. Ein Captain und 50 Soldaten der 1. US-Kavallerie wurden unter Sturgis' Kommando gestellt. Punkt 3 Uhr am nächsten Morgen – es war noch dunkel und naßkalt – blies ein Trompeter im Lager der Kavallerie das Wecksignal, das auch Howards Soldaten aus dem Schlaf holte. Es gab heißen Kaffee und Hartbrot zum Frückstück, und um fünf Uhr ritt Colonel Samuel D. Sturgis an der Spitze seiner Kolonne an General Howard vorbei und hinter den Nez Percé her.

Schon mit dem ersten Morgengrauen setzte starker Regen ein, und die Pfade, denen die Soldaten folgten, waren bald schlüpfrig und weich. An steilen Stellen rutschten die Kavalleriepferde. Viele stürzten und hielten die nachfolgenden auf. Kleine Bäche schwollen schnell zu schwer passierbaren Hindernissen. Aber Sturgis ließ sich nicht entmutigen und schon gar nicht aufhalten. Er blieb an der Spitze trotz eines schweren

Infanteristen im Montana-Winter

Kavalleristen in einem Sibley Zelt

Sturzes, bei dem er sich den Daumen der linken Hand verstaucht und die Uniformjacke zerrissen hatte. Er hielt seinen Vollbluthengst erst an, als sein Daumen so dick war, daß er nicht mehr in den Handschuh paßte.

Es war Nacht. Keine Feuer. Kaltes Essen. Wasser und Hartbrot, und wer noch ein bißchen Fleisch hatte, war gut dran.

Aufbruch am nächsten Morgen in vollkommener Dunkelheit, naß bis auf die Haut, in schmierigen Sätteln und stinkenden Uniformen.

Am 13. September, tiefer im Tal des Clark's Fork und noch etwa zehn Meilen vom Yellowstone River entfernt, kam Pawnee Tom zurückgeritten, als hätte er Gold entdeckt. Er schwenkte seinen Biberfilz und brüllte schon von weitem: »Indianer! Indianer!«

»Na, also«, murmelte Colonel Sturgis.

Pawnee Tom zeigte auf einige Rauchfetzen, die vor ihnen über einem Hügelrücken vom Wind zerrissen wurden und sich im Grau des Himmels auflösten. Die Nez Percé hätten eine kurze Ruhepause eingelegt und wären zum Aufbruch bereit, sagte er. »Wir müssen sehr schnell machen!«

»Na, also«, sagte Sturgis noch einmal. Dann gab er sofort den Befehl, zum Canyon Creek vorzurücken. Das Tal war hier etwa eine halbe Meile breit und unübersichtlich. Von den Hängen zogen sich schroffe Hügelkämme schräg hinunter zum Fluß. Dazwischen lagen tiefe Erdfurchen mit einigen Salztümpeln und Dreckmulden, an deren Rändern verwittertes Salbeigestrüpp wuchs und manchmal ein wenig Büschelgras.

Vom nächsten Hügelrücken aus ließ Sturgis seine Kompanien in Angriffsformation aufmarschieren. Ein Major übernahm mit einem Bataillon die Spitze. Hinter ihm folgten die Kompanien F und I, während zwei weitere Kompanien als Reserve etwas zurückblieben. Noch etwa zwei Meilen lagen zwischen den Soldaten und einer schmalen Talenge, durch die sich der Canyon Creek ein tiefes Bett gegraben hatte. Noch immer stieg Rauch in den Himmel. Es regnete jetzt nicht mehr, aber ein eisiger Nordwest fegte das Tal hoch und rötete die Gesichter der Soldaten.

Auf einem Hügel ließ sich Sturgis das Fernglas geben. Eine halbe Meile trennte ihn vom Anfang des Canyon. Das erste, was er sah, war ein Pferd, das dort unten in einer Pfütze lag, steif und verreckt. Dann hatte Sturgis für Sekunden einen Indianer im Blickfeld, der plötzlich aus einem Graben gesprungen war und zu einem Erdbuckel rannte. Er hatte ein Gewehr bei sich, und sein Hirschlederzeug hing ihm schwer vom Leib. Sturgis kroch mit dem Fernglas ein Stück weiter den Canyon hinunter, dorthin, wo ein paar Feuerstellen rauchten. Kein Mensch war zu sehen. Trotzdem war Sturgis sicher, daß sie dort unten den Angriff erwarteten. Der Krieger, den er gesehen hatte, konnte nicht der einzige sein. Sturgis suchte die Canyonränder ab. Und er entdeckte noch drei, die hinter einigen Salbeisträuchern am Boden lagen. Sie lagen wie tot dort. Sturgis nahm das Fernglas von den Augen.

Schräg unter ihm wartete der führende Major Merrill, daneben der Hornist. Merrill war ein erstklassiger Kavallerieoffizier, der erkannt haben mußte, daß dieses Tal ein denkbar ungünstiger Ort für eine Kavallerieattacke war. Er blickte herauf, und Sturgis zögerte einen Moment. Dort unten waren junge Männer, die auf seine Befehle warteten. Sie vertrauten ihm ebenso, wie die anderen Custer vertraut hatten. Und sie brannten darauf, endlich zeigen zu können, was in ihnen steckte. Sie waren das *Neue Siebte*, und Sturgis wünschte, er hätte sie auf das, was sie da unten im Canyon erwartete, besser vorbereiten können.

Sturgis winkte Major Merrill zu. »Scharfschützen auf den Hängen!« rief er hinunter.

Merrill hob die Hand zum Zeichen, daß er verstanden hatte. Sturgis warf einen Blick hinüber zum Hügelkamm, wo ein Lieutenant die Haubitzen in Stellung brachte. Die beiden nachfolgenden Kompanien warteten an einem flachen Hang.

Noch einmal überlegte Sturgis, ob es keine Möglichkeit gab, die Armee in einer besseren Formation aufmarschieren zu lassen, aber das Gelände erlaubte keine Flankenangriffe.

Der Lieutenant gab das Zeichen, daß er seine Haubitzen feuerbereit hatte. Pawnee Tom, der mit einer Ordonnanz hinter Sturgis angehalten hatte, zeigte plötzlich hinunter zum Canyon. »Indianer!« sagte er, und Sturgis sah etwa zwei Dutzend Indianer auftauchen und am Anfang des Canyon ihre Pferde zügeln.

»Die sind vielleicht zu müde zum Weglaufen«, sagte der junge Soldat neben Pawnee Tom. »Sir, wir sollten jetzt wirklich angreifen.«

Sturgis hob die Hand und gab das Zeichen zum Angriff.

Im selben Augenblick stieß der Hornist so kräftig in sein Blech, daß Major Merrills Pferd mit allen vieren in die Luft sprang. Die Befehle der

Offiziere gingen im Gebrüll der Soldaten unter, die ihren Pferden die Sporen gaben. Es schien, als wollte jeder der erste sein. Und es dauerte auch nicht lange, bis der erste im Sattel zusammensackte. Sturgis hatte ihn im Fernglas. Es schien, als hätte ihm jemand mit einer Keule ins Genick geschlagen. Er fiel vornüber. Seine Hand verlor die Zügel, die Finger krallten sich im Mähnenhaar seines Pferdes fest. Ein Fuß rutschte aus dem Steigbügel, und er wurde im Sattel hin und her geschlagen. Mit einem Vorsprung von zwanzig Metern erreichte er als erster den Canyonanfang. Dort erst fiel er vom Pferd, blieb mit einem Fuß im Steigbügel hängen, und das Pferd rannte mit ihm weiter, an den Kriegern vorbei und den Canyon hinunter.

Der Angriff stockte im Abwehrfeuer der Indianer. Die Krieger im Canyon wurden zwar zurückgedrängt, aber von den Hügelrändern aus schossen Scharfschützen wie von einem Schießstand aus auf die anreitenden Soldaten. Pferde brachen unter ihren Reitern zusammen und versperrten den nachdrängenden den Weg. Fast sah es so aus, als könnten die beiden vorderen Kompanien trotzdem Boden gutmachen. Der Lieutenant hatte die Haubitzen vorgebracht und feuerte die Granaten über die Soldaten hinweg in den Canyon hinein.

Aber die Nez Percé ließen sich nicht beirren. Sie hatten den ersten Angriff abgefangen und zogen sich langsam zurück. Das Gelände im Canyon war buckelig und von tiefen Furchen durchzogen. Major Merrill gab den Befehl zum Absitzen. Die Pferdehalter brachten die Pferde in Sicherheit, während die Kavalleristen zu Fuß vorrückten.

Kavalleristen zu Fuß. Sturgis spürte plötzlich wieder die nasse Kälte, die an ihm nagte, und die Einsamkeit, die ihn für kurze Zeit verlassen hatte, kehrte zurück. Sturgis hörte sich fluchen. Er fluchte sonst nie. Aber er haßte diese lautlose Einsamkeit. Seine Stimme sollte sie zerstören, aber seine Stimme war ihm auch fremd. Er hörte nur die Flüche. Und dann die Stimme des jungen Soldaten. Der junge Soldat sagte leise: »Mein Gott, das sieht aus wie eine Falle!«

Sturgis schrak auf. Er beobachtete Major Merrill und seine Leute durch das Fernglas. Sturgis übergab dem jungen Soldaten das Fernglas. Der junge Soldat hatte Angst in den Augen.

»Sir«, sagte er, »Sir, Sie dürfen das nicht zulassen, Sir!«

»Junge, ich bin nicht Custer«, sagte Sturgis und drehte sein Pferd und ritt hinunter. Er befahl den beiden Nachhutkompanien, einen Bogen zu reiten und die Scharfschützennester auf den westlichen Hügeln auszuheben. Er wußte, daß es in einer solchen Gegend schwierig sein würde, an die gut postierten Schützen heranzukommen.

Sturgis warf einen Blick in die jungen, fiebrigen Gesichter der Soldaten, die sich hinter den Offizieren aufgereiht hatten. »Bringen Sie mir Ihr Kommando heil zurück!« sagte Sturgis scharf, und bevor ihm der Captain eine Antwort geben konnte, drehte er sein Pferd.

Gefolgt von seiner Ordonnanz und von Pawnee Tom, ritt er hinunter zum Canyonanfang, an den Pferden vorbei, die von Soldaten gehalten wurden. Ein Verwundeter kroch durch den Dreck. Ein anderer lag gegen einen Stein gelehnt und verband seinen Oberschenkel. Als Sturgis vorbeiritt, rief er: »Sir, wir geben es den Rothäuten, was?«

»Sicher, Soldat«, sagte Sturgis. »Wir sind fabelhaft, heute.«

»Ja, wir sind fabelhaft, heute. Fabelhaft!« rief der Soldat. Der Verwundete, der durch den Dreck gekrochen war, lag plötzlich still.

Major Merrill bekam sein tänzelndes Pferd nur mühsam unter Kontrolle, als Sturgis angeritten kam. »Major, halten Sie die Leute zurück!« rief Sturgis in den Schlachtenlärm. »Ich will hier nicht untergehen, verstehen Sie. Ich will keine Toten!«

»Wir treiben sie zurück, Sir!« erwiderte Merrill. »Bis jetzt haben wir zwei Tote und vielleicht ein Dutzend Verletzte. Der Feind zieht ab, Sir! Ich würde sagen, daß es nur noch eine Frage der Zeit ist, bis . . .« Das Krachen einer Granate, die im Canyon detonierte, riß Major Merrill die Worte von den Lippen. Als Echo auf die Detonation konnte Sturgis im Westen Gewehrfeuer hören. Dort mußte die Nachhut jetzt stehen. Im Canyon rückte Merrills Bataillon Schritt um Schritt vor. Rauchschwaden zogen an den schroffen Hängen hoch. Viele tote Pferde lagen im Schlamm. Merrill zeigte auf einen Indianer, der keinen Kopf mehr hatte. Ein verwundeter Soldat kniete neben ihm am Boden und weinte wie ein Kind. Am Westrand des Canyons hörte das Schießen plötzlich auf. Das Feuer der Scharfschützen konzentrierte sich jetzt wieder auf die Soldaten im Canyon, die von Graben zu Graben, von Buckel zu Buckel und von Stein zu Stein sprangen, feuerten, sich niederwarfen und durch die aufgewühlte Erde krochen, die an ihren Stiefeln und an ihren Uniformen hängenblieb.

Sturgis schaffte es an diesem Nachmittag mit Hilfe der Berghaubitzen, drei Meilen weit vorzurücken. Die Nez Percé kämpften verbissen um jeden Fußbreit Boden. Als der Tag zu Ende ging, ließ Sturgis zum Rückzug blasen. Sein Regiment versammelte sich am Anfang des Canyons, dort, wo vor Stunden die ersten Schüsse gefallen waren. Die Soldaten waren völlig erschöpft. Die Uniformen hingen ihnen dreckig und zerrissen vom Leib. Sie hatten drei Tote und elf mehr oder weniger schwer Verletzte zu verzeichnen. Die Pferdehalter meldeten, daß 40 Pferde dem Feuer der Scharfschützen zum Opfer gefallen waren. Es hätten auch 40 Soldaten sein können. Oder alle, wie bei Custer.

Colonel Samuel D. Sturgis ging am Abend von einem Verwundeten zum andern. Er gab jedem die Hand, drückte sie wortlos. Einer, der einen Bruststeckschuß hatte, fragte, ob er sterben müsse. Sturgis strich ihm mit der Hand über das nasse Haar. »Wehr dich, Junge!« sagte er zu ihm. Der Soldat griff nach seinem Arm und klammerte sich an ihm fest. Sturgis blieb lange bei ihm und wußte nicht, ob ihn der Soldat mehr brauchte als er den Soldaten.

Es wurde eine lange, kalte Nacht am Canyon Creek. Der Nebel hing dick zwischen den Hügeln. Manchmal stöhnten Verwundete. Pferde bewegten sich. Jedes Geräusch klang übermäßig laut. Sturgis lauschte den Geräuschen und erwartete die alles auslöschende Einsamkeit. Sie kam nicht, in dieser Nacht, und als der Morgen graute und der Nebel noch dicker wurde, fragte er sich nicht mehr, ob er die Schlacht gewonnen oder verloren hatte. Er wünschte eigentlich nur, daß es seine letzte gewesen wäre.

19

Bear Paw

Wir hielten in einem wunderbaren Land an, und es schien, als hätte ich meine Freiheit und die Freiheit meines Volkes zurückgewonnen. Zwar waren in unseren Tipis und an den Beratungsfeuern viele Plätze leer geworden, aber jetzt glaubten wir uns in einem Land, wo niemand uns verdrängen und uns zwingen konnte, anders zu leben, als wie wir es für richtig hielten. Ich dachte, daß ich fern vom Krieg und in Sicherheit Gelegenheit hätte, den Männern in Washington unser Anliegen zu erklären. Ich glaubte, letzten Endes doch noch friedlich in das Wallowa Tal zurückkehren zu dürfen. Deshalb untersagte ich während der langen Flucht meinen jungen Männern, weiße Siedler zu töten oder ihre Anwesen zu verwüsten. Ich war immer darauf bedacht, eine saubere Fährte zurückzulassen. Daß wir Soldaten töten mußten, ist nicht meine Schuld. Dafür kann man mich nicht verurteilen!

Joseph zu James McLaughlin (Indian Inspector), 1900

Die Nez Percé schliefen ruhig in ihren Zelten, offensichtlich ohne die drohende Gefahr zu ahnen. Sie hatten am Tag zuvor Kundschafter ausgeschickt, um nach Soldaten Ausschau zu halten, aber sie entdeckten uns nicht. Statt dessen träumten sie von riesigen Büffelherden, von Antilopen, Elchen und Hirschen, die in der weiten Prärie ungestört und friedlich weideten. Und der Feind war nirgendwo in Sicht.

General Nelson A. Miles: PERSONAL RECOLLECTIONS . . . 1897

Sie hätten sich im Canyon Creek dem neuen Soldatenhäuptling zum Kampf stellen können, denn sie entdeckten ihn früh genug. Aber Joseph mahnte zur Vernunft, als die jungen Krieger den Soldaten einfach entgegenreiten wollten, um ihnen zu zeigen, daß frische Kraft in ihnen steckte. Joseph sagte, daß Großmutters Land ihr Ziel wäre, nicht aber ein Sieg über die Soldaten, von denen es mehr als doppelt so viele gab, wie Krieger unter den Nez Percé waren.

Kurz bevor die Soldaten dann angriffen, besetzten die besten Schützen die Hügel zu beiden Seiten der Talenge, in der sie gelagert hatten, um ein bißchen auszuruhen. Looking Glass war mit den tüchtigsten Kriegern zum Canyonrand geritten, um den ersten Angriff der Soldaten aufzuhalten. Unterdessen packten die Frauen in aller Eile ihre Sachen zusammen, und die älteren Knaben ritten davon, um die Pferdeherden wegzutreiben. In wenigen Minuten waren alle zur Flucht bereit, und es herrschte nicht einmal große Aufregung, denn inzwischen war es nichts Neues mehr, von Soldaten überrascht zu werden. Selbst die kleinen Kinder blieben ruhig, und als talaufwärts das Angriffssignal ertönte, war der Lagerplatz geräumt, und die Männer, Frauen und Kinder zogen nordwärts.

Zurückgeblieben waren etwa zwei Dutzend Krieger. Sie kämpften so gut, daß die Soldaten bald von den Pferden stiegen und es zu Fuß versuchten. Aber auch zu Fuß kamen sie nicht sehr weit, und nur wenn sich die Nez Percé zurückzogen, konnten sie vorrücken. Sie schossen zwar viele Kugeln ab, aber nur wenige trafen. Auch an den Stellen, auf die

die Granaten zielten, war niemand. Es war fast ein Spaß, wie die Soldaten angekrochen kamen und ins Leere schossen. Bald sahen sie nicht mehr wie Soldaten aus, sondern wie Maulwürfe, die sich durch den Dreck gruben. Einige von ihnen versuchten, von der Seite an die Krieger heranzukommen, die auf den Hügeln lagen und in die Talenge hineinschossen. Sie kamen wie wild angeritten, und ein paar Krieger schossen den vordersten die Pferde unter den Hintern weg. Da gaben sie es auf. Wütend und enttäuscht ritten sie einer kleinen Pferdeherde nach, töteten alle Tiere und brüllten dabei, als würden sie eine große Leistung vollbringen. Am Abend gaben die Soldaten im Canyon auf und krochen den Weg zurück, den sie gekommen waren. Sie waren geschlagen, und vielleicht würden sie am nächsten Morgen nicht mehr kommen.

Lean Elk aber sagte, daß es besser wäre, wenn ein paar Krieger zurückbleiben würden, um aufzupassen. Yellow Wolf meldete sich und mit ihm Bighorn Bow, Tucallacasena und ein paar andere, die gut schießen konnten. Der Stamm zog weiter. Als der Tag graute, kamen zwei Knaben dazu, die sich vom Stamm davongeschlichen hatten, um auch ein bißchen Aufregung zu erleben. Yellow Wolf wollte sie zurückschicken, aber sie blieben stur und weigerten sich, mit den Weibern und den Babies zu reiten.

Einer hatte einen alten Revolver mitgenommen, der seinem großen Bruder gehörte. Er mußte den Revolver zwischen die Knie nehmen, um mit beiden Händen den Hammer spannen zu können.

Gegen Mittag tauchten hinter ihnen Reiter auf. Keine Soldaten. Es waren Indianer, die auf schnellen Ponys saßen.

»Looking Glass' Freunde, die Crows!« sagte Bighorn Bow wütend.

Es waren tatsächlich Crows und Bannacks. Sie starteten einen Angriff auf die Nachhut der Nez Percé. Es waren hervorragende Reiter. Sie galoppierten einfach zu beiden Seiten an die Nez Percé heran, ließen sich aus den Sätteln gleiten, verschwanden hinter den Pferdeleibern und schossen unter den Hälsen der Pferde hindurch. Dabei heulten und schrien sie, wie in den alten Tagen, als sie gemeinsam mit den Nez Percé gegen die Sioux, die Cheyenne und die Schwarzfüße kämpften.

Tucallacasena war der erste, der aus dem Sattel sprang und in einem Erdgraben in Deckung ging. Mit dem ersten Schuß traf er eines der gescheckten Ponys, das sich im Galopp überschlug. Der Krieger wurde aus dem Sattel geworfen und rannte im Zickzack davon wie ein Hase. Ein anderer galoppierte ihm nach, und der Krieger sprang hinter seinem Freund aufs Pferd. Auch Yellow Wolf und die anderen gingen in Deckung und fingen an, auf die Crows und die Bannacks zu schießen, aber die jagten auf ihren Pferden davon und verschwanden so schnell, wie sie gekommen waren, hinter den Hügeln.

Sie kamen erst wieder, als die Nez Percé weitergeritten waren. Dieses Mal kamen sie von der anderen Seite, einen Hang hinunter. Tucallacasena sah, wie das Pferd des einen Knaben zusammenbrach und der in hohem Bogen durch die Luft flog. Er landete, sprang auf und rannte ein Stück weit. Dann stieß er plötzlich einen Kriegsschrei aus, drehte sich um und steckte den Revolver zwischen seine Beine, um den Hammer zu spannen. Als er es endlich geschafft hatte und den Revolver hochbrachte, um auf einen der Crows zu zielen, traf ihn eine Kugel, und er wurde zurückgeschleudert. Sein Revolver ging los und fiel ihm gleichzeitig aus den Händen. Einer von Yellow Wolfs Freunden rannte hinüber, um den Knaben in eine Mulde hineinzuziehen, aber die Crows ritten ihn einfach über den Haufen. Der letzte, der über ihn hinwegritt, erschoß ihn mit dem Revolver. Es ging alles so schnell, daß Tucallacasena und die anderen nicht einmal dazu kamen, richtig zu zielen, bevor die Crows wieder hinter dem Hügel verschwunden waren.

Am nächsten Tag griffen die Crows und die Bannacks wieder an. Dieses Mal waren es mehr als hundert. Sie kamen, als die Nachhut dicht zur Hauptgruppe des Stammes aufgeschlossen hatte. Der zweite Knabe gebärdete sich wie ein Verrückter. Mit dem alten Revolver seines Freundes ritt er den Crows entgegen, und sie schossen ihn nieder, noch bevor er eine Kugel abfeuern konnte.

Während der nächsten Tage kamen die Crows und die Bannacks immer wieder. Plötzlich waren sie da, jagten an die fliehenden Nez Percé heran, feuerten ihre Waffen ab und ritten wieder davon. Einmal gelang es ihnen, über 200 Pferde abzutreiben, einige davon vollbeladen mit Proviant. Sie waren wie diebische Elstern, die sich aus der Luft stürzten, um einem verletzten Tier Fleischstücke aus der Wunde zu hacken. White Bird wollte anhalten, um sich ihnen zum Kampf zu stellen, aber Joseph sagte, daß sie vielleicht genau das wollten, damit der neue Soldatenhäuptling aufholen konnte.

Schließlich gelang es Bighorn Bow, ein Crowpferd zu töten. Der Crow-Indianer fiel aus dem Sattel und schlug mit dem Kopf auf. Er war ohnmächtig, und Bighorn Bow wollte ihn töten, aber Looking Glass erkannte in ihm einen alten Bekannten. Er sagte, man sollte ihm nur eine Tracht Prügel verabreichen und ihn dann wegschicken. Knaben durften den Crow auspeitschen, bis er einen blutigen Rücken hatte. Dann ließen sie ihn laufen. Eigentlich hätten die Crows jetzt beschämt abziehen müssen, aber schon am nächsten Morgen kamen sie wieder. Sie waren aufsässig wie Coyoten, und Bighorn Bow ärgerte sich, daß er den Crow nicht getötet hatte.

Diese Angriffe machten den Nez Percé mehr Ärger als Sturgis und Howard, die weit zurücklagen, auf ihren ausgepumpten Pferden nur langsam vorankamen und bald keine Gefahr mehr bedeuten würden. Das Land, das die Nez Percé durchquerten, war eine karge, vom Wind und Regen zernagte, offene Ebene, durchbrochen von scharfen Furchen und kahlen Hügeln, über die vom Morgengrauen bis zur Abenddämmerung ein beißend kalter Nordwest hinwegfegte. Die Nächte hindurch war es meist windstill, aber trotzdem kalt. Es wurde schnell Winter in diesem Land, und die Nez Percé kamen sich dort allmählich sehr verloren vor. Sie beeilten sich, aber das Land zeigte ihnen deutlich, wie langsam sie vorankamen. Die Hügel, die am Morgen sichtbar wurden, waren am Abend noch immer so weit entfernt, daß es ihnen schien, als hätten sie sich nicht vom Fleck gerührt.

Überraschend breitete sich nach einigen Tagen vor ihnen eine weite, grasbewachsene Senke aus, die von den Weißen *Judith Basin* genannt wurde. Einige Crow Jäger, die nichts mit den Crow Scouts zu tun hatten, waren gerade dabei, Büffelfleisch zu trocknen. Sie hatten ein kleines Jagdlager aufgeschlagen. Frauen waren dabei. Zwischen den Tipis waren Dutzende von Büffelhäuten aufgespannt, und an Stangenrosten hingen frische Büffelfleischstreifen und Büffelzungen. Um das Lager herum weideten über hundert ausgeruhte und hervorragende Büffelponys, und selbst Looking Glass hatte nichts dagegen, daß die jungen Krieger hinunterritten und den Crows ihre Waffen unter die Nase hielten. Der Anführer der Crows war Häuptling Dumb Bull, ein vernünftiger Mann, der schnell einsah, daß die Nez Percé sich in einer echten Notlage befanden und deshalb keinen Spaß machen würden. Er überließ ihnen die guten Pferde und bekam dafür die ältesten, magersten und müdesten Tiere, die nicht mehr lange durchgehalten hätten.

Aber nicht nur die Pferde wurden mit jeder Meile schwächer. Tag für

Tag blieben alte Leute auf der Fährte zurück. Eine junge Frau in Geburtswehen verkroch sich in den Büschen und ließ den Stamm weiterziehen, um ihm nicht zur Last zu fallen. Sie wurde von Crow Jägern während der Niederkunft gefunden, und sie nahmen sie und das Kind mit zurück zur Agentur.

Tucallacasena sorgte sich sehr um Linda. Sie war in den letzten Wochen mager und schwach geworden. Fast alles, was sie zu sich nahm, erbrach sie sofort wieder. Einige Male fiel sie vom Pferd, das das Travoi mit der Großmutter und Jeffrey zog. Dann starb endlich die Großmutter, und Linda konnte ihren Platz auf dem Travoi einnehmen. Aber das half kaum etwas. Sie wurde immer schwächer. Andere Frauen kochten allerlei Zeug, das gut für sie sein sollte. Nachts wurden Männer zu Hilfe gerufen, die Heilkräfte besaßen. Dann schien es, als ob sie es überstehen würde, aber das dauerte meistens nur kurz. Sowie sie etwas aß, kamen die Krämpfe wieder.

Nicht nur Tucallacasena wußte seit einiger Zeit, daß sie von Chapman schwanger war. Die anderen wußten es auch, und wenn Chapman jetzt gekommen wäre, hätte man ihn gut behandelt. Aber Chapman kam nicht. Und das war schlimm für Linda. Manchmal überraschte Tucallacasena sie weinend. Dann blieb er bei ihr, spielte mit Jeffrey. Jeffrey wollte immer spielen. Er sah gut aus und gesund. Er hatte schon ein paar prächtige Zähne, und trotzdem kaute er immer noch Rohhaut. Und außerdem sah er schon fast aus wie Chapman. Nur ohne Falten und ohne Bart. Er sah immer mehr aus wie Chapman. Er aß viel. Alles, was er kriegen konnte. Aber das Verblüffendste war, daß er sich plötzlich dafür entscheiden konnte, nicht mehr zu jeder Tages- und Nachtzeit zu pissen, sondern sich durch ein lautes *U-huh* bemerkbar machte, wenn er mußte. Das war ein gewaltiger Vorteil, und zwar nicht nur für ihn. Wenn es Linda sehr schlecht war, stritten sich die anderen Frauen, wer ihn zu sich nehmen durfte. Tucallacasena fühlte immer ein bißchen Stolz in sich, wenn Jeffrey *Uh-ca-la-sena* sagte. Für alles, was Jeffrey tat, fühlte sich Tucallacasena verantwortlich. Er hatte sich gut entwickelt, der Kleine. Chapman würde sich wundern, wie gut sich sein Sohn in der Obhut seines Onkels entwickelt hatte. Wenn Lean Elk kam und mit Jeffrey Späße machen wollte, fing Jeffrey zu brüllen an. Lean Elk machte meistens Faxen, die Jeffrey nicht gefielen. Lean Elk hatte keine Chancen bei Jeffrey, und Tucallacasena lobte ihn immer, wenn Lean Elk enttäuscht abzog. In letzter Zeit kam Lean Elk nur noch selten. Meistens ritt er mit der Vorhut dem Stamm voran. Er war der Treiber und hatte kein Verständnis für Leute, die nicht mehr mithalten konnten. Linda hatte nicht einmal Zeit, ihre Großmutter zu begraben. Sie wurde einfach im Gras liegengelassen. Als Tucallacasena nach einer Weile zurückblickte, sah er die Vögel, die am Himmel kreisten.

Es waren furchtbare Tage. Sie zogen an den Ausläufern der Snowy Mountains entlang zum Dog Creek. Hier gab es ein paar Ortschaften, aber Lean Elk wich ihnen aus. Dann war vor ihnen plötzlich der Fluß, den die Weißen Missouri River nannten.

Es war der 23. September, aber keiner wußte das Datum. Unten am Fluß war ein kleiner Anlegeplatz für die Transportschiffe, die den Fluß hinauffuhren und Waren für Fort Benton brachten. Zu dieser Jahreszeit fuhren die Schiffe nicht mehr weiter stromaufwärts. Sie wurden hier entladen. Kundschafter berichteten, daß in einer Hütte und in den Zelten Waren lagerten, die gut zu gebrauchen wären. Sie wurden nur von 12 Soldaten und einem Sergeanten bewacht. Außerdem waren nur noch vier Zivilisten dort. Um die Zelte herum hatten die Soldaten eine Brustwehr errichtet, die auf die jungen Krieger wie eine Herausforderung wirkte. Peopeo Tholekt wollte sofort angreifen, und Yellow Wolf hielt Josephs Vorschlag, zuerst mit den Soldaten zu verhandeln, für reine Zeitverschwendung. Aber Joseph setzte sich durch und ließ zunächst den gesamten Stamm den Fluß durchqueren und etwa zwei Meilen weiter ein Lager aufschlagen. Dann schickte er Lean Elk, Peopeo Tholekt und Looking Glass zurück, um mit dem Sergeanten des Warenlagers Kontakt aufzunehmen. Lean Elk und Peopeo Tholekt ritten auf die Brustwehr zu und verlangten nach dem *Winkelsoldaten*, dem Sergeanten.

Der Sergeant kam heraus. Ohne Umschweife verlangte Lean Elk Lebensmittel von ihm. »Wir sind nicht die Heilsarmee hier«, erwiderte der Sergeant und schien keine große Angst zu haben.

»Wir bezahlen alles«, sagte Lean Elk lächelnd. »Wir haben Geld, Sergeant!«

Der schüttelte den Kopf. »Wir sind auch kein Krämerladen! Ich kann euch beim besten Willen nicht durch den Winter füttern«, sagte er. »Der Proviant ist für Fort Benton bestimmt. Alles, was ich euch abgeben könnte, ist eine Speckseite und ein Sack Hartbrot.«

Lean Elk merkte, daß aus diesem bulligen Winkelsoldaten nicht mehr herauszuholen war, und bedankte sich für den Speck und das Brot. In diesem Augenblick krachte ein Schuß. Hinter der Brustwehr schrie ein Mann auf. Während der Sergeant losrannte, beschossen die Soldaten die Indianer, und die Krieger feuerten zurück. Als einer von Lean Elks Leuten am Oberarm getroffen wurde, gab der den Befehl zum Abzug. Sie ritten zum Lager zurück. Sie hielten eine Beratung ab und beschlossen, in der Dunkelheit der Nacht das Warenlager auszuräumen. Kundschafter hatten eine Art Graben im Gelände entdeckt, in dem man zum Lager gelangen konnte, ohne ins Schußfeld der Soldaten zu geraten. Kurz nach Einbruch der Dunkelheit gingen die Nez Percé an die Arbeit und holten sich, was sie brauchten. Einige schleppten gar Kochtöpfe und Pfannen weg. Was zurückblieb, wurde angezündet. Es war Krieg. Hungernde Soldaten würden schlecht kämpfen können.

Noch bevor der Tag graute, zogen die Nez Percé davon, nordwärts, der Grenze entgegen.

Nach einigen Meilen stießen sie auf einen Frachtwagenzug. Joseph konnte nicht verhindern, daß die jungen Krieger ihn überfielen. Die Fahrer wehrten sich, aber sie trafen schlecht. Drei von ihnen wurden getötet. Die Nez Percé waren dabei, die Wagen auszuräumen, als hinter ihnen auf ihrer Fährte Reiter auftauchten.

»Soldaten!« staunte Yellow Wolf. Die Nez Percé glaubten schon, General Howards Vorhut hätte sie eingeholt. Aber es waren nur zwei Offiziere und ein Soldat, die an der Spitze ritten. Dahinter kamen drei Dutzend Zivilisten.

Die beiden Soldaten, die ganz vorn ritten, hatten Gold an den Mänteln. Raven Spy, ein junger Nez Percé, nahm sein Gewehr an die Schulter. Er war ein ausgezeichneter Schütze und hätte eigentlich auf 300 Yards einen Mann nicht verfehlen dürfen. Aber als er abdrückte, bewegte sich sein Pony, und die Kugel tötete einen Zivilisten, der sich unglücklicherweise vorgedrängt hatte. Der Offizier zog es daraufhin vor, umzukehren. Die Nez Percé Krieger zündeten vor Freude die Wagen an und ritten dann zum Stamm zurück, der unterdessen langsam weitergezogen war.

Gegen Mittag wurde Rast gemacht. Es kam wieder einmal zum Streit zwischen Looking Glass und Lean Elk. Looking Glass gab Lean Elk die Schuld für die schlechte Verfassung, in der sich der Stamm befand. Die Eile hatte viel zuviel Kraft gefordert. Die Pferde würden nicht mehr lange durchhalten, und immer mehr Leute waren krank vor Erschöpfung.

»Schau dich nur um!« sagte Looking Glass. »Du siehst nur Müde und Kranke!«

Lean Elk brauchte sich nicht umzusehen. Er wußte, daß die Leute den Strapazen bald nicht mehr gewachsen sein würden. »Gut«, sagte er ruhig. »Ich habe versucht, euch nach Kanada in Sicherheit zu bringen, bevor uns die Soldaten einholen können. Von jetzt an übergebe ich dir das Kommando.« Er sah erst Looking Glass und dann Joseph lange an, bevor er sich entschließen konnte, noch etwas zu sagen: »Ich denke, die Soldaten werden uns dann bald einholen und uns alle töten!«

Die Versammlung beschloß trotz Lean Elks Warnung, Looking Glass die Führung wieder zu überlassen. In den nächsten vier Tagen legten die Nez Percé nur kurze Strecken zurück. Die Pferde konnten sich etwas erholen, und am Morgen des 29. September gelang es der Vorhut, an einem kleinen Flüßchen, das sich durch eine grasbewachsene Senke zog, einige Büffel zu erlegen.

Als die Hauptmacht die Senke erreichte, verdrängte die Freude über die Beute alle Sorgen und Ängste. Überall in den Mulden wurden Büffelfladen gefunden und Spuren von Antilopen. Die Erschöpften baten, hier in der windgeschützten Senke haltzumachen. Die Häuptlinge trafen sich zur Beratung. Lean Elk warnte davor, hierzubleiben.

Es war wie vor der Big Hole Schlacht. Die Häuptlinge berieten lange. Looking Glass machte sich stark dafür, in dieser Senke das Lager aufzuschlagen.

»Howard ist weit zurück. Vielleicht kommt er überhaupt nicht mehr. Hier ist ein guter Platz. Wir können Büffel jagen, und wenn Soldaten kommen, sehen wir sie früh genug.«

Lean Elk sagte, daß es zur Grenze noch etwa drei oder vier Tagesmärsche wären. »Dann sind wir in Sicherheit. Dort können wir auch Büffel jagen. Und wir brauchen dort nicht mehr nach Soldaten Ausschau zu halten.«

Doch Looking Glass' Stimme hatte mehr Gewicht. Er war der Führer einer großen Stammesabteilung, während Lean Elk nur ein paar Familien zur Unterstützung hatte. Auch die anderen Häuptlinge neigten eher dazu, Looking Glass zu folgen. Zornerfüllt verließ Lean Elk die Beratung. Als er Tucallacasena begegnete, sagte er grimmig: »Dein Bruder ist dabei, zum zweiten Mal einen großen Fehler zu machen.«

Tucallacasena hob die Schultern. Er hatte nichts dagegen, hier zu bleiben. Linda brauchte ein paar Tage Ruhe. Und wenn Chapman käme, würde sie vielleicht gesund werden. Er entschied sich, hier auf Chapman zu warten, selbst wenn er mit den Soldaten käme. Für ihn und für Linda war Großmutters Land in weiter Ferne. Die anderen konnten dorthin gehen. Er würde sie nicht aufhalten.

Als Howard vernahm, daß Sturgis die Nez Percé eingeholt und sie in einen Kampf verwickelt hatte, ritt er sofort mit einer Kavalleriekompanie los und erreichte den Canyon Creek am 14. September, früh am Morgen. Hier bot sich ihm ein trauriges Bild. Überall lagen Pferdekadaver, Gewehre und Revolver, blutige Uniformstücke und Decken. Es sah alles danach aus, als hätte Sturgis seine Schlacht ebenso verloren wie Gibbon. Der einzige in Howards Kommando, der ein fast zufriedenes Gesicht machte, war Chapman. Er besah sich die Gegend, und als er zurückkam, sagte er, daß die Nez Percé es geschafft hätten, Sturgis in Schach zu halten, ohne Verluste zu erleiden.

Am nächsten Tag bestätigte ein Kurier von Colonel Sturgis Chapmans Vermutung, daß die Nez Percé ohne große Verluste davongekommen waren und im Flachland von Sturgis kaum mehr eingeholt werden konnten.

Am 20. September holte Howard dann Sturgis am Musselshell River ein. Sturgis kampierte in einer Senke, und Howard ließ ebenfalls ein Lager aufschlagen.

Als sich die beiden Offiziere zu einer Lagebesprechung trafen, kam ein Kurier von Colonel Nelson A. Miles und berichtete, daß Miles am 18. September Fort Keogh verlassen hatte, um den Nez Percé den Fluchtweg anzuschneiden.

Major Lewis Merrill, der Miles gut kannte, war der Ansicht, daß sich damit der Nez Percé Krieg seinem Ende näherte. »Miles ist ein Erfolgsjäger, wie es Custer gewesen ist. Er wird nicht eher ruhen, als bis er die Nez Percé geschlagen hat.«

Sturgis nickte zustimmend. »Miles ist gut«, sagte er. »Wir dürfen jetzt die Indianer nur nicht zu hart bedrängen. Sie haben keine Ahnung von Miles und glauben, daß sie uns davongekommen sind. Wenn wir nicht aufrücken, gibt es für sie keinen Grund, sich zu beeilen. Miles braucht ein paar Tage Zeit.«

Colonel Nelson A. Miles war seit 1876 Kommandant des neu errichteten Fort Keogh, an der Mündung des Tongue River in den Yellowstone. Fast ein Jahr Garnisonsleben hatte ihn ein bißchen Fett ansetzen lassen. Er sah gesund aus, mit vollen Wangen. Die Uniform saß besser als je zuvor. Fort Keogh war unter seiner Aufsicht zu einer Militärstation mit großer strategischer Bedeutung geworden. Rundum tummelten sich zur Zeit noch einige tausend Indianer verschiedener Stämme, die meisten von ihnen schon ziemlich angeschlagen, aber trotzdem noch unberechenbar. Das Land um Fort Keogh wartete auf die ersten mutigen Siedler. Es war gutes Land. Der Yellowstone River zog sich als Wasserstraße von Westen nach Osten. An seinen Ufern könnten Städte entstehen, Zentren der Zivilisation, die sich unaufhaltsam über den ganzen Kontinent ausbreitete.

Colonel Nelson A. Miles war ein ehrgeiziger Mann. Als Sohn einer reichen und einflußreichen Familie 1840 in Westminster, Massachusetts, geboren, stand seine Karriere eigentlich von allem Anfang an unter einem guten Stern. Er fing den Bürgerkrieg als Freiwilliger an, war nach einem Jahr schon Lieutenant und wurde noch vor Ende des Bürgerkrieges zum Colonel und Brevet Major General befördert. Nach dem Krieg nahm er als Colonel den Grenzdienst auf und beteiligte sich erfolgreich an einigen großangelegten Feldzügen gegen verschiedene Indianerstämme des Westens. Miles kannte Howard vom Bürgerkrieg her. Eine Zeitlang hatte er als Adjutant unter ihm gedient. Howard, der zehn Jahre älter war als er, war ihm damals zu einem väterlichen Freund geworden. Aber der Bürgerkrieg war lange vorbei. Howard war General und Departementskommandant, Ziele einer militärischen Laufbahn, die Miles möglichst schnell zu erreichen trachtete. Und Miles kam gut voran. Er hatte sich zur Frau eine Nichte von General William Tecumseh Sherman genommen, dem derzeitigen Oberbefehlshaber der US Armee. Jetzt brauchte er nur noch einen großen Erfolg auf dem Schlachtfeld. Howard, der alte Freund, der den Höhepunkt seiner Karriere überschritten zu haben schien, bot ihm ungewollt eine Chance, wie Miles sie nicht besser hätte manipulieren können.

Am 17. September hatte Miles General Howards Nachricht erhalten.
Am 18. September verließ er Fort Keogh.
Er fühlte sich großartig. Er winkte den Offiziersfrauen zu, die auf den Verandas standen und mit ihren Spitzentüchlein Tränchen von ihren ge-

puderten Wangen tupften. Die Soldaten hinter ihm sangen »On the Other Side of Jordan«. Miles zügelte am Ende des Paradeplatzes sein Pferd, schlug den Fellkragen seines Mantels hoch und ließ seine Armee vorbeidefilieren. Den Anfang machte ein Lieutenant mit 30 Cheyenne Scouts. Sie versuchten, ihre Ponys in Viererreihe zu halten. Die meisten von ihnen hatten sich hergerichtet wie in alten Tagen, viel Farbe im Gesicht, Federn und Schmuck aus Büffelknochen, Muscheln und Glasperlen. Danach kamen drei Kompanien der 2. Kavallerie in ordentlich ausgerichteten Reihen. Ihnen folgten sechs Kompanien der 5. Infanterie, Soldaten, die sonst zu Fuß gingen, für diesen Feldzug aber mit erbeuteten Sioux Pferden ausgerüstet waren. Ein paar Soldaten machten jetzt schon Gesichter, als hätten sie sich an den harten McClellan Sätteln die Hintern wund gescheuert.

Eine Hotchkiss und eine Zwölfpfünder-Napoleon-Kanone wurden von stämmigen Wagenpferden vorbeigezogen, und den Abschluß bildeten drei Kompanien der 7. Kavallerie, die Sturgis zurückgelassen hatte.

Ein Mischling und ein Kundschafter warteten auf der Straße, die hinunter zum Yellowstone River führte, wo die Fährboote lagen.

»Dreihundertdreiundachtzig habe ich gezählt«, meldete der Mischling an Miles weiter. »Ich glaube, das sollte genügen, Sir.«

Miles glaubte auch, daß er mit 383 Soldaten, Scouts und Offizieren stark genug sein müßte, um die Nez Percé zu besiegen. Die Frage war nur, ob es ihm gelingen würde, sie noch vor der kanadischen Grenze einzuholen. Howard hatte ihm zwar die ungefähre Richtung mitgeteilt, die die Indianer eingeschlagen hatten, aber der Vorsprung der Nez Percé war zu groß. Miles hatte sofort Kuriere nach Fort Peck und Fort Buford ausgesandt mit der Bitte, man möge für ihn an der Mündung des Musselshell River in den Missouri Nachschub bereithalten. In fünf Tagen hoffte Miles zum Missouri zu kommen. Von dort wollte er am Südufer entlang westwärts ziehen, um die Nez Percé aufzuhalten, bevor sie den Missouri durchqueren konnten. Luther S. Kelly, der Chief-Scout schlug aber vor, den Missouri bei der Mündung des Musselshell zu durchqueren und in nordwestlicher Richtung zum Milk River vorzustoßen, wo man dann hart an der kanadischen Grenze die Indianer abfangen könne.

Am 23. September befand sich Miles noch sechs Meilen vom Missouri. Er schickte einen Lieutenant aus, um ein Schiff aufzutreiben. Er hatte Glück. Der letzte Dampfer der Saison fuhr genau dort vorbei, wo der

Lieutenant das Flußufer erreichte. Er gab ein paar Signalschüsse ab, und der Dampfer drehte bei. Am nächsten Morgen wurde ein Bataillon übergesetzt, um an der Nordseite des Flusses westwärts zu reiten, während Miles mit dem Rest seiner Armee am Südufer auf gleicher Höhe bleiben wollte. Falls die Nez Percé tatsächlich den Missouri durchquert hatten, konnten sie so in Schach gehalten werden, bis Miles übersetzen konnte. Knapp eine halbe Stunde, nachdem der Dampfer wieder abgefahren war, kam ein kleines Fährboot den Fluß herunter. Die Leute berichteten, daß die Nez Percé den Missouri bei Cow Island durchquert hatten. Miles schaute flußabwärts, wo der Dampfer schwamm, zu weit entfernt, um ihn noch einzuholen. Aber einer seiner Sergeanten hatte eine wunderbare Idee. »Wenn wir ihm eine Granate vor den Bug schießen, kehrt er garantiert um.« Er rief die Geschützmannschaft zusammen und ließ die Napoleon-Kanone richten. Eine halbe Stunde später war der Dampfer wieder da.

Miles ließ den Rest seiner Armee über den Fluß bringen. Auf der anderen Seite standen die Proviantwagen aus Fort Peck und eine Vierpfünder-Haubitze. Das Notwendigste wurde auf Lasttiere umgeladen. Jetzt galt es, die Nez Percé so schnell wie möglich einzuholen, denn der Karte nach befanden sie sich noch knapp 60 Meilen von der kanadischen Grenze entfernt. Die beiden schweren Kanonen ließ Miles ebenfalls mit dem Wagenzug zurück.

Bis zum 29. September fanden Miles' Kundschafter keine Spur von den Nez Percé. Trotzdem glaubte er, ihnen zwischen den Bear Paw Mountains und den Little Rocky Mountains den Weg abschneiden zu können. Am Nachmittag des 29. kam ein Kurier. Er meldete, daß die Nez Percé den östlichen Ausläufern der Bear Paws entlang nordwärts zögen. Miles schickte sofort die Cheyenne aus, und früh am nächsten Morgen stieß der Trupp auf den Trail der Nez Percé.

Zwei Stunden später erfuhr Colonel Nelson A. Miles, daß nicht weit vor ihm, in einer nierenförmigen Senke, die nach Norden hin völlig offen in eine Ebene auslief, das Indianerlager lag. Miles konnte es noch nicht sehen, aber die Scouts beschrieben ihm den Standort so genau, daß er keine Mühe hatte, den Angriff zu planen. Nicht viel später meldeten Scouts, daß die Nez Percé sie entdeckt hätten und an die hundert Frauen und Kinder mit einigen Kriegern dabei wären, die Senke zu verlassen. Sofort schickte Miles einen Trupp Kavallerie los, um die Fliehenden aufzuhalten. Die Haubitze wurde in Stellung gebracht, während die Hauptmacht der Kavallerie zum Frontangriff überging.

Fast gleichzeitig stürmten ihnen Krieger entgegen, die sofort die Senkenränder besetzten und versuchten, den Angriff aufzuhalten. Es gelang ihnen, den Trupp, der von der Seite kam, zurückzudrängen. Ein halbes Dutzend Soldaten fielen von ihren Pferden. Von Norden her gelang es dann, die Indianer von ihren Pferdeherden zu trennen. Die Herden wurden eingekreist und weggetrieben. Ungefähr tausend Pferde fielen dabei in die Hände der Armee. Dennoch wurde im Abwehrfeuer der Indianer eine Kompanie fast vollständig vernichtet.

Ein Captain stürzte mit seinem Pferd, das von mehreren Kugeln getroffen wurde. Er prallte mit dem Kopf zuerst auf, und während er ohnmächtig am Boden lag, hielt ein junger Hornist die angreifenden Indianer zurück, bis der Captain erwachte und zu seiner Kompanie zurücklaufen konnte. Ein Lieutenant von der 5. Infanterie bekam eine Kugel ins Ellbogengelenk und rannte schreiend in einen Graben hinein. Ein Captain wurde in die Hüfte getroffen. Ein weiterer Lieutenant ließ sich aus dem Sattel fallen, als sein Pferd in den Hals getroffen zu Boden stürzte. Er lief ein Stück weit und hielt an, als ein Sergeant angeritten kam. »Kommen Sie, Lieutenant!« rief der und beugte sich vom Pferd, um ihn in den Sattel zu ziehen. Der Lieutenant griff nach dem Arm des Sergeanten, als dessen Uniform auf der Brust plötzlich aufplatzte. Er wurde vom Blut, das ihm ins Gesicht strömte, geblendet, taumelte rückwärts und hörte, wie der Sergeant am Boden aufprallte. Mit beiden Uniformärmeln wischte er sich das Blut vom Gesicht. Der Sergeant lag vor ihm am Boden. Jetzt rannte er davon, an Soldaten und Indianern vorbei, sah Miles hinter den kämpfenden Linien, rannte auf Miles zu und schrie: »Sir, ich bin der einzige gottverdammte Mann der siebten Kavallerie, der Schulterstreifen hat und immer noch lebt!«

Miles war fast weiß im Gesicht. Er öffnete den Mund, brachte aber kein Wort hervor. Sein Blick war auf seine kämpfenden Soldaten gerichtet, die an einigen Stellen vorrückten, an anderen aber zurückweichen mußten. Unaufhörlich wurde die Haubitze in die Senke hinein abgefeuert. Die Nez Percé mußten allein durch die Granaten große Verluste erleiden. Aber sie gaben nicht auf. Sie kämpften verbissen, und sie kämpften gut. Die Kugeln, die sie abfeuerten, trafen ihre Ziele meistens. Sie schossen zuerst auf die Offiziere und Unteroffiziere. Wer nicht so genau zielen konnte, schoß auf die Pferde. Den ganzen Morgen hindurch tobte der Kampf. Erst um 3 Uhr am Nachmittag sah Colonel Nelson A. Miles ein, daß er seine Taktik ändern mußte, falls er nicht mit Howard, Gibbon und Sturgis zum Gespött der Nation werden wollte. Er zog seine Front rund um das Lager herum auf die Anhöhen zurück und gab den Befehl aus, die Senke zu belagern.

Howards Armee durchquerte den Missouri River bei Cow Island Landing am 29. September.

Keine Nachricht von Miles. Howard wußte, daß Miles von Fort Keogh aus unterwegs war. Mehr nicht. Von Cow Island waren es noch ungefähr 80 Meilen zur kanadischen Grenze, und es sah danach aus, als ob die Nez Percé das Rennen gewinnen würden.

Aber dann meldeten Kundschafter, daß die täglichen Wegstrecken, die von den Nez Percé zurückgelegt wurden, kürzer geworden waren. Am Mittag des 30. September stießen die Bannacks auf einen neuen Lagerplatz.

Am nächsten Tag verabschiedete sich Chapman und ritt Howards Armee allein voran. Er nahm eine Nez Percé Stute mit, die am Canyon Creek zurückgeblieben war und Spuren von Travoistangen im Fell hatte. Seit Chapman wußte, daß sich Miles an der Jagd auf die Nez Percé beteiligte, hatte er keine Ruhe mehr. Miles kam von Südosten herauf und führte eine ausgeruhte, für einen Winterfeldzug bestens ausgerüstete Armee, von der die Nez Percé keine Ahnung hatten. Die Gefahr, die von Miles ausging, beunruhigte Chapman. Joseph dachte zweifellos, daß es ihm gelungen war, Howard und Sturgis endgültig abzuhängen. Deshalb die längeren Marschpausen. Doch Chapman war überzeugt, daß Miles schnell genug war, um Joseph einzuholen. Und Miles würde sofort angreifen. Darüber waren sich alle Offiziere in Howards Kommando einig. »Miles hat den Biß von Custer«, hatte ein Major gesagt. »Nur ist er nicht so leichtsinnig, Fehler zu machen. Wenn er die Nez Percé erwischt, dann ist der Krieg aus.«

Chapman hoffte, noch vor Miles die Nez Percé einzuholen. Und dieses Mal wollte er nicht ohne Jeffrey weggehen. Er hatte Lindas Großmutter am Wegrand gefunden und begraben. Jetzt war es Zeit, seine Frau und seinen Sohn zurückzuholen.

Am 1. Oktober stieß Chapman auf die Fährte von Miles. Es war früh am Morgen. Aus den Dunstschleiern ritten zwei Männer auf ihn zu. Kuriere von Miles, auf dem Weg zu Howard. Sie erzählten Chapman vom ersten Tag der Schlacht. Sie meinten, daß jetzt eigentlich schon alles vorüber sein müßte.

»Aus dieser Senke kommt keiner lebend raus«, sagte einer von ihnen. »Am Anfang haben sie sich wie die Wölfe gewehrt, und es war ein schlimmer Kampf. Aber ich glaube nicht, daß sie jetzt noch die Kraft haben, weiterzumachen. Die sind am Ende ihrer Fährte angelangt.«

»Hat Miles Artillerie dabei?« fragte Chapman. Einer der beiden Männer grinste.

»Mit einer ›Jackass‹ machen sie das Lager dem Erdboden gleich. Und wenn dann der Wagenzug kommt, wird für die Nez Percé die Welt untergehen. Er bringt eine Hotchkiss und eine Zwölfpfünder-Napoleon mit!«

Chapman bedankte sich für die Auskünfte und ritt zeitweise im Galopp auf Miles' Fährte. Am Nachmittag des 2. Oktober stieß er auf Miles' Armee. Noch meilenweit entfernt hörte er schon das Donnern der schweren Artilleriegeschütze, und Chapman betete im Sattel, daß Jeffrey von den Granaten verschont bleiben würde.

Als Chapman kam, dauerte der Kampf schon drei Tage.

Seit dem 1. Oktober, als der Nachschub aufgerückt war, wurden pausenlos die Geschütze abgefeuert. Unten in der Senke war das Tipilager fast vollständig zerstört.

Die Nez Percé lagen in Gräben und in Schützenlöchern, die sie mit Messern, Pfannen und den erbeuteten Schaufelbajonetten aus der Big Hole Schlacht ausgehoben hatten. Sowie sich Soldaten zeigten, schossen die Scharfschützen. Miles hatte nicht wieder versucht, die Senke zu stürmen. Seine Soldaten lagen auf den Höhen in Schützengräben, über die sie Zeltplanen gespannt hatten. Es schneite seit mehreren Stunden. Der Wind war eisig. Auf den Kanonenrohren bildete sich nach jedem Abschuß Rauhreif.

Unten in der Senke wimmerten Verwundete und Kinder. Die Nez Percé konnten keine Feuer machen. Sie hatten kein Holz. Überall lagen steifgefrorene Leichen herum, allmählich wurden sie vom Schnee zugedeckt. Der Hunger machte den Indianern sehr zu schaffen. Sie hatten nur noch wenig Proviant. Viele von ihnen waren verwundet, von Kugeln und Splittergranaten getroffen. In ihren Löchern war der Boden weich vom Schnee, der unter ihren Körpern schmolz.

Vom Rand der Senke aus blickte Chapman lange hinunter. Er bekam ein Fernglas und suchte jedes Loch, jeden Graben und jede Unebenheit ab, aber er konnte weder Linda noch Jeffrey sehen. Dort, wo die Senke in die Ebene auslief, im Norden, wo die Infanteristen angegriffen hatten, standen noch einige Tipis. Aber die Granaten würden auch sie noch erwischen.

Chapman hoffte, Colonel Miles würde das Artilleriefeuer einstellen. »Das ist kein Krieg mehr!« sagte er voller Wut, »das ist ein gottverfluchtes Massaker!«

Am Morgen des 1. Oktober hatte Miles mit den Nez Percé Kontakt aufgenommen. Joseph schickte als Parlamentär seinen Freund, Yellow Bull. Durch einen Unterhändler ließ Miles erklären, daß er nicht darauf aus wäre, die Nez Percé zu töten. Er forderte Joseph auf, zu kapitulieren, um nicht noch mehr Leid über sein Volk zu bringen. Joseph ließ darauf antworten, daß er sich mit den anderen Häuptlingen besprechen werde. Dann schickte Miles ein paar Cheyenne Scouts aus, die mit Joseph redeten. Sie versprachen ihm freies Geleit, falls er zu einer Unterredung bereit wäre. Joseph kam, und Miles lud den Häuptling in sein Zelt ein. Während Joseph bei Miles im Zelt war, sollte ein Lieutenant das Lager der Nez Percé bespitzeln. Er sollte herausfinden, ob die Indianer überhaupt noch in der Lage waren, ernsthaft Widerstand zu leisten. Bei der Unterredung, die Joseph mit Miles führte, kam es zu keiner Einigung. Joseph wollte nicht bedingungslos kapitulieren. Nach einigen Stunden, die er in Miles' Zelt verbrachte, wollte er zu seinen Leuten zurückkehren. Miles beschloß, den Häuptling gefangenzunehmen, obwohl er ihm freies Geleit versprochen hatte. Mit Joseph als Geisel würden die Nez Percé kaum weiterkämpfen, dachte Miles. Aber er täuschte sich. Der Lieutenant war beim Spionieren den Nez Percé in die Hände gefallen, und als Joseph nach Stunden noch nicht zurückgekehrt war, kam Yellow Bull mit einigen anderen in das Militärlager, um sich nach dem Verbleib des Häuptlings zu erkundigen. Miles erlaubte Yellow Bull, Joseph im Offizierszelt zu besuchen. Yellow Bull sagte: »Die Soldaten haben dich in ihrer Gewalt, und ich fürchte, daß sie dich niemals gehen lassen werden.

Ich habe einen Offizier in meinem Lager, und ich werde ihn zurückbehalten, bis sie dich freilassen.«

Joseph, vom Kampf gezeichnet, sagte: »Ich weiß nicht, was sie mit mir machen wollen, aber selbst wenn sie mich töten, dürft ihr diesen Offizier nicht auch töten. Es würde zu nichts nütze sein, wenn ihr meinen Tod mit dem Tod dieses Offiziers aufwiegen wolltet!«

Die ganze Nacht hindurch, vom 1. auf den 2. Oktober, schneite es. Joseph blieb in Miles' Zelt und bekam warmes Essen aus der Offiziersmesse. Der Lieutenant verbrachte dieselbe Nacht in einem Schützengraben der Nez Percé, bewacht von einigen Kriegern. Es war eine furchtbare Nacht für ihn. Um ihn herum weinten Kinder. Frauen versuchten, mit Büffelfladen kleine Feuerchen zu machen, um die Kälte aus den Löchern zu verdrängen. Ein wenig Trockenfleisch wurde ausgeteilt. Er bekam auch etwas ab. Nicht viel, und doch wußte er, daß es mehr war, als die Nez Percé entbehren konnten. Am nächsten Morgen ließ Miles Joseph wieder frei, und als der Häuptling zurückkam, wurde auch der Lieutenant zurückgeschickt.

Chapman beobachtete die Senke und dachte, daß die Nez Percé nur deshalb nicht aufgaben, weil sie noch auf Sitting Bulls Hilfe warteten. Er wußte, daß sie Kuriere zu Sitting Bull geschickt hatten, aber er glaubte kaum, daß Sitting Bull ihnen zu Hilfe kommen würde.

Kurz darauf tauchten im Norden der Ebene dann doch dunkle Punkte auf. Unten in der Senke entstand Aufregung. Chapman hob das Fernglas. Aber es waren nicht Sitting Bulls Sioux, die dort über die Ebene zogen, sondern schnee- und eisbehangene Büffel. Mit bloßem Auge sahen sie fast aus wie berittene Indianer, und die Nez Percé in der Senke ließen sich für einige Minuten täuschen. Chapman sah, wie einige Nez Percé ihre Löcher verließen und mit Decken zur Ebene hinauswinkten. Durch das Fernglas erkannte Chapman Looking Glass, der auf einem kleinen Hügel stand. Eine zerrissene Decke hing von seinen Schultern. Looking Glass schaute herauf, und deutlich konnte Chapman sehen, daß sein Gesicht blutverschmiert war.

»Der glaubt wohl, uns sind die Tränen in den Augen gefroren!« rief ein junger Soldat der 7. Kavallerie. Er legte seine Springfield an und schoß. Chapman hatte Looking Glass im Blickfeld und sah, wie der Häuptling einknickte, sich langsam drehte und den Halt verlor. Er rollte den Hügel hinunter und blieb liegen. Ein anderer Krieger lief zu ihm, packte ihn an den Beinen und schleifte ihn zu einem Graben. Das war Tucallacasena. Chapman erkannte ihn, bevor er mit Looking Glass im Graben verschwand. Und er hörte den Soldaten sagen: »Den hab' ich erwischt, was! Der steht nicht mehr auf, sage ich!«

Chapman ließ den Graben, in dem Tucallacasena verschwunden war, nicht aus den Augen. Wenn Linda noch lebte, dann würde sie in Tucallacasenas Nähe sein.

Chapman wäre am liebsten einfach hinuntergeritten. Doch die Scouts rieten ihm davon ab. Miles ließ ihm durch seinen Adjutanten sagen, daß er eine eigenmächtige Handlung Chapmans zu bestrafen wüßte. Da ging Chapman zu Miles' Zelt. Der Colonel empfing ihn. Er saß neben dem Sibley Ofen und schrieb im Licht einer Laterne seinen Tagesbericht. Als Chapman hereinkam, legte er das Schreibzeug weg.

»Ich bin Chapman, aus Idaho«, sagte Chapman.

Miles nickte. »Ich hörte von Ihnen«, sagte er. Er schien schlecht gelaunt. Tagealte Bartstoppeln bedeckten sein Gesicht. Seine blassen Augen musterten Chapman kurz. »Ich habe gehört, Ihre Frau und Ihr Sohn befinden sich im Lager der Nez Percé. Daß ich darauf im Moment keine Rücksicht nehmen kann, dürfte Ihnen wohl klar sein, Mister Chapman.«

»Ich habe nicht verlangt, daß Sie mit Ihrer Armee abziehen, Colonel«, erwiderte Chapman. »Ich finde aber, daß es eine gottverdammte Schweinerei ist, mit der Napoleon-Kanone in das Lager hineinzuschießen, wo Frauen und Kinder einfach draufgehen, weil sie keine Kraft mehr haben, die Löcher tief genug zu graben! Colonel, diese Indianer da unten, die sind erledigt. Jede Granate, die abgefeuert wird, tötet Wehrlose!« Chapman spürte, wie die Erregung ihn überfiel. Er holte tief Luft. »Sir, ich bitte Sie darum, das Artilleriefeuer einzustellen. Sie wissen doch, daß Sie diese Schlacht gewonnen haben.«

»Wenn ich das wüßte, würde ich Sie zum Kaffee einladen, Chapman«, erwiderte Miles. »Ich hatte Joseph hier und mußte ihn wieder freilassen. Er kennt mein Kapitulationsangebot. Seine Antwort war für mich unbefriedigend. Er kann sich nicht entscheiden. Wir versuchen nun, es ihm ein bißchen leichter zu machen.«

»Es trifft Frauen und Kinder!«

»Sie wiederholen sich, Chapman.« Miles stand auf. »Es ist Krieg. Da trifft es immer auch Frauen und Kinder. Sie können mir glauben, daß ich nicht sehr stolz auf die Art bin, wie ich diese Schlacht führen muß. Aber die Hartnäckigkeit Josephs zwingt mich dazu. Sie sind ein Freund von Joseph, nicht wahr?«

»Wir kennen uns.«

»Gut, Chapman. Wenn General Howard zu uns stoßen sollte, können Sie meinetwegen versuchen, Ihren Freund zur Vernunft zu bringen. Solange verbiete ich Ihnen, irgend etwas in dieser Richtung zu unternehmen. Ich hoffe, daß Sie das verstehen, Chapman. Wir wollen doch alle nur, daß dieser Krieg bald zu Ende ist.«

»Ich glaube nicht, daß Sie mir verbieten können, nach meiner Familie zu suchen!« sagte Chapman wütend. »Ich bin kein Armeekundschafter! Ich stehe nicht unter Ihrem Kommando, Colonel!«

Miles lächelte ein bißchen. »Ich würde es an Ihrer Stelle nicht versuchen, Chapman«, sagte er ruhig.

»Soll das eine Drohung sein?«

»Nein. Nur ein gutgemeinter Ratschlag, Chapman. Warten Sie, bis Howard kommt. Warten Sie, bis Joseph einsieht, daß ihm nichts anderes mehr übrigbleibt, als die Waffen niederzulegen. Dann kriegen Sie Ihre Frau und Ihren Sohn zurück.«

»Von Granaten zerfetzt!« sagte Chapman.

Chapman verbrachte die Nacht mit den Scouts in einem kleinen Zelt. Es wurde jetzt nicht mehr geschossen, aber als am nächsten Morgen genug Licht war, donnerte die Napoleon-Kanone wieder los.

Es war ein schrecklich langer Tag. Ab und zu schneite es. Windböen trieben die Schneeflocken in Wolken durch die Senke. Es war klirrend kalt. Gegen Abend meldeten Cheyenne Kundschafter, daß Howard im Anmarsch war. Miles verließ sein Zelt. Er rief seine Offiziere zusammen, und sie warteten vor dem Zelt.

Man konnte Howards Soldaten hören. Hufschläge. Geschirrketten rasselten. Plötzlich tauchte die Spitze der Kolonne auf. Howard kam herangeritten. Er trug einen langen Mantel, an dem der Schnee klebte. Vor Miles und den Offizieren zügelte er sein Pferd.

»Miles, es freut mich, Sie wohlauf zu finden!« sagte er und kletterte aus dem Sattel. Er gab Miles die Hand. »Gibbon hatte weniger Glück als Sie.«

Miles schien sich nicht recht freuen zu können. Er sagte, daß sein Erfolg mit Glück wenig zu tun habe. »Wir sind dabei, den Nez Percé die Kapitulation aufzuzwingen. Ein hartes Stück Arbeit, das wir hinter uns haben.«

Howard verzog sein Gesicht zu einem Grinsen. »Ich bin nicht da, um Sie um die Früchte Ihrer Arbeit zu bringen, Miles«, sagte er und schien erkannt zu haben, daß Miles fürchtete, das Kommando an Howard, den ranghöheren Offizier, abtreten zu müssen. »Machen Sie weiter, Miles. Dieser Sieg gehört Ihnen.«

Jetzt hellten sich Miles' Gesichtszüge auf. »Danke«, sagte er. Dann stellte er Howard seine Offiziere vor. »Meine Verluste sind hoch«, sagte er. »Ich habe zwei meiner besten Offiziere verloren. Hinzu kommen acht Unteroffiziere und zwölf Soldaten. Außerdem habe ich über vierzig Verwundete.«

Howard nickte. »Gibbon, Sturgis und ich haben uns an ihnen fast die Zähnen ausgebissen«, gab er zu. »Diese Indianer sind die besten Soldaten, die ich je zum Gegner hatte.« Es klang nicht wie eine Entschuldigung. Wenn er jetzt Miles das Kommando überließ, so zeigte er dadurch, wie wenig für ihn die Ehre und der Ruhm zählten, auf die Miles so scharf war. Miles brauchte das. Und Howard hatte Verständnis dafür. Er fragte nach Chapman, und als Miles sagte, er habe Chapman davon abgehalten, mit Joseph Kontakt aufzunehmen, wurde das bärtige Gesicht des Generals für einen Moment finster. Er wandte sich an Miles' Ordonnanz. »Treiben Sie mir Chapman auf!« sagte er, und der Soldat sagte: »Jawohl, Sir! Sofort, Sir!«

Als Chapman kam, betraten die Offiziere Miles' Kommandozelt. Howard öffnete seinen Mantel. Darunter kam ein schmutziger, blauer Overall zum Vorschein, ohne goldene Knöpfe und ohne Sterne am Kragen. Der einzige Stern, den Howard trug, war an seinem Hut aufgenäht, und der Hut hatte ein Loch von der Kugel eines Nez Percé Scharfschützen.

»Wie sieht es aus, Chapman?« fragte Howard, nachdem er Chapman die Hand gereicht hatte.

»Ein Sergeant bringt mit einer Napoleon-Kanone laufend Frauen und Kinder um!« sagte Chapman, den Blick auf Miles gerichtet. Miles schien das nichts auszumachen. Er wartete auf Howards Reaktion, und als Howard nichts sagte, schüttelte er den Kopf.

»Ich habe Joseph ein Angebot gemacht, das er abgelehnt hat, obwohl seine Frauen und Kinder sterben.«

»Ich habe zwei Nez Percé Scouts bei mir«, sagte General Howard. »Beide haben Töchter, die bei Joseph sind. Ich schlage vor, daß sie zusammen mit Chapman versuchen sollen, Joseph zur Kapitulation zu überreden.« Howard kratzte sich im Nacken, der vom Kragen seines Mantels gerötet war. »Was halten Sie von diesem Vorschlag, Chapman?«

»Das ist es, was ich schon gestern dem Colonel vorgeschlagen habe.«

»Gestern war ein Tag zu früh«, sagte Miles trocken. Dann sah man, wie es in seinem Gesicht arbeitete. »Gut«, sagte er, »ich bin bereit, heute abend das Feuer einstellen zu lassen. Morgen wird sich Joseph dann hoffentlich entscheiden können.«

»Joseph wird kaum kapitulieren wollen, wenn er nicht das Recht erhält, nach Idaho zurückzukehren.«

Miles lächelte. »Soviel ich weiß, gibt es in Idaho eine Reservation für diese Indianer. Dorthin können sie zurückkehren. Das ist das einzige Zugeständnis, das ich machen kann. Ich werde sie nach Fort Keogh bringen, und von dort werden sie dann nach Idaho zurückgeschickt.«

»Und falls die Regierung anders entscheidet?« fragte Chapman.

»Ich werde mich für die Nez Percé einsetzen«, sagte Miles. »Das ist ein Versprechen, Chapman. Ich hätte diese Senke stürmen können. Fragen Sie meine Offiziere. Fragen Sie meine Soldaten. Sie sind enttäuscht von der Art, wie sie diesen Kampf führen mußten. In dieser Senke wäre kein Mensch mehr am Leben, wenn ich das gewollt hätte. Wenn Joseph aufgibt, werde ich mich für ihn und sein Volk einsetzen. Und ich bin überzeugt, daß auch General Howard dafür sorgen wird, daß diese Indianer gerecht behandelt werden.«

Was Miles sagte, klang ehrlich. Sein Gesicht war ernst und zeigte keine Spur von Hinterlist. Chapman wechselte einen Blick mit General Howard, und Howard nickte unmerklich.

»Ich glaube, daß es Josephs einziger Wunsch ist, nach Idaho zurückkehren zu dürfen. Mehr will er nicht. Mehr kann er nicht mehr wollen.«

»Das ist richtig, Chapman«, sagte Miles. »Nehmen Sie morgen mit

Joseph Kontakt auf. Machen Sie mit ihm einen Verhandlungsplatz zwischen unseren Linien aus. Sagen Sie ihm, daß er keine Repressalien zu fürchten braucht. Nicht von mir und nicht von General Howard. Wir sind alle froh, wenn dieser Krieg zu Ende ist.«

Miles und Howard machten bis spät in die Nacht hinein Pläne für eine Kapitulation Josephs und seiner Nez Percé. Sie waren sich darüber einig, daß Josephs Bedingungen, die für ihn und sein Volk lebenswichtig waren, angenommen werden sollten.

Kurz vor Mitternacht verließ Chapman das Kommandozelt. Die Kälte draußen traf ihn wie ein Schlag. Er ging zum Senkenrand und schaute hinunter. Es war stockdunkel da unten. Keine Feuer brannten. Wehklagen. Leises Jammern.

Bis zum nächsten Morgen erlebte Chapman das Warten von der schlimmsten Seite. Er lag in dem kleinen Zelt, draußen heulte der Wind, und manchmal trieben Schneeflocken durch die Öffnung über dem zugeknöpften Eingang.

Es war die hilflose Warterei, die Chapman nicht zur Ruhe kommen ließ. Chapman ging einmal hinaus, um in der Messe Kaffee zu holen. Er trank den Kaffee in der Messe. Dann ging er zurück ins Zelt und kroch wieder in seinen Bettsack. Er versuchte, stillzuliegen. Sein Herz schlug hart und schnell. Seine Hände waren eiskalt, das Gesicht brannte. Chapman hoffte, doch noch etwas schlafen zu können. Aber er blieb hellwach. Alles an ihm war wach und klar. Er spürte den Schweiß in den Achselhöhlen aus den Poren dringen und kalt werden. Er hörte seinen Atem laut, schnell und dröhnend in seinen Ohren. Er mahlte mit den Zähnen, und in seinem Kopf wurde alles dumpf, dann wieder waren die Gedanken gestochen klar. Tausend Gedanken gleichzeitig.

Der Morgen kam. Es war der 5. Oktober. Miles und Howard hatten abgemacht, doch nicht Chapman, sondern nur die beiden Scouts, Captain John und Old George mit einer Parlamentärsfahne hinunterzuschicken. Es war fast zehn Uhr, als sie alles, was Miles ihnen auftrug, begriffen hatten und einigermaßen wiedergeben konnten.

Sie gingen zusammen in die Senke hinein und wurden unten von einigen Nez Percé aufgehalten. Zuerst redete Captain John. Einer der Nez Percé drehte durch, und Chapman sah durch das Fernglas, wie er sein

Gewehr auf Captain John anlegte, von den anderen aber daran gehindert wurde, abzudrücken. Dann redete Old George. Als er fertig war, suchten einige der Nez Percé Joseph auf. Es dauerte lange, bis sie zurückkamen. Sie redeten eine Weile auf Old George und Captain John ein und gingen dann zurück in ihre Löcher.

Als Captain John zurückkam, hatte er Tränen in den Augen, und seine Lippen zitterten, als er General Howard und Colonel Miles Josephs Antwort überbrachte.

Er sagte, Joseph wäre zur Kapitulation bereit. Joseph verlangte nicht viel. Nur Zeit, um nach seinen Kindern zu suchen, die in der Nacht weggelaufen waren. Er vertraute den Worten von General Howard und den Versprechungen. Old George sagte, daß die meisten Häuptlinge tot seien. »Sie haben nichts mehr zu essen. Die Alten sind fast alle tot. Die Kinder erfrieren. Sie sind schwach, müde und blind.«

Am Nachmittag kapitulierte Joseph. General Howard, Colonel Miles und einige Offiziere erwarteten den Häuptling auf einem Hügel zwischen den Fronten. Hinter den Offizieren stand Chapman. Ein eiskalter Wind fegte von den Bear Paw Mountains hinunter über die Prärie. Aber Chapmans Gesicht war heiß. Er blickte Joseph entgegen, der den Hügel heraufritt, begleitet von fünf Kriegern. Neben Joseph ritt Hush-hush-cute, vermummt mit einer alten Decke.

Auf dem Hügel zügelte Joseph sein Pferd. Er richtete sich etwas im Sattel auf. Sein Blick streifte die Offiziere und blieb sekundenlang an Chapman hängen, der den Atem angehalten hatte. Für einen Moment erstarb der Wind. Joseph schwang sich aus dem Sattel und übergab die Zügel seines Pferdes Hush-hush-cute. Mit dem Gewehr in der Hand stand er vor General Howard und Colonel Miles. Sein Gesicht war alt. Die Haare hingen zu zwei Zöpfen geflochten über seine Schultern. Er trug eine Decke um die Schultern, und seine Beine steckten in Mokassin-Leggins, die naß waren und an denen der Dreck klebte. Plötzlich streckte er die Hand aus, um General Howard das Gewehr zu geben. Howard drehte sich Miles zu. Miles nahm das Gewehr. Joseph trat zurück. Für einen Moment schien er Mühe zu haben, aufrecht zu stehen. Seine Schultern fielen herab. Er taumelte, richtete sich auf und sah durch Miles hindurch und fing zu sprechen an.

Neben Chapman hielt ein Lieutenant sein Schreibzeug bereit. »Übersetzen Sie Wort für Wort«, flüsterte er. Chapmans Blick hing an Josephs

Lippen, und als Joseph sprach, übersetzte Chapman leise, und die Feder kratzte auf dem Papier.

Joseph sagte: »Sag General Howard, daß ich ihm vertraue. Was er mir versprochen hat, werde ich nie vergessen. Ich bin den Kampf müde. Unsere Häuptlinge sind gefallen. Looking Glass ist tot. Toohoolhoolsote ist tot. Die alten Männer sind alle tot. Es sind die jungen Männer, die jetzt ja oder nein sagen. Ollokot, der den jungen Männern ein Vorbild war, ist tot. Es ist kalt, und wir haben keine Decken. Die kleinen Kinder frieren zu Tode. Einige von meinen Leuten sind weggerannt in die Hügel. Sie haben nichts zu essen. Niemand weiß, wo sie sind und ob sie nicht vielleicht alle erfroren sind. Ich erbitte Zeit, um nach meinen Kindern zu suchen, damit ich weiß, ob sie noch am Leben sind. Vielleicht finde ich sie auch unter den Toten. – Hört mich, ihr Häuptlinge! Ich bin müde. Mein Herz bricht in Leid und Schmerz.« Joseph richtete seinen Blick zum Himmel und streckte den rechten Arm aus. Und er sagte mit lauter Stimme: »*From where the sun now stands, I will fight no more forever.*«

Langsam, fast zaghaft, senkte er seinen Arm. Sein Blick kehrte aus der Ferne zurück. Er zog seine Decke über die Schultern zurück. Chapman hörte den Lieutenant mit dem letzten Federstrich heftig ausatmen und sah, wie Howard vortrat. Howard sagte etwas zu Joseph, aber Chapman hörte nicht hin. Chapman blickte den Hügel hinunter und sah Tucallacasena aus einem der Löcher kommen. Er machte zwei oder drei Schritte, und dann fiel er in die Knie, und auf allen vieren kroch er durch den Schnee, der dort unten braun war vom Schlamm. Er kroch zu einem Graben. Dort kniete er, bis ihm jemand ein Bündel reichte, dann richtete er sich auf und hob das Bündel hoch über seinen Kopf.

»Jeffrey!« rief Chapman. »Mein Sohn! Das ist mein Sohn. Das ist Jeffrey! Jeffrey!«

Dann rannte er los, den Hügel hinunter, rutschte auf dem Schnee und dem Eis, stolperte, fiel und hatte Glück, daß er sich nicht das Genick brach. Unten in der Senke lief er einen Graben entlang, außer Atem, und der Wind peitschte die Tränen aus seinem Gesicht. Er stürzte in einen Granattrichter, kroch über einen Toten, taumelte hoch und über die Trümmer eines Tipis hinweg auf den Graben zu, bei dem Tucallacasena am Boden kniete, Jeffrey gegen die Brust gepreßt.

Und Tucallacasena rief: »Chapman, du krummer Hund!« Auf Englisch. Chapman blieb stehen. Unter ihm schien sich die Erde öffnen zu wollen. Er atmete wie ein gehetzter Hund und bekam trotzdem keine Luft. Langsam setzte er einen Fuß vor den andern, bis zum Grabenrand, und dort sah er sie unten im Dreck, Frauen und Kinder dicht gedrängt, große Augen in zerfallenen Gesichtern. Tote und Verwundete. Chapman hob den Kopf.

»Linda?« fragte er leise. »Herrgott, was ist mit Linda?!« Er starrte Tucallacasena an, und Tucallacasena sagte leise: »Komm, Chapman. Hilf mir!«

Er konnte nicht gehen. Chapman sah erst jetzt, daß seine Leggins dunkel waren von dem Blut, mit dem sie sich vollgesogen hatten. Chapman stand auf. Er nahm Jeffrey aus Tucallacasenas Händen. Tucallacasena zog sich an ihm hoch, klammerte sich an ihm fest, und zusammen gingen sie ein Stück den Graben entlang.

Linda kauerte in einem Loch, bis zum Kopf mit Wolldeckenfetzen umwickelt. Sie blinzelte ihm entgegen, und es schien Chapman, als ob sie versuchen wollte zu lächeln. Es gelang ihr nicht.

Das Ende von Josephs Geschichte

Ich konnte es nicht mehr ertragen, zuzusehen, wie meine verwundeten Männer und Frauen litten. Dieser Krieg hatte schon zu viele Menschenleben gekostet. General Miles versprach uns, daß wir in unser Land zurückkehren dürfen, mit allem, was uns noch übriggeblieben ist. Ich dachte, daß wir dort noch einmal neu anfangen könnten. Ich glaubte General Miles Worten, sonst hätte ich nie kapituliert. Ich habe gehört, daß man ihn dafür kritisiert hat, daß er uns das Versprechen gab, nach Lapwai zurückkehren zu dürfen. Dazu muß ich sagen, daß er dort an den Bear Paws gar keine andere Wahl hatte, meine Bedingungen anzunehmen. Ich hätte ihn sonst in Schach halten können, bis unsere Freunde mit Verstärkung der Sioux zurückgekommen wären. Und dann hätten weder die beiden Generäle noch ihre Soldaten das Schlachtfeld bei den Bear Paw Mountains lebend verlassen.

Es war am fünften Tag, als ich zu General Miles ging und ihm mein Gewehr übergab. Und ich sagte: ›From where the sun now stands, I will fight no more forever.‹ Mein Volk brauchte Ruhe – wir wollten Frieden.

Man sagte mir dann, wir würden mit General Miles zum Tongue River ziehen und dort auf den Frühling warten, um in unser Land zurückgeschickt zu werden. Wir wurden nicht gefragt. Nachdem wir am Tongue River angelangt waren, bekam General Miles den Befehl, uns nach Bismarck zu bringen. Die Ausrede hierfür war, daß es in Bismarck weniger Geld kosten würde, uns durch den Winter zu füttern. General Miles war gegen diesen Befehl. Er sagte: ›Du darfst nicht mir die Schuld geben. Ich habe versucht, mein Wort zu halten, aber der Häuptling, der über mir steht, hat diesen Befehl erteilt, und ich muß ihn entweder ausführen oder meinen Abschied nehmen. Aber das würde dir nichts nützen, denn ein anderer Offizier würde an meine Stelle treten und den Befehl ausführen.‹

Ich glaube, daß General Miles sein Wort gehalten hätte, wenn es ihm möglich gewesen wäre. Ich mache ihn nicht für die Leiden verantwortlich, die wir seit der Kapitulation ertragen müssen. Ich weiß überhaupt nicht, wer wirklich dafür verantwortlich ist. Wir gaben alle unsere Pferde auf, über elfhundert, und alle unsere Sättel, über hundert, und wir haben seither nie wieder etwas von unserem Eigentum gesehen oder gar zurückbekommen.

Joseph und seine übriggebliebenen 418 Nez Percé verließen am 7. Oktober als Kriegsgefangene das Bear Paw Schlachtfeld, das inzwischen von den Indianerscouts und den Soldaten geplündert worden war. Sie wurden zunächst nach Fort Keogh gebracht und dann über Fort Buford, Fort Lincoln nach Bismarck weitergeschickt, während an verschiedenen Stellen über die Zukunft der Nez Percé unterschiedlichste Überlegungen angestellt wurden. General Sherman versuchte, den US-Innenminister Carl Schurz davon zu überzeugen, daß die Nez Percé auf keinen Fall wieder in ihre alte Heimat zurückkehren dürften, sondern am ehesten problemlos im Indian Territory anzusiedeln seien.

E. A. Hayt, der Commissioner of Indian Affairs, warnte Schurz in einem Brief davor, die Gefangenen im Indianer Territorium unterzubringen. Er schrieb: »Erfahrungen haben gezeigt, daß es unverantwortlich ist, Indianer aus dem Norden in das Indianer Territorium zu bringen ... Die radikale Klimaveränderung wird sich verheerend auswirken.« Am 23. November stand ein Zug von mehreren Viehwaggons im Bahnhof von Bismarck bereit, und die Gefangenen wurden umgehend verfrachtet. General Sherman schickte einen Rapport nach Washington, in dem stand: »Die Gefangenen befinden sich nun auf dem Weg nach Fort Leavenworth, und zwar werden sie auf die wirtschaftlichste und günstigste Art transportiert. Sie werden dort bis zum Frühjahr als Gefangene gehalten. Ich hoffe, daß sie dann durch das BIA im Indianer Territorium angesiedelt werden können ...

In Leavenworth wurden wir in einer Flußsenke gefangengehalten, ohne Frischwasser. Wir mußten Flußwasser trinken und mit Flußwasser kochen. Wir haben vorher in einem gesunden Land gewohnt. Es gab dort hohe Berge, und das Wasser war kalt und klar. Viele von uns wurden krank und starben, und wir mußten sie in einem fremden Land begraben. Ich vermag kaum auszudrücken, wie sehr mein Herz für mein Volk litt, während wir in Leavenworth gefangen waren. Der Große Geist über uns schien sich von uns abgewandt zu haben und sah nicht, was seinem Volk angetan wurde.

Am 27. November waren die Nez Percé nach Leavenworth gekommen. Bis zum Juli des nächsten Jahres, als ihnen vom BIA eine Reservation zugewiesen wurde, starben 21 Männer, Frauen und Kinder an Malaria. Inzwischen ging der Streit zwischen den hohen Militärs und den Regierungsbeamten untereinander weiter. Miles verlangte, daß die Kapitulationsbedingungen, die Joseph gestellt hatte und die von Miles im Namen der USA akzeptiert worden waren, sofort berücksichtigt würden. Im

Frühjahr 1878 kam die Nez Percé Angelegenheit vor den Kongreß, aber die Möglichkeit, die Gefangenen in der Lapwai Reservation Idahos unterzubringen, wurde überhaupt nicht erörtert. Statt dessen wurde den Nez Percé das Quapaw Reservat im Kansas Territorium zugeteilt. Die Nez Percé nannten dieses Reservat *Feikish Pah* – Heißer Platz. Bis zum Oktober starben weitere 47 der Gefangenen.

Während der heißen Tage (Juli 1878) wurden wir benachrichtigt, daß wir noch weiter von unserem Land weggeschickt würden. Man fragte uns nicht, ob wir gehen wollten. Man verfrachtete uns einfach in Eisenbahnwagen. Drei von uns starben auf dem Weg nach Baxter Springs. Es war schlimmer, hier zu krepieren, als in den Bergen zu kämpfen und zu sterben.
 Von Baxter Springs aus wurden wir in das Indianer Territorium gebracht. Dort setzte man uns auf einem Stück Land ab, ohne unsere Tipis und ohne unser Hab und Gut. Wir hatten nur wenige Medikamente dort, obwohl fast alle von uns krank waren. Siebzig von uns sind gestorben, seit wir dort angekommen sind.

Im Januar 1879 wurden die Nez Percé auf einem Stück Wildnis von 36710 ha im Indianerterritorium ausgesetzt. Man nannte es das Oakland Reservat. Der Hauptsitz des Reservats wurde am Salt River eingerichtet, und die Nez Percé nannten den Ort Yellow Bull Crossing. In den ersten Wochen lebten die Nez Percé im Freien, da hier keinerlei Vorbereitungen getroffen waren, um ihnen Unterschlupf zu bieten. Es fehlte an Medikamenten, an Lebensmitteln und an Proviant. Dr. George Spinning, der das Reservat besuchte, zählte über 100 Gräber von Kindern. Fast alle Kinder, die hier geboren wurden, starben in den ersten Wochen. Als die Regierung den Nez Percé Pflüge und Ackergeräte zur Verfügung stellte, fingen einige von ihnen an, Landstücke zu bebauen. Andere versuchten sich, wie in alten Tagen, in der Aufzucht von Rindern und Pferden.

Wir wurden von vielen Leuten besucht, und alle erzählten uns etwas anderes. Einige der Häuptlinge aus Washington kamen, um nach uns zu sehen und für uns wieder ein neues Stück Land auszusuchen.
 Schließlich erlaubte man mir, nach Washington zu kommen und meinen Freund Yellow Bull und unseren Dolmetscher (Chapman) mitzubringen. Ich bin froh, daß ich nach Washington gegangen bin. Ich habe unglaublich vielen Freunden die Hand gegeben, aber da sind einige Fragen, die ich endlich geklärt haben möchte. Ich kann nicht verstehen, daß die Regierung einen Mann wie General Miles, der uns bekämpft und besiegt hat, einfach hintergehen kann. An einer solchen Regierung muß einiges faul sein. Ich kann auch nicht verstehen, daß so vielen Häuptlingen von euch erlaubt

ist, auf so viele verschiedene Arten zu reden. Ich habe den ›Großen Vater Häuptling‹ (Präsident) gesehen; ich habe den ›Nächstgrößten Häuptling‹ (Innenminister) gesehen; ich habe den ›Comissioner Häuptling‹ (Hayt) gesehen, den ›Gesetzes-Häuptling‹ (Justizminister), und ich habe viele andere ›Gesetzes-Häuptlinge‹ (Kongreßabgeordnete) gesehen. Sie alle sagen, daß sie meine Freunde sind und daß sie für Gerechtigkeit sorgen werden, doch trotz der Versprechungen wird nichts für mein Volk getan. Ich höre euch reden und reden und reden, ohne daß ihr je verwirklicht, was ihr versprecht. Die besten Worte taugen nichts, wenn ihnen nicht Taten folgen. Mit Worten können unsere Toten nicht wieder lebendig gemacht werden. Mit Worten könnt ihr mir nicht mein Land zurückgeben, das jetzt von Weißen überlaufen ist. Worte vermögen nicht, das Grab meines Vaters zu schützen. Mit Worten könnt ihr den Verlust unseres Viehs und unserer Pferde nicht bezahlen. Gute Worte bringen mir meine Kinder nicht zurück. Gute Worte lösen nicht die Versprechen ein, die uns euer ›Kriegshäuptling‹ (General Miles) gemacht hat. Gute Worte bringen meinen Leuten keine Gesundheit, und sie sterben weiter. Gute Worte bringen meinem Volk keine Heimat, in der es in Frieden leben und für sich selbst sorgen kann. Ich habe es satt, gute Worte zu hören, die nichts taugen. Es macht mein Herz krank, wenn ich an all die guten Worte und die nicht eingehaltenen Versprechen denke. Es wurde viel zuviel von Männern geredet, die eigentlich kein Recht zum Reden haben sollten.

Wir wurden zu oft unrichtig übersetzt, und ihr habt dadurch eine falsche Vorstellung von uns bekommen. Wenn ihr Weißen wirklich in Frieden mit uns leben wollt, dann ist das nicht so schwierig, wie es den Anschein hat. Es muß deswegen keinen Ärger geben. Behandelt nur alle Menschen gleich. Gebt allen die gleichen Gesetze! Gebt allen die gleichen Rechte, zu leben und zu wachsen. Alle Menschen sind vom gleichen Gott. Alle Menschen sind Brüder. Die Erde ist die Mutter aller Völker, und alle Völker sollten auf ihr die gleichen Rechte haben. Ihr könnt ebensogut erwarten, daß Flüsse bergwärts fließen, wie ihr erwarten könnt, daß ein Mensch, der frei geboren wurde, sich an einem Platz festhalten und sich die Freiheit nehmen läßt, zu gehen, wohin er will. Wenn ihr ein Pferd an einem Pfahl festbindet, erwartet ihr dann auch, daß es fett wird? Wenn ihr einen Indianer auf einem kleinen Fleck dieser Erde festbindet, wird er nie glücklich sein und sich nicht entwickeln können. Ich habe einige der großen Weißen Häuptlinge gefragt, woher sie die Autorität nehmen, uns an einem Platz festzuhalten, während wir zusehen müssen, wie Weiße tun und lassen, was sie gerade wollen. Diese Frage konnte mir niemand beantworten.

Ich bitte die Regierung nur darum, genauso behandelt zu werden wie andere Menschen. Wenn es wirklich nicht möglich ist, mir meine Heimat zurückzugeben, dann könnt ihr vielleicht für uns ein anderes Land suchen, wo wir nicht so schnell dahinsterben. Ich würde gern in das Bitterroot Tal gehen. Dort würde mein Volk gesund leben können. Wo wir jetzt sind, stirbt mein Volk.

Wenn ich daran denke, in welch schlimmer Lage wir uns befinden, wird mein Herz schwer. Ich muß zusehen, wie Menschen meiner Rasse als Gesetzlose behandelt werden, von Land zu Land gehetzt. Oder sie werden niedergeschossen wie Tiere.

Ich weiß, daß sich meine Rasse ändern muß. Wir können gegenüber den Weißen sonst nicht bestehen. Wir verlangen nur die Chance, wie andere Menschen zu leben. Wir verlangen, Menschen sein zu dürfen. Wir verlangen, daß die Gesetze für alle Menschen gleichermaßen Gültigkeit haben. Wenn ein Indianer das Gesetz bricht, bestraft ihn durch das Gesetz. Wenn ein weißer Mann das Gesetz bricht, bestraft ihn gleichermaßen.

Laßt mich ein freier Mensch sein, frei zu gehen, frei zu bleiben, frei zu arbeiten, frei, Handel zu treiben, frei, meine eigenen Lehrer zu wählen, frei, der Religion meiner Väter zu folgen, frei zu denken und zu reden und für mich selbst zu handeln. Dann werde ich allen euren Gesetzen gehorchen oder mich eurer Strafe ausliefern.

Sobald der weiße Mann den Indianer gerecht behandelt, werden wir keine Kriege mehr haben. Wir werden alle gleich sein, Brüder eines Vaters und einer Mutter, mit einem Himmel über uns und einem Land um uns und einer Regierung für uns alle. Dann erst wird der Große Geist dieses Land mit seinem Lächeln berühren und uns den Regen schicken, der das Blut wegwäscht, das durch die Hände von Brüdern auf dem Antlitz dieser Erde vergossen wurde. Auf diesen Regen warten wir, und wir beten darum. Ich hoffe, daß kein Stöhnen verwundeter Männer und Frauen je wieder das Ohr des Großen Geistes erreicht und daß unsere Völker eines Tages wirklich zu einem Volk werden.

Joseph hat für sein Volk gesprochen.

Josephs Selbstdarstellung löste besonders im Osten einen Sturm der Entrüstung aus. Immer mehr Leute setzten sich für den Umzug der Nez Percé nach Idaho ein, aber in Idaho selbst, wo der Krieg angefangen hatte, wollte man die Nez Percé nicht mehr. Miles, inzwischen Kommandant des *Departement of the Columbia* und Nachfolger Howards, schrieb in einem Brief an General McDowell, daß er immer noch der Meinung wäre, die Nez Percé würden zu Unrecht dermaßen hart bestraft. Er sehe in einer Rückkehr nach Idaho keine Gefahr, da die meisten »Kriminellen« des Stammes inzwischen tot oder verhaftet wären. Tatsächlich schrieb Agent Thomas Jordan in seinem Rapport vom 6. September 1881, daß von den fast 500 Gefangenen [nach der Bear Paw Schlacht wurden noch Flüchtlinge eingetrieben und in das Indianer Territorium gebracht] nur noch 328 am Leben waren, die Neugeborenen mitgezählt.

Im Mai 1883 durften dann endlich die ersten Nez Percé nach Idaho zurückkehren. 29 Männer, Frauen und Kinder wurden per Bahn über Kansas City nach Kelton in Utah gebracht und von dort in Brückenwagen nach Fort Lapwai transportiert.

Unterdessen wurde im Indianer Territorium weiter gestorben. Anfang 1884 zählte der Agent nur noch 282 Gefangene. Im Mai wurden dem Kongreß 14 Petitionen vorgelegt, die alle die Rückkehr der Nez Percé nach Idaho forderten. Schließlich wurde ein neues Gesetz erlassen, das den *Comissioner of Indian Affairs* berechtigte, die notwendigen Finanzen für den Umzug vom Staatshaushalt abzuzweigen. Am 16. September überbrachte der Reservationsagent Joseph die Nachricht, daß er mit seinem Stamm endlich zurückkehren dürfe. Man müsse allerdings den Stamm auf zwei Reservate verteilen. Demnach sollte ein Teil in Lapwai, der andere in der Colville Reservation [Washington] untergebracht werden. Die Regierung begründete diese Maßnahme mit der Behauptung, in Idaho würden gegen Joseph und seine Wallowa Nez Percé Vorurteile bestehen, die ihre eigene Sicherheit gefährden könnten. Joseph nahm diese neue Ungerechtigkeit hin, um wenigstens in die Nähe seiner Heimat zu kommen. Durch die Schwerfälligkeit im Beamtenapparat Washingtons zögerte sich der Umzug für weitere sieben Monate hinaus, und im April 1885 mußte dann die Regierung nur noch für 268 Überlebende den Transport nach Norden bezahlen. 118 wurden nach Lapwai gebracht, während für Joseph und seine Leute die Reise in der Colville Reservation endete.

Dort verbrachte Joseph den Rest seines Lebens.

Da er seine erste Frau in der Big Hole Schlacht verloren hatte, heiratete er zwei Witwen von gefallenen Nez Percé Kriegern. Als ein Missionar ihm vorschlug, eine der Frauen abzugeben, erwiderte Joseph: »Ich kämpfte durch den ganzen Krieg für meine Heimat und für diese Frauen. Ihr habt mir meine Heimat weggenommen, dafür behalte ich jetzt meine Frauen.«

Joseph gab die Hoffnung nie auf, noch einmal in das Wallowa Tal zurückkehren zu dürfen.

Zwölf weitere Jahre lang suchte er Gerechtigkeit. Er ließ Briefe schreiben, hielt Kontakte zu seinen Freunden in der Armee und der Regierung, gab Interviews, die in allen Zeitungen abgedruckt wurden, und bedrängte den Agenten in Colville laufend. Nach zwölf Jahren reiste er dann nach Washington, ritt in einer Parade an der Seite seiner alten Gegner, General Miles und General Howard und »Buffalo Bill« Cody, und noch einmal erregte er die Aufmerksamkeit der Öffentlichkeit durch die Presse, die für ihn und seine Nez Percé Partei ergriff.

US Indian Inspector James McLoughlin kam in die Colville Reservation, um Josephs Forderungen zu überprüfen. Er lud Joseph zu einem Besuch des Wallowa Tales ein. Es war das einzige Mal, daß Joseph seine geliebte Heimat wiedersehen durfte. Joseph bot dem Inspector an, ein Stück des Wallowa Tales für sich und sein Volk von den hier ansässigen Siedlern abzukaufen, aber McLoughlin lehnte den Vorschlag ab.

Joseph im Colville Reservat

Am Ende des Trails

Zwischen zwei Welten

Unter den vielen Reportern, Völkerkundlern und Neugierigen, die ihn in der Colville Reservation aufsuchten, war auch Professor Edmond S. Meany. Er kam 1901, und Joseph sagte zu ihm: »Meine Heimat ist das Wallowa Tal, und ich will für den Rest meiner Tage dorthin zurückkehren. Mein Vater und meine Mutter sind dort begraben. Ich wäre zufrieden, wenn mir die Regierung nur ein kleines Stück Land abtreten würde für mich und meine Leute und einen Lehrer. Das ist alles, worum ich bitte.«

Im Winter 1903 reiste Joseph noch einmal nach Washington und war Gast bei Präsident Theodore Roosevelt. Aber es wurde ihm auch jetzt nicht weitergeholfen. Am 21. September 1904 starb Joseph.

Dr. Latham, der Agentur-Arzt, schrieb in seinem offiziellen Rapport: »Joseph starb an gebrochenem Herzen, als er an seinem Tipi-Feuer saß.«

Er wurde in aller Stille begraben, sein Hab und Gut unter die Leute verteilt.

Heute gibt es in den USA einige Gedenksteine für die Nez Percé. Ein Damm im Columbia River, unterhalb von Bridgeport, Washington, wurde nach Joseph benannt, der *Chief Joseph Dam*. Und im Wallowa Tal gibt es eine kleine Ortschaft, die *Joseph* heißt. Sonst nichts.

Quellennachweis

Die Idee zu diesem Buch ist irgendwo im Snake River Gebiet, auf dem Lolo Trail, auf dem Parkplatz des Big Hole Schlachtfeldes, in der Geisterstadt Bannack, auf einem Campground im Yellowstone National Park oder auch in den Bear Paw Hügeln entstanden.

1972 sind wir, Paula Pilz und ich und unser Hund »Dusty«, dem Fluchtweg der Nez Percé gefolgt, teilweise mit unserem Pick Up Truck, teils zu Pferd, wenn es keine Straßen gab. Auch zu Fuß.

Das ist meine Methode, Dinge über ein Land zu erfahren, die nicht in Büchern zu finden sind.

In der Nez Percé Reservation von Idaho, in Lapwai und Kamiah, aber auch in Oklahoma und in den Reservationen von Arizona, New Mexico, Wyoming und Montana haben wir mit Indianern zusammengelebt. Mit dem Neuen Indianer. Und der unterscheidet sich ziemlich von seinen Vätern und Vorvätern. Es ist eine Tatsache, daß er selbst oft nicht mehr weiß, wie es damals gewesen ist. Ich habe da bei den Nez Percé kaum je Fragen nach Vergangenem gestellt, denn das überlasse ich den Anthropologen und den Sonntagsforschern und den Touristen, die dann meistens mit haarsträubenden Geschichten abgespeist werden. Die Indianer lassen sich heute wie damals eben nur sehr ungern erforschen und fotografieren und dann belehren. Aber sie hatten nie etwas dagegen, wenn wir uns mit ihnen an den gleichen Tisch setzten. Im Gegenteil. Und sie hatten nie etwas dagegen, wenn wir mit ihnen ein Problem durchkauten, wenn wir uns mit ihnen über ein Thema auseinandersetzten, das ihnen oder uns wichtig erschien. Dann lebten sie und dann kämpften sie, und dann hatten wir zum Beispiel plötzlich in Billy Nelson Sundown einen Mann wie Joseph vor uns. Und dann konnten wir wieder sehr deutlich erkennen, wie verschieden die Rote Rasse von der Weißen Rasse ist, und die kulturelle Kluft zwischen ihnen und uns wird größer und deutlicher als je zuvor. Und das ist meine Methode, Dinge über Menschen zu erfahren, die nicht in Büchern zu finden sind.

Es blieben noch die Tatsachen zu ergründen, und die habe ich mir aus den Büchern geholt. Die Stunden, die ich damit verbrachte, in diesen »Quellen« zu fischen, waren die einsamsten meines Amerikaaufenthaltes. Trotzdem wäre es nicht möglich gewesen, ohne die Vorarbeit der amerikanischen Historiker, Anthropologen und Ethnologen dieses Buch zu schreiben. Deshalb führe ich hier eine Auswahl der wichtigsten Werke, die mir zur Verfügung standen, auf:

Armstrong, Virginia Irving: I HAVE SPOKEN, Chicago: Swallow Press, 1971
Arnold, R. Ross: INDIAN WARS OF IDAHO, Caldwell, Ida.: The Caxton Printers, 1932
Bailey, Robert G.: NEZ PERCE INDIANS, Lewiston, Ida.: Bailey Publishing Co., 1943
Beal, Merrill D.: I WILL FIGHT NO MORE FOR EVER, Univ. of Washington, 1963
Brown, Dee: BURY MY HEART AT WOUNDED KNEE, New York: Holt, Rinehart and Winston, Inc., 1971
Brown, Mark H.: THE PLAINSMEN OF THE YELLOWSTONE, Lincoln: Univ. of Nebraska Press, 1969
Brown, Mark H., and W. R. Felton: BEFORE BARBED WIRE, New York: Henry Holt and Co., 1956
–: THE FRONTIER YEARS, New York: Henry Holt and Co.
Burns, Robert Ignatius, S. J.: THE JESUITS AND THE INDIAN WARS OF THE NORTHWEST, New Haven: Yale Univ. Press, 1966
Catlin, George: LETTERS AND NOTES ON THE MANNERS, CUSTOMS AND CONDITION OF THE NORTH AMERICAN INDIAN, London: 1841, New York: Wiley and Putnam, 1841
Cave, Will: THE NEZ PERCE WAR OF 1877, Missoula, Mont.: 1926
Curtis, Edward S.: THE NORTH AMERICAN INDIAN, Norwood, Mass.: E. S. Curtis Vol. VIII.
Deloria, Vine Jr.: CUSTER DIED FOR YOUR SINS, New York, The Macmillan Co.: 1970
–: WE TALK, YOU LISTEN, New York, The Macmillan Co.: 1970
DeVoto, Bernard: THE JOURNALS OF LEWIS AND CLARK, Boston: Houghton Mifflin Co.: 1955
–: ACROSS THE WIDE MISSOURI, Boston: Houghton Mifflin Co.: 1947
Drury, Clifford M.: HENRY HARMON SPALDING, Caldwell, Ida.: The Caxton Printers, 1936
Dunn, J. P.: MASSACRES OF THE MOUNTAINS, New York: Harper and Bros., 1880
Elliott, T. C.: THE INDIAN COUNCIL AT WALLA WALLA, Washington hist. Quarterly Vol. I, No. 4. Juli 1907
Fee, Chester A.: CHIEF JOSEPH: THE BIOGRAPHY OF A GREAT INDIAN, New York, Wilson-Erickson, 1936
Finerty, John F.: WARPATH AND BIVOUAC, PART II, Chicago: J. F. Finerty, 1890
Haines, Francis: THE NEZ PERCE TRIBESMEN OF THE COLUMBIA PLATEAU, Norman: Univ. of Oklahoma, 1955
Heitman, Francis B.: HIST. REGISTER AND DICTIONARY OF THE UNITED STATES ARMY, Washington, D. C.: Government Printing Office, 1903
Howard, Helen A., and Dan McGrath: WAR CHIEF JOSEPH, Caldwell: The Caxton Printers 1935. New Edition: 1974

Howard, Oliver O.: MY LIFE AND EXPERIENCES AMONG OUR HOSTILE INDIANS, Hartford: A. D. Worthington Co., 1907
–: NEZ PERCE JOSEPH, Boston: Lee and Shepard, 1881
Jackson, Helen Hunt: A CENTURY OF DISHONOR, New York: Harper and Brother, 1881
Jackson, W. Turrentine: WAGON ROADS WEST, Berkley and Los Angeles, Univ. of Calif. Press, 1964
Jessett, Thomas E.: THE INDIAN SIDE OF THE WHITEMAN MASSACRE, Pairfield, Wash.: Ye Galleon Press, 1972
John Stands in Timber and Liberty, Margot: CHEYENNE MEMOIRS, New Haven: Yale Univ. Press, 1967
Joseph, Chief: AN INDIAN'S VIEW OF INDIAN AFFAIRS, North American Review, April 1879
Josephy, Alvin M. Jr.: THE LAST STAND OF CHIEF JOSEPH, In the Patriot Chiefs, New York: Viking Compass Edition, 1969
Kip, Colonel Lawrence: INDIAN COUNCIL AT WALLA WALLA, 1855, Eugene, Ore.: Star Job Office, 1897
Lowe, Martha Perry: THE STORY OF CHIEF JOSEPH, Boston: D. Lothrop and Co., 1881
McBeth, Kate C.: NEZ PERCES SINCE LEWIS AND CLARK, New York: Fleming H. Revell Co., 1908
McLuhan, T. C.: TOUCH THE EARTH, Outerbridge and Lazard, 1971
McWhorter, Lucellus V.: HEAR ME, MY CHIEFS, Caldwell: The Caxton Printers, 1952
–: YELLOW WOLF: HIS OWN STORY, Caldwell: The Caxton Printers, 1940
Miles, Brigadier General Nelson A.: CHIEF JOSEPH'S SURRENDER, New York Tribune Supplement, 4. Aug. 1907
Mittler, Max: EROBERUNG EINES KONTINENTS, Zürich: Atlantis Verlag AG, 1968
Mooney, James: THE GHOST DANCE RELIGION AND THE SIOUX OUTBREAK OF 1890, Washington: XIV. Annual Report of the Bureau of Ethnology, Part II, 1896
Porter, Mae Reed and Davenport, Odessa: SCOTSMAN IN BUCKSKIN, New York, Hastings House, Publishers, 1963
Quaife, Milo M.: YELLOWSTONE KELLY'S MEMOIRS, New Haven: Yale Univ. Press, 1926
Robertson, Frank C.: ON THE TRAIL OF CHIEF JOSEPH, New York: D. Appleton and Co., 1927
Sheridan, Lieutenant-General P. H.: RECORD OF ENGAGEMENTS WITH HOSTILE INDIANS ... FROM 1868 to 1882, Washington 1882
Shorris, Carl: THE DEATH OF THE GREAT SPIRIT, New York: Simon and Schuster, Inc.: 1971
Sutherland, Thomas A.: HOWARDS CAMPAIGN AGAINST THE NEZ PERCE INDIANS, 1877, Portland, Ore.: Watzling Co., 1878
Tompson, Erwin N.: SHALLOW GRAVE AT WAIILATPU, Oregon hist. Society, 1969

–: WHITEMAN MISSION, Washington D. C.: Natl. Park Serv. Hist. Handbook, Series No. 37, 1964
Vanderwerth, W. C.: INDIAN ORATORY, Norman: Univ. of Oklahoma Press, 1971
Walker, Deward E. Jr.: AMERICAN INDIANS OF IDAHO, Anthropological Monographs of the Univ. of Idaho, No. 2, Moscow, 1971
Wellman, Paul J.: DEATH ON HORSEBACK, New York: J. B. Lippincott Co., 1945
Williams, Jack R.: TRAIL GUIDE TO THE SIEGE AREA – BIG HOLE BATTLEFIELD MONTANA, Natl. Park Service, US Dept. of the Interior
Wislizenus, Frederick A.: A JOURNEY TO THE ROCKY MOUNTAINS 1839, Deutsche Ausgabe: 1840, First Edition: Saint Louis: Missouri, Hist. Society, 1912

Bildnachweis:
Univ. of Idaho, Hist. Society of Montana, Smithsonian Instit., Natl. Archives, Amon Carter Museum, The German Westerners, Steve Schilter und Archiv des Autors.